De l'espoir pour aujourd'hui

▲ LES GROUPES FAMILIAUX AL-ANON
de l'espoir pour les familles et les amis des alcooliques

Le titre original de ce livre est
HOPE FOR TODAY

Pour obtenir des renseignements ou un catalogue complet, veuillez vous adresser à :
Al-Anon Family Group Headquarters, Inc.
1600 Corporate Landing Parkway
Virginia Beach, VA 23454-5617
Téléphone : (757) 563-1600 Télécopieur : (757) 563-1655
Site Web : www.al-anon.alateen.org
Courriel : wso@al-anon.org
© Al-Anon Family Group Headquarters, Inc. 2002

Al-Anon/Alateen subvient à ses propres besoins grâce aux contributions volontaires de ses membres et à la vente de la Documentation Approuvée par la Conférence.

Tous droits réservés. Aucun extrait de cette publication ne peut être reproduit, mémorisé, ou transmis de quelque façon ou par quelque procédé (électronique, mécanique, photographique, sonore ou autre) sans avoir obtenu au préalable l'autorisation écrite de l'éditeur.

ISBN : 0-910034-44-3
(Édition originale : ISBN 0-910034-39-7)

Approuvé par la
Conférence des Services Mondiaux des
Groupes Familiaux Al-Anon

1-3M-05　　　　　FB-27　　　　　imprimé au Canada

Préambule des Douze Étapes suggéré aux groupes Al-Anon

Les Groupes Familiaux Al-Anon forment une fraternité de parents et d'amis d'alcooliques qui partagent leur expérience, leur force et leur espoir dans le but de résoudre leurs problèmes communs. Nous croyons que l'alcoolisme est un mal familial et qu'un changement d'attitude peut contribuer au rétablissement.

Al-Anon n'est affilié à aucune secte, dénomination religieuse, entité politique, organisation ou institution. Al-Anon ne s'engage dans aucune controverse et ne donne son appui ni ne s'oppose à aucune cause. Il n'y a pas de frais d'inscription ; la fraternité subvient à ses propres besoins grâce aux contributions volontaires de ses membres.

Al-Anon n'a qu'un but : aider les familles des alcooliques. Nous y parvenons en pratiquant les Douze Étapes, en accueillant et en réconfortant les familles des alcooliques, et en apportant notre compréhension et notre encouragement à l'alcoolique.

Prière de Sérénité

Mon Dieu, donnez-moi la sérénité

d'accepter les choses que je ne puis changer,

le courage de changer les choses que je peux

et la sagesse d'en connaître la différence.

Préface

De l'espoir pour aujourd'hui est un recueil de réflexions quotidiennes et de méditations basées sur les témoignages de membres Al-Anon ayant grandi avec le mal familial de l'alcoolisme. Bien que les Groupes familiaux Al-Anon forment une fraternité fondée sur l'égalité entre ses membres, ceux-ci proviennent de milieux extrêmement diversifiés. L'alcoolisme ne fait pas de discrimination. Ses ravages affectent toute personne proche du buveur. Toutefois, une des différences essentielles pour ceux parmi nous qui avons grandi dans le foyer d'une personne alcoolique, c'est que nous étions des enfants et que nous avons dû vivre au contact de l'alcoolisme sans avoir d'autre choix. Nos parents, nos frères et nos sœurs étant eux aussi prisonniers de ce mal familial, nous n'avions aucun cadre de référence pour nous indiquer ce qu'est un comportement sain.

Afin de répondre aux besoins exprimés par notre fraternité, la Conférence des Services mondiaux de 1997, la plus grande conscience de groupe d'Al-Anon, a voté une motion « de donner une approbation conceptuelle pour l'élaboration d'un recueil de lectures quotidiennes pour les enfants adultes d'alcooliques membres Al-Anon ». Un appel a été lancé à l'ensemble de la fraternité afin d'obtenir des témoignages, et le processus d'approbation par la Conférence a débuté.

Toutefois, quelque chose d'étonnant s'est produit lorsque ce livre a commencé à prendre forme. Bien qu'il respecte certainement la mission confiée par la Conférence, c'est-à-dire qu'il s'adresse « aux enfants adultes d'alcooliques », il est devenu bien plus que cela. Les puissants exemples de rétablissement, l'utilisation des outils Al-Anon, et l'amour envers notre fraternité contenus dans ses pages sont universels. Ils transcendent les frontières et les limites. Les sujets abordés s'adressent à *tous* les membres Al-Anon, ainsi qu'à toute personne cherchant à comprendre ou à se rétablir du mal familial de l'alcoolisme.

Al-Anon un jour à la fois, le premier recueil de lectures quotidiennes d'Al-Anon, dit que « plus les expériences sont variées, plus grands sont l'espoir et la force ». *Le Courage de changer, Al-Anon un jour à la fois II*, élabore cette pensée en disant que « Même si chacun de nous est unique, nos cœurs battent tous au même rythme ». Joignez-vous à nous, un jour à la fois, tandis que nous poursuivons cette tradition et que nous ouvrons nos cœurs pour partager avec vous l'espoir, l'entraide et l'amitié que nous avons eu le privilège de recevoir.

1er janvier

Dans le passé, j'avais rattaché à l'expression « chez moi » des connotations émotionnelles plutôt désagréables. Je ne savais jamais à quoi m'attendre chez moi et j'avais trop honte pour y inviter des amis. Au lieu de me *réfugier* chez moi, je voulais m'en *évader*. En apparence j'acquiesçais avec l'adage qui dit « On n'est vraiment bien que chez soi », mais j'avais un petit sourire narquois et je ressentais un pincement au cœur quand j'entendais quelqu'un dire cela.

Avec l'aide d'Al-Anon, j'ai commencé à me créer une nouvelle vie, avec de nouvelles attitudes et de nouvelles définitions. Le mot « famille » a pris le sens de « Groupes familiaux Al-Anon », là où j'ai une nouvelle famille que j'ai choisie et qui m'aide comme ma famille d'origine n'était pas en mesure de le faire. Ma nouvelle famille m'a suggéré de me trouver un groupe d'appartenance. C'est là que je me sens vraiment chez moi. À moins d'être gravement malade, j'assiste toujours aux réunions de mon groupe d'appartenance, je participe aux réunions d'affaires et aux décisions de la conscience de groupe, et je fais du travail de service. Personne ne me force à faire ces choses. Je les fais parce que j'ai choisi de m'engager envers ce groupe, cette famille.

En retour, je reçois de mon groupe d'appartenance des choses qui m'ont manqué pendant mon enfance : constance, intimité, un attachement profond et l'acceptation. Puisque je partage avec les membres de mon groupe d'appartenance semaine après semaine, ils connaissent mes secrets et mes défauts les plus intimes. Ils se voient en moi, je me vois en eux, et nous apprenons à nous accepter nous-mêmes et les uns les autres. Je peux vraiment dire sans aucune réserve que je ne suis vraiment bien que chez moi, dans mon groupe d'appartenance.

Pensée du jour

Le monde s'étend bien au-delà de ma famille d'origine.

> « Lorsque l'alcoolisme d'un être cher m'a amené à Al-Anon, j'ai trouvé une autre famille, une seconde famille qui m'a aidé à découvrir le moi qui était caché depuis si longtemps, une famille qui sera toujours là pour moi. »
>
> *Le Courage de changer,* p. 11

2 janvier

La Prière de Sérénité a été le premier outil que j'ai utilisé dans mon rétablissement. « Mon Dieu, donnez-moi la sérénité d'accepter les choses que je ne puis changer… » m'a enseigné que je ne peux pas changer le passé, ni ce qu'on m'a fait, ni ce que j'ai fait aux autres. « … Le courage de changer les choses que je peux… » m'a appris à changer mes attitudes et mes ressentiments, mon apitoiement, et mes peurs. « … La sagesse d'en connaître la différence » m'a donné l'espoir de pouvoir changer pour le mieux.

Pendant un certain temps, il a été nécessaire que je me tourne vers le passé et que j'en vienne à accepter ce qui m'était arrivé étant jeune. Dans ma famille, le rejet affectif et la négligence étaient fréquents, minimisés, et voilés derrière la négation. Je devais donc faire face à la vérité et sortir de ma propre négation, qui me faisait croire que j'aurais un jour la chance de revivre mon enfance et de me refaire un meilleur passé.

Dans *Le Courage de changer*, une personne avisée a écrit qu'il est nécessaire de « regarder le passé sans le fixer ». Tant et aussi longtemps que j'ai gardé mon regard fixé sur mon passé sans ressentir les sentiments qui y étaient rattachés, je suis demeuré embourbé dans la peur, le ressentiment et l'apitoiement. J'ai donc continué de déraciner ces défauts qui m'empêchaient d'être serein. Je ne pouvais pas lâcher prise sur quelque chose que je ne possédais pas. Ce n'est que lorsque je me suis arrêté assez longtemps pour ressentir mon angoisse, mon amertume et mon vide intérieur que j'ai pu lâcher prise et aller de l'avant.

La Prière de Sérénité m'a aidé à croire que la sérénité, le courage et la sagesse pouvaient être obtenus. Elle a renforcé ma foi en Dieu et elle m'a donné l'espoir d'un avenir meilleur.

Pensée du jour

La Prière de Sérénité peut illuminer ces aspects de moi qui demeurent dans l'ombre de mon passé.

> « Et si une situation de crise surgit, ou qu'un problème me déroute, je l'examine à la lumière de la Prière de Sérénité et j'en extrais l'aiguillon avant qu'il ne me blesse. »
>
> *Al-Anon un jour à la fois*, p. 65

3 janvier

Ce n'est pas ma faute si mes parents et ceux que j'aime sont alcooliques. Ce n'est pas leur faute non plus. L'alcoolisme n'est pas une faute, c'est une maladie. Dans Al-Anon, je peux me rétablir des conséquences de ce mal familial.

Probablement que je ne pourrai jamais complètement effacer les conséquences de l'alcoolisme dans ma vie, mais je peux cesser de leur permettre de m'affecter. Al-Anon m'offre les outils et la direction dont j'avais besoin étant enfant, mais que je n'ai jamais obtenus parce que mes parents souffraient d'une maladie dévastatrice. Les Étapes, les Traditions, les slogans, le parrainage et le service m'offrent de nouvelles balises qui me guident intérieurement ainsi que dans ma relation avec ma Puissance Supérieure. Chaque minute, chaque heure, chaque jour, je souris un peu plus, je lâche prise un peu plus face au passé, et je vis un peu plus le moment présent. Chaque moment devient celui que j'ai toujours attendu. Chaque journée devient une précieuse collection d'occasions de me voir tel que je suis vraiment, enfant d'une Puissance Supérieure aimante.

Avec l'espoir et l'aide que j'ai trouvés dans Al-Anon, je peux devenir la personne que j'ai toujours rêvé d'être. Aujourd'hui, je suis libre de tout recommencer. Je fais cela à pas de bébé, « Un jour à la fois ». Je peux accepter que « Ça commence par moi » et « Ne pas compliquer les choses ». Tout ce que j'ai à faire, c'est de commencer quelque part en utilisant un slogan, en lisant la documentation approuvée par la Conférence à propos d'une Étape, ou en priant et en méditant en vue d'approfondir ma relation avec ma Puissance Supérieure.

Pensée du jour

Al-Anon m'aide à naviguer dans la vie avec aise, dignité, et espoir. Aujourd'hui, je partagerai mon espoir avec d'autres.

> « Pour moi, mettre le programme en pratique signifie que je choisis un des outils d'Al-Anon – un slogan, une Étape, la Prière de Sérénité, la liste des numéros de téléphone, ma marraine ou mon parrain – et que je m'en sers dans ma vie. »
>
> *De la survie au rétablissement*, p. 107

4 janvier

Première Étape : « Nous avons admis que nous étions impuissants devant l'alcool – que notre vie était devenue incontrôlable. »

Ce que *je n'admets pas* dans la Première Étape est tout aussi important que ce que *j'admets*. Je n'admets pas que je ne vaille rien. Je peux *me sentir* comme un raté, mais j'ai appris dans ce programme que les sentiments ne sont pas des faits. Si je m'arrête pour réfléchir, je réalise que je ne suis en rien diminué lorsque j'admets mon impuissance devant l'alcool. En réalité, et d'une manière essentielle, je rejoins les rangs de l'humanité puisque nous sommes tous impuissants devant quelque chose à un moment ou un autre.

Lorsque j'admets que ma vie est incontrôlable, je n'admets pas que je suis une mauvaise personne. Parce que j'essayais de maintenir l'illusion que j'avais du pouvoir alors que j'étais impuissant, ma vie est devenue incontrôlable. Toutefois, même si j'ai temporairement perdu le contrôle de ma vie, je n'ai rien fait de criminel. Je n'ai qu'à mettre la Première Étape en pratique pour commencer à retrouver ma sérénité.

Pensée du jour

La Première Étape m'encourage à bâtir ma vie dans une perspective plus équilibrée.

> « Lorsque nous comprenons que l'alcoolisme est une maladie et que nous nous rendons compte que nous sommes impuissants devant elle, de même que devant les autres êtres humains, nous sommes prêts à faire quelque chose d'utile et de constructif de notre propre vie. »
>
> *L'alcoolisme, un mal familial* p. 3

5 janvier

À chaque réunion Al-Anon, lorsque nous lisons notre formule de bienvenue suggérée, j'entends dire que « … dans Al-Anon, nous découvrons qu'aucune situation n'est vraiment désespérée. » Au début, j'ai eu de la difficulté à saisir cette idée avec mon cœur et mon esprit. Je me sentais ancré dans un lieu si sombre et rempli de désespoir qu'il me semblait que rien ne changerait jamais. Même dans l'éventualité où les membres Al-Anon *auraient pu* empêcher ma mère de boire, ils n'auraient certainement pas pu retourner dans le passé et me donner une enfance heureuse. Je me sentais condamné. Pourtant, en regardant autour de moi pendant les réunions, je voyais plusieurs visages souriants. Peut-être y avait-il de l'espoir, après tout.

J'ai dû assister à de nombreuses réunions et commencer à utiliser les slogans et les Étapes avant que je commence à sourire. C'est alors qu'une réalisation toute simple a complété le long trajet entre ma tête et mon cœur : aucune *situation* n'est *jamais* désespérée. Les situations ne perdent pas espoir, ce sont les gens qui le font. Ce qui a été perdu peut souvent être retrouvé, rétabli, remplacé, ou réparé. Même si les membres Al-Anon n'ont changé ni ma mère ni mon passé, ils m'ont aidé à changer d'attitude. Lorsque j'ai changé ma perspective, ma sombre et pessimiste façon de voir les choses a commencé à s'évaporer. Aujourd'hui, je suis reconnaissant, et j'apprécie toutes les choses qui se sont produites dans ma vie, y compris mon enfance et la consommation d'alcool de ma mère. C'est cela qui m'a amené où je suis aujourd'hui, et j'aime être ici.

Pensée du jour

Les situations peuvent changer. J'ai remarqué qu'elles changent beaucoup plus rapidement lorsque je change d'attitude.

« En voyant aux réunions les membres qui nous entourent acquérir une plus grande liberté et connaître plus de joie dans leur vie, la plupart d'entre nous prenons conscience que peu importe la situation à laquelle nous faisons face, peu importe à quel point nous nous sentons desespérés, il y a toujours de l'espoir.

Comment Al-Anon œuvre pour les familles et les amis des alcooliques, p. 13

6 janvier

En me rappelant mes anciens comportements et mon incompréhension de la nature de l'alcoolisme, je vois plus clairement combien j'ai progressé dans le programme Al-Anon.

Je ne savais pas ou ne croyais pas que l'alcoolisme était une maladie. Je croyais sincèrement que l'alcoolique dans ma vie pouvait contrôler sa consommation ou cesser de boire. Par conséquent, il m'était difficile de communiquer avec l'alcoolique. Nous avions fréquemment de violentes disputes, où l'un d'entre nous, ou les deux, finissaient par être blessés.

Heureusement, un professionnel m'a dirigé vers Al-Anon. Partager lors des réunions, ainsi que l'étude et la mise en pratique des outils Al-Anon m'ont donné une bonne compréhension de l'alcoolisme en tant que maladie. Je réalise maintenant que mon attitude envers l'alcoolique était grandement inadéquate. Comprendre et accepter l'alcoolisme en tant que maladie, m'aide à dissocier la maladie de la personne, ce qui me permet d'avoir de la compassion pour l'alcoolique tout en établissant des limites bienveillantes devant les comportements inacceptables.

Pensée du jour

Comprendre l'alcoolisme en tant que maladie m'aide à avoir de la compassion pour l'alcoolique et en même temps à prendre soin de moi.

« Les spécialistes œuvrant dans ce domaine ne considèrent pas l'alcoolisme comme étant une faiblesse morale ou un péché, mais comme une maladie complexe pouvant être en partie physique et en partie émotionnelle. »

Message d'espoir, p. 1

7 janvier

Un des premiers dictons Al-Anon que je me souvienne avoir entendu, communément appelé les « Trois C », incarne le concept de l'impuissance devant l'alcoolisme : « Je n'en suis pas la cause, je ne peux pas le contrôler, et je n'en connais pas la cure. »

J'aime le message des trois C : « Je n'en suis pas la cause » me libère de tout reste de culpabilité dont je peux encore souffrir : si seulement j'avais été un meilleur fils – si j'avais travaillé plus fort à l'école, si j'en avais fait un peu plus à la maison, si je m'étais moins chamaillé avec mes frères et sœurs – mes parents ne seraient peut-être pas devenus alcooliques. En réalité, le fait qu'ils souffrent de cette maladie n'a rien à voir avec moi.

« Je ne peux pas le contrôler » me donne la permission de vivre ma vie et de prendre soin de moi. Je n'ai plus à gaspiller mon énergie à essayer de manipuler les gens et les situations de manière à ce que les alcooliques consomment moins. Quoi que je fasse ou quoi que je dise, que je m'abstienne de faire ou de dire quoi que ce soit, rien n'influencera l'alcoolique qui choisit de boire. Ce choix est entièrement hors de mon contrôle.

« Je n'en connais pas la cure » me rappelle que je n'ai pas à répéter sans cesse les mêmes comportements insensés en espérant obtenir des résultats différents. Je n'ai pas à m'acharner à faire une dernière tentative désespérée pour mettre fin à la consommation, espérant que « cette fois-ci, cela va marcher ». Je n'ai pas à chercher la cure miracle qui n'existe pas. Je peux plutôt consacrer mon énergie à mon rétablissement.

Pensée du jour

Lorsque j'éprouve de la confusion concernant ce que signifie vraiment être impuissant devant l'alcool, les « Trois C » m'offrent une balise éclairante.

« Les personnes alcooliques en phase active sont des gens qui boivent. Elles ne boivent pas à cause de vous ou de moi, mais parce qu'elles sont alcooliques. Peu importe ce que je fais, je ne changerai rien à cela... »

Le Courage de changer, p. 71

8 janvier

Je croyais sincèrement que parler continuellement à Dieu de mes problèmes était une forme de prière et de méditation. Pourtant, je ne trouvais pas le sentiment de tranquillité que je recherchais. Ce n'était pas parce que je n'arrivais pas à éliminer les distractions; je l'avais fait pendant presque toute ma vie. Quand j'étais jeune, je me couvrais la tête pour ne pas entendre mes parents se disputer. Je parvenais à m'engourdir et à ne pas sentir la ceinture lorsque ma mère me battait. J'étais tellement habile à faire la sourde oreille, cela m'effrayait. Un jour, tandis que je suppliais Dieu de m'aider, j'ai brûlé un signal d'arrêt obligatoire. Je n'ai même pas entendu la sirène ni aperçu les feux clignotants de la voiture de police qui me suivait.

Une fois, j'ai entendu un membre Al-Anon dire qu'il réfléchissait tellement à ses problèmes que, souvent, il n'entendait pas les solutions qu'on lui offrait aux réunions. Il disait que s'il ne pouvait même pas se concentrer sur son rétablissement pendant les réunions, il n'y parviendrait certainement pas à la maison. Je ne voyais pas comment cette réflexion pouvait bien s'appliquer à ma situation, mais je trouvais qu'il avait raison. L'animateur n'avait pas terminé la première phrase de la formule de bienvenue, que je retournais de nouveau un problème dans mon esprit. Après avoir pris conscience de cette tendance, j'ai commencé à me concentrer sur l'expérience, la force et l'espoir partagés pendant les réunions.

Maintenant, au lieu de ressasser mes problèmes, je médite sur la force et la puissance de ma Puissance Supérieure, et sur Son amour pour moi. Ce faisant, j'obtiens un sentiment de paix qui me porte pendant toute la journée. J'ai toujours des problèmes, mais ils ne me semblent plus si imposants.

Pensée du jour

La prière et la méditation me permettent de me concentrer sur la solution, plutôt que sur le problème.

« Durant ma période de méditation quotidienne, j'essaie de concentrer toute mon attention sur Dieu. Quand je Lui remets mes problèmes, j'essaie de les Lui laisser et de garder mon attention centrée sur Lui. »
Tel que nous Le concevions, p. 225

9 janvier

Avant Al-Anon, je permettais aux comportements des alcooliques dans ma vie de me rendre très malheureuse. Même s'il était vrai que je souffrais beaucoup, étaient-ils vraiment responsables de ma souffrance ? Al-Anon m'a appris à être responsable de mon propre bonheur.

Tôt dans mon rétablissement, j'ai téléphoné à ma marraine parce que je souffrais encore une fois en réaction au comportement d'une personne alcoolique. Au cours de cette conversation téléphonique, ma marraine a utilisé une expression qui a changé ma façon de réagir aux difficultés que j'éprouvais dans mes relations. Elle m'a expliqué qu'une fois, c'est un hasard, deux fois, c'est une coïncidence et trois fois, c'est une habitude.

Qu'est-ce que cela signifie pour moi ? Si je continue de souffrir en réaction au comportement particulier d'une personne alcoolique et que cela s'est produit trois fois ou plus, je dois arrêter d'espérer que ce comportement va cesser; je dois plutôt me détacher et commencer à changer *mes* attitudes, *mes* attentes, et *mes* réactions.

Lorsque je suis parvenue à voir ma souffrance comme étant ma propre réaction devant les autres, j'ai pu commencer à identifier comment je contribuais au problème. Parfois, j'ai tendance à soulever un sujet dont il aurait mieux valu ne pas parler, ou à entamer une conversation sérieuse à un moment inopportun. Parfois, c'est que je nourris des attentes irréalistes. Lorsque je vois le rôle que je joue dans une habitude, je peux choisir une autre réaction que la souffrance.

Il n'est pas nécessaire que je souffre à cause des comportements des autres. Je peux seulement changer ma façon de réagir. Cela me donne la liberté d'apprécier ma vie.

Pensée du jour

La prochaine fois que je réagirai au comportement d'une autre personne, je me demanderai combien de fois j'ai réagi de la même manière auparavant.

« Si je réagis constamment, je ne suis jamais libre. »
Al-Anon est aussi pour les enfants adultes des alcooliques,
p. 17

10 janvier

Comme bien des enfants d'alcooliques, je m'étais juré de ne jamais boire comme mon père. Malgré tout, il m'arrive de m'enivrer : je me grise d'émotions. Si je n'y mets pas un frein, ma souffrance, ma colère et ma peur peuvent déclencher en moi une spirale en dégringolade qui me laisse complètement hors de contrôle. Souvent, je suis incapable de fonctionner parce que je laisse ma mauvaise humeur m'entraîner dans un abîme de dépression. C'est comme si j'étais ivre d'émotions. Je ne supporte pas plus les émotions qu'un alcoolique supporte l'alcool.

J'utilise la Première Étape pour m'aider à accepter que, pour aujourd'hui seulement, je suis par moi-même impuissant à mettre fin à ces ivresses émotionnelles lorsqu'elles prennent leur élan. J'ai le pouvoir, cependant, de prendre de petites décisions qui me ramènent à ma Puissance Supérieure et à la raison, tel que mentionné dans la Deuxième Étape. Parfois, ce sont des décisions si simples que tout ce que j'ai à faire, c'est de changer la position de ma main. Je l'éloigne de mon visage en larmes et je prends le téléphone pour appeler mon parrain, pour lire un numéro de la revue *Le Forum* ou pour faire démarrer ma voiture et me rendre à une réunion.

Lorsque je fais l'une de ces choses, la paix et la sérénité s'infiltrent de nouveau dans mon cœur et dans mon esprit. Maintenant, je m'efforce d'éprouver des sentiments sans leur permettre de me contrôler. Je prie quotidiennement pour obtenir la capacité de ressentir et d'exprimer mes sentiments de manière honorable pour moi et pour les gens qui touchent ma vie.

Pensée du jour

Si je me rends disponible, ma Puissance Supérieure peut faire pour moi ce que je ne peux pas faire par moi-même.

> « …Dans Al-Anon, nous avons trouvé les Douze Étapes d'un programme d'aide spirituelle et de sollicitude humaine qui nous ont apporté l'inestimable don de la sérénité et qui nous a montré la voie menant à cette maturité émotionnelle qui manquait dans nos familles. »
>
> *De la survie au rétablissement,* p. 19

11 janvier

Lorsque j'étais jeune, j'avais peu d'amis. J'étais trop gênée pour inviter quelqu'un à la maison, et je ne voulais rendre visite à personne de peur de ce que je pourrais trouver en rentrant. Je pensais que, d'une certaine façon, ma présence empêcherait ma mère de boire. Le temps a passé; je me suis mariée, j'ai fondé une famille, et je me suis concentrée sur l'alcoolisme de mon conjoint. Ma vie m'a vite semblé incontrôlable. J'ai entendu parler d'Al-Anon et j'ai commencé à assister aux réunions. Depuis, je suis entrée en contact avec les éléments essentiels du rétablissement, notamment l'amitié.

Dans mon groupe d'appartenance, je me suis liée d'amitié avec une personne encourageante, positive, et très sérieuse en ce qui concerne le rétablissement. J'ai récemment appris que cette amie allait déménager dans un autre état. Mon amie va me manquer. J'ai toujours eu de la difficulté à laisser aller les gens qui font partie de ma vie. J'ai tendance à m'attacher, à m'accrocher et à m'agripper comme si cette relation était ma dernière chance de connaître l'intimité. Cependant, Al-Anon m'a appris que je peux faire des choix. Les relations n'ont pas nécessairement à prendre fin à cause de la distance.

J'ai appris à mieux faire face au déménagement de mon amie, en l'acceptant et en m'efforçant d'avoir de la gratitude pour ce que notre relation m'a apporté. J'apprécie le temps que mon amie et moi avons passé ensemble. Je suis reconnaissante d'être suffisamment rétablie, grâce à Al-Anon, pour pouvoir faire l'expérience de l'intimité. J'apprécierai toujours les nombreuses choses qu'elle m'a apprises. Même si elle déménage, nous pourrons bavarder au téléphone, nous écrire des lettres, et peut-être même nous rendre visite à l'occasion. Si nous perdons contact, ce sera bien aussi. Je peux me concentrer sur le côté positif et être heureuse pour elle. Je peux lâcher prise et m'en remettre à Dieu pour décider de l'avenir de notre amitié.

Pensée du jour

Maintenant que j'ai plus confiance en mon rétablissement, je peux laisser mes amitiés suivre la volonté de Dieu plutôt que la mienne.

> « Mon défi, c'est de me concentrer sur moi et de laisser Dieu s'occuper de mes amis. »
>
> Living Today in Alateen, p. 8

12 janvier

L'alcoolisme est un voleur. Il nous vole nos êtres chers. Il nous dérobe des possibilités d'emploi, des relations intimes, et notre sécurité physique. Dans le cas de ma mère, il a fini par lui voler sa vie. L'alcoolisme a dérobé de mon enfance la confiance et la sécurité. J'ai grandi en me sentant comme une illusion d'adulte – apparemment bien ajustée, j'étais intérieurement perdue et effrayée.

Dans Al-Anon, j'ai appris que même si je n'ai jamais pris un verre, je me débats avec les conséquences de la maladie de l'alcoolisme. Elles peuvent me voler les joies offertes par chaque jour de ma vie. La négation me dérobe la capacité de voir ma situation sous un regard clair et honnête. Mon indépendance obstinée escamote les conseils et le réconfort que m'offre ma Puissance Supérieure. Le ressentiment sape l'amour et la bonne volonté dans mes relations avec les autres. Les soucis obsessifs rongent ma volonté d'accepter et d'apprécier la vie telle qu'elle se présente.

L'espoir me vient à travers les mots de la Deuxième Étape. Ma Puissance Supérieure peut me redonner ce que je croyais avoir irrémédiablement perdu – la raison et la sérénité. On ne me promet pas que ceux que j'aime trouveront la sobriété. Ce que l'on m'offre cependant, c'est le cadeau qui m'attendait sous la forme du programme Al-Anon, qui comble le vide laissé dans mon cœur et mon esprit par la maladie de l'alcoolisme. J'ai un programme que je peux mettre en pratique avec l'aide de ma Puissance Supérieure, Qui me rend ma santé mentale, émotionnelle et spirituelle, un jour à la fois.

Pensée du jour

Qu'est-ce que l'alcoolisme a soustrait de ma vie ? Qu'est-ce que ma Puissance Supérieure peut m'aider à retrouver ?

« Laisser votre Puissance Supérieure diriger votre vie, cela n'a-t-il pas plus de sens que de la laisser diriger par la maladie d'une autre personne ? »
Passages favoris du Forum, Volume 4, p. 102

13 janvier

Au début, je n'ai vraiment pas apprécié que mon groupe procède à un inventaire de groupe. Je serrais les dents et j'étais impatiente d'en arriver à la « vraie » réunion. Je me disais qu'au moins, si *je* ne prenais pas part aux discussions, l'inventaire finirait plus vite. Toutefois, étant donné que je désirais me rétablir, j'ai examiné mon comportement et j'ai découvert une tendance. Je refusais non seulement de participer aux inventaires de groupe, mais je m'investissais à peine dans le groupe. Je restais à l'écart, isolée même lorsque j'étais entourée par mes compagnons dans la fraternité.

Lorsque j'ai commencé à me sentir lésée par les décisions de mon groupe, j'ai examiné ma tendance plus sérieusement. Cet effort m'a permis de me rappeler ce que je ressentais adolescente en grandissant dans un foyer marqué par l'alcoolisme : ignorée, invisible, et insignifiante. Les décisions étaient souvent prises sans que mes idées ou mes sentiments soient pris en considération. J'ai fini par décider que je n'essaierais même plus de me faire entendre. Je me suis dit que cela n'avait pas d'importance.

J'ai été vraiment choquée de constater que je me comportais de la même manière dans mes groupes Al-Anon. Lorsque je permettais au groupe de prendre des décisions sans ma participation, choisissant encore une fois de me taire, je perpétuais le rôle de victime qui m'avait tant fait de tort.

J'ai finalement décidé qu'il valait mieux risquer de parler plutôt que de nourrir un ressentiment. Lorsque j'ai commencé à prendre part aux affaires du groupe, j'ai remarqué que les autres membres écoutaient ce que j'avais à dire. Ils m'accostaient après les réunions pour me remercier d'avoir exprimé des choses auxquelles ils pensaient eux aussi. Lentement, mon estime de moi a augmenté. Je *suis* importante, mais je devais prendre le risque de le découvrir.

Pensée du jour

Notre Puissance Supérieure pourrait bien utiliser ma voix pour communiquer à mon groupe la réponse qu'il recherche.

« Le sentiment réconfortant d'être tous égaux nous encourage à prendre une part active au travail de notre fraternité. »

Les Douze Étapes et les Douze Traditions d'Al-Anon, p. 111

14 janvier

Une des aptitudes les plus importantes que j'ai acquises dans Al-Anon, c'est d'apprendre à discerner ce qu'est un comportement acceptable et à établir des limites dans mes relations avec les autres. Établir des limites m'aide à prendre soin de moi dans mes relations et m'empêche de devenir une victime. Les réactions à ces limites me permettent d'évaluer la qualité de mes relations. Néanmoins, je me sens encore agité lorsque j'établis des limites. J'ai peur que l'autre personne ne se choque et mette fin à notre relation. J'ai vécu diverses formes d'abandon en grandissant au contact de l'alcoolisme, et ce n'est pas quelque chose que j'aime revivre. Parfois, la peur m'empêche d'établir des limites. En d'autres occasions, j'exprime mes limites de manière excessivement rigide, espérant ne plus jamais avoir à faire face au même problème. Je réussis mieux quand j'établis mes limites un jour à la fois.

Par exemple, mon conjoint regarde la télévision tard le soir, et il me réveille souvent sans le faire exprès quand il vient se coucher. Selon la journée que j'ai eue, cela me dérange parfois, et parfois non. J'ai cessé d'établir avec mon conjoint des limites générales, sans nuances. Au lieu de lui dire « À partir de maintenant, quand tu regardes la télévision après 23h00, je vais me coucher dans la chambre d'invités », je lui demande « Vas-tu continuer de regarder cette émission ? » S'il me dit oui, je lui dis que je vais me coucher dans la chambre d'invités et je lui souhaite une bonne soirée. De cette manière, je prends soin de moi et je ne risque pas de nourrir un ressentiment. Je nous offre à tous deux des choix, et notre relation en est d'autant plus harmonieuse.

Pensée du jour

Des limites trop souples ou trop rigides ne m'aident pas. En établissant mes limites de manière flexible, une circonstance à la fois, elles peuvent contribuer à améliorer mes relations avec les autres.

« Al-Anon m'a appris à faire la différence entre les murs et les limites. »
Le Courage de changer, p. 201

15 janvier

J'ai adhéré à Al-Anon à cause de la consommation d'alcool de mon mari. Je me suis agrippée à la documentation, aux slogans, aux Douze Étapes et aux membres faisant partie de cette merveilleuse fraternité, et je me suis graduellement rétablie. Toutefois, une chose ne cessait de me tracasser. Puisque je n'avais pas grandi dans le foyer d'une personne alcoolique, pourquoi est-ce que je répondais oui à presque toutes les questions du dépliant Al-Anon « Avez-vous grandi auprès d'un buveur problème ? » Je n'ai pas obtenu de réponse rapide, mais en mettant en pratique mon programme avec diligence, je suis parvenue à changer mes réponses à plusieurs de ces questions. Avec le temps, j'ai surmonté ma dépendance envers l'approbation des autres, ma peur de l'échec, ainsi que mon sens de responsabilité excessive envers les gens, les endroits et les choses hors de mon contrôle.

Après plusieurs années, ma Puissance Supérieure a finalement décidé de me révéler pourquoi je m'identifiais avec ce dépliant. Mes parents étaient des enfants adultes de parents alcooliques. Ces alcooliques étaient mes grands-parents. Être élevé par des enfants adultes d'alcooliques peut être tout aussi dommageable que d'être élevé par des alcooliques. Bien que mes parents aient fait le choix de ne pas boire, ils n'avaient cependant pas choisi le rétablissement. Sans le savoir, ils avaient transmis des attitudes et des comportements malsains à une autre génération.

Maintenant, j'ai un choix à faire, et voici ma position : « Ça commence par moi. » Aujourd'hui, avec l'aide du programme et d'une Puissance Supérieure aimante, je choisis le rétablissement. Je choisis de faire ma part pour mettre un terme aux vastes et tragiques conséquences de cette maladie appelée alcoolisme, qui traverse les générations. Je suis disposée à faire ce que je dois pour mettre un terme à cette maladie. Avec l'aide d'Al-Anon, ma famille peut connaître une meilleure façon de vivre.

Pensée du jour

Avant Al-Anon, j'étais porteur de cette maladie. Vivre le programme Al-Anon m'immunise contre ses effets et m'empêche de répandre ses ravages.

« L'alcoolisme semblait parfois sauter une génération... »
De la survie au rétablissement, p. 15

16 janvier

À mes débuts dans Al-Anon, j'avais de la difficulté à saisir ce qu'est l'humilité et à l'intégrer dans mon comportement. Toutefois, j'avais une idée de la signification d'être disposée à apprendre, et j'ai commencé à m'examiner pour voir ce que je pourrais changer en moi pour devenir plus ouverte et mieux disposée à apprendre.

Lorsque je commence à croire que je sais tout ou que ce n'est peut-être pas grave de manquer quelques réunions, je me retrouve en terrain dangereux. Être disposée à apprendre, cela signifie que je vais aux réunions et que j'écoute vraiment ce que chacun a à dire, les nouveaux venus comme les membres de longue date. Cela signifie aussi que j'écoute lorsque je discute avec ma marraine ou une autre amie dans le programme. Parfois, j'entends des suggestions et je me dis : « Non, cela ne me concerne pas ». Lorsque cela se produit, je dois ouvrir mon esprit et demeurer réceptive à ce que j'entends. Le programme Al-Anon fonctionne dans la mesure où je suis ouverte, honnête, et bien disposée; ces attitudes sont des ingrédients importants d'une humble phase d'apprentissage. Être disposée à apprendre signifie que j'admets que je ne sais pas tout. Cheminer sur le sentier de l'amélioration personnelle, c'est le voyage de toute une vie.

Pensée du jour

Plus je suis disposé à écouter pour apprendre, plus je suis disposé à me laisser guérir par ma Puissance Supérieure.

« L'humilité me libère des pressions extérieures et me permet d'apprendre en tout temps de quiconque et de quelque expérience que ce soit. »
Courage to Be Me, p. 137

17 janvier

Je médite souvent sur la signification du lâcher prise. Il m'arrive d'avoir l'impression de comprendre ce que cela signifie, jusqu'à ce qu'une nouvelle situation me mette au défi et vienne élargir ma compréhension. Je me demande alors de nouveau : « Qu'est-ce que cela signifie, lâcher prise ? »

Récemment, je contemplais un merveilleux bouquet de fleurs. Tout en humant le parfum exquis exhalé par les pétales déjà ouverts, je me suis surprise à souhaiter que les bourgeons fermés s'ouvrent eux aussi. Je me suis ensuite souvenue d'avoir déjà vu des fleurs dont les bourgeons ne s'étaient jamais ouverts.

J'ai parfois de la difficulté à m'ouvrir – à lâcher prise – et à révéler ma véritable splendeur. Je me retiens souvent de peur que les autres ne me comprennent pas et me critiquent. Dans le contexte des fleurs, me retenir peut signifier que j'essaie de cacher la richesse et l'ampleur de mon beau bouquet jaune derrière la façade de l'un qui semble rougeâtre, décharné et filiforme. Quand j'y pense sous cet angle, me retenir me semble être une bien triste façon de gaspiller mon énergie.

Dans tout bouquet, chaque fleur me plaît – chacune a ses propres pétales, et ensemble elles forment une merveilleuse symphonie de couleurs et de parfums. Elles me rappellent de renoncer à ma fausse réserve et de me permettre de laisser mes propres pétales s'ouvrir dans leur pleine splendeur et dans leur pleine fragrance, pour que je puisse prendre avec joie, la place qui me revient dans le bouquet des gens qui m'entourent.

Pensée du jour

Est-ce que je cache ou retiens un aspect de moi-même ? Aujourd'hui, quelle beauté puis-je libérer ou étreindre ?

> « En apprenant à " lâcher prise" avec bienveillance... j'ai obtenu un merveilleux cadeau : une vie qui m'appartient. »
>
> *Le retour au foyer,* p. 4

18 janvier

Voici la seule pensée que j'ai retenue de ma première réunion Al-Anon : nous pouvons apprendre à vivre en paix avec nous-mêmes et avec les autres. « Vivre en paix avec soi-même et avec les autres ? », me suis-je demandée, « Comment les gens font-ils cela ? » Que ce soit en grandissant au contact de l'alcoolisme, puis dans ma propre famille et au travail, je n'avais jamais connu un mode de vie paisible. Face à moi-même, je luttais constamment contre la culpabilité, la peur et la colère qui contrôlaient ma vie.

Face aux autres, je me battais constamment pour une cause ou une croyance quelconque, m'efforçant de leur faire comprendre que mon point de vue était le bon. Évidemment, je ne gagnais jamais, et ces guerres n'avaient pas de fin.

Quand je suis arrivée à Al-Anon, j'ai finalement trouvé la paix que je désirais tant. Al-Anon m'a montré que le chemin vers la paix passe par l'acceptation des gens, des endroits, des choses et des situations que je ne peux pas changer. M'accepter telle que je suis, en mettant en pratique la Quatrième à la Neuvième Étape m'a permis de me libérer du juge et du jury intérieurs dont je m'étais affligée. Accepter les autres avec l'aide de la Prière de Sérénité m'a permis de cesser de me battre. L'acceptation permet à Dieu de faire ce que je ne peux pas faire. L'acceptation m'ouvre la porte du progrès et me guide dans mon cheminement spirituel, un jour à la fois.

Il n'est pas toujours facile d'accepter les choses que je ne peux pas changer; parfois, je me débats vraiment. Puisque ma vie change constamment, il y a toujours une nouvelle personne ou une nouvelle situation à accepter. Heureusement, je n'ai pas à affronter seule le processus de l'acceptation. Ma Puissance Supérieure me donne la force, Al-Anon m'indique la voie, et les membres de la fraternité m'offrent leur soutien. Tout ce dont j'ai besoin pour éprouver la paix, c'est de persister.

Pensée du jour
La paix est une conséquence naturelle de l'acceptation.

« L'acceptation provient du réconfort que nous obtenons auprès des membres lors des réunions, lorsque nous commençons graduellement à comprendre et à nous soucier de nous-mêmes et des autres... »
Alateen Talks Back on Acceptance, p. 3

19 janvier

Pouvoir confier ce qui habite mon cœur et mon esprit a été la clé de mon rétablissement. Quand je suis arrivé à Al-Anon, j'étais prêt à recevoir de l'aide mais je ne savais pas trop comment l'obtenir. Je savais que quelque chose n'allait vraiment pas, et je me disais que c'était moi.

Ma première année dans Al-Anon a été difficile. J'écoutais les autres raconter courageusement ce qu'ils avaient vécu et ressenti dans leur enfance; j'étais attentif, mais je restais assis dans un silence rempli de honte. J'étais certain que même si je restais silencieusement assis, tout le monde pouvait voir mes honteux secrets d'enfance. Et comme si ce n'était pas suffisant, j'avais honte d'être si discret pendant les réunions.

Malgré ce sentiment de mortification parfois insoutenable, j'ai continué d'assister aux réunions Al-Anon. Avec le temps, j'ai compris que même si je n'étais pas seul à souffrir, je continuerai de me sentir isolé tant et aussi longtemps que je choisirais de garder le silence. Alors j'ai commencé à m'ouvrir et à faire confiance aux gens. J'ai commencé à confier mes « pires » secrets aux membres du groupe. À mon grand soulagement, le partage de mes expériences a été accueilli avec amour et compassion.

Aujourd'hui, vous auriez peine à croire que j'étais cet homme silencieux assis au fond de la salle de réunion Al-Anon. Maintenant, j'exprime ce qui habite mon cœur et mon esprit. Je sais qu'en agissant ainsi, non seulement je m'aide mais j'aide aussi les autres. Si, pendant ma première année de réunions Al-Anon, personne n'avait accepté de raconter son histoire, je n'aurais jamais su qu'il y avait d'autres personnes comme moi. Je n'aurais jamais reçu les cadeaux de ce merveilleux programme.

Pensée du jour

Dans Al-Anon, je peux exprimer ce qui habite mon cœur tout en sachant que mes paroles seront accueillies avec compréhension et compassion.

> « Je vivais dans ma propre prison, prisonnier de mes sentiments de haine et de honte. Maintenant, je suis libre. La clé, c'est d'utiliser le programme pour faire quelque chose pour moi. »
>
> *Alateen – un jour à la fois*, p. 175

20 janvier

Je crois que faire la Troisième Étape, « Nous avons décidé de confier notre volonté et notre vie aux soins de Dieu *tel que nous Le concevions* », est autant une question d'attitude que de passer à l'action. Mon attitude peut influencer mon progrès avec le reste des Étapes. Une analogie avec un élève en classe illustre bien ma façon de voir les choses : je crois que Dieu m'a placée ici pour que j'apprenne certaines leçons de nature spirituelle. J'ai des choix. Je peux ne pas faire mes devoirs, sortir toute la nuit, rester au lit quand le réveil sonne, ne pas déjeuner, arriver en retard à l'école, et somnoler pendant les cours – je manquerai ainsi plusieurs leçons et je devrai les reprendre.

Par contre, je peux faire mes devoirs, prendre une bonne nuit de sommeil, me réveiller à temps, prendre mon petit déjeuner, arriver tôt à l'école, et m'appliquer en classe. Si je fais ces choses, je ferai du progrès, et cela en dépit des contretemps occasionnels qui surviendront certainement.

J'ai appris que je deviens disposée à apprendre lorsque j'abandonne. En abandonnant, j'obtiens le courage nécessaire pour mettre en action la décision que j'ai prise à la Troisième Étape, et mettre en pratique de la Quatrième à la Douzième Étape. Cela m'encourage de savoir que j'emmène avec moi un Dieu d'amour Qui me guidera au fil des leçons spirituelles que je dois apprendre.

Pensée du jour

Mes attitudes influencent les choix que je fais à l'égard de mon rétablissement. Aujourd'hui, quel genre de rétablissement est-ce que je choisis ?

> « Le moment est venu pour moi de reconnaître que mon attitude devant ma vie présente et ceux qui en font partie peut avoir une influence tangible et mesurable sur ce qui m'arrive jour après jour. »
> *Al-Anon un jour à la fois,* p. 246

21 janvier

Devenir guide Alateen m'a permis d'ouvrir mon cœur et de renouer avec les chagrins et les joies enfouis dans mon passé. Être assise chaque semaine dans une salle remplie de jeunes gens, voir différents aspects de moi dans chacun d'entre eux et les entendre raconter en leurs mots une partie de mon histoire, cela m'a finalement permis de me regarder dans le miroir. Ma Puissance Supérieure s'exprimait à travers les témoignages personnels et colorés de ces adolescents, me permettant de redécouvrir et de guérir les sombres souvenirs que j'avais enfouis.

Le parrainage Alateen m'a placé face à face avec la jeune personne que j'avais été. L'expérience, la force et l'espoir partagés par ces adolescents qui utilisaient le programme pour faire face aux conséquences dévastatrices de l'alcoolisme de leurs parents m'ont donné le courage nécessaire pour examiner ma propre jeunesse. Mon rétablissement s'est accéléré en utilisant les outils Al-Anon pour examiner les attitudes, les perceptions et les comportements que j'avais cultivés afin de survivre à l'alcoolisme dans ma famille. Je me suis finalement abandonnée complètement au fait que je suis impuissante devant mon passé.

Les membres Alateen m'ont aidé à ramener à la vie toute la beauté et la joie ensevelies sous les abus qui avaient accompagné l'alcoolisme dans ma famille, et à obtenir une vision plus claire et mieux définie de qui je suis, aujourd'hui. Apprendre à aimer ces merveilleux enfants, et apprendre à accepter leur amour à mon égard a fait tomber les murs qui emprisonnaient mon cœur et cela m'a permis, enfin, d'aimer l'enfant remarquable que j'ai découvert en moi.

Pensée du jour

Les membres Alateen ont beaucoup à offrir aux membres Al-Anon. Aujourd'hui, je me demanderai comment nous pouvons nous aider les uns les autres.

« Je suis récompensé du temps que je passe en tant que guide quand je vois les membres régler aussi bien des problèmes que j'ai trouvés si difficiles à aborder. Cela me donne confiance en ma possibilité de changer. »

Guide du parrainage Alateen, p. 20

22 janvier

Viser le progrès plutôt que la perfection et m'occuper de mes propres affaires, sont les deux suggestions d'Al-Anon pour le rétablissement qui m'importent le plus. J'ai grandi dans un milieu d'alcooliques. J'ai traîné dans ma vie adulte la notion que je *devais* être parfaite, et que j'étais responsable de tout le monde. Évidemment, je n'ai jamais atteint cet objectif de perfection, et j'ai fini par me sentir inférieure, pas assez intelligente, pas assez attirante, tout simplement pas assez bien. Pour m'aider à supporter le fait que je n'avais pas réussi à atteindre mon but de perfection, je me suis concentrée sur les défauts de caractère des gens qui m'entouraient. Mon besoin d'être parfaite se nourrissait de mes préoccupations à l'égard des autres.

Dans Al-Anon, j'ai découvert que je n'avais pas à être parfaite; je ne pourrai jamais l'être en dépit de mes efforts en ce sens. J'ai plutôt appris à me satisfaire du mouvement vers l'avant, aussi minime soit-il. Je me suis exercée à m'occuper de mes propres affaires, à me concentrer sur moi et non sur les autres, afin de pouvoir changer ce que je suis en mesure de changer. J'ai découvert que je n'étais pas la seule à me débattre avec cette folie qui consiste à essayer de devenir quelque chose que je ne pourrai jamais être. J'ai appris à identifier et à laisser aller mes attentes irréalistes, et que les autres, particulièrement les autres membres Al-Anon, n'avaient pas les mêmes attentes que moi à mon égard. Je continue d'apprendre à me traiter avec douceur, bienveillance et amour. Je continue d'apprendre que je ne peux pas changer les gens qui m'entourent, mais que je peux changer ma façon de les traiter – avec dignité et respect.

Pensée du jour

Aujourd'hui, ne pas m'en faire avec mes imperfections et apprécier les choses qui me concernent, c'est suffisant pour moi. Pour cela, j'éprouve de la gratitude.

« J'ai appris aux réunions qu'il est parfaitement acceptable de faire de tout petits pas et qu'ils s'ajoutent les uns aux autres. »

Comment Al-Anon œuvre pour les familles et les amis des alcooliques, p. 323

23 janvier

Apprendre à maintenir une attitude de gratitude est un des cadeaux que j'ai reçus d'Al-Anon. Avant le programme, je ne comprenais pas vraiment ce qu'est la gratitude. Je croyais qu'il s'agissait de la joie que je ressentais lorsque la vie se déroulait selon mes besoins et mes désirs. Je croyais que c'était le sentiment de bien-être que j'éprouvais quand j'obtenais une satisfaction immédiate.

Aujourd'hui, grâce à un nombre incalculable de réunions, d'appels téléphoniques, de discussions avec mes marraines, d'inventaires personnels et de lectures, je comprends un peu mieux. La gratitude fait partie intégrante de ma sérénité. En fait, c'est habituellement le moyen qui me permet de retrouver la sérénité lorsque je constate que je m'en écarte.

La gratitude ouvre la porte de mon cœur à l'influence bienfaisante de ma Puissance Supérieure. Il n'est pas toujours facile d'éprouver de la gratitude lorsque la voix stridente de ma maladie réclame un comportement malsain. Toutefois, en travaillant plus fort à mon programme, c'est possible.

Les Étapes me rappellent de rechercher la volonté de Dieu, et je crois que c'est la volonté de Dieu que j'assiste aux réunions, que je lise la documentation, que j'appelle ma marraine, et que je sois reconnaissante. Reconnaissante ? Oui. Pour quoi ? Pour tout ! J'éprouve de la gratitude pour la maladie qui m'a conduite à Al-Anon, pour une Puissance Supérieure qui m'aime comme je suis, et pour ma marraine, les listes de numéros de téléphone, et les appels téléphoniques. J'éprouve de la gratitude pour les réunions et tout ce que j'y apprends, et parce que je sais que la gratitude conduit vers le progrès. J'éprouve aussi de la gratitude pour les précieux membres de ma famille qui souffrent de la maladie de l'alcoolisme, et pour AA, Al-Anon, Alateen, la sérénité – pour tout !

Pensée du jour

Le moment présent engendre le suivant. Si j'emplis le moment présent de gratitude, le moment suivant ne pourra faire autrement que d'amener de bonnes choses.

« Aujourd'hui seulement, je sourirai. Je serai reconnaissant pour ce que j'ai au lieu de me concentrer sur ce que je n'ai pas. »

Alateen - Aujourd'hui seulement

24 janvier

Quelqu'un m'a déjà expliqué le maintien de la sérénité de la manière suivante : supposons que, à table, quelqu'un me demande de lui passer le sel. « Bien sûr », lui répondrai-je en lui passant la salière. Supposons maintenant que quelqu'un me demande de lui passer ma sérénité – est-ce que je la lui donnerai si volontiers ? J'en doute.

Pourtant, lorsque je réagis à un comportement alcoolique, c'est exactement ce que je fais. Je me perds moi-même, et je perds ainsi ma sérénité. Je la laisse aller aussi machinalement que si je passais le sel ou le poivre.

Pour maintenir ma sérénité, je dois travailler à mon programme. Je dois particulièrement mettre en pratique ces principes qui m'évitent de me perdre moi-même, ainsi que ceux qui me permettent de me retrouver si je me perds. Par exemple, le détachement m'aide à me concentrer sur mon programme, tout comme le slogan « Penser », auquel j'ajoute « Arrêter ». Je pense à m'arrêter et à réfléchir afin de déterminer ce que l'autre personne me demande vraiment, avant de réagir.

S'il m'arrive de perdre ma sérénité, il y a des pensées qui me ramènent à l'ordre, comme « Vivre et laisser vivre » et placer les principes au-dessus des personnalités. Lorsque je réalise que je suis en train de réagir, me rappeler ces principes est souvent suffisant pour que je m'arrête et que je réfléchisse à ma réaction, ce qui me ramène habituellement à la raison.

Même si je ne sais pas trop quel principe utiliser pour retrouver ma sérénité, tout ce que j'ai à faire c'est me demander si je mets vraiment ces principes en pratique dans tous les domaines de ma vie. Il peut sembler que ma sérénité s'est envolée parce que quelqu'un d'autre me l'a volée, mais habituellement c'est que je n'utilise pas mon programme aussi bien que je le pourrais. On dit dans Al-Anon qu'il faut donner ce qu'on a reçu si on veut le conserver. Toutefois, ce n'est pas le cas lorsqu'il s'agit de ma sérénité !

Pensée du jour

N'est-il pas préférable que je partage ma sérénité plutôt que de la laisser s'envoler ?

« Aujourd'hui, garder ma sérénité est une priorité absolue pour moi. »

Le Courage de changer, p. 318

25 janvier

Aujourd'hui, apprendre à jouer et à m'amuser fait partie de mon rétablissement du mal familial de l'alcoolisme. Jouer ? Qu'est-ce que c'est ? Enfant de parents ayant eux aussi grandi au contact de l'alcoolisme, j'ai été élevée pour devenir travailleuse et ambitieuse. Aujourd'hui, je découvre ce que jouer signifie. La chienne que je viens d'adopter m'y aide. Chaque soir, sans faute, elle m'amène un de ses nombreux jouets pour que nous jouions. Nous nous assoyons au milieu de la salle de séjour et nous nous tiraillons, nous pourchassons et jouons à la cachette.

Il y a des années, je m'étais lancé le défi de jouer une fois par semaine. Je ne savais pas vraiment comment m'y prendre, mais je voulais bien essayer. J'ai commencé par en discuter avec ma marraine. Nous avons cherché des outils du programme qui pourraient m'aider à me mettre dans le bon état d'esprit pour jouer, comme « Lâcher prise et s'en remettre à Dieu », « Se hâter lentement », et confier ma personne et mes problèmes à ma Puissance Supérieure, avec la Troisième Étape. J'ai aussi observé mes amis quand ils jouaient. J'ai fini par me trouver des jouets favoris et j'ai appris à rire ouvertement et de bon cœur.

Comme je m'amuse aujourd'hui ! Je n'ai peut-être pas beaucoup joué étant enfant mais, en tant qu'adulte, je rattrape le temps perdu. Je me demande si, par l'entremise de ce charmant quadrupède qui fait maintenant partie de ma famille, ma Puissance Supérieure n'essaie pas de me dire que j'ai besoin de jouer plus d'une fois par semaine. Maintenant, j'ai compris le message. Ma chienne s'attend à ce que je joue avec elle chaque soir, et cette attente n'est pas négociable. Ma chienne m'aide dans mon rétablissement.

Pensée du jour

M'amuser fait partie de mon rétablissement, un jour à la fois.

« Comme je crois de moins en moins devoir toujours faire quelque chose d'utile pour justifier mon existence, je donne maintenant de la place au délassement, à l'enthousiasme et au ravissement dans ma vie. »

De la survie au rétablissement, p. 185

26 janvier

En jetant un coup d'œil à ma table à café en verre dans ma salle de séjour, j'y ai aperçu la réflexion du plafond et de la lampe suspendue. Je me suis mise à réfléchir à l'histoire que je venais de lire et mon esprit s'est mis à vagabonder. J'ai jeté un autre coup d'œil à l'image réfléchie par le verre et j'ai été surprise de constater que le plafond avait l'air d'un plancher, et que la lampe suspendue ressemblait à une lampe sur pied ! Je me suis demandé si ma Puissance Supérieure essayait de me dire quelque chose. Mes perceptions pouvaient-elles être la cause de mes fréquents sentiments de souffrance et de colère envers mon mari alcoolique ?

Tandis que ces pensées me traversaient l'esprit, je me suis mise à parler à Dieu. Je Lui ai dit que j'étais désolée d'insister sans cesse, et avec colère, sur les lacunes de ma relation avec l'alcoolique, au lieu d'être reconnaissante pour les choses que j'obtiens, comme ce genre de révélation qui m'aide à accepter les réalités de ma vie. Je Lui ai demandé de me rappeler qu'il y a dans toute chose une leçon spirituelle et de m'aider à voir l'alcoolique comme une bénédiction, plutôt que comme une malédiction, comme je le vois souvent.

Après avoir prié, je me suis détendue. J'ai entendu le message que Dieu essayait de me faire comprendre par l'entremise de ces réflexions sur le verre : mes perceptions étaient déformées. Mon mari possède tant de belles qualités qui sont obscurcies par ma vision de sa maladie. J'ai ensuite réfléchi à toutes *mes* belles qualités qui sont obscurcies par *ma* maladie. À ce moment précis, j'ai su dans mon cœur que Dieu avait créé mon mari comme Son enfant merveilleux, tout comme Il m'avait créée, et j'ai été envahie de compassion pour nous deux.

Pensée du jour

Tout ce qui touche mon rétablissement – mes perceptions, mes attitudes, mes choix – commence et finit avec moi.

> « Et la gratitude, pierre angulaire de mon rétablissement dans Al-Anon, met clairement en évidence une beauté cachée jusque-là. »
>
> *Le Courage de changer,* p. 67

27 janvier

Vivre un jour à la fois en tant qu'enfant adulte d'alcoolique peut sembler un défi insurmontable lorsqu'on fait face à la myriade de sentiments et de souvenirs qui refont surface pendant le rétablissement. C'est à ce moment que les réunions Al-Anon et les appels téléphoniques me rappellent que je ne suis *pas* seule. Les contacts avec les autres peuvent m'aider à rester dans le moment présent. Tout comme ma Puissance Supérieure m'a initialement conduite à Al-Anon, je sais que je serai guidée où je dois aller aujourd'hui. Il est possible que je ne remarque pas toujours l'aide de ma Puissance Supérieure, mais j'ai foi que cette aide existe. C'est à moi d'accepter cette aide, peu importe la forme qu'elle prendra aujourd'hui.

Comment rester dans mon moment présent lorsque je fais face aux horribles souvenirs de mon passé ? Parfois, je prie, un instant à la fois, demandant l'aide de ma Puissance Supérieure au moyen de la Prière de Sérénité. D'autre fois j'en parle, je hurle ou je pleure devant Dieu ou un ami de confiance. Parfois, j'écoute pendant les réunions ou je lis ma documentation. D'autres fois encore, j'écris, je marche, ou je fais autre chose de sain et réconfortant.

Faire face au passé tel qu'il remonte à la surface dans ma vie aujourd'hui, ne veut pas dire que je dois y rester coincée. Je peux laisser le pouvoir bienfaisant du programme m'aider à ressentir ces sentiments refoulés et à les remettre à leur place : dans le passé. Me réconcilier avec mon histoire et lâcher prise ne veut pas dire que je nie ce qui s'est passé. Au contraire, cela me permet d'apprécier le moment présent et d'aller vers l'avenir sans être encombrée par le poids de mes anciens sentiments.

Pensée du jour

Chaque fois que j'utilise les outils Al-Anon pour faire face à mes anciens sentiments, je me donne la chance d'avoir une meilleure journée, aujourd'hui.

« Les Étapes m'apprennent à me libérer du passé et ne pas craindre l'avenir. »

De la survie au rétablissement, p. 26

28 janvier

Comme le stipule la Cinquième Tradition, Al-Anon n'a qu'un seul but : aider les familles et les amis des alcooliques. Nous ne pouvons pas être tout pour tout le monde. Aux réunions Al-Anon, nous consacrons notre temps et notre énergie à ce que nous faisons le mieux – aider d'autres personnes affectées par l'alcoolisme – plutôt que de nous laisser distraire par d'autres causes. En tant qu'individus, nous avons de nombreux autres champs d'intérêt, mais en tant que groupe Al-Anon nous nous imposons volontairement certaines limites afin de maximiser les résultats de notre but premier.

Moi aussi, je dois connaître mon objectif. Je ne peux pas être tout pour tout le monde. Cependant, je crois que Dieu a placé chacun de nous ici pour que nous nous aimions et que nous nous aidions les uns les autres. Alors, comment puis-je identifier les choses que je dois faire, parmi toutes les choses que je peux faire ? La Cinquième Tradition me l'indique clairement. Mon souci fondamental est, et doit être, mon rétablissement personnel. Je ne peux donner à quiconque ce que je n'ai pas moi-même. J'apprends à m'aimer suffisamment pour rechercher ma propre guérison. Lorsque je parviens à m'aimer telle que je suis, je suis plus en mesure d'accepter les limites humaines de chacun des autres enfants de Dieu. Finalement, puisque Dieu m'aime, j'exprime ma gratitude pour cet amour par le travail de service, ce qui me permet de garder mon programme bien vivant. Je fais ce que j'ai le pouvoir de faire. J'ai la *possibilité*, le *désir*, la *capacité* et le *temps* de faire tout ce que Dieu me confie, un jour à la fois. S'il me manque une de ces quatre choses, alors je dois lâcher prise en toute humilité et accepter mes limites.

Pensée du jour

Distinguer mon objectif fondamental, parmi tous ceux qui se disputent mon attention, cela fait partie de mon rétablissement, que j'agisse seule ou en tant que membre d'un groupe Al-Anon.

« Si l'unité de but d'Al-Anon était diluée, nous ne serions plus en mesure de nous identifier et notre rétablissement personnel en souffrirait. »
Les Douze Traditions d'Al-Anon - Illustrées, p. 12

29 janvier

Le Premier Concept, « La responsabilité et l'autorité ultimes des Services mondiaux Al-Anon relèvent des groupes Al-Anon », indique clairement où réside la responsabilité dans Al-Anon. Les autres Héritages décrivent de quelle façon les groupes peuvent mieux exercer cette responsabilité. Ainsi l'équilibre se fait entre ce qu'on peut attendre des groupes et leur capacité à satisfaire ces attentes. Al-Anon dans son ensemble peut avancer en toute confiance.

Cet équilibre entre attentes et capacités faisait défaut dans mon foyer alcoolique. L'autorité et la responsabilité étaient souvent placées au mauvais endroit. Je me souviens que, adolescente, j'arbitrais souvent les disputes entre mes parents en état d'ébriété. Grâce à Al-Anon, je réalise que je n'avais pas la responsabilité de mettre fin à leurs disputes. En tant qu'enfant, je n'avais tout simplement pas l'autorité nécessaire pour le faire. Je me souviens aussi que mon père alcoolique a déjà insinué que j'avais été la cause de l'échec de son second mariage. À l'époque, je ne savais pas faire la part des choses, alors j'ai endossé la culpabilité rattachée à cette accusation. Il m'a fallu un certain temps dans le programme avant de comprendre que le succès ou l'échec d'une relation dépend des personnes impliquées dans cette relation.

Le Premier Concept m'enseigne que je suis une personne distincte des autres êtres humains, et que je n'ai aucune autorité sur eux. Il y a encore des gens dans ma vie qui me tourmentent pour que j'endosse leurs responsabilités. Par contre, Al-Anon m'aide à distinguer clairement ce qui m'appartient de ce qui ne m'appartient pas. Al-Anon me donne aussi des outils – comme le détachement, « Vivre et laisser vivre », la Dixième Étape, et me concentrer sur moi – qui m'aident à distinguer clairement ces limites.

Pensée du jour

Si quelqu'un essaye de pousser ses responsabilités dans ma direction, cela ne veut pas dire que je dois m'en emparer. Mon programme m'aide à me détacher de ce qui ne m'appartient pas.

« Le Premier Concept m'indique où réside la responsabilité. »

Les voies du rétablissement, p. 253

30 janvier

L'alcoolique était obsédé par l'alcool, et j'étais obsédée par l'alcoolique. J'épiais, je surveillais, je contrôlais, et j'exerçais mon besoin de me sentir blessée. J'éprouvais de l'apitoiement, de la gêne, de la supériorité, du ressentiment, et de la colère. Tout cela obsédait tour à tour mon cœur et mon esprit. Je me demandais pourquoi je me complaisais dans ces comportements et ces sentiments épuisants, qui ne parvenaient qu'à me faire sentir encore plus misérable.

Dans Al-Anon, j'ai commencé à réaliser que l'abattement et la tristesse, même s'ils étaient familiers et, dans une certaine mesure, confortables, étaient en fait facultatifs. La sérénité est possible si je modifie mes attitudes, mes attentes, et ma façon de réagir. Aujourd'hui, je veux exercer ma capacité d'être heureuse, de me sentir calme, et bonne.

Une de mes façons favorites de transformer mes attitudes, c'est d'utiliser le slogan « Est-ce si important ? » Je ferme les yeux et j'examine ma situation dans un contexte plus vaste, parfois même universel. D'abord, j'imagine mon petit appartement, puis ma ville. Je visualise mon état, puis mon pays, comme si je les voyais sur une carte. Le monde entier m'apparaît ensuite. Si c'est nécessaire, j'étends ensuite ma vision au système solaire et à la Voie lactée. Je pense à tous les êtres vivants qui habitent ce vaste monde, et je me demande : « Est-ce si important ? » Plus mon univers s'élargit, plus nous rapetissons, mes problèmes et moi. Dans le grand ordre des choses, ce qui me préoccupe ne changera probablement pas le monde. Cet exercice de visualisation m'aide à réaliser si quelque chose est vraiment important, et cela me permet de me détendre et d'apprécier les choses agréables qui sont présentes dans ma vie.

Pensée du jour

Parfois, le bonheur et la sérénité ne sont qu'une question de perspective.

> « Nous demander «Est-ce si important ?» peut nous aider à garder notre sang froid dans les moments de tension. De cette manière, nous pouvons ménager notre énergie pour les choses qui ont vraiment de l'importance. »
> *Alateen, un espoir pour les enfants des alcooliques*, p. 63

31 janvier

La Première Tradition a pris un nouveau sens pour moi lorsque j'ai entendu un autre membre expliquer que son interprétation du mot unité incluait assister aux réunions même lorsque les choses vont bien. Cette idée m'a aidée à voir l'assistance aux réunions comme un geste d'unité envers les autres membres autant qu'un engagement envers mon propre progrès et mon bien-être.

Au début, unité de but, signifiait que je pouvais assister à une réunion dans une salle remplie de membres qui acceptaient ma façon irrationnelle de penser. Ils m'offraient une accolade réconfortante plutôt que de me dire de me prendre en main. Au lieu de me rejeter parce que j'étais différente, ils m'ont montré, en partageant leur expérience, leur force, et leur espoir, que nous nous ressemblons tous. Grâce à ce type de rencontres positives, j'ai commencé à m'attacher aux autres membres. Je me suis sentie unie à eux à travers nos expériences communes. Et, à force de mettre en pratique mon programme, j'ai ressenti une plus grande unité dans mon esprit, dans mon corps, et dans mon âme.

Maintenant, unité de but, signifie que le temps est venu pour moi d'assister aux réunions non seulement pour combler mes propres besoins, mais aussi pour partager ce que j'ai à offrir. Comment les nouveaux venus pourront-ils savoir qu'il existe un terme à leur souffrance, si moi et les autres membres en rétablissement ne nous présentons pas quand les choses vont bien ? Comment sauront-ils qu'ils pourront sourire de nouveau, eux aussi, s'ils ne voient pas nos sourires ? Et que dire des membres de longue date qui font une rechute et qui oublient l'aide qui leur est accessible, si nous ne sommes pas là pour l'offrir ? Je pourrais moi-même avoir besoin d'un tel coup de pouce à un moment ou l'autre. Lorsque j'assiste aux réunions quand les choses vont bien, cela rappelle aux autres que, quels que soient leurs problèmes, il y a de l'aide et de l'espoir dans Al-Anon.

Pensée du jour

À mesure qu'Al-Anon me conduit vers la paix et la sérénité, je deviens pour les membres qui ont de la difficulté, un exemple qu'une telle vie est possible.

« Tendre la main… m'a donné une nouvelle perspective de notre bien commun. »

Un passeport pour le rétablissement, p. 38

1er février

Mes meilleures idées et mes meilleurs efforts se sont avérés insuffisants pour me rendre la raison. Ma vie était devenue complètement incontrôlable. Dans Al-Anon, j'ai entendu dire qu'une Puissance supérieure à moi-même pourrait rétablir l'ordre dans ma vie. J'ai commencé à ouvrir mon esprit à cette possibilité.

Pour moi, la Deuxième Étape concerne l'espoir. C'est le processus qui me permet de me libérer de tout problème qui me tracasse. Cela me permet de faire autre chose, d'aller ailleurs lorsque ma vie devient incontrôlable. J'apprends à regarder plus loin que le bout de mon nez pour trouver des réponses.

Pour moi, en venir à croire est un processus. D'abord, j'en viens à croire que les autres ont la foi, que leur croyance en une Puissance Supérieure fait une certaine différence dans leur vie. Je perçois de la paix, de l'amour et de la joie chez de nombreuses personnes présentes aux réunions, et je désire ardemment acquérir les mêmes qualités. Graduellement, mon esprit s'ouvre à la possibilité que je peux, moi aussi, connaître la sérénité. À la longue, je *consens* à croire, mais même cela ne vient que par étapes. Bien souvent, je dois demander à ma Puissance Supérieure de me disposer à consentir. Puis finalement je crois.

L'euphorie s'empare de moi. La porte d'une nouvelle réalité s'ouvre toute grande. Je réalise que cette révélation n'est qu'un début. La raison ne m'est pas rendue instantanément. Toutefois, la Deuxième Étape me donne l'espoir de pouvoir être guérie maintenant que je connais – et que je crois en – la Source de toute guérison. Ma Puissance Supérieure est là pour moi dès que je choisis de vivre la foi, la raison, et la guérison.

Pensée du jour

La phrase « Nous en sommes venus à croire » me rappelle que la foi est un processus, et non un événement, qui permet à la raison de se relever.

> « Le principe spirituel fondamental introduit dans la Deuxième Étape, lequel suggère qu'il existe une Puissance supérieure à nous-mêmes, offre l'espoir de recouvrer la raison, que nous vivions ou non au contact de l'alcoolisme en phase active.
> *Les voies du rétablissement,* p. 18

2 février

Je me souviens m'être réveillée un soir, alors que j'étais adolescente, et avoir entendu ma mère en état d'ébriété faire des commérages avec une de ses amies sur les détails intimes de ma vie. Il n'y avait rien de sacré pour elle quand elle était ivre. J'ai ressenti une vive souffrance, et j'ai essayé d'étouffer mes sanglots dans mon oreiller.

Pendant des années, j'ai caché mes sentiments et les détails de ma vie, tout comme j'avais caché mes sanglots. Le commérage et la peur que j'en avais m'ont plongée encore plus dans le perfectionnisme. Après tout, si j'étais parfaite, personne n'aurait rien à dire à mon sujet. Le commérage avait créé une atmosphère propice à la critique dans laquelle je ne me sentais pas à l'aise d'être moi-même. J'ai donc continué de me cacher, et je n'acceptais pas qui j'étais vraiment. Les commérages me nuisaient tout autant lorsqu'ils sortaient de ma propre bouche. Quand je faisais des commérages au sujet de quelqu'un, j'évitais d'examiner mes sentiments et ma propre vie.

Je suis ensuite arrivée à Al-Anon, où l'on considère que le commérage nuit au rétablissement. C'est pour cette raison qu'il est indiqué comme l'un des « Trois obstacles au succès d'Al-Anon », dans notre documentation approuvée par la Conférence. J'ai ressenti un tel soulagement lorsque j'ai entendu dans la formule suggérée pour clore une réunion Al-Anon/Alateen : « Dialoguez, discutez avec d'autres membres des points qui vous intéressent; mais qu'il n'y ait ni commérage ni critique. Au contraire, laissez grandir en vous, un jour à la fois, la compréhension, l'amour et la paix inspirés par le programme. » Cette déclaration offre un tel sentiment de paix. Aujourd'hui, j'évite le commérage et, ce faisant, j'évite de critiquer et de contrôler les autres. Je me concentre sur moi, un jour à la fois.

Pensée du jour

« Ce que vous voyez ici, ce que vous entendez ici, lorsque vous partez d'ici, laissez-le ici », est non seulement une leçon pour maintenir l'anonymat mais aussi pour éviter le commérage.

> « Le commérage n'a jamais enrichi le caractère de qui que ce soit. Ce n'était qu'une excuse pour éviter de fixer mon attention sur moi. »
>
> *Le Courage de changer*, p. 300

3 février

Lorsque j'étais bébé, mon grand-père m'a offert un chimpanzé en peluche. En grandissant, mes parents m'ont souvent dit que mon grand-père m'avait donné ce chimpanzé parce qu'il trouvait qu'il me ressemblait. J'ai commencé à me sentir gêné par mon apparence, particulièrement par ma large lèvre supérieure et mes grandes oreilles. Je croyais que j'étais aussi laid que ce chimpanzé en peluche.

Des années plus tard, alors que je travaillais sur ma Quatrième Étape à l'aide de la brochure Al-Anon intitulée *Plan pour notre progrès*, je suis tombé sur la question suivante : « Est-ce que j'accepte mon apparence physique ? » Même après des années en rétablissement dans le programme, ma réponse était encore « Non ». Initialement, je me suis senti embarrassé par ce manque d'estime de moi. J'ai ensuite éprouvé de la colère et du ressentiment envers les membres alcooliques de ma famille pour leurs remarques cruelles.

Ma marraine m'a suggéré ce qui me semblait être une route un peu bizarre vers l'amour de moi. Elle m'a demandé d'embrasser mon chimpanzé en peluche qui, comme moi, avait miraculeusement survécu à mon enfance. Elle m'a dit de l'entourer d'amour. Je me disais que c'était une idée idiote, mais je l'ai quand même fait. Je l'ai mis sur ma commode où je pouvais le voir pendant le jour et, le soir, je dormais avec lui.

En fin de compte, ce « laid » chimpanzé a fini par me paraître très beau. J'ai commencé à chérir ce visage usé, mais toujours souriant, qui est toujours heureux de me voir. Les traits que je trouvais auparavant affreusement déformés me semblent maintenant parfaitement proportionnés.

Aujourd'hui, je m'aime autant que j'aime ce jouet. Je crois maintenant que la seule vraie laideur qui existe en moi réside dans mes attitudes. L'acceptation change tout.

Pensée du jour

Aujourd'hui, à quel point suis-je prêt et disposé à faire une place dans ma vie au pouvoir transformateur de l'acceptation ?

« Al-Anon nous offre un nouveau départ… Nous pouvons apprendre à nous accepter et commencer à vouloir améliorer nos attitudes. »

Plan pour notre progrès, p. 21

4 février

Quand je suis arrivée à Al-Anon, je ne comprenais pas le sens du mot sérénité. J'étais l'aînée d'une grande famille et, en grandissant, j'ai eu très peu de moments de tranquillité. Après l'école secondaire, j'ai quitté la maison et j'ai déménagé dans un petit appartement avec trois camarades de chambre ; pas d'intimité à cet endroit. Peu après, je me suis mariée et je suis devenue l'épouse parfaite qui cuisinait, nettoyait et jardinait tout en élevant une famille. L'alcool et le chaos qui l'accompagne était toujours présents dans ma vie, alors j'ai décidé de créer la façade parfaite pour mes amis, les voisins et les connaissances. Évidemment, dans ces circonstances, je n'avais pas le temps de me détendre.

Merci mon Dieu pour Al-Anon. Dans le programme, j'ai appris que je peux éprouver de la sérénité à tout moment, simplement en prenant de petites décisions. Je peux me lever une heure plus tôt et lire, ou regarder le lever du soleil et écouter les sons du petit matin. Je peux éteindre la radio dans l'automobile et me rendre au travail dans un silence rempli de prière. En faisant le ménage, je peux décider d'écouter des enregistrements accumulés aux congrès Al-Anon plutôt que les jacassements de la télévision. Si je me heurte à une situation familiale stressante, je peux m'excuser, m'esquiver vers une pièce tranquille, prendre de profondes respirations, et répéter plusieurs fois la Prière de Sérénité. Parfois, avant de me coucher, je reste simplement assise dans le noir sans penser à rien, m'imaginant que je suis enveloppée dans le magnifique manteau de lune et d'étoiles de ma Puissance Supérieure.

Pensée du jour

La sérénité n'est pas une question de chance; c'est une question de choix.

« Un esprit calme est le meilleur des cadeaux possibles. On ne peut pas aller l'acheter. On doit l'acquérir par soi-même… »

Passages favoris du Forum, Volume 1, p. 47

5 février

Notre slogan le plus court, « Penser », peut s'avérer très utile. Toutefois, comme la plupart des outils, je dois l'utiliser avec soin et raisonnablement. Comme je l'ai entendu dire dans les salles de réunions Al-Anon, c'est ma meilleure façon de penser qui m'a conduit ici. Pour moi, trop penser ou le faire d'une manière négative peut s'avérer aussi dangereux que ne pas réfléchir du tout. Une pensée obsessive peut être mon symptôme de ce mal familial autant que l'obsession de boire l'est pour l'alcoolique. Je me suis même dit que les choses iraient mieux si je pouvais obtenir un permis pour penser en toute sécurité ! Les réunions Al-Anon sont ce qui se rapproche le plus d'un centre d'entraînement à la pensée sécuritaire.

Ce slogan vise à m'aider à « Penser » avant d'agir, de façon à m'assurer que mes actions soient réfléchies plutôt qu'impulsives, compulsives ou réactionnelles. Je dois me rappeler cependant que ce slogan n'est *pas* « Penser, penser, penser, penser ! » Je dois parfois élargir la portée de ce slogan dans le sens de « Se hâter lentement » (mais agir) : « Penser » (avec modération), « Penser » (et prier), « Penser » (à voix haute avec mon parrain), ou « Penser » (et ressentir).

Pensée du jour

« Penser » invite à la clarté, pas aux ruminations interminables. Mon Dieu, aide-moi à penser, mais pas trop !

> « J'ai un programme qui m'aide à trouver un sens à mes pensées et à mes sentiments embrouillés. »
> *Alateen – un jour à la fois,* p. 14

6 février

Depuis mon arrivée dans Al-Anon, j'ai réalisé que pour avoir une existence paisible je dois entretenir une relation avec Dieu tel que je Le conçois. Pour moi, il y a une énorme différence entre simplement admettre la présence de Dieu dans ma vie et entretenir une véritable relation spirituelle. La Onzième Étape me suggère de rechercher cette relation plus profonde au moyen de la prière et de la méditation. Lorsque je me discipline à observer une certaine forme de prière et de méditation, ma journée se déroule beaucoup plus facilement et elle me semble plus enrichissante, et plus significative. Je ne suis plus seulement à demi éveillée aux merveilles qui m'entourent; je prends conscience que chaque moment vibre de possibilités de guérison et d'émerveillement.

J'aime pousser la Onzième Étape un peu plus loin en entretenant quotidiennement un dialogue continu avec ma Puissance Supérieure, comme je le ferais avec ma meilleure amie. Parfois, c'est une conversation silencieuse; parfois, je parle tout haut, ou j'écris dans mon journal personnel. D'une manière ou d'une autre, je me présente toute entière dans cette relation, sans aucune censure. Loin d'être formelle, ma communication avec Elle se fait de manière spontanée et authentique. Je peux tout aussi bien blasphémer contre Dieu lorsque je suis en colère, sachant qu'Il comprend mon angoisse comme le ferait un parent bienveillant, que Le louanger par émerveillement et gratitude. Je peux Lui dire que même si je n'apprécie pas toujours Sa volonté, je vais la respecter, mais que cela me prendra peut-être un peu de temps. Je peux pleurer de douleur devant Dieu, sachant que mes sanglots sans paroles sont une certaine forme de prière. Je peux aussi célébrer avec Lui dans la joie et les rires espiègles lorsque je redécouvre des aspects de moi-même que je croyais perdus à jamais.

Pensée du jour

Lorsque j'invite Dieu dans ma vie par la prière, la méditation et la conversation, je m'ouvre à des possibilités infinies.

« J'ai à ma disposition une source illimitée de force et de réconfort. Aujourd'hui, je prendrai le temps de développer ce lien spirituel. »

Le Courage de changer, p. 327

7 février

Avant Al-Anon, je me comparais constamment aux autres, particulièrement aux membres de ma famille, et je m'étais juré d'être meilleur qu'eux. Je recherchais les louanges et l'euphorie de la victoire. Mes comparaisons constantes et mon esprit de compétition ont graduellement écarté la plupart des gens. J'ai fini par ne plus être assez bon à mes propres yeux, une attitude qui m'a conduit à de sérieux abus envers moi-même.

En assistant aux réunions Al-Anon, j'ai graduellement appris ce que signifient équilibre et perspective. J'ai écouté les autres membres parler de leurs erreurs et de leurs défauts de caractère. En observant leur façon de réagir devant ceux-ci – l'acceptation de soi, les amendes honorables, et la patience – j'ai vu qu'il y avait différentes façons de se comporter dans le monde. J'ai commencé à appliquer les slogans « Ne pas compliquer les choses », « Se hâter lentement », et « Est-ce si important ? » à mes objectifs, à mes choix et à mes actions quotidiennes.

En étudiant les Étapes avec mon parrain, particulièrement la Quatrième et la Cinquième, j'ai réalisé que la véritable nature du problème se dissimule derrière mon esprit de compétition excessif : fierté, peur, et sentiment d'être inadéquat. J'ai peur de ne pas être aimé, de faire des erreurs devant les autres, d'être vulnérable. En bref, j'ai peur d'être humain.

Aujourd'hui, je sais qu'en m'efforçant d'être « meilleur que », je diminue en fait mes chances d'avoir du plaisir et de vivre de manière spontanée. Je m'isole de ces mêmes personnes que je voudrais inviter plus près de mon cœur. J'entre en compétition avec ma Puissance Supérieure. En confrontant la volonté de Dieu à mon égard, je risque de perdre la seule chose que je veux *vraiment* obtenir : le rétablissement personnel.

Pensée du jour

Je n'ai pas toujours besoin de gagner, de réussir ou d'avoir raison pour mériter d'être accepté et d'être aimé. En fait, me comporter ainsi peut effectivement m'empêcher d'obtenir ce que je désire.

« Si je fais des comparaisons, je suis perdant. »
Le Courage de changer, p. 140

8 février

Dans le passé, je me concentrais sur tout le monde sauf moi : mon conjoint, mes enfants, mes amis. Je courrais partout pour essayer de combler ce que je considérais comme étant leurs besoins, m'efforçant de rendre leurs vies ordonnées, confortables, stables et sécurisantes. Je ne réalisais pas que j'essayais encore de contrôler le désordre, l'inconfort, l'instabilité et l'insécurité de ma propre enfance.

Al-Anon m'apprend que je ne peux pas faire en sorte que la vie soit comme un lit douillet pour les autres. Lorsque je me concentre sur moi-même, je peux améliorer ma propre vie. Je dois d'abord cesser de fuir mes peurs et mes sentiments; il est essentiel d'y faire face. C'est ainsi que je parviens à me concentrer sur moi et que j'apprends à discerner les choses dont je suis responsable de celles dont je ne suis pas responsable. J'ai appris que lorsque j'endosse mes responsabilités pour mon propre côté du lit, et que j'accepte qu'il puisse y avoir quelques bosses dans le matelas, je peux dormir en paix.

Pensée du jour

Lorsque je me concentre sur moi, je peux rendre mon lit aussi confortable que possible. Je pourrais même offrir la même possibilité aux autres.

« Nous concentrer sur nous nous permet vraiment de libérer les autres afin qu'ils résolvent leurs propres problèmes et de nous libérer afin que nous trouvions du contentement et même du bonheur dans la vie. »

De la survie au rétablissement, p. 75

9 février

Jusqu'à tout récemment, je n'avais jamais accordé beaucoup d'attention aux Douze Concepts de service. Il me semblait qu'ils n'avaient rien à voir avec mon rétablissement personnel à moins d'aller travailler au Bureau des Services mondiaux, un scénario que, pour aujourd'hui seulement, je n'envisage pas vraiment. Toutefois, j'ai été tellement impressionnée en lisant certaines pièces de la documentation approuvée par la Conférence au sujet du Neuvième Concept, qui parle d'un bon leadership personnel à tous les niveaux de service, que j'ai décidé d'accorder plus d'attention à ce Concept particulier.

Dans un monde de dirigeants et de suiveurs, je suis définitivement un suiveur, et cela me convient très bien. Le Neuvième Concept me dit que je peux faire preuve de leadership en suivant les suggestions du programme, ce qui peut inspirer les autres à suivre mon exemple. Je me suis posé quelques questions afin de déterminer si je suis un bon exemple de leadership positif : me suis-je engagée à toujours assister à certaines réunions à moins d'être malade ou d'être à l'extérieur de la ville ? Est-ce que j'écoute attentivement quand les autres racontent leur histoire ? Est-ce que je discute des problèmes plus complexes avec ma marraine plutôt que d'en parler à une réunion ? Est-ce que je me porte volontaire pour le travail de service ? Suis-je bien informée, et est-ce que je participe aux réunions de la conscience de groupe ?

J'ai réalisé que je me débrouille assez bien à certains égards, mais qu'il y a par ailleurs place à amélioration. Je suis reconnaissante qu'Al-Anon m'ait rendu plus sensible aux questions concernant le leadership. Le Neuvième Concept m'a montré que je peux être un dirigeant dans le programme même si je ne suis pas à l'aise pour me présenter à une élection pour une fonction. Être fidèle à mon cœur et à ma conscience, faire du travail de service et coopérer avec les autres, ce sont toutes des formes d'un bon leadership.

Pensée du jour

La force de l'exemple passe par moi, même si je préfère suivre plutôt que diriger.

« Chaque membre Al-Anon a le potentiel de devenir un dirigeant. »
Les voies du rétablissement, p. 301

10 février

Dans ma famille, j'ai longtemps joué le rôle de la personne qui s'occupait de tout et qui réglait tout. J'étais la mère attentive que ma propre mère n'avait jamais eue. J'avais la responsabilité de prendre soin d'elle au niveau émotif et souvent même physique. J'étais un enfant très vigilant, toujours sur mes gardes de peur que quelque chose de terrible ne se produise.

En progressant dans Al-Anon, il m'est apparu évident que ma véritable responsabilité était de prendre soin de moi-même. J'ai commencé à réaliser qu'en m'occupant de tout et en contrôlant, je nuisais en fait aux autres, leur dérobant peut-être des occasions d'apprendre et de progresser. J'ai décidé d'essayer de me détacher avec amour. Pour moi le détachement ne signifie pas abandonner les autres. Cela signifie que je m'occupe de mes propres affaires et que je ne détiens pas toutes les réponses ou toutes les solutions.

Il n'a pas été facile pour ma famille d'accepter les changements que j'ai effectués. Ma nouvelle façon de faire les choses suscite souvent de l'opposition, des tentatives de manipulation, et parfois même des pleurs, pour m'inciter à reprendre mon ancien rôle. Dans certains cas, mes changements ont suscité un plus grand respect dans mes relations familiales, un respect qui permet une meilleure acceptation mutuelle et une plus grande liberté pour chacun d'entre nous, d'être la personne proposée par Dieu.

Pensée du jour

Il n'est pas facile de changer mon rôle à l'intérieur de ma famille. Certains voudront peut-être que je redevienne comme avant; par contre, d'autres apprécieront le nouveau moi. Aujourd'hui, je ferai ce que je peux pour me sentir bien dans ma peau tout en permettant aux autres de prendre ce qui leur plaît et de laisser le reste.

« Je ne peux pas être tout pour tout le monde, mais je peux être une personne spéciale pour certaines personnes. »

De la survie au rétablissement, p. 284

11 février

J'ai vraiment eu de la difficulté à me trouver une marraine. C'était comme si je devais demander à quelqu'un de devenir mon amie. Je n'avais pas vraiment besoin comme amie d'une personne à qui il fallait demander de l'être. Par contre, je désirais vraiment une personne avec laquelle je pourrais parler de choses profondes et qui accueillerait mes confidences avec respect et en toute confiance. J'ai finalement demandé à un membre de longue date appartenant à mon groupe, dont les témoignages me touchaient souvent. Elle m'a dit qu'elle serait ma marraine aussi longtemps que je mettrais le programme en pratique.

Ma marraine a fait preuve d'acceptation et d'amour à mon égard tandis que nous passions à travers les diverses étapes qui consistent à établir les bases d'une relation. À cette époque, je ne m'aimais pas et je ne m'acceptais pas moi-même, et elle était là à m'offrir ces cadeaux que je ne croyais pas mériter. J'en suis venue à avoir une confiance sans réserve envers ma marraine à force d'observer ses réactions tandis que je partageais des pensées et des sentiments de plus en plus intimes. Chaque fois que je lui révélais quelque chose qui, j'en étais sûre, allait l'envahir de dégoût, elle me surprenait en me confiant une expérience similaire venant de son passé ou en me posant une question qui plaçait mon comportement dans une perspective bienveillante à mon propre égard. Elle ne m'a jamais jugée ou réprimandée.

Je lui ai vraiment tenu tête. Il m'arrivait de me disputer avec elle, espérant peut-être qu'elle s'éloignerait, mais elle ne l'a jamais fait. J'ai donc continué de m'accrocher parce qu'il était agréable de sentir qu'elle tenait à moi. J'ai fini par réaliser que je méritais d'être traitée avec amour et respect, et j'ai commencé à agir en conséquence.

Pensée du jour

Il peut être difficile de demander de l'aide, mais il peut être encore plus difficile de me passer de tout ce dont je me prive en ne le faisant pas.

> « En fait, pour plusieurs d'entre nous, le respect et la sollicitude que nous avons partagés avec notre parrain sont devenus si grands que nous aurions peine à reconnaître le moment où nous avons dit "mon parrain" et avons *pensé* "mon ami". »
>
> *Le parrainage et tout ce qu'il comporte*, p. 2

12 février

Si j'avais à peindre un blason représentant les expériences que j'ai vécues en grandissant dans un foyer marqué par l'alcoolisme, je pourrais y dessiner un dragon crachant le feu, flottant d'un air menaçant au-dessus d'un écusson portant la devise « Diviser pour conquérir ». La division se manifestait de bien des manières. J'ai vu mes parents divisés lorsqu'ils se disputaient, ivres, au sujet de questions parentales importantes. Leurs paroles nous divisaient, mes frères et sœurs et moi, en nous opposant les uns aux autres par des comparaisons injustes : « Pourquoi n'es-tu pas comme ton frère (ou ta sœur) ? » Je sentais même des divisions en moi lorsque j'essayais d'exprimer ma peur tenace devant la progression constante de la consommation d'alcool de mon père, me faisant dire qu'il n'y avait pas de problème. À quoi devais-je me fier : à mes instincts et à mon expérience, ou aux paroles des autres ? En fin de compte, j'ai appris que je ne pouvais me fier ni à l'un ni à l'autre.

Afin de remédier à cette conséquence particulière de l'alcoolisme, la Première Tradition stipule que « Notre bien commun devrait venir en premier lieu; le progrès personnel de la majorité repose sur l'unité ». Le mot « commun » m'indique que je me lie à des membres qui comprennent, qui ont vécu leur propre version de mon expérience personnelle. Le mot « bien » m'indique que ce lien repose sur le bien-être et la sécurité. Et le mot « unité » m'indique que pour nous rétablir, nous devons nous efforcer *ensemble* d'agir dans l'intérêt de tous.

L'unité me met mal à l'aise tout simplement parce que c'est une chose qui ne m'est pas familière, mais je sais qu'il n'y a rien à craindre. Nous nous unissons non pas pour diviser et conquérir, mais pour affronter notre adversaire commun : les conséquences de la maladie de l'alcoolisme. Nous nous tournons les uns vers les autres avec l'espoir commun et la conviction grandissante que nous pouvons nous aider mutuellement à nous rétablir.

Pensée du jour

Le mal familial de l'alcoolisme est notre problème commun, et Al-Anon est notre solution commune.

> « … l'unité de notre groupe… nous fournissent un élément de stabilité sur lequel nous pouvons nous appuyer. »
> *Les Douze Étapes et les Douze Traditions d'Alateen*, p. 34

13 février

Quand je suis arrivée à Al-Anon, je croyais que Dieu était un être vengeur. Je pensais qu'Il était comme mon père alcoolique, qui semblait toujours chercher quelqu'un à punir ou à blâmer. Je pensais que Dieu utilisait les choses horribles qui se produisaient dans ma vie pour me faire souffrir parce que j'avais gâché quelque chose. À cette époque, mes prières étaient habituellement du genre : « S'il te plaît, ne me punis pas aujourd'hui, je ne pourrais pas le supporter ».

Après avoir passé un peu plus de temps dans Al-Anon, mis en pratique les trois premières Étapes, pris une marraine et connu de nombreux membres qui ne voyaient pas la vie de la même façon que mon père, j'ai eu moins peur de Dieu. J'ai commencé à Lui faire un peu plus confiance et à entrevoir la possibilité qu'Il pourrait en fait m'aider. Pendant cette période, mes prières étaient dirigées vers les autres, du genre : « Fais que mon père cesse de boire », ou « Fais que ma mère cesse de crier après moi ». Je ne comprenais pas le processus suggéré par la Onzième Étape, Le prier de « seulement de nous faire connaître Sa volonté à notre égard et de nous donner la force de l'exécuter ».

Ayant assisté fidèlement aux réunions et ayant mis les Étapes en pratique, je peux maintenant honnêtement dire que je fais confiance à Dieu pour qu'Il prenne soin de moi. Je ne prie plus pour la sobriété de mon père. Mes prières ressemblent plutôt à ceci : « Mon Dieu, je ne comprends rien à ce qui lui arrive, mais je sais que Vous comprenez », ou « Je suis contente que ce soit Vous qui êtes aux commandes, parce qu'il n'y a rien que je puisse faire ». Parfois, je dis simplement : « Merci mon Dieu, je ne suis pas à Votre place ! » Je prie Dieu de faire Son travail et pour qu'Il me donne la volonté et la capacité de faire le mien.

Pensée du jour

Par mes prières, j'essayais de faire en sorte que Dieu m'écoute. Il l'a fait, lorsque j'ai cessé de Lui dire quoi faire.

« Comme mes prières ont changé depuis mon arrivée à Al-Anon ! »
Tel que nous Le concevions..., p. 231

14 février

Ma femme et moi faisions notre marche matinale lorsque la conversation s'est tournée vers les mauvais traitements que lui avait infligés sa mère alcoolique, pendant son enfance et son adolescence. J'avais déjà entendu cette histoire; mais, cette fois-là, cela m'a fait penser à ma propre mère. Elle ne buvait pas, mais c'était une personne dure qui essayait de me contrôler par des paroles coléreuses et humiliantes. J'ai dit à ma femme qu'elle avait au moins l'alcool pour expliquer les mauvais traitements infligés par sa mère; ma mère me maltraitait même si elle ne buvait pas. Ma femme a alors essayé de me dire quelque chose, et je lui ai dit « Oui, mais… » Elle a de nouveau essayé de parler, et je lui ai encore dit « Oui, mais… » Nous avons ensuite marché en silence; j'avais « gagné » ce petit échange verbal.

Je me suis soudainement souvenu que ma femme m'avait déjà expliqué que, parfois, elle a seulement besoin que quelqu'un l'écoute. Elle ne veut pas qu'on règle son problème ou qu'on la console; elle a tout simplement besoin d'être entendue. Je me suis souvenu des nombreuses fois où j'avais donné mon témoignage pendant les réunions Al-Anon, et comme je me sentais bien, comme cela était bénéfique de se faire entendre et d'être reconnu. Je me suis doucement rappelé qu'il valait mieux écouter que comparer. Comment ai-je fait amende honorable à la fin de notre marche ? J'ai enlacé ma femme et j'ai reconnu son besoin d'être écoutée. Je l'ai laissée parler aussi longtemps qu'elle en ressentait le besoin, et je l'ai écoutée aussi longtemps qu'elle en avait besoin.

Pensée du jour

Les réunions Al-Anon m'apprennent et me permettent d'expérimenter et de mettre en pratique les outils qui transforment en ponts les barrières qui entravent la communication.

> « Écouter vraiment, cela voulait dire être ouvert aux autres, libéré de mes propres attitudes. »
> *Having Had a Spiritual Awakening…*, p. 21

15 février

Il y a certes des moments où j'éprouve un enthousiasme débordant envers le programme Al-Anon. Je me sens alors pleine de vie, passionnée, ouverte au progrès. Par contre, je traverse aussi des périodes de complaisance pendant lesquelles mon esprit se referme, je deviens suffisante, et mon progrès ralentit. Je me dis que, dans une certaine mesure, c'est probablement normal; la vie est faite de montagnes, de vallées et de plateaux. Par contre, lorsque ma complaisance est hors de contrôle, cela nuit à la qualité de mon rétablissement.

Je ne peux pas atteindre le niveau de bien-être que je recherche en m'appuyant sur le programme d'hier. J'ai découvert que lorsque je n'avance pas, je ne fais pas seulement du surplace, je recule. J'oublie que les outils du programme ont été efficaces pour moi par le passé, et je me mets à penser que je peux contrôler ma vie moi-même. C'est alors que ma volonté et ma vie deviennent déraisonnables.

J'ai déjà entendu quelqu'un dire lors d'un témoignage que si nous ne progressons pas, nous nous sentons tellement mal à l'aise que nous cessons d'aller aux réunions. Pour moi, les verbes *poursuivi, cherché, essayé* et *mettre en pratique*, dans la Dixième à la Douzième Étape, ressemblent étrangement à du travail. Ces mots m'indiquent que je dois persister à me rendre aux réunions, même quand je n'en ai pas envie. Toutefois, ils m'offrent aussi une récompense pour mes efforts : un enthousiasme renouvelé envers la vie, et la régénération de mon âme.

Pensée du jour

Pour moi, la meilleure façon de demeurer en mouvement et de poursuivre ma croissance, c'est de continuer d'assister aux réunions Al-Anon.

« La suffisance... est rarement comprise dans la liste des défauts majeurs et pourtant, elle a le pouvoir d'entraver toute forme de croissance personnelle. »
Al-Anon un jour à la fois, p. 197

16 février

« Lorsque tu dois entrer dans ta tête », me dit un ami Al-Anon, « n'y va pas tout seul. Ce n'est pas un quartier sûr. » Ma propre expérience confirme certainement la justesse de cet avertissement. Maintenant, quand je dois explorer mon esprit pour faire une sérieuse réflexion et que je n'ai aucun membre de la fraternité pour m'accompagner, j'emmène ma Puissance Supérieure. Et lorsque j'ai de la difficulté à entrer en contact avec cette Puissance, j'utilise une démarche simple en trois étapes que mon parrain m'a enseignée :
- Premièrement, je me rappelle que je suis déjà allé dans ce quartier.
- Deuxièmement, je fais une liste de gratitudes, qui commence habituellement par la nourriture, les vêtements, et un toit pour m'abriter.
- Troisièmement, je médite, et je prie ma Puissance Supérieure pour qu'Elle me donne un signe m'indiquant que je suis dans la bonne direction. Même si j'aimerais bien voir un éclair descendre du ciel, je m'efforce d'être réceptif aux formes d'inspiration moins spectaculaires.

Sous l'étincelle de lumière que me procure ce processus, le quartier ne ressemble peut-être pas à un parc d'amusement, mais je peux le traverser. Après tout, c'est mon quartier.

Pensée du jour

Lorsque mes pensées me troubleront, je me souviendrai de ceci : ne regarde pas autour, regarde vers le haut.

« Cela peut m'aider à remplacer mes pensées obsessives par quelque chose de positif, comme un slogan Al-Anon, la Prière de Sérénité, ou un autre sujet apaisant qui n'a rien à voir avec le problème. »

Le Courage de changer, p. 306

17 février

Ayant grandi dans une famille marquée par l'alcoolisme, j'ai développé des attitudes plutôt négatives face à la vie. Si neuf personnes me faisaient des compliments et qu'une seule personne m'insultait, je concentrais toute mon attention sur cette insulte. Toutefois, en me rétablissant dans Al-Anon, je commence à voir que le verre est à moitié plein, plutôt qu'à moitié vide. Nos slogans et nos dictons prennent un sens plus riche, plus profond. Pour moi, le slogan « Est-ce si important ? » signifiait qu'il y a des choses dans la vie qui ne méritent pas qu'on leur consacre trop d'énergie, comme le fait de me tourmenter au sujet de l'unique insulte que je reçois parmi une foule de compliments. Maintenant, je comprends que cela peut aussi vouloir dire qu'il y *a* des choses importantes dignes de mon temps, de mon énergie et de mon amour, comme l'estime de moi et le rétablissement. Si c'est vraiment important pour moi, alors c'est digne de mon temps et de mes efforts.

De même, j'avais l'habitude d'utiliser l'expression « Cela aussi passera » uniquement lorsque je faisais face à une situation pénible et difficile. Je l'utilisais pour me rappeler que peu importe mon angoisse, ou aussi insupportable qu'une situation puisse paraître, rien ne dure éternellement. Puis ma marraine m'a dit que ce dicton s'applique en toute circonstance, pas seulement dans les moments difficiles. Utiliser « Cela aussi passera » devant des expériences agréables, c'est une chose qui ne m'avait jamais traversé l'esprit. Pourtant, c'est toujours la même vérité. Rien ne dure éternellement – la beauté pas plus que l'horreur. Alors, je peux aussi bien endurer avec patience les moments difficiles, sachant qu'ils auront une fin, et étreindre joyeusement les bons moments pendant qu'ils durent.

Pensée du jour

Nos slogans si simples ont peut-être plus de facettes que je ne le réalise.

> « Peut-être avez-vous déjà entendu quelques-uns de ces slogans des centaines de fois auparavant sans jamais les prendre au sérieux ni essayer de les mettre à l'œuvre. »
>
> *Comment Al-Anon œuvre pour les familles et les amis des alcooliques*, p. 67

18 février

Lorsque j'ai commencé à dresser ma liste pour la Huitième Étape – la liste des personnes que j'avais lésées – plusieurs membres Al-Anon avisés m'ont suggéré d'y inscrire mon nom. Les comportements que j'avais développés en tant qu'enfant m'avaient aidée à survivre au chaos d'un foyer marqué par l'alcoolisme. Toutefois, ces comportements n'étaient plus nécessaires. En m'y accrochant, je nuisais non seulement aux autres, je me nuisais à moi-même. Je devais me faire des amendes honorables, à moi aussi.

Parmi les comportements qui me nuisaient, il y avait dire oui quand je voulais dire non; étouffer mes sentiments quand j'étais en colère; éviter les gens envers lesquels j'avais du ressentiment; permettre aux autres de profiter du fait que j'avais souvent peur de m'exprimer; et, en général, permettre aux autres de diriger ma vie, soit en me manipulant ouvertement ou en me contrôlant.

Il me semblait que pour me faire des amendes honorables, je devais immédiatement modifier l'ensemble de ces comportements. Cependant, j'ai réalisé que je ne pouvais pas tout changer d'un seul coup. Faire de petits pas dans la bonne direction fonctionnerait mieux que d'essayer de faire une révision majeure. Peu à peu, j'ai commencé à dire non quand je voulais dire non, à m'exprimer lorsque j'avais à le faire, et à permettre aux autres de se mettre en colère sans réagir.

Je devais aussi apprendre à me pardonner de me sentir parfois incapable de me comporter d'une manière plus saine. Aujourd'hui, j'accepte d'être imparfaite et je me permets de faire des erreurs. Lorsque cela se produit, j'utilise la Dixième Étape pour m'aider à me pardonner et à corriger mon comportement. Je découvre que plus j'en apprends dans Al-Anon, moins souvent j'agis à l'encontre de mon propre intérêt, et plus c'est facile de me le pardonner lorsque cela se produit.

Pensée du jour

Est-ce que je m'inclus parmi les personnes que j'ai lésées ?

« Je ne me rendais pas compte que je m'étais fait plus de tort que j'en avais fait à n'importe quelle autre personne. »

Les voies du rétablissement, p. 87

19 février

Mes parents buvaient, et ils n'avaient aucune idée de ce qui se passait dans notre maison. Enfant, je n'ai jamais révélé mon secret : une gardienne avait abusé de moi. La vie avait continué comme si de rien n'était mais, sur le plan émotif, je me sentais vide, comme s'il y avait vraiment eu un trou dans mon cœur. Une fois adulte, j'ai cru que les autres, notamment mon mari alcoolique, pourraient combler ce vide, mais il n'est jamais disparu.

Lorsque mon mari est devenu sobre, j'ai adhéré à Al-Anon. J'avais 28 ans la première fois que j'ai parlé de cet abus à une autre personne. J'en ai parlé à ma marraine. Initialement, je ne me suis pas sentie mieux; je me sentais même pire. Toutefois, en pratiquant les Étapes, particulièrement la Cinquième, la guérison a commencé. J'ai réalisé qu'aucun être humain ne pouvait soulager ma souffrance; seul Dieu pourrait me l'enlever.

Aujourd'hui, je sais qu'il n'existe aucune angoisse si grande que ma Puissance Supérieure ne puisse la faire disparaître. En n'en parlant à personne, je prolongeais ma souffrance. Après en avoir parlé à une personne de confiance, j'ai pu aller de l'avant avec les Étapes et demander à Dieu de guérir ma souffrance.

Pensée du jour

Il faut du courage pour changer. Maintenant que j'ai une Puissance Supérieure et des amis dans le programme pour m'aider, je sais qu'il n'y a pas de limites à mon rétablissement dans Al-Anon.

« … le seul moyen de nous libérer de l'emprise de ces sombres démons consiste à rompre l'isolement et à les exposer au grand jour en nous confiant à d'autres personnes qui comprennent. »
…*Dans tous les domaines de notre vie,* p. 34

20 février

Les rechutes ? J'en fais surtout l'expérience lorsqu'une personne avec qui je partage un passé compliqué me prend par surprise, notamment mon père. Par exemple, peu importe que je pense ou que j'aie des sentiments d'adulte, je me comporte presque toujours comme une petite fille lorsque je suis en contact avec mon père. C'est bizarre, comme si la personne que j'étais il y a bien des années reprenait soudainement contrôle de mon esprit et de mon corps. Il me faut plusieurs heures, parfois même des jours, pour revenir à mon état adulte. Lorsque je réfléchis à cette façon de me comporter, j'ai inévitablement l'impression d'avoir perdu mon programme.

Grâce à Al-Anon – particulièrement « Le progrès, non la perfection » et « Se hâter lentement » – j'accepte plus facilement ces rechutes. Je m'efforce de reconnaître ce que j'ai accompli jusqu'ici et d'apprendre quelque chose de mes erreurs. Je me rappelle que j'ai tout le temps qu'il faut pour me rétablir. Le rétablissement n'est pas une course.

Une fois lors d'une réunion, j'ai déjà fait part de ce que j'avais ressenti lorsque j'ai découvert que mon mari avait une liaison. Je souffrais tellement que je pensais seulement à mourir, et je pleurais sans arrêt pendant des heures, parfois même pendant des jours entiers. Une personne relativement nouvelle m'a dit après la réunion qu'elle ne pouvait pas imaginer que je me sois retrouvée dans une telle situation. Depuis qu'elle me connaissait, j'avais toujours paru si heureuse et sereine. J'ai réfléchi pendant un moment à ce qu'elle m'avait dit et j'ai réalisé qu'elle avait raison. J'*étais* devenue beaucoup plus heureuse et j'avais obtenu beaucoup en mettant mon programme en pratique. Même si quelques mois à peine séparaient notre venue dans Al-Anon, j'avais besoin du regard de cette femme pour m'aider à voir mon propre progrès.

Pensée du jour

Si je ne parviens pas à voir mon progrès, peut-être la perspective d'un autre membre m'en donnera-t-elle une meilleure vision.

> « ... "Le progrès, non la perfection", m'encourage à avoir foi en moi. »
> *Comment Al-Anon œuvre pour les familles et les amis des alcoolique*, p. 323

21 février

Il m'a fallu beaucoup de temps pour admettre que j'avais vécu des choses horribles en tant qu'enfant ayant grandi dans une famille affectée par l'alcoolisme. J'ai trouvé dans Al-Anon un endroit sûr où je pouvais me remémorer la souffrance et y faire face. Lorsque j'ai commencé à accepter la vérité concernant mon passé, en écrivant dans mon journal et en discutant de mes souvenirs, certains membres de ma famille m'ont suggéré de mettre fin à ce qu'ils considéraient comme étant des réflexions intempestives, et d'oublier le passé. Il s'est même trouvé quelques membres Al-Anon bien intentionnés pour me demander si je ne pouvais pas simplement vivre un jour à la fois. Cependant, tant et aussi longtemps que je fuyais les réalités émotionnelles de mon passé, ses poisons non soignés s'infiltraient dans chaque nouvelle journée. Pour vivre pleinement aujourd'hui, je devais en venir à accepter les circonstances de mon passé ainsi que mes réactions face à celles-ci.

Faire face aux sentiments pénibles que j'avais accumulés depuis l'enfance n'a pas changé la réalité de ce qui s'était produit, mais cela *a changé* mon climat émotionnel. Puisque les souvenirs agréables n'avaient plus à entrer en compétition avec les mauvais, ils ont commencé à se révéler à ma conscience. Maintenant, je suis libre d'aller de l'avant et de prendre mes responsabilités pour les attitudes et les réactions émotionnelles que je choisis d'adopter aujourd'hui. Tandis que je fais de nouveaux et de meilleurs choix, et que je permets à ma Puissance Supérieure de m'aider à les faire, les affreux événements de mon passé deviennent une part moins importante de ce que je suis.

Pensée du jour

Faire face aux pires aspects de mon passé ouvre aussi la porte aux meilleurs, et fait de la place pour que la sérénité, l'émerveillement et la joie entrent dans ma vie.

> « Le cycle de la négation est brisé quand nous cessons d'espérer un meilleur passé, quand nous acceptons la réalité de ce passé et que nous commençons à nous créer un présent différent. »
>
> *De la survie au rétablissement,* p. 68

22 février

J'ai trouvé une carotte et deux morceaux de charbon sur mon trottoir, et je me suis demandé ce qu'ils faisaient là. J'ai trouvé cela bizarre. Me rappelant tout à coup qu'un bonhomme de neige se tenait auparavant à cet endroit, je me suis mise à rire de mes soupçons. J'éprouvais tout de même un étrange sentiment de déjà vu. En déchargeant l'épicerie de mon auto, je n'ai pas cessé de fixer le charbon et la carotte. Un bonhomme de neige – froid, gelé, dur. Je n'avais pas remarqué qu'il avait fondu; j'ai seulement remarqué ce qui en restait, et ce n'était pas grand-chose.

Je me suis mise à penser aux couches de glace que j'avais accumulées autour de moi afin de faire face à la terreur et au chaos de l'alcoolisme. J'avais grandi dans le froid glacial de la maladie. Puis, des membres Al-Anon chaleureux et bienveillants m'ont encouragée à laisser ma Puissance Supérieure faire fondre les couches de glace, jusqu'à ce que, tout comme le bonhomme de neige, je sois réduite à ma plus simple expression. C'était toutefois une expression authentique, et j'ai fait confiance à Dieu pour qu'Il utilise le programme Al-Anon afin de bâtir sur cette fondation la personne saine que j'étais censée être.

J'ai appris que, pour me rétablir, je dois tolérer que mon ancienne personnalité doive fondre. S'il arrive que je me sente vide pendant ce processus, je ne dois pas me laisser aller à souhaiter que la maladie revienne. Au contraire, je dois avoir confiance que ma Puissance Supérieure m'aidera à faire ressortir mon véritable moi. Je dois avoir confiance que si je ressens un vide, cela signifie que Dieu a fait de la place pour que mon véritable moi se développe.

Pensée du jour

Les impressions de vide que j'éprouve pendant mon rétablissement seront comblées si je permets à ma Puissance Supérieure de me guérir par l'entremise d'Al-Anon.

> « Le désir de progresser et de me rétablir m'a amené à mon inconfortable situation actuelle… Je dois seulement avoir confiance que lorsque le temps viendra d'aller de l'avant, je le saurai. »
>
> *Le Courage de changer,* p. 221

23 février

Je travaille comme couturière. Récemment, pendant un projet de couture, je me suis mise à réfléchir aux similarités qui existent entre ma couture et mon progrès dans le rétablissement. Avant Al-Anon, ma couture devait être parfaite. J'ai souvent fini par ne pas porter une de mes créations parce que j'en avais assez de la reprendre sans arrêt. Je la laissais accrochée dans le placard et je finissais par la donner. S'il m'arrivait de porter une de mes créations, je m'empressais de souligner ses imperfections dès que quelqu'un me faisait un compliment.

Depuis que j'utilise les outils Al-Anon, ma couture est beaucoup plus simple. En utilisant le fil de la bonne volonté et en demandant à ma Puissance Supérieure de guider mes mains, j'aime maintenant expérimenter avec de nouveaux tissus et de nouvelles techniques, et même reprendre mes points. Je m'y adonne tout en sachant que mon vêtement ne sera pas parfait, mais que ses imperfections en feront une création unique. J'aime le porter, sachant que j'ai beaucoup appris en le confectionnant.

Mes vêtements de tissus et le vêtement de mon rétablissement se ressemblent énormément. Je ne m'attends plus à être parfaite, et j'ai fini de me cacher de peur qu'on ne découvre mes imperfections. Par contre, je ne livre pas facilement les aspects les plus précieux et les plus vulnérables de moi-même; j'attends de constater que l'autre personne est suffisamment digne de confiance pour m'accueillir avec amour. J'ai cessé de me juger moi-même en pensant que cela fera moins mal si je le fais avant les autres. Aujourd'hui, je me présente aussi fièrement que je présente mes costumes cousus à la main, sachant que chaque pièce a été créée avec la bonne volonté, les capacités et l'aide que ma Puissance Supérieure m'offre quotidiennement.

Pensée du jour

Mes imperfections reflètent mon humanité et mon unité avec les autres.

« Avec ma Puissance Supérieure comme partenaire, … je peux toujours être moi. »
De la survie au rétablissement, p. 284

24 février

Combien de fois ai-je arrêté ma voiture à un feu rouge, tard le soir lorsqu'il n'y avait pas d'autre véhicule en vue, et me suis-je dis que je pourrais bien avancer sans attendre le feu vert ? Et que dire de ces occasions où j'ai jonglé avec la possibilité de prendre une rue à sens unique dans le sens contraire, parce que cela raccourcirait mon trajet ? Il y a tant de règles de circulation à respecter, qu'un policier soit là ou non. Toutefois, si j'ignore ces règles, je mets en danger ma vie et celle des autres.

Je crois que c'est la même chose pour les Traditions, les directives et les politiques suggérées dans Al-Anon. Lorsque j'ignore les suggestions du programme, il me semble que je me fais souffrir et que je fais souffrir les autres. Je suis tourmentée et je réagis comme je le faisais avant d'avoir un programme. Je fais des rechutes. Je mets mon rétablissement en danger.

Dans Al-Anon, cette façon de suivre les directives est appelée « Obéir sans y être forcé ». Au fond de mon cœur et de mon esprit, je sais ce qui est bon et ce qui est mauvais pour mon rétablissement. J'ai appris par expérience à avoir une crainte respectueuse des conséquences, lorsque j'ignore les Traditions. Le prix à payer en matière d'intégrité et d'estime de moi, ainsi que les dommages possibles envers les groupes qui rendent mon rétablissement possible, cela n'en vaut tout simplement pas le coup.

Je suis arrivée dans cette merveilleuse fraternité afin de changer l'alcoolique. J'ai vite appris que je pouvais seulement me changer moi-même. La meilleure façon d'y parvenir, c'est de suivre les directives qui ont fonctionné si longtemps pour tant de gens. Je n'ai qu'à m'exercer à « Ne pas compliquer les choses » et à mettre le programme en pratique.

Pensée du jour

Quelle part de mon expérience, de ma force et de mon espoir puis-je partager afin d'aider les autres ?

« Les Douze Traditions d'Al-Anon m'aident à maintenir une discipline, pas seulement dans mon programme, mais aussi dans la vie. Elles m'aident à être une personne sûre pour ceux qui m'entourent. »

Le Forum, octobre 1998, p. 4

25 février

« Ça commence par moi » est un des slogans Al-Anon que l'on entend souvent aux réunions. Pour moi, « Ça » représente transmettre le message d'Al-Anon à ceux qui en ont besoin, tel que le suggère la Douzième Étape. Étant donné que j'ai un défaut de caractère particulier, je pense toujours savoir ce qui est bon pour les autres, j'apprécie particulièrement ce que ce slogan *ne dit pas*. Il ne dit pas que je dois convertir les autres à ma façon de penser. Cette modeste déclaration me suggère simplement de partager ce que je peux de mon expérience, de ma force et de mon espoir. Comment cette information sera accueillie, c'est hors de mon contrôle.

Si on me pose une question directe au sujet d'Al-Anon, je peux répondre. Si une personne me fait des confidences au sujet de ses difficultés avec un ami ou un parent alcoolique, je peux l'informer de l'existence du programme Al-Anon. Si je veux, je peux aller plus loin et expliquer comment ce programme m'a aidée. Si l'autre personne ne semble pas intéressée ou si elle rejette ma suggestion, je peux m'élever au-delà de la réaction et faire de mon mieux pour incarner les principes du programme : lâcher prise et m'en remettre à Dieu, et me détacher avec amour. Il *est* vrai que lorsque l'étudiant est prêt, le maître apparaît. Je dois simplement me rappeler que je ne suis pas le maître. Je ne suis que le véhicule utilisé par ma Puissance Supérieure pour transmettre ce message d'espoir et de rétablissement. Qui entendra ce message, cela relève de Dieu.

Pensée du jour

Ma façon de réagir devant le manque d'intérêt d'une personne pour Al-Anon peut contribuer à transmettre le message du rétablissement beaucoup mieux qu'un témoignage personnel détaillé.

> « Le problème, c'est que ceux qui ont besoin d'Al-Anon n'en veulent pas toujours. Nous pouvons partager notre expérience, notre force et notre espoir et être un bon exemple de rétablissement dans Al-Anon en mettant en pratique ses principes dans tous les domaines de notre vie. »
> *Les voies du rétablissement,* p. 229

26 février

Quand je suis arrivée à Al-Anon, je ne croyais pas être capable de pardonner. Même si pardonner me semblait être la bonne chose à faire, mes bonnes intentions ne faisaient pas disparaître la souffrance, et elles ne me permettaient pas d'oublier ce que certaines personnes avaient dit ou fait. Je conciliais pardonner avec accepter les comportements inacceptables.

Dans Al-Anon, j'ai appris de nouvelles façons de me protéger devant les personnes agressives, y compris les alcooliques dans ma vie. Maintenant, je sais comment m'éloigner lorsqu'une personne profère des paroles offensantes. Je peux dire à quelqu'un que je suis en colère ou que son comportement me rend mal à l'aise, et je peux dire ce que je pense sans le faire méchamment. Je réalise que plus j'apprends à me défendre et plus j'accepte de pardonner. Quand je discute de ma colère ou de ma peine avec l'autre personne, je constate souvent que mon ressentiment est né d'une situation fortuite dont j'ai fait tout un plat. Nous nous efforçons ensuite de voir comment nous pourrons éviter une telle calamité à l'avenir et, souvent, ce processus nous rapproche.

À d'autres occasions mon ressentiment est dû à un comportement qui se reproduit constamment et que je ne suis pas prête à accepter. Je pardonne parce que c'est la bonne chose à faire pour moi. Par contre, je ne continuerai pas d'accepter des comportements inacceptables. Parfois, pardonner signifie laisser aller une relation destructrice et aller de l'avant. Lorsque je pardonne avant de m'en aller, je peux m'éloigner en ayant l'esprit tranquille, sans entraves qui m'empêcheraient de poursuivre mon cheminement vers le bien-être et le rétablissement.

Pensée du jour

Parfois, le processus du pardon suscite un rapprochement et une meilleure communication entre les personnes. Parfois, il indique la porte de sortie.

« Grâce au programme Al-Anon, j'ai appris que le pardon… ne veut pas dire retourner vers une relation agressive ou destructrice en disant "Bon, je te pardonne encore une fois". Pour moi, le pardon est le résultat naturel de mon travail sur les Étapes. »

The Forum, novembre 1999, p. 9

27 février

Avant d'arriver à Al-Anon, la peur était mon principal obstacle. Je réagissais à la peur en m'éloignant, en me cachant, en remettant les choses à plus tard, en m'enfuyant, ou en me réprimandant. Aucun de ces comportements ne m'aidait à faire face à mes peurs. En fait, ils aggravaient la situation. Il arrive encore parfois que la peur me prenne par surprise, mais j'ai découvert dans ce programme des outils qui m'aident à la surmonter. Je réalise maintenant que la peur n'est en soit ni bonne ni mauvaise. Ce n'est pas un signe de faiblesse ou de lâcheté, comme je le croyais auparavant. C'est tout simplement un signe que je dois agir ou prendre une décision.

Maintenant, je m'efforce d'abord de reconnaître si je suis en train de réagir à la peur. Réagir plutôt qu'agir en ayant pris une décision consciente, c'est un signe évident. Souvent, je réagis en écartant quelque chose qui serait bénéfique à ma croissance spirituelle. Peut-être ai-je peur de discuter avec mon ex-conjointe de mes besoins concernant les visites de nos enfants, d'animer une réunion, ou de parler à un nouveau venu.

Ensuite, j'utilise la Prière de Sérénité et je demande à ma Puissance Supérieure de me donner le courage de faire la chose qui me fait peur. Même si je prie pour demander du courage, cela ne veut pas dire que je l'obtiens immédiatement. Par contre, en pratiquant les Étapes et en continuant de prier, je suis capable d'agir plus courageusement lorsque je me heurte à une situation qui me remplit habituellement de peur.

Finalement, lorsque je prends une décision et que je passe à l'action, je me rappelle que les résultats sont entre les mains de ma Puissance Supérieure. Je prie en disant « Que Ta volonté soit faite, non la mienne » et en ayant foi que ma Puissance Supérieure me donnera ce qui est le mieux pour mon progrès.

Pensée du jour

Avec l'aide du programme et de ma Puissance Supérieure, je peux faire face à pratiquement tout ce que la vie amène – et lance parfois – dans ma direction. Aujourd'hui, ma peur ne me fait plus peur.

> « Je peux maintenant m'occuper de mes problèmes sans être affolée par la peur. »
>
> *Courage to Be Me*, p. 292

28 février

J'ai été dans Al-Anon pendant deux ans avant de faire ma Première Étape. Comment admettre que j'étais impuissante devant l'alcool, alors que j'avais 27 ans, que j'étais célibataire, que je vivais de manière autonome, et que mon père alcoolique était sobre depuis dix ans ? Je ne vivais plus au contact de l'alcool, alors je ne voyais pas comment je pourrais admettre que j'étais impuissante devant lui.

J'ai écouté les autres parler lors de réunions portant sur les Étapes, j'ai lu la documentation concernant la Première Étape et j'ai même essayé de parler lorsque la Première Étape était le sujet de discussion d'une réunion. Malgré tout, je ne voyais pas comment l'appliquer à ma situation. Comment pouvais-je être impuissante devant quelque chose qui ne faisait plus partie de ma vie ?

Un soir, Dieu m'a envoyé un merveilleux réveil spirituel. Lorsque j'étais la fillette d'un père alcoolique, j'étais impuissante. J'étais impuissante devant les critiques qui sortaient de sa bouche, et j'étais impuissante devant les coups qu'il portait sur moi. J'avais développé plusieurs mécanismes de défense afin de survivre à cette façon d'être élevée. Lorsqu'ils sont devenus inutiles, ces mécanismes se sont transformés en défauts de caractère. En tant qu'adulte, je demeurais impuissante devant les conséquences des abus de mon père. C'étaient devant les *conséquences* de l'alcoolisme que j'étais impuissante ! Cette prise de conscience m'a aidée à faire ma Première Étape.

Toutefois, ma prise de conscience ne s'est pas arrêtée là. J'ai réalisé que mon père avait été tout aussi impuissant devant son propre père alcoolique que je l'avais été devant lui. Lorsque mon père était un petit garçon, il n'a pas dit : « Quand je serai grand, je veux être un alcoolique ». La prise de conscience que ma Puissance Supérieure m'a donnée à l'égard de la Première Étape m'a aussi donné de la compréhension, de la compassion et de l'indulgence envers mon père.

Pensée du jour

Il n'est pas nécessaire que l'alcoolisme soit présent dans ma vie pour que j'en subisse les conséquences.

> « L'angoisse et les tensions ne disparaissent pas simplement parce que nous vivons avec la sobriété. »
>
> *La sobriété : un nouveau départ*, p. 18

29 février

On pourrait dire qu'une de mes premières révélations dans Al-Anon était en quelque sorte une leçon en algèbre du rétablissement. Ce jour-là, je me sentais complètement frustrée par le comportement de l'alcoolique. Cherchant à y voir plus clair, je me suis tournée vers ma Puissance Supérieure par la prière et la méditation et j'ai obtenu une réponse simple et rapide, mais plutôt étrange : $a + b = c$.

Me souvenir de cette formule d'algèbre, longtemps après mon séjour sur les bancs d'école m'a poussée à me demander comment elle pouvait bien s'appliquer à ma situation. Et bien voilà : j'étais « a », « b » était l'alcoolique que j'aimais et « c » était la somme totale de notre relation. Notre relation était le résultat total de tous nos échanges : nos paroles, nos sentiments et nos décisions.

En algèbre, modifier une variable, même si les autres variables demeurent constantes, cela change toute la nature d'une équation. En appliquant cette vérité algébrique à mon problème actuel et à mes problèmes futurs, j'ai réalisé que je pouvais transformer « a » (moi-même) et obtenir un « c » (notre relation) différent, même si « b » (l'alcoolique) ne changeait jamais.

En m'exerçant à changer les choses que je peux – comme mes attitudes et mes actions – je peux changer, et souvent pour le mieux, les résultats de mes échanges avec la personne alcoolique dans ma famille. Faire des choix différents pour moi-même modifie l'équation totale de la relation, et j'obtiens une somme de sérénité dont je n'aurais jamais rêvé.

Pensée du jour

Aujourd'hui, quels sont les choix que je veux inclure dans l'équation de ma relation ?

> « Elle comprit que si les relations… devaient changer, *le premier qui trouvait le genre d'attitudes requises* avait l'obligation d'adopter ces attitudes et de se comporter en conséquence. »
>
> *Un dilemme : le mariage avec un alcoolique,* p. 75

1er mars

Ayant été témoin du miracle de la sobriété dans la vie de mon père alcoolique, j'ai prié pour qu'un homme que j'aimais obtienne le même cadeau. Son vain combat contre l'alcoolisme avait bouleversé notre relation. Lorsqu'il a rejoint les rangs des AA, pris un parrain et réussi à rester sobre, j'ai cru que ma Puissance Supérieure avait exaucé mes prières. Lorsqu'il a décidé de se réconcilier avec son ancienne petite amie et qu'il a fait des projets de mariage avec elle, j'étais anéantie. J'ai continué de pratiquer mon programme, j'ai pris une marraine, et je me suis sincèrement efforcée de mettre en pratique le slogan « Lâcher prise et s'en remettre à Dieu », mais je souffrais quand même.

Était-ce vraiment la volonté de ma Puissance Supérieure ? Comment pourrais-je me détacher d'une personne que j'aimais encore tellement ? Lors d'une réunion, quelqu'un a dit que nous nous détachons avec amour non pas parce que c'est la bonne chose à faire, mais parce que c'est réellement la seule façon de lâcher prise. La déception, l'amertume et le ressentiment sont des entraves qui nous retiennent; à moins d'abandonner ces sentiments à notre Puissance Supérieure, nous demeurons enchaînés au passé.

J'ai soudainement clairement compris que j'étais libre de ressentir un amour incommensurable envers l'alcoolique, tout en priant pour obtenir la force de me détacher de mon désir et de ma déception. Même lorsqu'une autre personne décide de ne pas m'inclure dans les choix qu'elle fait, je peux encore choisir de nous aimer tous les deux en lâchant prise et en m'en remettant à Dieu pour qu'Il défasse les liens qui m'enchaînent à la tristesse et à la frustration.

Pensée du jour

Il est difficile de se détacher de la souffrance ressentie lorsque nous perdons une relation importante. Cela m'aide de me rappeler que je dispose d'un partenaire à vie, fidèle et constant qui ne m'abandonnera jamais : ma Puissance Supérieure.

> « J'ai accepté les problèmes auxquels j'étais confronté et je les ai abordés avec compréhension et courage avec l'aide d'Al-Anon et d'une Puissance Supérieure. »
> *Au père et à la mère d'un alcoolique*, p. 14

2 mars

Lorsque je suis arrivée à Al-Anon, je me débattais quotidiennement avec d'incessantes réactions émotives négatives face à la vie : colère, ressentiment, et apitoiement. Je me sentais prisonnière de ces sentiments. Je ne pouvais pas m'en détacher et obtenir une certaine perspective parce que je croyais qu'elles faisaient partie de moi, qu'elles étaient incrustées dans ma nature. Ma Quatrième Étape m'a permis de réaliser que je souffrais des mêmes défauts que mon père alcoolique. J'ai partagé ma prise de conscience avec ma marraine, et elle m'a fait remarquer que plusieurs pièces de la documentation Al-Anon indiquent que les réactions émotives et les défauts ne sont pas innés, mais qu'ils sont appris. Pour la première fois, j'ai réalisé que j'avais peut-être adopté certaines des attitudes de mon père alcoolique. Je pouvais presque sentir une légère brise se glisser entre moi et mes défauts de caractère. Mes défauts n'étaient peut-être pas autant incrustés en moi que je le croyais. Il y avait peut-être espoir que je parvienne à me libérer de mes attitudes autodestructrices.

J'ai continué de mettre en pratique les Étapes et je suis finalement arrivée à la Septième Étape. J'ai humblement demandé à Dieu de m'enlever ma façon négative de voir les choses. Maintenant lorsque j'éprouve de la colère et du ressentiment, je m'arrête pour « Penser ». J'examine les pensées qui m'ont amenée au sentiment en question. Reposent-elles sur la réalité, ou sur une ancienne façon de réagir ? Lorsque je suis honnête envers moi-même, je commence à réaliser que la colère, le ressentiment et l'apitoiement sont des choix que j'ai faits, et non des sentiments que quelqu'un m'a fait ressentir. Avec l'aide de ma Puissance Supérieure, j'apprends à considérer avec soin les choix qui affectent ma qualité de vie affective.

Pensée du jour

Quelles que soient les difficultés qui se présentent dans mon rétablissement, je dois me rappeler que je ne suis pas intrinsèquement mauvais. Tout ce qui a été appris peut être désappris.

« Quelqu'un a dit : "Je ne suis pas né comme cela; j'ai appris". Quand j'ai entendu cette phrase, j'ai éprouvé plus d'espoir que jamais. »

De la survie au rétablissement, p. 281

3 mars

Ma mère, devenue irritable à force d'essayer de s'ajuster à mon père alcoolique, m'accusait souvent vertement d'être irresponsable. Combien de fois m'a-t-elle crié : « Pourquoi tu n'es pas plus responsable ? » La responsabilité semblait être un objectif inaccessible parce que je croyais que je devais être responsable de tout et de tout le monde. Puis un membre Al-Anon m'a appris une nouvelle façon de définir la responsabilité : « habileté de réaction », l'habileté à bien réagir.

Cette définition m'a ouvert la porte d'un nouveau monde. Tôt dans mon rétablissement, ma capacité de réagir n'était pas très bonne; mais le programme et les membres qui en font partie m'ont appris à faire honneur aux talents que je possédais et que je pouvais utiliser. Ainsi, j'ai d'abord fait preuve d'« habileté de réaction » en répondant à l'appel du rétablissement. Tout ce que je pouvais faire, au début, c'était me rendre aux réunions. J'avais trop peur de parler, alors écouter est devenu pour moi une nouvelle façon de réagir. À force d'assister aux réunions et d'écouter, les enseignements du programme ont commencé à faire leur effet. Petit à petit, j'en suis venue à vraiment reconnaître et à réagir à ma souffrance, à mes besoins, et à moi-même. Pour favoriser mon rétablissement, j'ai pris certains risques : j'ai donné mon témoignage, j'ai pris une marraine et je me suis portée volontaire pour le service. Plus je persistais, mieux je me portais.

Aujourd'hui, mon « habileté de réaction » prend différents aspects; je réagis parfois mieux qu'à d'autres occasions. Un aspect de ce nouveau talent consiste à reconnaître que je ne peux pas faire face seule à quelque chose et que j'ai besoin de l'aide de mes amis et de ma Puissance Supérieure. Aujourd'hui, les réunions, la documentation approuvée par la Conférence et ma Puissance Supérieure m'aident à discerner les bonnes réactions, celles qui sont saines pour moi.

Pensée du jour

Me concentrer sur moi est une bonne façon de commencer à agir envers moi-même.

> « Qu'est-ce qui est important dans ma vie ? Qu'est-ce que je veux ? De quoi ai-je besoin ? »
>
> *Alateen – un jour à la fois*, p. 13

4 mars

J'étais membre du programme depuis plusieurs années lorsque j'ai été invité à assister à une réunion Al-Anon pour enfants adultes d'alcoolique qui avait de la difficulté à démarrer. J'ai indiqué aux membres que je n'étais pas l'enfant, mais l'ami d'une personne alcoolique. Ils m'ont dit que j'étais le bienvenu.

J'ai été étonné par ce que j'ai appris ce soir-là. Je me demandais comment ils avaient pu découvrir si rapidement mes traits cachés. Comment se pouvait-il que j'aie tant de caractéristiques d'un enfant adulte d'alcoolique alors qu'aucun de mes parents ne buvait ? En dépit de ma confusion, j'ai continué d'assister à ces réunions parce que j'y obtenais quelque chose que je ne trouvais nulle part ailleurs.

Plus d'un an plus tard, j'ai mentionné à ma mère que j'assistaïs à des réunions pour enfants adultes d'alcooliques même s'il n'y avait pas de problèmes d'alcoolisme comme tels dans notre famille. C'est alors qu'elle m'a révélé un secret de famille qu'on m'avait caché pendant plus de quarante ans. Son père – mon grand-père – travaillait dans les champs pétrolifères et il était un buveur bagarreur qui avait été mis en prison dans toutes les villes où il avait travaillé.

Ma grand-mère avait été la femme d'un alcoolique, et ma mère était l'enfant d'un alcoolique. Soudainement, j'ai tout compris. J'ai finalement réalisé pourquoi je réagissais comme je le faisais. J'étais le petit-fils d'un alcoolique et le fils d'un enfant adulte d'alcoolique ! Les conséquences de l'alcoolisme s'étaient transmises dans ma famille de génération en génération, mais personne avant moi n'avait reçu le secours bienveillant d'Al-Anon. Grâce à ma Puissance Supérieure, j'ai trouvé le programme. Maintenant, je peux commencer à transmettre le rétablissement plutôt que la maladie.

Pensée du jour

Parfois, dans le rétablissement, j'obtiens des réponses avant même que mon cœur sache qu'il a une question.

> « Si nous assistons à suffisamment de réunions, nous finissons par entendre quelqu'un raconter une histoire qui ressemble étrangement à la nôtre – notre zone de réconfort s'agrandit. »
>
> *Al-Anon, c'est aussi pour les hommes*

5 mars

Je m'inquiète parfois de ne rien faire de vraiment important avec ma vie. Absorbé par les petits tracas de la vie quotidienne, il me semble que je n'accomplis pas grand-chose. Pourtant j'oublie qu'à travers la routine de ma vie quotidienne, je pratique mon programme Al-Anon.

Mettre en pratique mon programme, c'est apprendre à m'aimer, à aimer ma Puissance Supérieure, et ceux qui m'entourent. Aimer, c'est être vraiment vivant. Et être vraiment vivant, c'est utiliser chacune des superbes facultés de ma personnalité dans tous les domaines de ma vie.

En progressant dans l'amour, je m'inquiète moins de faire quelque chose d'important. Je m'efforce plutôt de tirer le maximum de mes capacités. Mes actions sont maintenant l'expression spontanée d'un cœur aimant. J'ai accompli bien plus en pratiquant mon programme au cours de la dernière année que pendant les dix années précédentes sans ce programme. Je crois que je ne peux rien faire de plus important avec ma vie que devenir plus aimant et plus spirituel.

Pensée du jour

Lorsqu'il me semble que je ne suis pas une personne accomplie, je me rappelle que m'aimer moi-même est la plus grande réalisation.

> « Autrefois, je croyais que *penser* était la fonction la plus noble des êtres humains… Je me rends compte maintenant qu'*aimer* est notre fonction suprême. Le cœur a préséance sur l'esprit. »
>
> *Lois se souvient*, p. 249

6 mars

Une des raisons pour lesquelles ce programme fonctionne si bien, c'est que nous ne perdons pas tous la raison en même temps. L'alcoolique n'est pas malade dans tous les domaines de sa vie en même temps, et nous non plus. Nous nous réunissons pour nous raconter une histoire de rétablissement en partageant notre expérience, notre force et notre espoir.

Nous partageons : nous réunissons nos histoires afin de dresser un tableau plus profond, plus vrai, du mal familial de l'alcoolisme. Lorsque nous partageons nos vraies pensées et nos véritables sentiments, nous nous disons les uns les autres que personne n'est seul sur le chemin du rétablissement.

Expérience : chacun de nous a survécu aux conséquences de l'alcoolisme. En partageant ce que nous avons nous-mêmes vécu, nous donnons à d'autres l'occasion de s'identifier à notre expérience et de dissiper leur impression d'être unique. Lorsque nous racontons comment nous avons appliqué le programme Al-Anon à nos problèmes, nous nous donnons les uns les autres des idées concrètes que nous pouvons ramener à la maison et mettre en pratique.

Force : en donnant aux autres le temps de raconter leur histoire, nous forgeons un soutien mutuel et unifié plus fort que chacun de nous par lui-même. Nous permettons à l'appui collectif du groupe de nous soutenir.

Espoir : les fois où nous éprouvons la démence de la maladie, nous entendons ceux qui sont plus sains. Même dans nos moments les plus sombres, il se trouve habituellement un membre dont le chemin est encore plus sombre. En nous tournant vers ces membres, nous redécouvrons l'espoir que nous croyions avoir perdu.

Pensée du jour

Le rétablissement ne peut pas se produire dans l'isolement. Ensemble, nous pouvons accomplir ce que nous ne pouvons pas faire seuls.

> « En partageant ce que j'ai à dire et en écoutant ce que les autres ont à dire, j'apprends comment faire face à certains de mes problèmes. »
>
> *Living Today in Alateen,* p. 28

7 mars

À ma première réunion, lorsque j'ai entendu dire que je pourrais « trouver du contentement et même du bonheur, que l'alcoolique boive encore ou non », je me suis dit : « Certainement pas ! »

Je croyais que la consommation d'alcool de mon épouse était la source de nos problèmes. Voici un exemple d'une soirée typique : ma femme donne le bain aux enfants, les nourrit et les met au lit, avant de commencer à boire pour la soirée. Ensuite, je la provoque en lui disant qu'elle devrait réaliser qu'elle donne un bien mauvais exemple aux enfants. Je répète la même chose jusqu'à ce qu'elle se mette en colère. Les enfants se réveillent alors, et nous nous disputons tous ensemble. Je lui dis alors : « Regarde ce que tu fais aux enfants. » Plus tard, mon oreiller accueille un esprit en colère tandis que je me blâme pour n'avoir pas réussi à me taire.

J'ai appris que ma femme souffre d'une maladie. J'ai aussi appris à me concentrer sur moi-même et à me détacher des situations potentiellement explosives sans y contribuer. Maintenant, je joue avec les enfants. Un verre à la main, mon épouse remarque comme il est agréable d'être ensemble en famille. Je me surprends à penser : « Rien de cela ne serait possible sans Al-Anon. » Dans un éclair, je réalise que ma femme est un véritable trésor, malgré l'alcool. Elle est bonne pour moi de tant de manières. Je me considère chanceux qu'elle fasse partie de ma vie.

Merci, Al-Anon, de m'aider à changer mes attitudes, et ma vie. J'ai toujours eu une merveilleuse épouse à mes côtés, et ma Puissance Supérieure m'a donné un merveilleux programme pour m'aider à en prendre conscience. Que pourrais-je vouloir de plus ?

Pensée du jour

Les changements d'attitudes favorisent vraiment le rétablissement.

« C'était un cadeau de réaliser que nous désirions être ensemble … avec tous nos défauts et toutes nos vertus. »

Having Had a Spiritual Awakening…, p. 105

8 mars

Un guide pour la famille de l'alcoolique est un de mes dépliants Al-Anon favoris. Il discute des « armes » que l'alcoolique peut employer pour soulager son anxiété ou pour inventer de nouvelles raisons de boire. Celles-ci incluent la capacité de provoquer la colère et de susciter l'anxiété.

L'alcoolique qui fait partie de ma vie avait l'habitude de provoquer mon anxiété et ma colère en me critiquant et en ne respectant pas nos projets et ses promesses. Il provoquait souvent des scènes en public et, d'une manière générale, il était déraisonnable et peu fiable. Avant Al-Anon, je permettais à ces comportements – ces armes – de dicter comment je me sentais et comment je me comportais. Je me sentais offusquée et blessée. Je réagissais en me défendant avec colère ou en me réfugiant silencieusement dans la déprime et le dégoût de moi-même.

J'ai appris que le mot « sentir », dans l'expression « se sentir offusqué », m'indique que j'ai le choix. Pourquoi voudrais-je me sentir offusquée, blessée et triste ? N'est-il pas préférable que je saisisse la joie et la sérénité que m'offrent les outils du programme ?

J'ai finalement cessé de réagir lorsque je me sens irritée. Au lieu de le montrer à l'alcoolique, j'en discute avec ma marraine. J'ai renoncé à jouer à des petits jeux, à me mettre sur la défensive, ou à me sentir misérable. Tant et aussi longtemps que je donnais à l'alcoolique le pouvoir de me blesser, il contrôlait ma sérénité. En ne lui donnant plus la permission de soulager sa propre misère en m'attaquant, j'ai cessé de jouer le jeu de sa maladie. J'ai fait un exercice de détachement, ce qui m'a conduite à la sérénité et à une meilleure estime de moi.

Pensée du jour

Me détacher d'une personne ayant la grippe me permet d'éviter d'attraper la maladie. Le détachement émotif face à l'alcoolisme me donne une meilleure chance de ne pas attraper un surcroît de colère et d'anxiété.

« La seule façon de conserver son amour pour la personne alcoolique, c'est d'apprendre à ne pas souffrir lorsque celle-ci boit et de refuser d'assumer les conséquences de sa consommation d'alcool. »

Un guide pour la famille de l'alcoolique, p. 7

9 mars

Al-Anon me dit que je n'ai pas à accepter les comportements inacceptables. Il m'a fallu beaucoup de temps pour découvrir à quoi ressemblait un comportement acceptable ou même désirable, et ainsi déterminer ce qui est inacceptable. Je crois fermement que mes difficultés dans ce domaine ont beaucoup à voir avec le fait d'avoir grandi au contact de l'alcoolisme. Puisque j'avais rarement vu ce qu'est un comportement acceptable, je croyais que les comportements inacceptables étaient quelque chose de normal. Ce n'est qu'en arrivant à Al-Anon que j'ai découvert une meilleure façon de vivre.

J'ai particulièrement de la difficulté à apprendre à discerner les critiques blessantes des commentaires constructifs. Une suggestion qui m'aide, c'est de tenir compte de la source. Ceci m'aide à ne pas accorder la même importance à tout ce qu'on dit à mon sujet. Si je reçois des commentaires constructifs de ma marraine, une personne que je sais ancrée dans le programme, j'écoute attentivement ce qu'elle a à me dire. Si l'alcoolique qui fait partie de ma vie me critique de manière agressive, je tiens compte de la source. En d'autres mots, je me rappelle que c'est l'alcool qui parle, et non la personne que j'aime. Il n'y a pas de raison que j'accorde le même poids aux paroles de l'alcoolique qu'à celles de ma marraine.

En tenant compte de la source, je me rappelle qu'il faut me détacher et placer les principes au-dessus des personnalités. Je n'ai pas à gaspiller mon énergie à faire du ressentiment envers une personne qui me parle à travers le brouillard de cette maladie insidieuse. Ce faisant, je peux me demander : « Est-ce si important ? » Tenir compte de la source me rappelle aussi d'avoir de la compassion pour la personne qui se débat sous le poids de la maladie de l'alcoolisme. Pour moi, tenir compte de la source est un aspect important du programme à l'œuvre.

Pensée du jour

Parmi les personnes faisant partie de ma vie, quelles sont celles dont les paroles méritent qu'elles me tiennent à cœur ?

> « Quand des paroles cruelles jaillissent de la bouche d'une autre personne, ivre ou sobre, Al-Anon m'aide à me rappeler que des choix s'offrent à moi. »
>
> *Le Courage de changer*, p. 297

10 mars

Le slogan « Vivre et laisser vivre » me rend nerveux, un peu comme l'animal de cirque proverbial qui refuse de sortir de sa cage même lorsque la porte est ouverte. Il m'a fallu un certain temps pour croire que je pouvais me fier à l'espoir et aux possibilités qu'offre ce slogan.

Lors d'une réunion Al-Anon, un conférencier a offert une métaphore qui m'aide à mieux comprendre « Vivre et laisser vivre » et à le mettre en pratique. Il a dit qu'il avait un jardin affectif à entretenir. Même s'il est important qu'il entretienne ce jardin dans son entier, il est tout aussi important de *ne pas* aller au-delà des limites de ce jardin. Cela m'a fait réaliser que je consacre souvent plus de temps à me concentrer sur les sentiments des autres – en essayant de les aider ou de les protéger – que sur les miens.

Les limites de mon jardin affectif ne sont pas toujours aussi évidentes que celles de mon jardin physique. Néanmoins, si je suis attentif aux signaux intérieurs que je reçois de ma Puissance Supérieure, je peux réaliser que je m'écarte aussi clairement que si j'avais grimpé à la clôture de mon voisin.

Pensée du jour

« Vivre et laisser vivre » m'aide à demeurer sur le terrain de mon propre rétablissement, là où je peux être le plus efficace, au lieu de perdre mon temps sur celui d'une autre personne.

> « Notre seul souci devrait être notre propre comportement, notre propre amélioration, notre propre vie. Nous avons tous droit à notre opinion, mais nous n'avons pas le droit de l'imposer aux autres. »
>
> *L'alcoolisme, un mal familial*, p. 20

11 mars

« Prends soin de toi » est une expression courante, mais je n'avais jamais vraiment porté attention à son sens profond. Quand je suis arrivée à Al-Anon, l'idée de prendre soin de moi m'était étrangère. J'essayais habituellement de prendre soin des autres et je m'attendais à ce qu'ils prennent soin de moi. Dans Al-Anon, j'ai appris à prendre soin de moi sur les plans physique, émotif, et spirituel.

Toutefois, apprendre la responsabilité financière s'est avéré un aspect inattendu de mon rétablissement. J'avais atteint un bas-fond financier, et je ne voyais pas comment me rétablir des conséquences de l'alcoolisme pourrait rétablir mon crédit. J'empruntais souvent de l'argent à un membre de ma famille parce que j'avais prêté mon propre argent à un autre. La Septième Tradition dit que « Chaque groupe devrait subvenir entièrement à ses besoins et refuser les contributions de l'extérieur ». Étudier ce principe m'a permis de constater que j'étais prisonnier d'un comportement qui grugeait mon estime de moi. J'ai appris à laisser les membres de ma famille devenir responsables de leurs propres finances, pour que je puisse m'occuper des miennes.

La Première Garantie du Douzième Concept stipule « que son principe de prudente gestion financière soit de ne garder que les fonds suffisants pour son fonctionnement, y compris une ample réserve ». Cela m'a familiarisé avec le concept d'un mode de vie pratique et responsable. J'ai commencé à faire un budget et à le respecter. J'ai aussi commencé à mettre de l'argent de côté, petit à petit, épargnant pour l'avenir sans négliger mes besoins présents.

Al-Anon m'a appris à subvenir entièrement à mes propres besoins en devenant financièrement responsable et en vivant selon mes moyens. Ma situation financière s'est améliorée graduellement, tout comme les autres domaines de ma vie. Aujourd'hui, je vis d'une manière plus saine, et cela, à bien des niveaux.

Pensée du jour

Al-Anon m'apprend à réfléchir à l'avenir en m'appuyant sur les leçons du passé.

« Pour Al-Anon, la prudence est un juste milieu, une voie entre la peur d'un côté et la témérité de l'autre. »
Manuel de service Al-Anon/Alateen, p. 196

12 mars

La pensée négative est une force destructive, mais c'est pour moi un mode de vie. Si je me sens fatigué, malade, tendu ou si je m'ennuie, j'ai tendance à me concentrer sur ce qui ne va pas. Parfois, je ne suis pas content de moi ou de quelqu'un d'autre. Parfois, je n'aime pas ma situation. Que je me plaigne tout haut ou que je souffre en silence, une attitude négative invite l'apitoiement et le mécontentement. Avec l'aide d'Al-Anon, j'ai appris que je peux vaincre cette force redoutable. Qu'importe à quel point je me sens découragé, je peux toujours trouver *quelque chose* à apprécier, aujourd'hui.

J'ai un calendrier ayant d'un côté la photo d'un paysage et de l'autre les jours de la semaine. Il y a juste assez d'espace pour inscrire chaque jour une phrase ou de courtes expressions. Après avoir lu ma réflexion quotidienne Al-Anon, j'inscris sur le calendrier une chose pour laquelle j'éprouve de la gratitude. Si le soleil brille, j'apprécie sa lumière et sa chaleur. S'il pleut, je me rappelle que la terre desséchée a besoin d'humidité. Parfois, un nouvel oiseau se pose sur le perchoir dans la cour, ou j'aperçois un chevreuil en revenant du travail. D'autres jours, j'apprécie une bonne réunion ou de pouvoir utiliser mon programme pendant une situation tendue à la maison.

Je découvre inévitablement que je me suis concentré sur mes problèmes en oubliant toutes les belles choses qui se sont produites. En inscrivant les bonnes choses qui m'arrivent sur mon calendrier, un jour à la fois, j'ai fini par dresser une liste de bienfaits inspirants. Maintenant, quand je me sens déprimé, je lis quelques pages de mon calendrier de gratitude. Cela me rappelle que, malgré la souffrance et les problèmes, la vie est belle.

Pensée du jour

Je peux recommencer ma journée à tout moment. Trouver une raison d'éprouver de la gratitude, c'est une merveilleuse façon de le faire.

« Aujourd'hui, je suis reconnaissante de tout, même de choses qui me surprennent… »

Le Forum, juin 1998, p. 7

13 mars

Ayant grandi dans un foyer marqué par l'alcoolisme, j'ai été exposé à bien des façons malsaines de faire face à la vie. Même si je m'étais juré de vivre d'une manière différente une fois adulte, j'ai fini par répéter de nombreux comportements acquis dans mon enfance. Après avoir entendu de nombreux témoignages Al-Anon, j'ai fini par réaliser comment, étant enfant, j'avais contribué à notre dynamique familiale. Ne sachant pas comment gérer les sentiments désagréables, je m'étais efforcé de les enfouir profondément, mais ils ne disparaissaient pas. Au contraire, ils m'amenaient à me conduire de manière à perpétuer les mêmes sentiments.

Ma vie a commencé à changer en assistant aux réunions et en mettant en pratique les trois premières Étapes. J'étais tout de même perplexe quant à la manière d'identifier les racines de ces comportements destructifs. J'ai donc décidé de pratiquer « L'essentiel d'abord » avec ma Quatrième Étape. J'ai fait un inventaire détaillé de la culpabilité, de la honte, des ressentiments et des peurs de mon *enfance*, ainsi que des comportements qui les accompagnaient. Par la suite, en me libérant du fardeau de ces sentiments refoulés en mettant en pratique de la Cinquième à la Neuvième Étape, j'ai été plus en mesure de faire un inventaire semblable pour ma vie adulte. Maintenant, je comprends mieux l'origine des comportements que je dois changer.

Pensée du jour

Aujourd'hui, comment puis-je utiliser « L'essentiel d'abord » pour mieux comprendre une tâche qui me rend perplexe ?

> « "L'essentiel d'abord" nous aide à faire des choix plus réalisables et à vivre avec ces choix. »
>
> *Comment Al-Anon œuvre pour les familles et les amis des alcooliques,* p. 70

14 mars

Au cours d'une de mes réunions Al-Anon, j'ai entendu une façon intéressante de catégoriser les Douze Étapes en quatre groupes : abandonner, admettre, réparer, et entretenir. La Première à la Troisième Étape concernent l'abandon. J'abandonne l'illusion de pouvoir contrôler l'alcoolique, d'être raisonnable, et de pouvoir diriger ma vie toute seule.

La Quatrième à la Sixième Étape concernent l'admission. Dans ces Étapes, je cherche à découvrir mes véritables forces ainsi que mes faiblesses. J'avoue la vérité à Dieu, à moi-même, et à un autre être humain; je peux ensuite consentir pleinement à ce que Dieu fasse disparaître mes déficiences.

La Septième à la Neuvième Étape concernent la réparation. Je considère les carences qui affectent mes relations avec Dieu, avec moi-même et avec les autres, et je m'efforce de reconnaître ma responsabilité à leur égard. Je demande à ma Puissance Supérieure de m'indiquer comment je peux faire des amendes honorables et réparer les torts que j'ai pu causer par le passé.

La Dixième à la Douzième Étape concernent l'entretien. Je n'essaie pas de suivre les autres; j'avance à mon rythme, selon mon progrès dans le programme. Poursuivre mon inventaire personnel m'aide à garder la conscience tranquille. Grâce à la prière et à la méditation, j'évite de m'écarter de la volonté de Dieu à mon égard. Transmettre le message m'aide à me concentrer et à demeurer reconnaissante, et mettre les principes Al-Anon en pratique dans tous les domaines de ma vie me permet de persister.

Si je me sens accablée par le labeur, je me rappelle que je n'ai finalement que quatre choses à faire pour poursuivre mon rétablissement : abandonner, admettre, réparer, et entretenir. De cette manière, je parviens à « Ne pas compliquer les choses ».

Pensée du jour

Parfois, « Ne pas compliquer les choses » peut vouloir dire ne pas compliquer le programme.

« ''Pour vous assurer de bien vous en tenir à la philosophie Al-Anon'',…''ne compliquez pas les choses !'' »
Al-Anon un jour à la fois, p. 143

15 mars

J'étais en rétablissement dans Al-Anon depuis environ un an et je me sentais encore accablée par la vie lorsque j'ai fait le rêve suivant…

J'étais sur une très belle plage et je me préparais à faire du surf sur les vagues les plus rudes que je n'avais jamais vues. Je me suis avancée dans cette houle agitée. Ma planche de surf s'est accrochée à la crête d'une énorme vague, que j'ai chevauchée jusqu'aux abords de la plage. Ma Puissance Supérieure attendait là et s'est avancée dans l'eau pour venir à ma rencontre. Nous avons ri ensemble, nous nous sommes arrosés, et nous avons joué dans les vagues qui se brisaient sur la plage. Elle n'a rien dit, mais Elle me regardait attentivement avec des yeux aimants. Son regard pénétrant connaissait mon cœur et mes combats.

Ce rêve m'a révélé l'analogie suivante, que j'utilise lorsque je me sens accablée par la vie…

L'océan représente la vie. Les vagues sont les événements qui se produisent dans ma vie. Ma planche de surf, ce sont les slogans Al-Anon, grâce auxquels je peux surmonter les moments de désespoir, de méfiance, de peur, et d'angoisse. Ma Puissance Supérieure me fournit les slogans qui m'aident à briser le cercle des attitudes négatives que j'ai apprises dans ma famille alcoolique. Avec eux, je peux « surfer » sur les énormes vagues des attitudes destructives et atteindre la plage, une façon de penser plus saine.

Il me semble maintenant que chaque fois que je répète un slogan Al-Anon, le simple fait de le dire à voix haute rompt le joug asservissant des pensées dommageables. Les vagues de la vie ne m'accablent plus si facilement. Grâce à Al-Anon, mes sentiments ne prennent plus aussi fortement contrôle de moi.

Pensée du jour

Quel slogan puis-je utiliser, aujourd'hui, afin de glisser sur les « vagues » de ma vie ?

« … Je vais m'accrocher aux slogans… quand ils sont mis en pratique, ils ont le pouvoir de changer ma vie. »

Alateen – un jour à la fois, p. 7

16 mars

Le slogan « Lâcher prise et s'en remettre à Dieu » m'a beaucoup aidée à obtenir la paix et la sérénité du détachement. Lorsque je suis arrivée à Al-Anon, je me faisais trop de soucis, et c'était malsain. J'étais obsédée par la consommation d'alcool de ma mère, et j'essayais de trouver des façons de l'empêcher de boire. En continuant d'assister aux réunions, j'ai appris que je me faisais du mal en me tourmentant ainsi. Je me rendais folle – j'avais des pensées et des idées insensées – en essayant de régler ou de contrôler une chose devant laquelle j'étais impuissante.

Je suis ensuite allée dans la direction opposée : je me fichais de tout. Par contre, en devenant insouciante et indifférente, j'ai permis à la maladie de l'alcoolisme, qui est rusée et déroutante, de se montrer plus maligne que moi. Je réagissais aux manipulations de l'alcoolique et je jouais son jeu. Mes sentiments s'embrouillaient et l'alcoolique pouvait les contrôler. Encore une fois, je finissais par me faire du mal.

Pour vraiment me détacher avec amour, je mets en pratique le slogan « Lâcher prise et s'en remettre à Dieu ». Je n'essaie plus de contrôler l'alcoolique; je m'efforce plutôt de me concentrer sur moi-même, sans me laisser prendre aux jeux de l'alcoolique. Quand je lâche prise et que je m'en remets à Dieu, je suis plus en mesure de trouver le juste milieu de la compassion entre les extrêmes de l'obsession et de l'indifférence; c'est là que se trouve la sérénité offerte par des pensées et des sentiments bien ordonnés. Avec l'aide de Dieu, l'espoir de trouver un juste milieu peut devenir réalité.

Pensée du jour

Quand je lâche prise et que je laisse Dieu entrer dans ma vie, le pendule qui se balance entre le noir de l'obsession et le blanc de l'indifférence trouve enfin son équilibre dans les douces couleurs de la sérénité.

> « Ce slogan nous permet de remplacer la tension, l'inquiétude et la souffrance pour la sérénité et la foi. »
> *Comment Al-Anon œuvre pour les familles et les amis des alcooliques,* p. 77

17 mars

En grandissant, j'ai développé un sens des responsabilités déformé. Al-Anon m'a aidé à réaliser que je ne suis responsable que de moi-même. Cela m'est apparu clairement lorsque je suis devenue représentant de groupe dans mon groupe d'appartenance.

Je pensais que, en tant que représentant de groupe, je devais toujours ouvrir la salle de réunion, placer les chaises et la documentation, et préparer le café. Puisque j'aimais contrôler, endosser ces responsabilités était pour moi une chose naturelle.

Il était rare qu'une autre personne prenne la clé pour ouvrir la salle de réunion. J'ai vite commencé à faire du ressentiment parce que j'en faisais tellement pour le groupe. Après avoir entendu mes plaintes, quelqu'un a suggéré que je fasse faire ma propre clé et que je laisse la clé du groupe à quelqu'un d'autre. Je pourrais ainsi fermer la salle, mais je ne serais plus obligée de l'ouvrir pour la réunion suivante.

J'ai décidé d'essayer cette suggestion. J'ai demandé et obtenu la permission de faire une copie de la clé. Un soir que personne n'avait pris l'autre clé, le groupe est resté assis dehors dans le froid glacial du mois de janvier. La semaine suivante, on m'a blâmée. Je leur ai dit calmement que ce groupe n'était pas *mon* groupe, mais *notre* groupe. Conformément à la Deuxième Tradition, personne ne doit être l'autorité ultime du groupe. Je voulais que chaque membre ait l'occasion de progresser.

Aujourd'hui, notre groupe est en bien meilleure santé, et moi aussi. Je crois maintenant que c'est une Puissance Supérieure qui est l'autorité ultime du groupe, et qu'il arrive qu'un groupe doive « atteindre un bas-fond » avant de s'épanouir. Ce n'est pas à moi de sauver mon groupe, pas plus que de sauver l'alcoolique. Je dois seulement faire ma part.

Pensée du Jour

Pour qu'une autre personne ramasse la balle, je dois consentir à la laisser tomber.

> « Tendre la main m'incite à lâcher prise et à remarquer que lorsque mon travail est terminé, il y a d'autres membres qui ont la bonne volonté et sont capables de prendre la relève. »
>
> *Un passeport pour le rétablissement*, p. 6

18 mars

Je ne suis pas responsable d'être né dans un milieu alcoolique où je ne pouvais pas clairement distinguer mes choix. En tant qu'adulte, toutefois, j'ai maintenant la responsabilité d'assumer les conséquences de mes décisions antérieures. Plusieurs des amendes honorables que je dois faire tournent autour du lâcher prise à l'égard du passé. Il est temps de me donner une deuxième chance ainsi qu'aux autres. Les personnes avec qui j'ai grandi ont changé, tout comme moi. Nos rapports peuvent être différents, si je le veux bien. Cela veut dire que je dois modifier mes actions et mes attitudes. Dans Al-Anon, j'ai appris à prendre soin de moi lorsque je suis en présence de personnes avec qui je partage un lourd et pénible passé. Je peux abaisser mes attentes envers moi et envers les autres, choisir de me satisfaire du progrès, non de la perfection. Je peux affirmer mes besoins et respecter les autres quand leurs désirs diffèrent des miens. En cas de désaccord, je peux utiliser mon programme pour m'aider à prendre une décision que je n'aurai pas à regretter. Aujourd'hui, mes yeux sont ouverts aux choix dont je dispose, et je choisis de me comporter d'une manière qui me permet de me respecter.

Je sais que je peux demander l'aide de ma Puissance Supérieure devant ce processus de lâcher prise. Il m'est déjà arrivé d'obtenir ce dont j'avais besoin plutôt que ce que je voulais. Lorsque cela s'est produit, je me suis senti comblé comme jamais auparavant. J'ai graduellement appris à faire confiance à ma Puissance Supérieure. Aujourd'hui, je choisis d'être bon envers moi et d'aimer sans conditions tout en me détachant du passé. Prendre ce risque, c'est faire un pas énorme, et je sais qu'il me sera infiniment bénéfique.

Pensée du jour

Quel comportement pourrais-je modifier, aujourd'hui, pour nous donner une deuxième chance, à moi et aux autres ?

« Par la pratique du programme Al-Anon, les enfants d'alcooliques commencent à changer les attitudes et les comportements qui ne concordent plus avec une façon de vivre enrichissante et productive.»
Al-Anon : témoignages d'enfants adultes d'alcooliques, p. 1

19 mars

Mon père est mort de l'alcoolisme quand j'étais dans la vingtaine. Je connaissais d'autres personnes dont les parents étaient morts de maladies plus respectables, et leur chagrin était évident. Où était le mien ? Je ressentais plutôt du soulagement, de la pitié, un vague sentiment de tristesse, et énormément de colère. Je me sentais également coupable parce que mes sentiments me semblaient froids et inappropriés.

Je n'avais pas encore découvert Al-Anon, et je répétais mes comportements destructeurs. J'ai épousé une alcoolique. Avec le progrès de sa maladie, je me suis demandé pourquoi je revivais le même vieux cauchemar, inconscient de mes choix autodestructeurs. Une crise m'a finalement conduit chez Al-Anon, et j'ai commencé à apprendre les choses élémentaires : le détachement; les « Trois C », qui m'ont dit que je ne pouvais ni causer, ni contrôler, ni connaître la cure pour l'alcoolisme; et être responsable de ma propre sérénité. Je me suis appuyé sur ma Puissance Supérieure tout en remettant ma femme entre les mains de la sienne. Un jour à la fois, j'ai cessé de contrôler et, petit à petit, j'ai fait le deuil d'un autre être aimé perdu aux ravages de l'alcoolisme.

Ma femme a refusé le rétablissement, et nous avons divorcé. Huit ans plus tard, j'ai reçu un appel téléphonique me disant qu'elle avait été trouvée morte, une autre victime de la maladie. Cette fois-là, j'ai reconnu mes sentiments et je leur ai permis de se manifester. J'avais pleuré ma femme bien avant qu'elle meure physiquement – tout comme je l'avais fait pour mon père, pendant mon enfance et mon adolescence. Cette fois-là, je n'ai ressenti ni colère, ni pitié. Al-Anon m'a aidé à lâcher prise et à reconnaître le pouvoir purificateur des larmes que j'avais déjà versées. Ce qui semblait être une absence d'émotion était en fait la dernière étape d'un processus de deuil qui durait depuis bien des années.

Pensée du jour

Plusieurs d'entre nous éprouvent de la peine pour de petits et fréquents chagrins. Tout comme le rétablissement, la mort et le deuil sont des processus.

« Dans Al-Anon, j'ai trouvé un endroit sûr pour vivre le chagrin occasionné par toutes les pertes subies dans mon enfance. »

De la survie au rétablissement, p. 26

20 mars

Une des méthodes adoptées par ma famille pour affronter la démence de l'alcoolisme a été de bannir certains membres de la famille. Une telle décision n'est jamais flagrante, et on ne donne jamais d'explication. Ceux qui sont bannis se retrouvent tout simplement exclus de la famille pendant un certain temps. Découvrir le rôle changeant que j'ai joué dans cette dynamique a été un élément important de ma Quatrième Étape. Au fil des années, j'ai été tour à tour l'un des juges, l'agneau sacrifié, et l'un des lyncheurs.

Mon travail sur la Huitième et la Neuvième Étape s'est avéré une puissante catalyse qui m'a permis de voir les membres de ma famille en tant que créatures de Dieu dont je ne peux corriger les défaillances, mais dont le charme et la force en font des maillons dans une chaîne d'amour. J'ai travaillé fort pour les voir sous cet angle; j'ai écrit une lettre à chacun d'entre eux leur exprimant les dons que je vois en eux ainsi que les liens particuliers qui nous unissent. J'ai espoir que découvrir et exprimer ces liens contribuera à réparer les dommages que j'ai pu causer en participant à notre coutume de bannir certains membres de notre famille.

Grâce à ces Étapes, je découvre dans ma famille des amitiés fondées sur qui nous sommes vraiment, plutôt que sur notre conformité à un code familial artificiel. Je découvre aussi des façons de me détacher avec amour et respect de ceux qui empruntent des chemins que je préfère éviter. Quoi qu'il en soit, j'apprends à vivre ces rapports au présent au lieu de gaspiller mes énergies à rêver d'un passé meilleur.

Pensée du jour

Une statue prend différents aspects selon l'angle sous lequel on l'observe. Si je change l'angle sous lequel j'observe les membres de ma famille, ils peuvent aussi prendre des aspects différents.

« Laisser la porte ouverte pour permettre à une relation de reprendre vie s'est aussi avéré une approche efficace. »

Les voies du rétablissement, p. 101

21 mars

J'ai entendu dire que nous ne gravitons pas nécessairement vers ce qui est bon pour nous; nous gravitons vers ce qui nous est familier. Les pensées négatives, tellement présentes dans ma famille alcoolique, me sont si familières qu'elles me semblent souvent rassurantes, réconfortantes, et naturelles. Je sais que ma façon de penser peut très rapidement m'attirer des ennuis. Quand je ne fais pas attention, j'en viens à exagérer mes problèmes; j'anticipe et j'essaie de vivre dans le futur.

L'essentiel, aujourd'hui, c'est mon attitude. Je peux être négative – comme lorsque je vivais avec un alcoolique – ou je peux être positive. Je ne suis pas toujours habile à faire des choix, mais je sais maintenant que c'est à moi qu'il revient de les faire. Parmi les choix qui me sont toujours bénéfiques, il y a notamment des choses comme aller aux réunions, lire la documentation approuvée par la Conférence, et appeler quelqu'un du programme. Faire ces choses m'aide à rajuster mon attitude.

Je veux entretenir des pensées positives à mon égard, envers ma communauté, et le monde qui m'entoure. Aujourd'hui, je sais que je dois demeurer dans le moment présent et nulle part ailleurs. Je sais aussi que ma Puissance Supérieure est toujours là pour moi, et que rien n'est mauvais à moins que je n'en décide ainsi. Je ne connais pas toujours les solutions à mes problèmes, et c'est bien ainsi. Tout ce que j'ai à faire, c'est de décider si je veux me sentir bien et aimable ou tout simplement misérable. Grâce à ce que j'apprends dans le programme, jour après jour, un jour à la fois, je choisis plus souvent le positif que le négatif.

Pensée du jour

La vie est aussi belle que je l'imagine.

« Le programme peut ouvrir de nouvelles portes dans mon esprit, si j'y consens. »
Alateen – un jour à la fois, p. 221

22 mars

Quand je suis arrivée à Al-Anon, je ne savais pas comment méditer. Je pensais que la méditation et la prière étaient des béquilles pour les gens qui ne peuvent pas se tenir debout sur leurs deux pieds. Ma marraine, bénie soit-elle, m'a depuis demandé ce qu'il y a de mal avec les béquilles. Nous avons parfois besoin d'un appui.

Et bien, j'ai décidé d'ouvrir mon esprit. Maintenant, quand je pense à la méditation, je pense à ma chienne. Mon mari et moi l'emmenons avec nous presque tous les soirs pour notre promenade à bicyclette. Elle court devant nous dans le parc et, de temps à autre – particulièrement lorsqu'elle arrive à une croisée dans le sentier – elle s'arrête et elle nous regarde. Elle semble vouloir vérifier si nous sommes toujours avec elle et nous demander quelle direction nous voulons qu'elle prenne.

Pour moi, aujourd'hui, c'est cela la méditation : des instants pendant la journée où je peux vérifier que ma Puissance Supérieure est toujours avec moi et Lui demander quelle direction je dois prendre tandis que je m'élance sur le chemin de ma vie.

Pensée du jour

Même si, au début, cela peut me sembler bête ou banal, je mettrai aujourd'hui en pratique un outil du programme que j'ai négligé auparavant et je garderai l'esprit ouvert quant aux résultats.

« Prier, c'est demander à notre Puissance Supérieure de guider et de diriger notre vie. Méditer, c'est écouter la réponse. »

Alateen – un jour à la fois, p. 102

23 mars

J'ai affronté énormément de colère ce week-end. Cette colère provenait non seulement des alcooliques qui font partie de ma vie, mais aussi de moi, tandis que j'étais confrontée à mon impuissance devant les gens, les lieux et les choses.

Appliquer la Prière de Sérénité aux diverses situations qui se sont produites m'a permis de me rappeler que ma colère peut être une tentative pour changer quelqu'un ou quelque chose, parce que *je* ne veux pas changer. Consentir à changer – reconnaître ma colère, en identifier l'origine, considérer ma part de responsabilité, et l'exprimer avec bienveillance – est un aspect important de ma Quatrième et de ma Dixième Étape. Mon estime de moi augmente quand je change les choses que je peux et que j'assume ma responsabilité pour mes réactions, au lieu de blâmer ou d'humilier quelqu'un d'autre.

Je peux faire des choix. Je peux rester en colère ou je peux la considérer comme étant un signal que je dois changer quelque chose. Je fais confiance à ma Puissance Supérieure pour me montrer ce que je dois faire afin d'obtenir l'estime de moi que j'éprouve lorsque j'assume mes responsabilités émotionnelles.

Pensée du jour

Quand il s'agit d'exprimer mes sentiments, le comment, le quoi, le quand et le pourquoi sont des aspects importants de ma vie que je *peux* contrôler.

> « Le programme Al-Anon m'encourage à reconnaître mes sentiments et à être responsable de la façon dont je les exprime. »
>
> *Le Courage de changer,* p. 193

24 mars

J'ai retardé ma Quatrième Étape pendant des années parce que je ne pouvais pas trouver une méthode qui me convenait. Je ne voulais pas aborder ce processus avec l'attitude que je devais amputer ou me défaire d'une partie de moi-même. Après tout, je visais l'intégrité, et je ne pourrais pas l'atteindre en jetant des morceaux de moi à la poubelle. Puis quelqu'un a mentionné, à mon groupe d'appartenance, que ses défauts de caractère l'avaient en fait protégé à un certain moment de sa vie. J'ai aimé cette idée et j'ai essayé de considérer certains de mes défauts sous l'éclairage de la gratitude.

J'ai d'abord choisi un défaut de caractère qui m'embarrassait particulièrement. Lorsque j'ai commencé à réaliser combien il était présent dans ma vie, j'ai cherché des exemples précis de comportements reflétant ce défaut. J'ai ensuite fouillé dans mon passé pour voir comment ce défaut de caractère m'avait aidée à survivre à la souffrance et au chaos de mon enfance dans un foyer marqué par l'alcoolisme. Constater le rôle utile qu'avait joué ce défaut m'a aidée à comprendre pourquoi il avait pris tant d'importance chez moi. Cela m'a aussi aidée à réaliser que ce défaut était tout simplement un trait positif indompté.

En regardant mes défauts de cette manière, j'ai réalisé combien ils étaient devenus nuisibles maintenant que je n'en avais plus besoin pour me protéger. Maintenant, chaque fois que je fais un nouvel inventaire, je découvre une autre technique de survie que j'ignorais jusque-là. Quand j'examine le rôle que cette caractéristique superflue joue dans ma vie, elle perd le pouvoir de me dominer. Je suis ensuite libre de choisir dans le véritable trésor des principes Al-Anon celui qui guérira et qui remplacera mon ancien défaut.

Pensée du jour

Mes traits de caractère sont tous importants, même si certains d'entre eux n'ont plus leur place dans ma vie.

« Je suis *déjà* bien comme je suis – malgré mes défauts. »

The Forum, juin 1999, p. 30

25 mars

Al-Anon me dit qu'aujourd'hui j'ai le choix. Parfois, cette vérité rend ma vie un peu plus confuse, même dans mes précieuses réunions. Par exemple, lorsque je constate que notre groupe ne tient pas compte des Traditions, j'hésite à dire quelque chose, surtout si personne d'autre n'en parle. Après tout, je travaille fort pour abandonner le contrôle, et personne ne m'a nommée « membre de la police Al-Anon ».

En même temps, je m'efforce de m'exprimer. Dans la famille alcoolique de mon enfance, je n'osais pas m'exprimer, à cause d'une peur bien réaliste des conséquences. Mais n'ai-je pas enfin trouvé une nouvelle famille où je peux partager librement et en toute sécurité ce qui préoccupe mon cœur et mon esprit ?

Dans Al-Anon, j'ai entendu dire que si je prends conscience de quelque chose, je suis responsable. La compréhension que j'ai de nos Douze Traditions implique que je suis responsable et que je dois m'exprimer lorsque je constate qu'on les néglige ou qu'on en abuse. Je fais ensuite confiance à mon groupe pour trouver une solution au problème. Nous n'avons qu'une seule autorité, une Puissance Supérieure aimante telle qu'Elle s'exprime à travers notre conscience de groupe – où ma voix n'en est qu'une parmi les autres.

Pensée du jour

Si j'accepte de faire remarquer un problème et que je fais aussi confiance à la conscience de groupe pour trouver une solution, alors ce n'est pas le désir de contrôler qui guide mes paroles, mais bien la volonté de ma Puissance Supérieure.

« Dans notre fraternité où règne la démocratie, le fait d'inclure tous les membres et de prendre en considération l'opinion de chacun favorise notre unité. »

Les voies du rétablissement, p. 280

26 mars

Quand je suis arrivé à Al-Anon, les réunions m'ont tout d'abord paru étranges; elles étaient tellement sereines et ordonnées. J'étais plus habitué à des environnements chaotiques où tout le monde crie, parle en même temps, et critique tout ce qu'il entend. Par conséquent, je ne parlais pas pendant les réunions, de peur d'être ridiculisé, ignoré ou critiqué. Après un certain temps, j'ai commencé à me sentir plus à l'aise parce que plusieurs aspects de la structure d'Al-Anon semblent conçus de manière à encourager et à soutenir l'expression personnelle.

Certains de ces aspects concernent le droit d'être entendu. Par exemple, lorsque chaque membre limite son témoignage au sujet de discussion, chacun a la chance de parler. Éviter de donner des conseils ou de critiquer permet de créer un environnement fondé sur l'acceptation et le respect, où chaque membre a de l'importance et peut se faire entendre. Le Cinquième Concept nous offre l'assurance que les opinions divergentes sont bien accueillies et considérées utiles.

D'autres aspects concernent la responsabilité de s'exprimer. La Deuxième Tradition dit qu'une Puissance Supérieure – telle qu'Elle s'exprime par la conscience de groupe – gouverne le groupe. Le Premier Concept dit que les groupes ont la responsabilité ultime du bien-être d'Al-Anon. Le Quatrième Concept suggère que la participation est la clé de l'harmonie.

Par conséquent, en tant que membre du groupe, je fais partie de la conscience de groupe. Puisque le bien-être d'Al-Anon repose sur la voix de chacun des membres et que la participation est la clé de l'harmonie, j'ai la responsabilité de contribuer à assurer ce bien-être en me faisant entendre lorsque j'ai une opinion bien informée. Puisque l'opinion de la minorité est soigneusement protégée, je n'ai pas à craindre les conséquences si j'exprime un point de vue différent. Dans Al-Anon, mes pensées et mes sentiments sont les bienvenues et elles sont protégées.

Pensée du jour

Est-ce que j'exerce mon droit à me faire entendre et ma responsabilité de m'exprimer, en tant que membre de ma conscience de groupe ? Suis-je à l'aise d'exposer mon point de vue ?

« Dans Al-Anon, j'apprends que je ne cours aucun risque en étant moi-même. »

Le Courage de changer, p. 111

27 mars

Pour moi, la compassion requiert de la patience. La compassion, c'est ce que je peux choisir de ressentir envers moi et envers les autres lorsque ma patience est à bout et que je suis épuisé. Cela me demande beaucoup d'effort pour offrir ma compassion à certaines personnes. Pour le faire, je dois parfois regarder au-delà de ma colère et échanger mes accès de rage pour des gestes de bienveillance. Cela implique que je laisse aller les ressentiments qui proviennent de mes attentes irréalistes. Cela requiert que je mette de côté les désagréments mineurs en me demandant « Est-ce si important ? » La compassion, c'est accepter les gens – y compris moi-même – tels qu'ils sont, et les aimer malgré tout.

Un événement récent est venu souligner l'importance de la compassion dans ma vie. Une ancienne collègue a perdu la vie dans un accident d'automobile. Un moment, elle était pleine de vie; et le moment suivant, elle était partie. Ceci m'a aidée à réaliser que chaque moment est précieux. La vie est tout à la fois précieuse et imprévisible; je ne sais pas combien de temps elle va durer. Je ne veux pas gaspiller une seule minute sur l'apitoiement, l'inquiétude, la culpabilité, le ressentiment, la colère ou tout autre défaut de caractère pouvant m'empêcher de devenir la personne que je veux être. Je ne veux pas partir ou rester prise avec une traînée de regrets. Je veux avoir autant de bons souvenirs que possible. La compassion peut m'aider à créer ces souvenirs. La patience peut m'aider à engendrer la compassion.

Pensée du jour

La patience dans mon rétablissement me conduira vers la compassion. Aujourd'hui, comment puis-je pratiquer la patience dans ma vie ?

« Ma compassion et ma compréhension peuvent avoir un effet bienfaisant... »

Al-Anon un jour à la fois, p. 24

28 mars

Le plus merveilleux cadeau que j'ai reçu d'Al-Anon, c'est de pouvoir me sentir en sécurité. Tant d'aspects du programme contribuent à me donner le sentiment de protection dont j'avais tellement besoin, mais que je n'ai jamais obtenu dans ma famille alcoolique.

En grandissant avec des parents alcooliques, j'avais l'impression que nous étions *tous* des enfants. Quand je revenais de l'école, ma mère était souvent inconsciente sur le divan. Mon père rentrait ivre à la maison, il réveillait ma mère, et ils commençaient à se disputer. Je m'occupais habituellement de la maison et je m'assurais que mes jeunes frères faisaient leurs devoirs. Dans un petit coin de mon cœur, il y avait toujours cette peur que quelque chose d'affreux allait se produire.

Al-Anon s'est avéré une expérience tellement différente. Même si je n'ai pas de « parents » dans Al-Anon, j'y reçois tant de choses qu'on associe habituellement à ceux-ci : constance, structure, et dévouement. Peu importe où je me rends pour assister à une réunion, je trouve toujours la même structure réconfortante, avec la formule de bienvenue, les témoignages et la formule pour clore la réunion. Quand j'ai peur de prendre une mauvaise décision, je sais que la Huitième et la Neuvième Étape m'aideront à réparer mes torts et à effacer mon ardoise. Les Étapes m'offrent des conseils, tandis que les Traditions et les Concepts de service m'assurent que ces Étapes et les autres éléments du programme ne seront pas aisément déformés. Ces trois Héritages sont pour moi des ancrages solides sur lesquels je peux compter et m'appuyer. Et puis il y a les accolades et les encouragements que je reçois des autres membres. Ils me comblent de l'acceptation et de l'affection auxquelles j'ai toujours aspiré. Finalement, il y a cette relation particulière entre ma marraine et moi, qui m'offre une intimité nourrissante pour mon âme.

Pensée du jour

Effectivement, plus on est nombreux, plus on est en sécurité, particulièrement à une réunion Al-Anon !

> « Après avoir souffert seuls des conséquences de cette cruelle maladie, la fraternité Al-Anon est une abondante et enrichissante source de compassion et de soutien à laquelle nous ne nous attendions pas. »
> *Comment Al-Anon œuvre pour les familles et les amis des alcooliques*, p. 11

29 mars

J'adore les slogans, particulièrement les slogans en deux parties comme « Lâcher prise et s'en remettre à Dieu ». Par contre, j'ai de la difficulté avec la deuxième partie de ce slogan. Il est facile pour moi de me concentrer sur la première partie. Quand l'alcoolique qui faisait partie de ma vie a quitté la maison, il m'a été facile de lâcher prise. J'ai laissé aller les réunions, la documentation, et plusieurs de mes contacts dans Al-Anon. J'ai aussi laissé aller ma santé mentale, physique et spirituelle. Cette partie de moi qui éprouvait encore du ressentiment envers l'alcoolique s'est changée en culpabilité parce que j'appréciais le fait qu'il soit parti de la maison. Je croyais qu'en me libérant de l'alcoolique, je serais libérée de la maladie. Chemin faisant, j'ai perdu contact avec ma Puissance Supérieure. J'ai pris du poids, j'ai cessé de faire de l'exercice, et je me suis désintéressée de mon foyer et de ma famille. J'ai commencé à m'isoler, et j'ai plongé dans la dépression.

Les choses ont fini par aller tellement mal que je suis revenue à Al-Anon. J'ai réalisé que je ne souffrais pas uniquement des symptômes de la maladie de l'alcoolisme; j'avais aussi ma propre maladie ! Je n'allais pas me rétablir miraculeusement uniquement parce qu'*il* était parti. Maintenant, je connais aussi la deuxième partie du slogan. « S'en remettre à Dieu » équilibre la première partie et m'évite de me fier à ma propre volonté. Pour que le lâcher prise fonctionne, je garde Dieu présent dans ma vie en assistant aux réunions, en lisant la documentation, en appelant d'autres membres, et en m'impliquant dans le travail de service. Ma Puissance Supérieure m'aide quand je m'aide moi-même.

Pensée du jour

Si je veux lâcher prise face à quelque chose, je dois confier cette chose à une Puissance supérieure à moi-même.

> « Ceux qui se contentent de tourner le dos à leurs problèmes ne "lâchent pas prise pour s'en remettre à Dieu", ils abandonnent leur engagement de se laisser guider par Dieu et d'agir selon Son inspiration. »
>
> Al-Anon un jour à la fois, p. 163

30 mars

En grandissant dans ma famille marquée par l'alcoolisme, j'avais développé beaucoup de confusion en ce qui concerne les relations interpersonnelles et l'intimité. Je désirais connaître l'intimité, mais j'étais terrifié dès que je me retrouvais dans une relation quelconque.

Mon père n'était pas en mesure de me faire vivre l'expérience de l'amour et de l'intimité dont j'avais besoin. Jusqu'à ce que j'arrive à Al-Anon, j'éprouvais du ressentiment à ce sujet. En mettant en pratique les Étapes et en leur permettant d'agir sur moi, j'en suis venu à comprendre que mon père ne m'avait pas donné l'amour dont j'avais besoin parce qu'il ne l'avait pas en lui. Lui aussi, il avait de la difficulté avec l'intimité.

Aujourd'hui, j'apprends à entretenir la plus grande des relations intimes : avec moi-même. À moins de vivre l'intimité avec moi-même en me traitant avec compassion, bienveillance, confiance, acceptation et amour, je ne peux pas être le mari, l'ami, le fils ou le père que je désire devenir.

L'intimité implique que je partage mes peurs et mes secrets les plus intimes en espérant que l'autre personne les acceptera. Un tel comportement me semble dangereux. J'ai grandi en ne faisant confiance à personne; par contre, je sais que si je continue de faire ce que j'ai toujours fait, j'obtiendrai encore ce que j'ai toujours obtenu. Je veux changer.

Pensée du jour

Partager les aspects les plus intimes de moi-même dans un environnement Al-Anon sûr, c'est un risque que je suis prêt à prendre.

« ... J'ai appris à me connaître et à m'accepter. »
Comment Al-Anon oeuvre pour les familles et les amis des alcooliques, p. 295

31 mars

Avant Al-Anon, j'avais peur de Dieu et je Le méprisais. Je détestais les religions organisées. Je croyais que si je ne donnais pas généreusement, j'en paierais le prix de manière horrible. J'étais convaincu que j'étais mauvais. J'exagérais toute réprimande et je dépréciais chaque compliment. J'étais en colère contre Dieu pour m'avoir si mal fait : tellement déformé, tellement timide, avec de telles pulsions sexuelles, et tellement effrayé devant les objets de mes désirs.

Puis je suis arrivé à Al-Anon. J'ai assisté aux réunions, j'ai pris un parrain, j'ai lu la documentation approuvée par la Conférence, j'ai mis en pratique les Étapes et les Traditions, et je me suis porté volontaire pour des fonctions dans le service. J'ai pris des risques. J'ai partagé mes pensées et mes sentiments pendant les réunions et entre les réunions. J'ai découvert une Puissance Supérieure différente de tout ce que j'avais pu connaître dans les religions organisées, malgré toutes leurs promesses.

J'ai découvert que je pouvais exprimer ma colère à ma Puissance Supérieure. Je sais que je ne peux pas La blesser, et c'est un soulagement de pouvoir hurler ma colère ou ma souffrance à un coucher de soleil ou aux étoiles. Faire confiance à ma Puissance Supérieure m'aide à ne pas obnubiler devant les résultats et à ne pas être excessivement déçu lorsque les choses ne tournent pas comme je le voudrais. En confiant les choses à ma Puissance Supérieure, je peux lâcher prise devant mes attachements et me sentir plus en paix avec moi-même, ma vie, et mon monde.

Pensée du jour

Chaque fois que je vais à une réunion Al-Anon, je me place dans un environnement qui favorise le changement d'attitude. De cette manière, mon univers se transforme.

> « Dans le groupe, nous rencontrons des gens comme nous, qui affrontent nombres de problèmes similaires aux nôtres et qui trouvent des solutions innovatrices auxquelles nous n'avions pas pensé ou qui adoptent des attitudes qui, dans des situations semblables, rendent leur vie plus tolérable. »
>
> *Les voies du rétablissement,* p. 19

1er avril

Grandir dans un foyer alcoolique m'a amplement préparé à devenir un perfectionniste. Étant jeune, je ne faisais presque jamais rien de bien. Intérieurement, j'éprouvais de la rage parce que je ne parvenais jamais à satisfaire les attentes impossibles de mes parents. Je me suis promis que je ferais les choses différemment. Malgré tout, quand j'ai atteint la trentaine, j'entendais les voix critiques de mes parents s'exprimer par ma propre bouche. Je savais que j'utilisais les mêmes paroles qui m'avaient été adressées.

Quand je suis finalement arrivé à Al-Anon et que j'ai entendu dire « Vivre et laisser vivre », j'ai commencé à comprendre. En faisant des efforts, je pourrais changer ce que j'avais appris dans mon enfance et devenir une personne plus agréable. Ce slogan paraît facile, mais le mettre en pratique était une tout autre affaire. J'ai commencé par la fin, avec « … laisser vivre », et cela s'est avéré extrêmement difficile. Je devais m'abstenir d'intervenir dans les affaires des autres et les laisser prendre leurs propres décisions. En me fiant à mes propres règles, je n'étais pas en mesure de dire si leurs décisions étaient les bonnes.

J'ai fini par en arriver à « Vivre… » Comment puis-je vivre, tout simplement ? Qu'est-ce que la vie, si je ne me mêle pas constamment des affaires des autres ? Je me sentais perdu. Puis je me suis souvenu d'une suggestion entendue lors d'une réunion, « Prends soin de toi-même », et j'ai obtenu une lueur de compréhension.

Je possède déjà les différents éléments d'une vie : un corps, un esprit, une âme. Tout ce que j'ai à faire pour qu'ils fonctionnent, c'est de les nourrir et d'en prendre soin. Quel simple concept ! Si je me concentre uniquement sur moi et que je prends soin des choses dont j'ai besoin pour être heureux et serein, je peux avoir une véritable vie qui m'appartient !

Pensée du jour

À qui appartiennent le corps, l'esprit et l'âme que je nourris aujourd'hui ?

« Si je ne me mêle pas des affaires des autres et que je prends davantage conscience des miennes, j'ai de bonnes chances de trouver un peu de sérénité. »

Le Courage de changer, p. 234

2 avril

J'ai entendu certaines personnes dire qu'elles condensent les activités de leur vie spirituelle en ces mots : calmer l'esprit; ouvrir le cœur. Pour m'encourager à approfondir ma compréhension de la prière et de la méditation, j'aime me rappeler ces suggestions. Je considère tout ce qui contribue à calmer mon esprit comme étant de la méditation, et tout ce qui ouvre mon cœur comme étant de la prière.

Ma notion de contact conscient avec une Puissance Supérieure, tel que décrit dans la Onzième Étape, a évolué avec le temps. Parfois, ce contact semble provenir de ce que plusieurs appellent l'intuition – que j'utilise pour prendre des décisions reposant sur une forte impression ou un pressentiment. Parfois, mon contact provient d'une source qui ne semble pas nécessairement rationnelle, explicable, ou exprimable en paroles et en pensées. Souvent, les suggestions et les réponses de ma Puissance Supérieure semblent venir au hasard et elles n'ont pas vraiment de source évidente. Tandis que je progresse dans Al-Anon, je ressens moins le besoin d'isoler et de catégoriser mes épisodes de contact conscient avec Dieu. Je n'ai pas à me préoccuper d'où viendra notre contact, ni de la forme qu'il prendra. Je n'ai qu'à ouvrir mon esprit et mon cœur par la méditation et la prière, et ensuite « Lâcher prise et m'en remettre à Dieu ».

Pensée du jour

La possibilité d'un contact conscient avec une Puissance Supérieure est toujours présente, même si la forme que prend ce contact ne semble pas avoir de sens.

> « Je crois que j'ai développé une compréhension de Dieu que je ne comprends pas pleinement. »
> *Tel que nous Le concevions…*, p. 258

3 avril

Je me suis toujours targué de maîtriser mes facultés. Ce fut donc un choc de réaliser que je me défonçais avec les affaires de la même manière que mes parents alcooliques se défonçaient avec l'alcool : pour m'anesthésier et m'isoler. J'emplissais chaque minute du bruit d'une activité « importante ». Ma vie n'était qu'une grande évasion frénétique.

Je n'étais pas précisément un bourreau de travail, mais je forçais par moments la note au niveau de l'apprentissage et de la réussite, tout en négligeant mes relations avec ma Puissance Supérieure, avec les autres, et avec moi-même. Heureusement, un ami Al-Anon m'a rappelé que ce qui me donne un sens, c'est qui je suis, et non ce que je fais. Maintenant, je me concentre sur moi : mes pensées, mes sentiments, mes intentions, et mes attitudes. Quand je maintiens ces aspects de moi dans la bonne voie, mes activités sont le reflet d'une personnalité saine, plutôt qu'une fuite. Aujourd'hui, je peux me calmer pour écouter le chuchotement de Dieu et entendre la réaction spontanée de mon cœur.

Pensée du jour

Aujourd'hui, je me rendrai disponible à ma Puissance Supérieure. Par la prière et la méditation, j'éviterai de m'agiter de manière obsessive.

« Dieu m'appelait. Le seul problème, c'est que la ligne était occupée. »
Having Had a Spiritual Awakening…, p. 35

4 avril

Avant d'adhérer à Al-Anon, j'étais en colère et j'éprouvais du ressentiment envers ma mère alcoolique. Je lui en voulais d'être incapable de me donner les choses dont j'avais besoin, notamment son amour inconditionnel et son aide financière. J'oubliais les bonnes choses qu'elle m'avait inculquées, comme l'ouverture d'esprit et le respect des autres.

Dans Al-Anon, j'ai appris que le pardon me concernait. J'ai réalisé que je gaspillais beaucoup d'énergie à entretenir mes ressentiments et à me rappeler constamment que j'étais en colère. Heureusement, les membres Al-Anon ne faisaient pas que parler de l'importance du pardon. Ils m'ont offert un plan d'action pour le pardon appelé les Douze Étapes, afin de me permettre d'en faire l'expérience par moi-même. Premièrement, je devais me pardonner à moi-même, ce que j'ai accompli principalement par la Quatrième et la Cinquième Étape. La maladie de l'alcoolisme m'avait tellement empli de honte et de haine à mon propre égard que je me percevais d'une manière déformée. Un inventaire moral sérieux et courageux m'a aidé à me percevoir de manière équilibrée. Cette vision humble et réaliste de mes dons et de mes défauts m'a aidé à me pardonner et ensuite à pardonner aux autres, particulièrement à ma mère. J'en suis venu à croire que chacun de nous fait du mieux qu'il peut selon les circonstances. Si, à l'époque, ma mère avait pu faire mieux, elle l'aurait fait.

Depuis, mes énergies mentales et physiques se sont libérées de manières étonnantes. Je me sens maintenant plus disponible pour développer de nouvelles amitiés, entretenir un nouveau passe-temps, et même retourner à l'école. N'étant plus gelé par l'étreinte glacée du ressentiment, mon esprit peut suivre ma Puissance Supérieure où qu'Elle me conduise.

Pensée du jour

Est-ce que j'ai déjà essayé de calculer tout le temps que je consacre chaque jour à nourrir mes ressentiments par mes pensées et mes sentiments ? Que pourrais-je faire d'autre avec toute cette énergie ?

« Je ne permettrai plus à d'anciens ressentiments de saper mon moral. »

Le Courage de changer, p. 178

5 avril

HALTE. Ne laisse pas la faim, la colère, la solitude ou la fatigue prendre le dessus. J'utilise ceci pour me faire penser à établir des limites saines pour moi-même, ce que je n'ai pas appris à faire en tant qu'enfant d'un alcoolique. Par le passé, je croyais souvent que je pouvais passer plusieurs jours sans nourriture ni sommeil. Je mettais aussi à l'épreuve ma capacité à tolérer d'énormes doses de stress et d'isolement, sans tenir compte de mes besoins émotionnels.

Al-Anon m'a enseigné une façon plus douce et plus simple de prendre soin de moi. Cela m'aide énormément d'avoir une courte liste des aspects de mon bien-être que je néglige le plus : l'alimentation, le bien-être émotionnel, la camaraderie, et le repos. Premièrement, est-ce que mon estomac gargouille ? Je dois alors m'arrêter et manger quelque chose. Suis-je exaspéré par les petits soucis de la vie quotidienne ? Si c'est le cas, je peux prendre une pause pour frapper sur un oreiller ou faire de l'exercice. Est-ce que je me sens seul ? Je peux aller à une réunion ou appeler mon parrain. Finalement, suis-je tellement fatigué que je ne parviens pas à garder les yeux ouverts ? Alors, il est temps de m'étendre pour faire un somme ou prendre une bonne nuit de sommeil.

Pensée du jour

Si je me sens tendu, je m'arrêterai pour voir si mes besoins élémentaires sont bien comblés.

« Nous pouvons être attentifs à la nécessité de nous arrêter pour nous accorder des soins particuliers lorsque nous ressentons la faim, la colère, la solitude ou la fatigue. »

CourageTo Be Me, p. 139

6 avril

J'avais développé une forme d'humour sarcastique pour me protéger des attaques des alcooliques qui étaient inévitables à la maison. J'étais passé maître dans l'art de matraquer les gens avec des paroles acerbes et de les démolir avec mépris. Je croyais que cela me permettait de masquer ma propre souffrance et montrait aux autres qu'ils ne pouvaient pas me faire de mal. J'utilisais aussi l'humour pour manipuler les gens et pour me faire apprécier. Mes commentaires pleins d'esprit étaient soigneusement préparés. Je les utilisais pour plaire aux autres. Par contre, lorsqu'il n'y avait personne à séduire, je me sentais misérable et je me répugnais à moi-même.

Dans Al-Anon, j'ai appris que si je voulais la sérénité, je devais examiner certains aspects de ma personnalité et entreprendre certaines choses. Pour ce faire, j'ai utilisé la conscience, l'acceptation, et l'action. Premièrement, j'ai pris conscience que mon humour, lorsque je l'utilise comme arme défensive, est un défaut de caractère qui contribue à rendre ma vie incontrôlable. Ensuite, j'ai accepté que ma nature sarcastique ne fût pas ma véritable nature; c'était un mécanisme de défense que j'avais développé pour survivre dans un milieu alcoolique. Finalement, je suis passé à l'action en demandant à Dieu de faire disparaître cette déficience et de m'aider à voir le rôle que je devais jouer pour y parvenir.

Aujourd'hui, mon sens de l'humour reflète de manière naturelle la personne que je suis vraiment. Je fais face au monde à travers les rires et les sourires, et non plus derrière des grimaces amères. Je partage ma joie avec les autres, plutôt que de rechercher des compagnons de misère. J'aide les autres à guérir, au lieu de les attaquer. Je permets à mon sens de l'humour de se manifester naturellement, comme il se doit, et j'observe de merveilleux résultats tandis que ma Puissance Supérieure se sert de moi pour améliorer les choses.

Pensée du jour

Y a-t-il derrière mon humour autre chose que l'intention d'amuser ?

« Je prendrai conscience que les blessures infligées par le sarcasme sont lentes à guérir et qu'elles peuvent retarder l'amélioration tant désirée dans ma vie. »

Al-Anon un jour à la fois, p. 114

7 avril

Être libéré de l'inquiétude, c'est le plus grand cadeau qu'Al-Anon m'a donné. J'en suis venue à croire que ma Puissance Supérieure dirige ma vie et que rien n'arrive sans raison. À tout instant, je suis la somme de tout ce qui s'est produit auparavant, les choses agréables comme les choses douloureuses; chacune de mes expériences a donc son importance.

Lorsque je m'en suis remis aux soins de Dieu, avec la Troisième Étape, j'ai aussi abandonné l'idée que les choses se conformeraient à mes désirs. Il m'a fallu beaucoup de temps pour accepter cela, mais j'y suis parvenu en confiant les événements à ma Puissance Supérieure et en Lui faisant confiance quant aux résultats. Maintenant, je peux regarder en arrière et constater que chaque chose était à sa place. Certains événements devaient arriver pour qu'un changement puisse se produire. Par conséquent, ma vie s'est améliorée au-delà de mes rêves les plus fous. Si les choses étaient arrivées comme je le souhaitais, je ne profiterais pas des choses que j'apprécie aujourd'hui : de meilleures relations, un meilleur emploi, une meilleure estime de moi – et la liste continue.

Aujourd'hui, il me faut moins de temps pour « Lâcher prise et m'en remettre à Dieu » parce que j'ai trouvé un raccourci. Je peux contacter directement ma Puissance Supérieure grâce à la prière et à la méditation, et contourner l'inquiétude. Elle sait ce qui se passe et Elle attend que je Lui demande de l'aide. Elle m'aide à faire la part des choses entre mes inquiétudes relatives au passé ou à l'avenir et les réalités d'aujourd'hui, ce qui ramène mes soucis à une taille plus raisonnable. J'utilise ensuite la Prière de Sérénité pour changer les choses que je peux, et pour lâcher prise face au reste. Aujourd'hui, je peux vivre le moment présent avec sérénité, sachant que ma Puissance Supérieure résoudra tous mes problèmes et mes soucis au moment qui Lui convient.

Pensée du jour

L'inquiétude est comme une chaise berceuse. Cela me donne quelque chose à faire, mais cela ne me conduit nulle part.

« … Je peux lâcher prise et permettre à Dieu de m'aider à résoudre un problème. »

Courage to Be Me, p. 66

8 avril

Participer à une décision de la conscience de groupe peut faire ressortir certains de mes pires défauts de caractère. Parfois, j'aimerais mieux éviter de prendre une décision qui s'avère nécessaire plutôt que d'avoir à subir l'inconfort que m'occasionne le processus décisionnel. J'aimerais mieux me refermer et me taire. Par exemple, lorsque mon groupe d'appartenance a dû déménager parce que l'église où nous tenions nos réunions voulait agrandir son service de garderie, j'ai ressenti de l'anxiété. Je n'aime pas le changement, alors j'ai vraiment dû mettre en pratique les trois premières Étapes et utiliser le slogan « Lâcher prise et s'en remettre à Dieu ».

Quand j'étais jeune, mon père alcoolique agissait comme un dictateur, prenant des décisions pour tous les membres de la famille sans consulter personne. Par contre, ma mère était soumise et elle affrontait rarement mon père. J'ai grandi en voyant les extrêmes du processus décisionnel : la domination et l'absence de participation. Avant Al-Anon, je n'avais jamais vu un groupe travailler à prendre des décisions communes d'une manière respectueuse, tel que suggéré par la Première Tradition et le Quatrième Concept. Étant donné que je n'avais pas appris à trouver mon propre équilibre entre la domination et la soumission, je préférais habituellement me taire.

Par conséquent, lorsque j'expose mon point de vue, il m'est difficile de dire si je suis soumis ou autoritaire. Mon parrain m'a appris que je peux trouver l'équilibre en faisant trois choses : m'assurer que mon auditoire peut m'entendre; indiquer clairement mon point de vue; puis lâcher prise et m'en remettre à Dieu. Si je m'exprime une autre fois sur le même sujet, je suis probablement en train d'essayer d'imposer ma volonté au groupe.

Pensée du jour

Faire partie d'un groupe uni, cela peut me paraître étrange si je n'y suis pas habitué. Pratiquer mon programme dans de telles situations m'aide à me sentir plus à l'aise et plus confiant.

> « À la maison, c'était immanquablement le début d'une dispute quand j'exprimais mon opinion. Je cédais toujours pour maintenir la paix. Dans Al-Anon, j'ai appris à procéder de manière différente. »

Les voies du rétablissement, p. 142

9 avril

Mon père, qui était un buveur violent, est mort de l'alcoolisme quand j'avais 18 ans. Pendant des années, je l'ai considéré comme ayant été mauvais, méchant, et faible. Je le jugeais, et j'étais convaincue de la justesse de mon impitoyable jugement à son égard. Pendant les réunions, je disais comprendre que l'alcoolisme est une maladie, et pourtant je continuais de condamner mon père pour avoir délibérément maltraité sa famille.

J'ai récemment compris les choses d'une autre manière. J'ai appris que son père, qui est mort avant ma naissance, était aussi un alcoolique violent. Je suis maintenant envahie de nouveaux sentiments envers mon père : compassion, compréhension, et empathie. Avant cette prise de conscience, je voyais toujours mon père comme étant « l'un d'eux », le Coupable, le Problème. C'était difficile de le voir comme l'un de nous. Je ne saurai jamais ce qui l'a transformé pour devenir la personne qu'il était, mais je suis reconnaissante envers Al-Anon, où j'ai appris à remplacer la condamnation par la compassion.

Pensée du jour

Je ressens de la compassion lorsque je réalise que mes parents ont peut-être été élevés de la même façon que moi.

« Quand je rencontre des personnes qui semblent peu commodes, je tiens compte que je suis affectée par mon passé et j'essaie de leur donner une chance. »
De la survie au rétablissement, p. 171

10 avril

Il se produit des miracles dans Al-Anon, mais ils ne se produisent pas par magie. La participation individuelle – la « clé de l'harmonie », selon le Quatrième Concept – voilà le comportement qui fait que des miracles se produisent. Dieu tel que je Le conçois désire ma disponibilité aussi bien que mes capacités. Lorsque je consens à agir avec foi, Dieu m'aide à faire des miracles pour moi-même et à aider les autres à en faire pour eux-mêmes.

Cela faisait un moment que j'étais dans Al-Anon quand j'ai finalement pensé à m'engager dans le service. Je savais que cela m'aiderait, comme tant d'autres membres en avaient témoigné, mais ma plus grande crainte était de ne pas pouvoir faire parfaitement mon travail. « Se hâter lentement », m'a dit mon parrain, « Ne pas compliquer les choses ». Avec son soutien, j'ai commencé tranquillement. J'ai animé des réunions, j'ai accueilli les nouveaux venus, et j'ai répondu aux appels téléphoniques au district. Ces simples activités m'ont rapproché du programme Al-Anon et du rétablissement qu'on y trouve.

Après quelques mois, j'étais prêt à en faire plus. Avec mon parrain, j'ai commencé à assister aux réunions de district et aux réunions de l'Assemblée de la circonscription. Nous allions ensuite manger, et ces samedis sont devenus des moments privilégiés entre nous. Quand mon groupe d'appartenance a eu besoin d'un représentant, je me suis porté volontaire. On m'a récemment demandé de servir comme coordonnateur de documentation de la circonscription.

Chemin faisant, j'ai découvert que la clé du succès dans le service est d'accomplir mon travail en suivant les suggestions offertes par nos Douze Traditions et nos Douze Concepts de service. Il n'y a pas de devinettes quand je lis le *Manuel de service Al-Anon/Alateen*. Le plus grand bénéfice du service, c'est que cela m'aide, moi aussi. Transmettre le programme me confirme que j'ai quelque chose à partager.

Pensée du jour

Dieu n'appelle pas les gens qualifiés. Dieu qualifie les gens qu'Il appelle. Est-ce que je suis à l'écoute ?

« Al-Anon croit que les bienfaits que nous recevons sont à la mesure de notre empressement à les partager. Car nous savons que nous ne pourrons jamais donner autant que nous recevons. »

Manuel de service Al-Anon/Alateen, p. 17

11 avril

Dans ma famille, je ne me sentais pas très en sécurité lorsque j'attirais l'attention sur moi. Je croyais parfois que je n'avais même pas la permission d'exister. Par conséquent, je consacrais presque toute mon énergie à me tenir à l'écart. « L'éléphant dans le salon », l'alcoolisme de mon père, exigeait beaucoup de soins et d'attention. Je me méfiais de toute forme d'expression spontanée. Il valait mieux que je me comporte de manière prévisible et contrôlée.

Ma version d'une Puissance Supérieure n'insiste pas pour que je sois heureux en tout temps. Elle apprécie toute forme d'expression que je Lui envoie. Ceci inclut la joie aussi bien que le chagrin, le plaisir comme la frustration, l'enthousiasme comme l'ennui. Une relation complète avec ma Puissance Supérieure, c'est une relation où je me donne entièrement – je n'y apporte pas seulement les aspects de moi qui me préoccupent ou qui ont besoin d'attention.

Grâce à Al-Anon, même si je peux paraître très sérieux, ma vie émotionnelle regorge maintenant de passion, d'enthousiasme et de joie. En me concentrant sur moi et en plaçant ma vie sous la protection et la direction de ma Puissance Supérieure, j'ai fait du progrès vers une vie où je peux connaître l'entrain et la gaieté.

Pensée du jour

J'accepte l'aide de ma Puissance Supérieure pour faire face au défi que représente l'expérience de la gamme complète des sentiments humains.

> « Je suis profondément reconnaissant des rires et de la bonne humeur – et aussi de la colère et de la peur, parce que tous ces sentiments font partie de ce qui me rend une personne à part entière. »
> *Le Courage de changer,* p. 238

12 avril

Un des plus beaux cadeaux que j'ai reçu dans Al-Anon, c'est le privilège d'être parrain. À l'origine, je suis venu à Al-Anon à cause de l'alcoolisme de ma femme. À l'époque, mes efforts dans le rétablissement reposaient essentiellement sur la manière d'apprendre à vivre avec sa consommation et, plus tard, avec sa sobriété. Mon enfance avait aussi été marquée par la consommation et les difficultés qui l'accompagnent, mais ce n'est qu'après avoir parrainé deux hommes qui étaient des enfants adultes de parents alcooliques que j'ai commencé à prendre conscience des conséquences de mon passé avec l'alcoolisme sur ma vie actuelle.

Ces hommes ne vivaient plus avec des alcooliques, mais leur façon de voir la vie avait été déformée par les actions et les réactions de leurs parents alcooliques et de leurs conjoints. En pratiquant les Étapes avec ceux que je parrainais, j'ai vu clairement les effets de la maladie sur mon propre comportement. Tandis que je montrais à ces hommes adultes comment faire des choses aussi simples que prendre soin de soi-même en se nourrissant adéquatement, en se reposant, et en établissant des limites claires et appropriées, j'ai réalisé d'où je venais moi-même et tout le chemin que j'avais parcouru. Cela m'a incité à approfondir mon engagement envers mon rétablissement.

Travailler sur les Douze Étapes avec ces hommes m'a donné une plus grande confiance envers le programme et sa capacité de nous aider à nous rétablir des graves conséquences de l'alcoolisme, moi comme les autres. Souvent, il m'est plus facile de voir les effets du programme chez les autres que chez moi, mais je sais que ma vie prend plus de sens lorsque j'utilise les outils Al-Anon. Le parrainage a été un aspect merveilleux et inestimable de mon rétablissement.

Pensée du jour

Le processus du parrainage illustre profondément le progrès que j'ai accompli.

« Comment pourrais-je décrire le miracle du parrainage dans ma vie ? »

Courage to Be Me, p. 270

13 avril

Avant d'arriver à Al-Anon, mes attitudes reposaient sur la peur. Je projetais sur les autres mes doutes et mon sentiment d'être inutile. Je me comportais comme une victime. J'étais constamment en réaction, contrôlée par mon anxiété. La plupart du temps, je réagissais soit en blâmant les autres, en prenant la fuite ou en me figeant. En blâmant les autres, j'évitais de ressentir mon profond sentiment de honte. Je prenais la fuite parce qu'il me semblait trop difficile de faire face à ma peur et à ma souffrance. Je me figeais parce que les cœurs figés ne ressentent pas la souffrance.

Al-Anon m'a donné une nouvelle façon de voir ma vie. Je ne choisis plus d'être une victime. Maintenant, je choisis d'être responsable de mes actes. Je choisis ma manière d'agir, de penser, et de ressentir, quelle que soit la situation. Je peux choisir la peur ou je peux choisir l'amour. La peur m'emprisonne et m'empêche de guérir. L'amour me libère et me permet de guérir. Aujourd'hui, je peux choisir.

Choisir l'amour signifie que je m'écarte des situations malsaines, au plan physique, émotif ou spirituel. Je n'accepte plus les comportements inacceptables. Je m'aime et je me soucie suffisamment de mon propre bien-être pour m'éloigner des gens ou des relations nuisibles. Devant une situation, j'examine mon rôle, je reconnais mes erreurs, et je modifie mon comportement. Choisir l'amour signifie que j'accepte et que j'embrasse ma condition humaine et celle des autres. Avec l'aide de ma Puissance Supérieure, je peux ainsi voir les défauts et les faiblesses avec compassion, ce qui me libère et me donne la joie et la sérénité.

Pensée du jour

Si je recherche la peur, je trouverai la peur. Si je recherche l'amour, je trouverai l'amour. Aujourd'hui, qu'est-ce que je choisis de rechercher ?

« La source de l'amour ne tarit jamais. Plus on donne de l'amour, plus on en a à donner. »

Lois se souvient, p. 248

14 avril

Nous sommes les Groupes familiaux Al-Anon. Pour moi, le mot « familiaux » dans notre nom est très important. La famille Al-Anon s'étend au-delà de la famille traditionnelle, qui comprend la mère, le père, les grands-parents, les frères et sœurs, les cousins, les tantes et les oncles. Je suis si proche des membres de ma famille Al-Anon que je considère leur famille comme étant la mienne, et la mienne comme étant la leur. Ce qui inclut les membres Alateen, les AA, et même ceux qui ne découvriront jamais le cadeau qu'est le rétablissement de ce mal familial.

Aujourd'hui, ma parenté Al-Anon et moi avons perdu un membre très spécial de notre famille spirituelle. Nous avons traversé ensemble le terrain difficile du chagrin, de la tristesse, de l'empathie, et de la peine. Nous nous sommes fait des accolades, nous avons pleuré, recherché la solitude, prié, et réfléchi. Nous avons affronté la peur, demandé la foi, et découvert une nouvelle paix. Même si cette personne extraordinaire n'est plus avec nous physiquement, le souvenir de son amour inconditionnel nous encourage à rechercher et à nous offrir mutuellement notre amour inconditionnel pour faire face à ce deuil. Même devant la mort, nous grandissons et nous tendons vers la vie.

Personne ne pourra jamais remplacer cet homme généreux, bienveillant et amusant, mais j'ai de bons souvenirs et la vie continue. Je rirai de nouveau. Je me souviendrai tendrement des bons moments. Je rencontrerai de nouvelles personnes à aimer, et elles me manqueront aussi, quand elles partiront. Ainsi se répète le cycle de la vie et de l'acceptation. Aujourd'hui, je sais que quoi qu'il advienne, rien en ce monde n'est aussi fort, puissant et complet que l'amour et l'amitié que je reçois dans ma famille Al-Anon.

Pensée du jour

Aujourd'hui, j'accepterai les choses que je ne peux pas changer, tout en appréciant la vie que ma Puissance Supérieure m'a donnée en abondance.

« Al-Anon m'a tout donné : le désir de vivre à nouveau, de l'amour pour mes semblables, le courage de faire face à n'importe qu'elle situation difficile, la sérénité nécessaire pour accepter certaines réalités, et l'espoir en l'avenir. »

Tel que nous Le concevions..., p. vii

15 avril

Un jour, ma marraine Al-Anon m'a suggéré de me détacher du problème et de m'attacher à ma Puissance Supérieure. Jusqu'à ce que je pratique la Troisième Étape et que je confie ma volonté et ma vie aux soins de Dieu, je pratiquais une forme de détachement qui consistait plutôt à ériger un mur de protection contre la peur et le risque d'être blessée. Avant que je commence à pratiquer sérieusement la prière et la méditation avec la Onzième Étape – en demandant seulement à Dieu de me faire connaître Sa volonté à mon égard et de me donner la force de l'exécuter – le détachement n'était qu'un exercice futile.

Aujourd'hui, le détachement est différent pour moi. C'est l'occasion de faire un choix. Je peux me concentrer sur le problème ou je peux m'attacher à ma Puissance Supérieure et voir ce qui est devant moi avec des pensées et un regard frais et nouveau. J'apprends à me détacher des anciennes réactions qui entravent ma sérénité, des anciennes peurs qui nourrissent mes inquiétudes et mes jugements, et de cet aspect de moi qui me distrait de mon objectif spirituel fondamental. J'apprends à m'attacher au Dieu d'amour que j'ai découvert dans Al-Anon, aux outils et aux principes du programme Al-Anon, à mes nouveaux amis, et à une marraine qui partage avec moi expérience, force et espoir.

Pensée du jour

Croire en une Puissance Supérieure ainsi qu'au programme Al-Anon, m'appuyer sur eux, m'aide à choisir d'être heureux. Aujourd'hui, je choisis la sérénité qui vient en s'attachant à Dieu.

« J'ai fait certains choix qui m'aident à vivre plus sainement. »

...dans tous les domaines de notre vie, p. 184

16 avril

Ayant grandi avec la consommation d'alcool, mes sentiments sont devenus passablement confus. Mon père buvait, il criait, et il rageait. Ma mère ne semblait pas ressentir grand-chose. Elle pleurait rarement, et je ne me souviens pas qu'elle fût très affectueuse. En grandissant dans un tel milieu, comment une personne – et particulièrement un homme – peut-elle apprendre à gérer ses sentiments ? Je le faisais en les cachant, en les niant, et en les refoulant. Mais ils ressortaient de manière inopportune à des moments inopportuns.

Heureusement, j'ai découvert Al-Anon. J'ai commencé à mettre le programme en pratique et j'ai découvert, par la documentation et les témoignages des autres membres, que vivre sans sentiments m'empêchait de vivre une vie pleine et entière. J'ai appris que le bonheur fait tout autant partie de la vie que le chagrin, et que nier la souffrance ne fait que diminuer ma joie. J'ai commencé à exprimer mes sentiments – et c'était très douloureux au début ! C'était comme si j'avais placé tous les sentiments de ma vie entière sur une étagère, dans des contenants sans étiquettes, et je ne savais jamais ce que j'allais trouver en les ouvrant. Avec l'aide des outils Al-Anon, de mon parrain, et d'un professionnel, je suis finalement parvenu à trouver des façons plus saines d'exprimer mes sentiments. Je considère maintenant que le plus grand cadeau de mon rétablissement, c'est le processus de guérison que j'ai entrepris quand j'ai pris conscience des dommages causés par la négation de mes sentiments.

Pensée du jour

Les êtres humains sont un forfait « tout inclus ». Si je repousse la souffrance et le chagrin, je risque d'écarter la joie et le bonheur.

« … Je me rétablis à partir de l'intérieur. Je n'ai plus à me cacher derrière un masque parce que tout le monde peut voir à travers de toutes façons… Après avoir 'joué la comédie' durant si longtemps, il fait bon de laisser mon véritable moi au grand jour. »

Alateen – un jour à la fois, p. 305

17 avril

Dans Al-Anon, j'ai appris à choisir de meilleures façons de réagir à la consommation d'alcool de mon père. Malgré tout, mes relations avec mes parents n'étaient pas très bonnes. J'échouais dans mes efforts pour me faire remarquer, écouter, apprécier, et aimer. Puis, grâce à une suite de coïncidences, je me suis rappelé la Douzième Tradition et sa suggestion de placer les principes au-dessus des personnalités. J'ai alors décidé que ça commençait par moi, et je me suis concentrée sur ce que je pouvais offrir plutôt que sur ce que je pouvais obtenir. J'ai demandé à ma Puissance Supérieure de m'aider à offrir à mes parents l'attention, l'appréciation et l'amour que je voulais tant qu'ils me donnent. J'ai demandé à Dieu de m'aider à placer ce principe au-dessus de ma très forte personnalité, qui tendait vers la direction opposée.

Quand je suis retournée voir mes parents, je les ai écoutés. Je leur ai donné mon entière attention au lieu de chercher à les intéresser à moi et à ma vie. J'ai été attentive aux choses que je pouvais apprécier chez eux, comme le don qu'a mon père pour lancer une blague au bon moment, ou le soin que ma mère apporte aux détails lorsqu'elle relate une anecdote. Je les ai aimés.

Sous l'éclairage de ma nouvelle attitude, leurs histoires me semblaient intéressantes et même amusantes ! J'ai été ravie par les résultats de mon nouveau comportement. En appuyant mon comportement sur le principe de l'amour, j'ai été libérée de mon défaut de caractère qui consiste à rechercher l'attention des gens qui ne peuvent pas me l'accorder. Pour moi, voilà une façon de mettre les Étapes en pratique. Je continue de donner sans attente et j'obtiens le soulagement d'être libérée d'un défaut de caractère.

Pensée du jour

Placer les principes au-dessus des personnalités, cela me conduit à devenir une personne que j'aimerais bien avoir dans ma vie.

« L'anonymat est la base spirituelle de toutes nos Traditions, nous rappelant toujours de placer les principes au-dessus des personnalités. »

Douzième Tradition

18 avril

Quand j'ai mentionné que j'avais de la difficulté avec le mot « raison » dans la Deuxième Étape, ma marraine m'a suggéré de faire une liste de toutes les choses insensées que j'avais faites pour essayer de contrôler l'alcoolisme au contact duquel j'ai grandi. Je ne croyais pas que cette tâche allait produire des résultats très révélateurs. Cependant, après avoir terminé, j'ai regardé ma liste et c'était comme si je me regardais dans un miroir pour la première fois. Je pouvais enfin me voir telle que j'étais vraiment – et je n'étais pas contente de ce que je voyais.

Après avoir montré ma liste à ma marraine, elle a suggéré que je la déchire. Je l'ai fait, puis nous sommes allées à une réunion. Le sujet de la soirée était l'acceptation et la Prière de Sérénité. J'avais éprouvé un certain soulagement en déchirant ma liste, mais je réalisais que je n'avais pas encore vraiment lâché prise. En écoutant les autres donner leur témoignage, une chose m'est apparue clairement. Une bonne part de mon insanité actuelle résultait de mon incapacité à m'accepter et à ressentir de la compassion pour moi-même, à cause de mes anciens choix et de mes anciens comportements. Un petit bout de la Deuxième Étape s'est insinué dans mon cœur ce soir-là. J'ai commencé à croire qu'une Puissance supérieure à moi-même me rendrait la raison si je lâchais prise et que je faisais confiance aux capacités de ma Puissance Supérieure. La Prière de Sérénité m'a aidée à réaliser que, même si je ne peux pas changer mon passé, je peux augmenter mon niveau de sérénité en faisant la paix avec ce passé. Pour ce faire, je m'en réapproprie une partie en écrivant un événement sur papier, en le partageant, en remerciant ma Puissance Supérieure pour le rôle joué par cet événement, en lâchant prise, et en ayant foi que l'acceptation viendra ensuite tout doucement.

Pensée du jour

Je ne peux pas confier quelque chose dont je ne me sens pas responsable.

> « Je ne regrette pas mon passé, parce que je transforme ma douloureuse histoire en bienfaits et en forces quotidiennes. »
>
> *De la survie au rétablissement,* p. 88

19 avril

Quand j'ai cessé d'essayer de régler les problèmes des autres, je me suis efforcée de me « guérir » moi-même. J'avais hâte d'en finir avec ce processus de guérison. Je voulais me rétablir immédiatement des conséquences de mon enfance dans une famille accablée par l'alcoolisme et d'un mariage à un alcoolique. J'anticipais le jour où j'allais obtenir mon diplôme Al-Anon pour enfin poursuivre ma vie. Après la deuxième et la troisième année, j'étais toujours dans le programme. J'ai commencé à me décourager parce que les défauts de caractère que je m'étais tant efforcée de surmonter revenaient me hanter, particulièrement quand j'étais tendue, et pendant ces périodes où je n'allais pas aux réunions.

Je souffre d'arthrite sévère aux jointures. Pour m'adapter à cette condition, je dois chaque matin évaluer mon corps et m'ajuster patiemment à ses besoins. Certains jours, j'ai besoin d'un bain chaud avant de commencer la journée. D'autres jours, j'applique un onguent médicamenteux aux endroits douloureux. D'autres jours encore, des exercices légers et des étirements m'aident à m'assouplir. J'en suis venue à accepter le fait que mon arthrite ne disparaîtrait jamais. C'est une condition que je dois gérer quotidiennement par des soins constants et soutenus.

Un beau jour, j'ai fait le lien entre mon état de santé et mes difficultés avec mon rétablissement. J'ai commencé à me regarder comme étant une personne souffrant « d'arthrite de la personnalité », ce qui requiert des soins patients et réguliers pour m'empêcher de me « raidir » dans mes vieilles habitudes et mes anciennes attitudes. Ces soins incluent l'assistance aux réunions, la lecture de la documentation Al-Anon, appeler ma marraine, et m'engager dans le service. Maintenant, dans la mesure où je fais preuve de patience, le rétablissement devient un processus raisonnable et stimulant plutôt qu'un objectif vers lequel je peine laborieusement.

Pensée du jour

Al-Anon est comme une physiothérapie de l'âme qui aligne mes principes et mes comportements pour que je puisse avancer joyeusement dans la vie !

> « … ces leçons de patience deviendraient la base de mon rétablissement. »
>
> *Le Forum*, mars 1998, p. 14

20 avril

Lâcher prise face à la personne que j'aime, c'est un concept que j'ai eu de la difficulté à assimiler. J'étais confuse quand Al‑Anon me suggérait le détachement, de « Lâcher prise et de m'en remettre à Dieu », et de confier mes problèmes à Dieu. Ne devais-je pas régler mes problèmes et ceux de tout le monde, avoir toutes les réponses, et endurer n'importe quel genre de comportement ? Autrement, comment allais-je préserver l'unité de ma famille ?

Al-Anon m'a montré que la réponse ne consiste pas à délaisser les gens, mais plutôt à délaisser mes façons de penser usées et douloureuses. Je peux les remplacer par l'honnêteté, l'ouverture d'esprit et la volonté de changer, pour devenir une personne plus positive. Il est possible pour moi d'apprendre ce qu'est le mal familial de l'alcoolisme. Je suis capable d'étudier et de mettre en pratique dans ma vie quotidienne les Douze Étapes, les Traditions et les Concepts de service, et aussi de partager et de recevoir de l'expérience, de la force et de l'espoir pendant les réunions. Il y a aussi de la documentation à lire, des services à offrir, des appels téléphoniques à faire, ainsi que des anniversaires et des congrès auxquels assister. Tout cela m'aide à remplacer le contrôle et l'inquiétude par la sérénité que j'obtiens quand je lâche prise et que je laisse Dieu s'occuper de toutes les choses devant lesquelles je suis impuissante.

Lâcher prise me fait penser à un arbre qui perd ses feuilles à l'automne. Il doit les laisser aller pour croître et produire encore plus de beauté le printemps et l'été suivants. Laisser aller les choses dont je n'ai pas vraiment besoin – qu'il s'agisse de pensées, de choses ou de comportements inutiles – cela fait de la place pour la croissance dans ma vie.

Pensée du jour

Aujourd'hui seulement, je laisserai aller un ancien comportement ou une ancienne attitude et je m'en remettrai à Dieu pour qu'il me conduise vers quelque chose de plus positif.

« Confiez ce problème à Dieu tel que vous Le concevez. Commencez ensuite à faire quelque chose de votre vie. »

Les Groupes familiaux Al-Anon, p. 78

21 avril

Être capable de prendre en considération l'opinion des autres est un indice de maturité. Cependant, en grandissant au contact de l'alcoolisme, j'en étais venu à croire que ma façon de voir les choses était toujours la bonne. La bonne façon de penser, c'était ma façon de penser. Avec une attitude si intransigeante, je ne pouvais pas entendre, et encore moins prendre en considération, des opinions différentes de la mienne. Mon intolérance reposait sur deux de mes principaux défauts de caractère : la peur et l'insécurité. Mes opinions étaient inséparables de mon image de moi. Si mes opinions n'étaient pas correctes, je n'étais pas correct. Si ma philosophie n'était pas assez bonne, je n'étais pas assez bonne.

Grâce à certains aspects du programme Al-Anon, notamment la liberté qu'ont les membres de s'exprimer sans recevoir de conseils, ainsi que les slogans « Écouter pour apprendre » et « Vivre et laisser vivre », j'ai appris une façon plus saine d'entendre et de réagir aux opinions différentes des miennes. Tout comme les sentiments ne sont pas des faits, les opinions ne le sont pas non plus. Elles reflètent simplement le point de vue de quelqu'un devant un problème particulier. Je n'ai pas à décider si l'angle de vision d'une autre personne est bon ou erroné. Je peux écouter avec détachement, accepter que l'autre personne ait droit à son opinion, et peut-être même dire : « Tu as peut-être raison ». Un tel comportement offre une plus grande liberté à celui qui parle ainsi qu'à celui qui écoute.

Pensée du jour

Aujourd'hui, je permettrai aux autres de dire ce qu'ils pensent et je me permettrai de réfléchir à ce qu'ils disent.

« ... J'ai fait un autre pas vers la maturité en continuant de me rétablir de ma maladie de ne pas écouter. »

Forum Favorites, vol. 4, p. 11

22 avril

Je marchais dans la forêt par un beau matin de printemps. Une légère brise courait à travers les arbres. Les oiseaux chantaient et virevoltaient. Je me suis penchée, j'ai ramassé un caillou que j'ai nommé solitude, et je l'ai mis dans mon sac à dos. J'ai marché encore un peu, admirant les fleurs sauvages au passage. Je me suis arrêtée de nouveau et j'ai ramassé un autre caillou que j'ai nommé haine envers mon beau-père alcoolique. Tout en continuant de marcher, j'ai ramassé quelques autres cailloux : méfiance, isolement, peur, et incertitude. La beauté de la forêt a bientôt cessé de retenir mon attention. Mon sac à dos était devenu si lourd que je ne pouvais plus penser à autre chose. Les cailloux étaient si lourds que je me sentais subjuguée par leur poids.

J'ai fini par franchir les portes d'Al-Anon et j'ai trouvé les outils dont j'avais besoin pour vider mon gros sac de toile – mon sac à dos s'était élargi ! L'abandon, avec la Première Étape, m'a aidée à admettre que mon sac était devenu bien lourd. L'espoir, dans la Deuxième Étape, m'a appris qu'il y avait quelqu'un qui pourrait m'aider à vider mon sac : une Puissance supérieure à moi-même. La Quatrième Étape m'a permis de déterminer quels cailloux m'appartenaient et lesquels appartenaient aux autres, et « Lâcher prise et m'en remettre à Dieu » m'a permis de sortir de mon sac les cailloux qui ne m'appartenaient pas. Vivre un jour à la fois et partager avec ma marraine, cela m'a aidée à ramener mon gros sac à la taille d'un sac à dos et à trouver de nouvelles choses à y mettre, comme la bienveillance, la compassion, l'amour, et l'humour. Au lieu de me faire plier sous leur poids, ces choses m'élèvent dans la lumière et la vie du rétablissement.

Pensée du jour

Est-ce que je porte des fardeaux inutiles ? Avec les outils Al-Anon, je peux alléger mon fardeau.

« Nous savons que nous avons des défauts de caractère et nous avons une certaine idée de la souffrance et des difficultés qu'ils nous ont causés; ce serait certainement un soulagement que d'en être débarrassés. »

Les voies du rétablissement, p. 66

23 avril

Mon père alcoolique avait abusé de moi quand j'étais jeune, et je ne m'étais jamais occupée des pensées et des sentiments issus de ce traumatisme. Lorsque je suis arrivée à Al-Anon, à 52 ans, mon ressentiment et ma colère étaient bien enracinés. En pratiquant péniblement les Étapes et en faisant mon inventaire de Quatrième Étape, ma peine et ma colère ont commencé à refaire surface. J'ai partagé ces pensées et ces sentiments avec ma marraine de Cinquième Étape. Par ce processus, j'en suis venue à me sentir pardonnée pour tous les torts que j'avais causés, incluant mon jugement à l'égard de mon père. Graduellement, en libérant cette angoisse longtemps retenue, j'ai commencé à me voir et à voir mon père sous un éclairage plus doux.

J'ai connu un réveil spirituel à cet égard en me rendant au travail un beau matin du mois d'avril. Quand je me suis arrêtée à un feu rouge, ma Puissance Supérieure a semé une pensée dans mon esprit. Si Dieu pouvait me pardonner mes erreurs, alors je pourrais bien pardonner mon père pour les siennes. Des vagues de chaleur m'ont envahie. J'ai senti ma colère et mon ressentiment s'éloigner de moi, doucement et simplement.

Ce réveil spirituel a transformé la relation que j'ai eu le privilège d'avoir avec mon père pendant les deux années précédant son décès. Nous n'avons jamais établi l'intimité père fille que j'avais tant désirée. Par contre, j'ai appris à le respecter et à apprécier ses belles qualités, qui avaient été masquées par ma vision du passé. Je suis fière de pouvoir dire que mon père et moi étions des amis quand il est mort. Même si j'ai ressenti beaucoup de chagrin à son décès, je suis reconnaissante que le poids des ressentiments non résolus ne se soit pas ajouté au fardeau de mon chagrin.

Pensée du jour

Se pardonner soi-même ouvre souvent la voie au pardon des autres.

« La paix qui découle du pardon est la sérénité que nous apprenons à acquérir dans Al-Anon. »
Tel que nous Le concevions…, p. 72

24 avril

La constance est l'une des choses dont j'ai manqué en grandissant. Mon père était un alcoolique, et je ne pouvais jamais dire quand il allait se mettre à boire ou comment il allait réagir. Ses sautes d'humeur étaient imprévisibles. J'ai appris à rester dans mon coin et à « marcher sur des œufs ». Ma mère a essayé toutes sortes de choses pour faire face à la consommation de mon père, mais ses remèdes étaient sans rime ni raison. En bref, je ne sentais pas que je pouvais me fier à mes parents pour quoi que ce soit.

Ma relation avec mon parrain s'est avérée bénéfique de tant de façons. Pendant longtemps, j'ai cru que je ne pouvais pas plus me fier à Dieu que je ne pouvais me fier à mes parents. Mon parrain s'est efforcé de souligner qu'en dépit de mes doutes, ma Puissance Supérieure était toujours à mes côtés. Finalement, pendant une discussion un de ces après-midi, j'ai traversé un point tournant dans mon rétablissement. J'avais énuméré plusieurs de mes peurs et exprimé beaucoup de doute. Afin de paraître fort et pour en revenir au programme, je lui ai dit que je savais que Dieu serait là pour moi et qu'Il prendrait soin de moi. Quand j'ai eu fini de parler, mon parrain n'a dit qu'un seul mot : « Toujours ».

Aujourd'hui, le mot « toujours » est le symbole de mon rétablissement et un genre de slogan personnel. Il me rappelle que ma Puissance Supérieure est constamment disponible pour moi, attendant mon contact conscient grâce à la prière et à la méditation, tel que suggéré par la Onzième Étape. Toutefois, il faut que je sois constant, moi aussi. Cela fonctionne seulement si, jour après jour, je confie ma volonté et ma vie et que j'écoute assez longtemps pour entendre la volonté de Dieu. Cela dépend de moi.

Pensée du jour

La communication est une voie à double sens. Dieu m'attend déjà, alors c'est à moi de faire le prochain pas.

« Mon engagement dans la Onzième Étape implique que je prenne le temps de travailler à cette relation avec ma Puissance Supérieure. »

Tel que nous Le concevions…, p. 225

25 avril

L'introspection et la méditation sont des outils de guérison, mais, en soi, ce n'est pas cela le rétablissement. Toutefois, lorsqu'elles sont utilisées tout en passant courageusement à l'action, elles conduisent à un rétablissement plus profond et plus solide.

Je suis introspective lorsque je tourne mon énergie spirituelle vers l'intérieur pour observer mes actions, mon caractère, mes intentions, et mes réactions. Ceci entraîne des prises de conscience qui m'aident à identifier les comportements qui m'empêchent de devenir la personne que je veux être. Cependant, si je suis immobilisée par un exercice continuel qui consiste uniquement à réfléchir, mon rétablissement stagne. L'acceptation, ce processus qui permet à ma compréhension de faire le trajet parfois douloureux entre mon cerveau et mon cœur, doit couler tout naturellement. Je dois ensuite attendre d'être guidée vers une action quelconque.

Je suis guidée par la méditation. Bien que la méditation puisse conduire à l'introspection, ce sont deux choses différentes. Quand je médite, je calme mon corps et mon esprit – mon agitation personnelle – et je me tourne vers mon énergie spirituelle, attentive au message que Dieu me réserve. Tout comme la prière est ma façon de parler à ma Puissance Supérieure, la méditation est ma façon d'être à l'écoute de ses instructions. J'offre à Dieu les résultats de mes prises de conscience et de mon acceptation, et je Lui demande comment les traduire en de nouveaux comportements.

Le vrai rétablissement se produit lorsque la foi me fait passer à l'action et que j'adopte un nouveau comportement. Je sais alors qu'une petite partie de moi a progressé. Lorsque je passe à l'action en m'appuyant sur l'introspection et la méditation, je repousse les limites de mon rétablissement. Je sais que si je reste sur ce chemin, je continuerai toujours de grandir.

Pensée du jour

Pour que le rétablissement prenne véritablement racine dans ma vie, il faut que mes actions s'appuient sur un travail intérieur.

« À mesure que grandit notre foi envers une Puissance supérieure à nous-mêmes, nous devons consentir à nous laisser guider et à agir en conséquence. »
De la survie au rétablissement, p. 155

26 avril

J'ai toujours été très fier, exagérément confiant en mes capacités, présumant que je pouvais faire n'importe quoi et que je connaissais les réponses à toutes les questions. Il est probable que j'ai développé cette attitude en grandissant dans un milieu alcoolique. Il était facile de me considérer comme étant la personne la plus brillante, la plus consciencieuse et la plus responsable dans ma famille, puisque mes parents, qui se débattaient avec la maladie, négligeaient même les choses les plus élémentaires.

Ayant conservé cette attitude dans ma vie adulte, je choquais souvent les gens avec mes manières bornées de monsieur je sais tout. Je suis ensuite arrivé à Al-Anon, où j'ai entendu le mot « humilité ». Avec ma connaissance et mon expérience grandissantes des trois premières Étapes, j'en suis venu à croire en une Puissance supérieure à moi-même et à Lui faire confiance. Cette nouvelle relation avec une Puissance plus sage que moi m'a amené à réévaluer ma place dans la vie; cela m'a aussi amené à réfléchir sur le concept de l'humilité.

Essayer de mettre le programme en pratique, cela m'a donné un peu d'humilité. Même si je connais les réponses à bien des questions, ce ne sont peut-être pas les seules ou les meilleures réponses. Je ne crois peut-être pas sincèrement que l'idée d'une autre personne est meilleure que la mienne, mais je suis prêt à admettre qu'elle pourrait l'être. Sa réponse pourrait être aussi valable que la mienne. Quand je ne connais pas la réponse, cela aussi c'est correct puisque je n'ai pas à tout savoir. Une Puissance supérieure à moi-même pourrait bien m'offrir une solution que je prendrai en considération et que j'utiliserai peut-être. Cela ne veut pas dire que je suis faible, mais que je suis humble.

Pensée du jour

L'humilité peut conduire à une façon de vivre ouverte et bien remplie. Est-ce que je consens à être plus humble ?

> « ... l'orgueil rend souvent difficile... le rétablissement ... »
>
> *Al-Anon un jour à la fois,* p. 326

27 avril

Un membre de ma famille m'a récemment téléphoné et elle a laissé un message disant qu'elle voulait me parler. En écoutant l'enregistrement, j'ai été immédiatement envahie par la peur et l'inquiétude. Il s'agit d'une alcoolique qui ne boit pas, mais qui déborde des « … ismes » de la maladie. Me fiant à mon expérience, je m'attendais à ce qu'elle m'attaque au sujet de quelque chose que j'avais dit ou que j'avais fait sans m'en rendre compte.

Ma première réaction a été de la rappeler tout de suite pour régler cela au plus vite. J'ai plutôt décidé de méditer, en dépit de mon anxiété. Avant de le faire, j'ai écrit ma peur sur un bout de papier que j'ai mis dans ma « boîte pour Dieu ». Je me suis rappelé les trois premières Étapes. Je me suis ensuite installée pour une profonde méditation suivie d'une sieste. Je me sentais toujours anxieuse lorsque je me suis réveillée, alors j'ai utilisé mes slogans favoris lorsque je dois prendre une décision : « L'essentiel d'abord » et « Lâcher prise et s'en remettre à Dieu ».

Quand je l'ai finalement rappelée, notre conversation s'est avérée moins difficile que je ne l'avais imaginé. J'ai remercié ma Puissance Supérieure de m'avoir donné une nouvelle occasion de mettre le programme en pratique et de conserver ma sérénité en dépit de mes peurs.

Pensée du jour

Si je suis tenté d'abandonner mes responsabilités envers moi-même à cause de la peur, la pratique de mon programme m'aidera à éviter de tomber dans le piège.

> « Je prie afin de ne pas faire l'erreur d'anticiper les difficultés. Si elles devaient surgir, que je les affronte avec amour et impassibilité. »
>
> *Al-Anon un jour à la fois,* p. 73

28 avril

J'ai résisté à la suggestion de la Onzième Étape, qui nous invite à prier pour « nous faire connaître Sa volonté à notre égard et de nous donner la force de l'exécuter ». Je ne devais sûrement pas prendre cette idée au pied de la lettre ! Je considérais que mes besoins, mes désirs et mes préoccupations étaient bien légitimes. N'étais-je pas entièrement justifiée de les présenter à ma Puissance Supérieure ? C'est ce que j'ai continué de faire, et lentement, avec le temps, une tendance s'est manifestée : prier pour que ma volonté soit faite, cela m'occasionnait souvent de la souffrance, des ennuis, et de la confusion.

Un beau jour, j'ai finalement compris en jouant avec mon petit chien. Il insistait pour aller à l'extérieur. Il voulait « vraiment, vraiment » aller dehors, tout comme moi lorsque je supplie ma Puissance Supérieure de m'accorder quelque chose que je veux « vraiment, vraiment ». Mais des travaux de construction étaient en cours près de chez moi, et je savais que mon chien risquait de se faire blesser. J'ai donc dit non, malgré son insistance. Avec sa compréhension limitée des choses, mon chien ne pouvait pas comprendre les raisons justifiant ma décision.

C'est la même chose entre ma Puissance Supérieure et moi. Dieu a une vue d'ensemble des choses, tandis que ma conception de ce qui est le mieux pour moi repose sur la perception changeante et limitée que j'ai de mon petit monde. Ma Puissance Supérieure m'a créée avec des limites humaines, alors je dois me fier à Elle. Si je consens à suivre la voie qu'Elle m'indique, ma vie sera plus facile, plus saine, et plus sûre. Aujourd'hui, j'apprends à découvrir ce que la confiance veut vraiment dire.

Pensée du jour

Combien de fois devrai-je souffrir à cause de ma propre volonté avant de consentir à chercher une autre façon de faire les choses ?

« Dieu me chuchote toujours doucement à l'oreille. Quand je n'écoute pas, je vais tout droit vers les difficultés ou la souffrance. »

De la survie au rétablissement, p. 226

29 avril

Je ressentais encore de la confusion et de la colère quand je suis arrivée à la Huitième puis à la Neuvième Étape. Je me sentais lésée par mes parents, autant par l'alcoolique que par celui qui ne buvait pas. Ne devraient-ils pas me faire des amendes honorables ? N'étais-je pas celle qui méritait des excuses ? C'est alors qu'une amie Al-Anon m'a suggéré de considérer la définition du mot « amende ». Mon dictionnaire définit le verbe « amender » par « améliorer ou corriger ». J'ai réalisé que je pourrais faire amende honorable en améliorant mes relations.

Pour y parvenir, j'ai commencé par évaluer honnêtement ce qui était le mieux pour moi dans mes relations avec les membres de ma famille alcoolique. Pendant des années, j'avais ravalé ma peine ou j'avais assisté à contre cœur aux réunions de famille afin de préserver la paix. Modifier ce comportement, cela signifiait que je devais parfois décider de ne pas assister à une réunion de famille où je savais qu'on offrirait de l'alcool. À plusieurs occasions, cela a nécessité que j'explique à mes parents ce que je ressentais vraiment au sujet d'un geste ou d'un commentaire qui m'avait blessée.

Faire des choix qui soutiennent ma sérénité et mon estime de moi m'a permis d'améliorer des relations importantes et de refermer des blessures, après presque quarante années de négation et de ressentiment.

Pensée du jour

Avec l'aide d'Al-Anon, j'obtiens le courage de vivre avec honnêteté et intégrité, même si ma famille demeure sous l'emprise de l'alcoolisme.

> « Être fidèle à moi-même est un des plus beaux cadeaux que je peux donner à ceux qui m'entourent. »
> *Le Courage de changer,* p. 356

30 avril

La Prière de Sérénité m'aide à préserver ma paix intérieure au milieu du chaos qui existe chez moi et au travail. À la maison, je demande à Dieu de me donner la sérénité d'accepter les choses que je ne peux pas changer, comme le comportement des membres de ma famille. J'accepte qu'ils agissent comme ils le font à cause de leurs maladies : mon fils est un alcoolique, et mon mari est l'enfant adulte d'un alcoolique. Ils n'ont pas choisi le rétablissement. Je demande le courage de changer les choses que je peux. Accepter l'alcoolisme en tant que maladie m'aide à me détacher personnellement de leurs actes et à établir des limites aux comportements inacceptables. Je suis maintenant assez brave pour prendre des décisions en fonction de ce qui est le mieux pour moi. Je demande aussi la sagesse d'en connaître la différence, et Dieu m'accorde la capacité de faire face avec humour à des situations qui me garderaient normalement éveillée toute la nuit. Ma vie à la maison est maintenant bien agréable.

Au travail, je suis enseignante suppléante. J'ai besoin de sérénité, de courage et de sagesse pour m'ajuster à chaque nouvelle classe, qu'il s'agisse d'un groupe de garderie agité et reconnu pour profiter des remplaçants ou d'une bande de jeunes ayant des problèmes émotifs et de la difficulté à s'adapter au changement. Les choses se passent généralement bien si je garde mon calme. Je reçois souvent des compliments pour mon travail comme enseignante suppléante. En ces rares occasions où je reçois des commentaires négatifs, je considère ce que je peux apprendre et je confie cela à ma Puissance Supérieure comme étant une chose devant laquelle je suis impuissante. Ma vie au travail est maintenant bien agréable.

Pensée du jour

Lorsque je projette de la sérénité, du courage et de la sagesse, ils me reviennent comme du métal vers un aimant.

« La Prière de Sérénité me conduit vers l'harmonie avec moi-même — et c'est justement ce que la sérénité signifie pour moi. »

The Forum, novembre 1998, p. 24

1er mai

Aujourd'hui, je sais que j'étais la parfaite protectrice. Mon comportement autocratique privait mon mari de toute responsabilité. J'essayais vainement de le contrôler et de le garder « sec ». J'ai fini par ne plus éprouver que de la haine et du dégoût envers mon mari et l'alcool. Il me semblait que ma vie n'avait aucun sens, et je me sentais privée d'une épaule sur laquelle m'appuyer, une place où pleurer en toute sécurité.

Puis j'ai été conduite à Al-Anon, où j'ai appris à faire quelque chose juste pour moi : me rétablir. J'ai appris que je n'étais pas responsable des actions de mon mari, alors je n'avais pas à avoir honte. J'ai appris que je ne pouvais pas le sauver, mais que je pouvais me sauver moi-même. C'était ma chance de descendre du carrousel de la négation avant que je glisse dessous et qu'il m'écrase.

J'ai surtout appris que ma façon d'aider n'aidait pas vraiment. Je devais faire les choses différemment. Dans mon pays, aux réunions Al-Anon, on dit que le détachement c'est « laisser aller avec amour ». Je me sentais incapable de le laisser aller avec amour. Par contre, j'ai décidé que je pourrais le laisser tomber en douceur.

C'est ce que j'ai fait, et ma vie a lentement commencé à reprendre du sens. J'ai commencé à prendre soin de moi. Je m'exerce à penser de manière positive en utilisant les Étapes et les slogans. La prière et la méditation m'aident à devenir plus équilibrée et plus satisfaite. Je pleure sur l'épaule de ma marraine quand j'ai besoin de réconfort, et nous discutons des outils du programme qui peuvent m'aider dans la situation que je vis. La maladie de mon mari a enrichi ma vie en me conduisant à Al-Anon. Avec l'aide d'amis ayant la même vision des choses, j'ai eu la chance de réaliser mes erreurs et d'en tirer des leçons. Pour moi, voilà la clé du véritable bonheur.

Pensée du jour

Puis-je « laisser aller » la personne alcoolique avec amour, ou à tout le moins la laisser tomber en douceur ?

« Laissez-le tranquille. Écartez-vous de son chemin. Entrez en vous-même. Allez aux réunions. Confiez-le à Dieu. »

Forum Favorites, volume 4, p. 142

2 mai

Grandissant dans un milieu alcoolique, je n'avais aucune idée de ma façon déformée de voir le monde. Je continuais de faire ce que j'avais toujours fait, tout comme mes parents et leurs parents l'avaient fait avant moi. Il ne semblait pas y avoir d'autre façon de voir le monde et, franchement, je n'en voyais pas le besoin. Tout allait bien. J'étais « correct ».

Puis, les effets cumulés de la vie auprès de personnes alcooliques m'ont conduit à Al-Anon. Pour moi adhérer au programme a été comme une visite chez un médecin pour la vue. Comme un ophtalmologiste, Al-Anon teste constamment ma vision et me permet de choisir comment je veux voir ma vie. Il n'y a pas de prescription miracle qui guérit tous les maux. Je suis libre de porter les lentilles qui me font le mieux, et de changer de paire quand je suis prêt.

Pendant un certain temps, je me suis blâmé pour avoir été tellement aveugle. Je détestais la négation et je pensais que c'était le pire des défauts de caractère. Dans l'intérêt d'une plus grande tolérance à mon propre égard, j'ai graduellement compris que la négation pouvait être quelque chose de merveilleux. Elle m'a gardé en vie jusqu'à ce que je sois prêt à faire face à la vérité, ma vérité. Je crois maintenant que lorsque je serai prêt à affronter de nouvelles vérités, ma Puissance Supérieure et le programme Al-Anon lèveront le voile qui obscurcit ma vision. Voir cette vive lumière avant que je sois prêt, pourrait probablement m'aveugler encore plus.

Pensée du jour

La négation peut être un amortisseur de choc pour l'esprit. Je peux respecter ce mécanisme de survie et en être reconnaissant, mais je ne m'y accrocherai pas plus longtemps que nécessaire.

> « … dans Al-Anon, on m'encourage à progresser à mon propre rythme. Ce faisant, je trouve que mes défenses et mes idées sont trop contraignantes, trop limitatives. »
>
> *Le Courage de changer,* p. 298

3 mai

Je me demande souvent quelle est la folie à laquelle on fait référence dans la Deuxième Étape. La folie, pour moi, c'est pratiquer le programme Al-Anon pendant un certain temps et penser que je peux conserver certaines attitudes ou certains comportements tout en demeurant raisonnable. Cela inclut le ressentiment, la jalousie, l'isolement, les attentes irréalistes, l'arrogance, la peur, et la vengeance. Est-ce que mes défauts de caractère sont de la folie ? Non. Ce qui est de la folie, c'est de m'accrocher à mes défauts quand je connais la solution et que je sais ce que je dois faire.

La Deuxième Étape me dit qu'il existe une solution spirituelle à ma folie. S'il m'arrive de croire que je ne suis pas digne des bienfaits que Dieu m'offre, je peux me tourner vers d'autres outils du programme. Je peux aller à une réunion, appeler ma marraine ou faire quelque chose d'autre de positif. Quand je fais les choses qu'il me convient de faire, je me sens mieux. Je commence à croire que j'ai de la valeur. Je commence à croire que Dieu est toujours là pour moi dès que je choisis de nouveau la raison, la foi, et le rétablissement.

Pensée du jour

Je n'ai pas à attendre que la raison descende du ciel. Je peux participer à sa création en choisissant des attitudes et des comportements plus sains.

« Dans la Deuxième Étape, nous reconnaissons une puissance qui accomplit pour nous ce que avons été incapables d'accomplir nous-mêmes, et nous nous rendons compte qu'à mesure que nous apprenons à nous en remettre à cette puissance, la raison nous est rendue. »

Le Forum, février 1989, p. 37

4 mai

Il m'est parfois difficile de prendre des décisions, et je reste coincée. Je veux prendre la décision « parfaite », pas seulement face au problème qui me préoccupe, mais aussi à l'égard des conséquences que ma décision pourrait entraîner. Je passe un temps fou à imaginer des dizaines de problèmes hypothétiques dont certains ne se produiront à peu près que dans une trentaine d'années, et qui ne peuvent être effacés par la décision « parfaite » que je prendrai aujourd'hui.

Heureusement, je finis par m'arrêter et je me rappelle que les slogans peuvent m'aider à faire de bons choix. Premièrement, j'utilise « Un jour à la fois » pour me ramener dans le moment présent, la seule place où de toute manière ma Puissance Supérieure peut vraiment m'aider. Je me dis que cette journée est la seule dont je dispose et que je dois prendre cette décision en utilisant les informations dont je dispose aujourd'hui. Une fois dans le moment présent, j'utilise d'autres slogans pour faire la part des choses. « Se hâter lentement » me rappelle de ralentir, de respirer, et de « Penser ». Le slogan « Ne pas compliquer les choses » me rappelle que j'ai la capacité et la créativité nécessaires pour résoudre des problèmes. « Est-ce si important ? » me permet de voir la décision dans une certaine perspective. Si c'est sans grande importance, je découvre quelques fois que j'ai déjà pris ma décision tout simplement en accomplissant ce processus. Si c'est vraiment important, j'attends d'avoir eu le temps de prier, de méditer, d'assister à d'autres réunions et de discuter de la situation avec ma marraine ou avec d'autres amies du programme. De toute manière, je sais que je ferai un bon choix parce que ma décision aura été prise sous la lumière de la raison en utilisant les outils du programme.

Pensée du jour

Pourvu que je pense à utiliser les slogans, prendre une décision peut devenir un défi plutôt qu'une corvée.

« Il est bon d'avoir des choix; cela me permet de décider quelle importance j'accorde à ma sérénité. »

The Forum, janvier 1999, p. 5

5 mai

Au début, quand j'ai entendu les slogans aux réunions Al-Anon, je me suis dit qu'il s'agissait de banals clichés qui ne pouvaient certainement pas aider qui que ce soit. Ils étaient bien trop simples pour fonctionner, et j'étais bien trop sceptique pour les essayer. J'ai par la suite réalisé que j'avais utilisé mes propres slogans pendant toute ma vie. Malheureusement, il s'agissait de slogans de non-rétablissement. J'avais utilisé certains d'entre eux quotidiennement, et j'avais grandi en les entendant sortir de la bouche de mes parents alcooliques. Ils incluaient des choses comme « Tu devrais savoir ce que je ressens », « Après tout ce que j'ai fait pour toi », « Si tu m'aimais vraiment », « De toute manière, il n'y a rien à faire », et « J'espère que tu es content maintenant ».

J'aimerais bien croire que ces slogans ne fonctionnaient pas, mais ils produisaient exactement ce qu'ils devaient produire. Mon entourage et moi nous sentions blessés, misérables, et remplis de culpabilité. Je me suis mis à réfléchir. Si ces expressions avaient un tel pouvoir destructeur, peut-être les slogans Al-Anon avaient-ils le pouvoir de rebâtir.

Maintenant, je considère nos slogans comme étant de l'« Al-Anon instantané ». Quand je suis plongé dans un problème, je ne pense pas toujours à me rappeler les Étapes ou les Traditions. Mais il me suffit habituellement d'un effort négligeable pour mettre en pratique ces petits mots tout simples et cela m'aide vraiment. Ils m'aident certainement plus que les slogans que j'avais l'habitude de dire !

Pensée du jour

Aujourd'hui, je n'écarterai pas la simplicité avant de l'avoir essayée.

> « Chaque slogan peut servir à nous rappeler que nous avons le choix, que nous pouvons cesser de faire des choses qui ne fonctionnent pas et que nous pouvons voir les choses différemment. »
>
> *Alateen Talks Back on Slogans*, p. 3

6 mai

Ma façon de penser déformée m'a amené à faire des choix regrettables dans ma vie. En outre, j'entretenais de la colère pour avoir été élevé par des parents alcooliques et indisponibles. J'étais jaloux des gens qui avaient des parents normaux qui les aimaient et les soutenaient. Je revivais mon passé et j'imaginais des résultats différents, me disant « Si seulement j'avais… » Je gaspillais une bonne partie de mes journées à me perdre dans des rêveries, à réécrire le passé en y ajoutant des dénouements heureux et en rendant jugement sur les personnes qui m'avaient lésé.

Lire des passages de la documentation Al-Anon m'a aidé à changer ma façon de voir mon passé. À ma seconde réunion, j'ai ramassé le dépliant intitulé *L'alcoolisme, un mal familial*. Chaque jour, pendant un an, j'ai lu la page intitulée « Un jour à la fois ». J'ai lu cette page jusqu'à pouvoir la réciter par cœur. Je me suis ensuite efforcé de mettre ses suggestions en application un peu mieux chaque jour. Parfois, je me sentais assez enthousiaste et confiant pour utiliser toutes ces idées. Certains jours, quand je me sentais dépassé par l'étrangeté du processus de rétablissement, je m'accrochais à une ou deux idées. J'ai fini par me servir de cette page comme signet dans chacun des livres que je lisais, et je plaçais un peu partout dans la maison des suggestions de rétablissement à ma propre intention. Graduellement, ces mots me sont devenus naturels et ils ont remplacé mes pensées amères et jalouses à l'égard du passé.

Il n'a pas été facile de laisser aller mes remords au sujet du passé. Cependant, quand je m'efforce de le faire, je peux vivre le moment présent et créer un nouveau genre de passé rempli de bons moments et de bons souvenirs.

Pensée du jour

Avec le temps et de la patience, et en pratiquant le programme Al-Anon, je peux créer un avenir qui me permettra de cicatriser et de rééquilibrer le passé.

> « Chaque matin, rappelons-nous de vivre ce jour unique en toute confiance et aussi pleinement que nous le pouvons. »
>
> *L'alcoolisme, un mal familial*, p. 19

7 mai

En progressant vers la sérénité avec l'aide d'Al-Anon, j'ai résumé mon travail de rétablissement en deux parties simples et faciles. Lorsque mes idées s'embrouillent, distiller mon programme en deux parties m'aide à me rappeler les outils qui sont à ma disposition.

Dans la première partie, j'assume mes responsabilités – pour mon bonheur, mon progrès, mes choix et leurs conséquences. Ce que les autres disent ou ce qu'ils font peut faire monter des sentiments, mais je dois me rappeler que ce sont mes sentiments. Je suis responsable de ce que j'en fais. Être responsable de ma propre vie implique que je n'ai pas la responsabilité de diriger la vie des autres. Si on me le demande, je peux partager mon expérience, ma force et mon espoir, ou je peux simplement rester tranquille et écouter.

Être responsable de ma vie serait terrifiant si je n'avais pas la deuxième partie – l'intimité. J'ai besoin d'une personne de confiance avec qui partager la vie dont j'ai assumé la responsabilité. En réalité, je me révèle de manière intime à plusieurs autres – ma Puissance Supérieure, mon parrain et quelques amis choisis dans Al-Anon. Ils écoutent et ils acceptent chacun de mes sentiments, ils réagissent à ce que je leur dis, et ils me tiennent responsable de mes choix et de mes actions. Avec une ferme compassion, ils m'aident à progresser pour devenir la personne que je désire être. Ils me font réaliser que je ne suis jamais seul, et que l'aide et l'espoir sont toujours à ma portée, si je le demande.

Pensée du jour

Être responsable de ma vie peut me sembler accablant. J'ai besoin de relations intimes. Les autres m'aident à prendre les décisions difficiles qui m'entraînent dans une direction positive et ils célèbrent avec moi les merveilleux résultats que j'obtiens.

> « Je crois que la fraternité Al-Anon nous fait don de deux qualités importantes qui manquent dans la vie de plusieurs d'entre nous parce que nous avons vécu auprès d'un alcoolique : de l'intimité et de l'interdépendance. »
>
> *Tel que nous Le concevions…*, p. 31

8 mai

Au cours d'une réunion, j'ai récemment confié comment mes grands projets de vie avaient changé pendant mon rétablissement dans Al-Anon. Dans le passé, mes projets concernaient l'ensemble de ma vie, et particulièrement l'avenir. Il s'agissait d'une vue d'ensemble dans laquelle je devenais la somme de mes réalisations, vue de loin, comme si j'étais Dieu. Avec le temps, mes projets se sont éloignés des accomplissements de toute une vie pour se rapprocher d'un ajustement de mes attitudes, un jour à la fois. Au lieu de me préoccuper de ce que je ferai de mon avenir, je choisis maintenant de faire ce que je peux dans le moment présent. Au lieu de rêver de l'avenir, je le façonne à l'aide des choix que je fais aujourd'hui.

Certains de nos slogans semblent conçus pour m'aider à demeurer conscient du moment présent : « Un jour à la fois », « Aujourd'hui seulement », « Est-ce si important ? » et « Ne pas compliquer les choses ». Ces slogans me permettent de lâcher prise face à hier et à demain pour me concentrer sur cette petite fenêtre aux miracles appelée aujourd'hui. Mon premier parrain avait l'habitude de dire que Dieu travaille dans le moment présent. Si je ne suis pas dans le présent avec Dieu, qui sait ce que je vais manquer ?

Quand je mets les slogans en pratique, je me sens ralentir. Je prends conscience de ma respiration, que je suis peut-être en train de la retenir au lieu de la laisser circuler profondément à travers moi. Si je lui permets de le faire, mes muscles se détendent, mon cœur et mon esprit s'ouvrent en toute confiance au royaume des possibilités que ma Puissance Supérieure garde en réserve pour moi. Je me retrouve finalement dans le seul endroit que mon esprit puisse vraiment connaître – le moment présent.

Pensée du jour

Les slogans m'aident à prendre conscience du moment présent, là où Dieu et moi sommes plus susceptibles de nous rencontrer.

« Les premiers outils du programme dont je me suis servie ont été les slogans. Ils m'ont aidée à apprendre à vivre le moment présent, … »

De la survie au rétablissement, p. 250

9 mai

Le pardon est un processus qui doit souvent être répété. Même lorsque j'ai assumé mes sentiments et que j'ai pardonné à quelqu'un qui m'a blessée, moi y compris, il peut arriver que la douleur d'une ancienne blessure refasse surface. Cela m'indique qu'il est temps de faire un inventaire ponctuel et de me pencher de nouveau sur ce ressentiment à l'aide des Étapes.

La conscience, le travail que je fais avec la Dixième Étape, est essentiel; cela m'avertit lorsque d'anciens ressentiments reviennent. Quand cela se produit, je refais plusieurs des Étapes. La Quatrième Étape m'aide à déterrer la raison pour laquelle je m'accroche à un ressentiment. La Cinquième Étape m'aide à la sortir au grand jour. Je peux ensuite consentir à ce que ce ressentiment me soit enlevé par la Sixième et la Septième Étape. Avec la Huitième et la Neuvième Étape, je fais amende honorable, à moi-même et à l'autre personne, pour les torts causés par ce ressentiment. En revenant à la Dixième Étape, je m'assure que ce ressentiment est vraiment guéri et qu'il n'en reste rien. Lorsque j'arrive à la Onzième Étape, je réalise qu'avoir refait le processus du pardon m'a permis d'aller au-delà de ma douleur. Je peux maintenant établir une communication plus saine et plus intime avec Dieu. Je ressens finalement un merveilleux sentiment de libération. Quand je garde rancune, je demeure centrée sur moi-même. Le pardon me donne la liberté de me concentrer sur la volonté de Dieu à mon égard.

Pensée du jour

Une éternelle vigilance est le prix de la liberté. Je demeurerai conscient de mes attitudes afin de rester libre.

> « De temps à autre, des choses qui arrivent dans le cours normal de ma vie causent le retour des réactions et des ressentiments d'autrefois et je dois faire de nouveaux efforts pour m'en sortir. »
>
> *De la survie au rétablissement,* p. 171

10 mai

Je venais de déménager lorsque mon auto est tombée en panne un beau matin. Assise toute seule dans mon véhicule par une chaleur étouffante, je m'apitoyais sur mon sort en attendant une dépanneuse. Je me suis surprise à observer un arbre – plutôt laid avec ça. Il était dénudé, son tronc bien en évidence, pas du tout comme les beaux arbres verts auxquels j'étais habituée d'où je venais. En continuant de le fixer, j'ai réalisé que je ne me sentais pas très bien. En fait, je me sentais un peu comme l'aspect de cet arbre. Je me suis dit que ça n'avait pas d'importance puisque de toute façon ma journée était maintenant gâchée.

Juste pour me tenir occupée pendant que j'attendais, j'ai essayé de regarder cet affreux arbre sous un angle différent. En l'examinant plus attentivement, j'ai remarqué des choses intéressantes. D'abord, cet arbre était différent de ceux qui l'entouraient. Il avait des qualités bien particulières. Ses feuilles n'étaient pas parfaitement vertes, mais elles avaient une couleur agréable. Son tronc était mince, mais il avait l'air solide, comme un homme élancé et robuste. Ses racines s'accrochaient fermement à la terre. Soudainement, cet arbre laid et dénudé venait d'acquérir une beauté respectable.

J'ai essayé la même chose avec la situation dans laquelle je me trouvais. Avant même de m'en rendre compte, ma façon de voir les choses a changé. Mes projets pour la journée avaient changé de manière imprévisible. Soudainement, je pouvais faire ce que je voulais de ma journée – jouer au tennis, aller en excursion, appeler une vieille amie, m'étendre et me reposer. Ma situation inattendue s'est transformée en un cadeau rempli de promesses agréables – quand j'ai accepté de la regarder différemment.

Pensée du jour

Dieu me donne la « sagesse d'en connaître la différence » chaque fois que je consens à changer ma façon de voir les choses.

« … Je cherche les traits de caractère que je veux changer en moi – les moments durant la journée où mon attitude ou mon comportement n'ont pas été appropriés. »

Tel que nous Le concevions…, p. 270

11 mai

Je me souviens de la première fois où quelqu'un m'a demandé de le parrainer. J'ai accepté de le faire, puis je suis rentré à la maison et j'ai lu le dépliant Al-Anon intitulé *Le parrainage et tout ce qu'il comporte*, afin de m'assurer que j'étais bien qualifié. Même là, j'étais hésitant. Qu'avais-je à offrir à qui que ce soit ? J'en étais encore à mes premiers pas dans le rétablissement, je trébuchais et je tombais plus souvent qu'à mon tour. J'étais convaincu que je devais être parfait avant même d'oser essayer d'aider quelqu'un.

Puis je me suis souvenu de mes premiers temps dans le programme. Ce que je voulais le plus obtenir de mon parrain, c'était de l'acceptation, de l'affection, du réconfort, et une oreille digne de confiance. Je ne m'attendais certainement pas à la perfection. Soudainement, mes carences m'ont semblé sans importance, et mon cœur s'est gonflé en réalisant que quelqu'un me voyait comme étant un être humain sain ayant de la valeur.

Ma Puissance Supérieure m'a montré que je n'avais pas à parler beaucoup pour être un parrain. Ce que je devais vraiment faire, c'était écouter. En écoutant, j'ai pris conscience des bonnes choses que je n'avais pas remarquées, de certains aspects de ma vie dont je devais m'occuper, et de choses qui se produisaient dans ma vie sans que je m'en rende compte. J'ai été étonné de constater qu'aider une autre personne me permettait de mieux voir ma propre situation.

Les personnes que je parraine m'ont aidé à me sentir aimé et utile. Plus que cela, ils m'ont aidé à me sentir plus humain. Parce qu'ils sont venus vers moi, je trouve qu'il m'est plus facile de demander de l'aide sans me sentir faible. Cela s'est avéré un privilège et une grande joie que de pouvoir remettre une petite partie de cet immense trésor que j'ai reçu de Dieu et du programme de rétablissement Al-Anon.

Pensée du jour

Être demandé comme parrain me confirme que j'ai effectivement quelque chose de précieux à offrir à un autre être humain.

« …se rend compte qu'un parrain est seulement un canal pour le message d'espoir d'Al-Anon et ne se croit pas obligé de détenir toutes les réponses. »

Le parrainage et tout ce qu'il comporte, p. 9

12 mai

Les Traditions nous servent de directives pour établir et maintenir de saines relations, pas seulement à l'intérieur de nos groupes Al-Anon, mais aussi avec nos familles et nos amis.

La Première Tradition, « Notre bien commun devrait venir en premier lieu; le progrès personnel de la majorité repose sur l'unité », m'a beaucoup aidé dans mes rapports avec ma famille. Participer à des réunions Al-Anon, où notre bien commun est une condition essentielle à notre rétablissement, m'a aidé à exprimer mon opinion concernant les aspects du bien commun de ma famille qui me concernent personnellement. J'ai appris que j'ai le droit d'ouvrir et de contribuer pleinement aux discussions sur des sujets qui concernent notre bien commun.

La Deuxième Tradition, qui dit notamment que « Pour le bénéfice du groupe, il n'existe qu'une seule autorité – un Dieu d'amour tel qu'Il peut Se manifester à notre conscience de groupe », m'indique comment m'y prendre lorsque je participe aux discussions familiales. Il est approprié que j'exprime mon opinion; si je le fais plus d'une fois, il s'agit d'une tentative de diriger ceux qui m'entourent.

En utilisant mon expérience du progrès par l'unité dans Al-Anon, je me suis découvert de nouvelles réserves de patience lorsqu'il s'agit de trouver un terrain d'entente avec les membres de ma famille. Même si nous ne parvenons pas toujours à trouver ce terrain d'entente, je suis reconnaissante d'être maintenant en mesure de contribuer à cette possibilité.

Pensée du jour

La Première Tradition me permet de bénéficier des avantages de la participation aux affaires de ma famille et de celles d'Al-Anon. La Deuxième Tradition me rappelle que même si je participe, je ne suis pas aux commandes.

« Aujourd'hui, je sais qu'afin que l'unité existe au sein de ma famille ou de mon groupe, chacun doit avoir droit au chapitre. »

Les voies du rétablissement, p. 141

13 mai

Souvent, dans le calme d'une fin de soirée, mon esprit s'emballe et des pressentiments de désastres essayent de s'y installer. J'utilise la Prière de Sérénité pour briser ce cycle et obtenir un peu de paix et une meilleure perspective. Je commence par substituer cette prière à mes pensées, et je la répète aussi souvent que nécessaire pour me concentrer sur le moment présent. Je divise ensuite la prière en trois parties, et je les applique à mon esprit en désordre.

Je prie : « Mon Dieu, donnez-moi la sérénité d'accepter les choses que je ne puis changer » (il se fait tard et j'ai peur de communiquer avec un autre membre du programme); « … le courage de changer les choses que je peux » (je lis quelque chose sur mon étagère de documentation approuvée par la Conférence et j'écris mes problèmes dans mon journal; je demande aussi à être guidée par la volonté de ma Puissance Supérieure); « … et la sagesse d'en connaître la différence » (je remercie Dieu de mettre un terme à ma confusion et je Lui demande de trouver la paix et un sommeil réparateur).

Je répète ce processus jusqu'à ce que la sérénité m'enveloppe comme une couverture chaude et confortable, m'amenant à détendre mon corps, mon esprit, et mon âme, et je finis par m'endormir. Quand je me réveille le lendemain, je réalise souvent que quelque chose a changé pendant la nuit. Parfois, c'est ma façon de voir la situation, et ma ligne de conduite change en conséquence. Parfois, la situation se résout d'elle-même sans plus d'effort de ma part. D'une manière ou d'une autre, cela fait mon affaire. Je suis bien heureuse de pouvoir utiliser la Prière de Sérénité pour lâcher prise et m'empêcher de souffrir inutilement !

Pensée du jour

Ai-je essayé de diviser la Prière de Sérénité en trois parties pour les utiliser comme des lentilles qui m'aident à mieux voir mon problème ?

« La méditation de chacune des pensées de la Prière de Sérénité peut contribuer à remettre les situations dans une perspective plus juste. »

But et suggestions, p. 5

14 mai

Quand je suis arrivée à Al-Anon, le slogan « Lâcher prise et s'en remettre à Dieu » a produit sur moi une vive impression. Les années ont passé, et je l'utilise toujours afin de distinguer mon rôle de celui joué par Dieu dans la croissance que je désire et que je recherche.

J'ai récemment lu qu'un jardinier doit reconnaître son impuissance devant les éléments, qui gouvernent la réussite ou l'échec de son jardin. On ne peut qu'accepter la réalité du climat et faire ce qu'on peut pour combler les besoins des plantes. D'abord, le jardinier se met à genoux pour retourner la terre, la nourrir avec des fertilisants, et planter soigneusement les graines. Il prend ensuite des mesures protectrices. Il peut ériger des barrières pour éviter les dommages causés par le vent. Des couvertures protègent les jeunes plants contre les excès de pluie ou de soleil. Des arrosoirs peuvent être utilisés lorsqu'il ne pleut pas suffisamment. Il faut ensuite se détacher et attendre de voir les résultats de la récolte.

C'est la même chose pour moi; ce n'est qu'après m'être abandonnée, m'être mise à genoux et avoir demandé l'aide de Dieu que j'ai été conduite vers Al-Anon. Ici, les autres membres retournent mes malentendus concernant l'alcoolisme tandis que le programme m'offre les fertilisants et la protection dont j'ai besoin pour croître. Chaque fois que j'assiste à une réunion, que je lis la documentation, que j'appelle ma marraine ou que je me porte volontaire pour le travail de service, je prends la matière brute que m'offre le programme et je l'utilise pour nourrir ma croissance spirituelle. Ensuite, je lâche prise et je laisse Dieu engranger une récolte de paix, de sérénité et d'amour.

Pensée du jour

Je commence par imaginer. Puis je passe à l'action. Ensuite, je me détache et je laisse Dieu décider du résultat.

> « Regarder aujourd'hui mon passé avec gratitude me révèle que mes antécédents sont un riche jardin de possibilités humaines qui n'attendent que l'arrivée du jardinier avec sa brouette remplie d'outils appropriés – les Douze Étapes. »
>
> *De la survie au rétablissement*, p. 201

15 mai

J'ai appris dans Al-Anon qu'il est généralement plus sain de me concentrer sur moi. Toutefois, il y a eu une période tôt dans mon rétablissement où me concentrer sur le comportement de mes parents a contribué à un dénouement plus sain. Je me débattais avec la conviction que j'étais une personne fondamentalement mauvaise et que je ne pourrais jamais changer. En discutant de cela avec ma marraine, j'ai réalisé que j'avais appris plusieurs comportements et plusieurs attitudes défaitistes de mes parents, tous les deux aux prises avec l'alcoolisme. Ce fut un soulagement de réaliser que je n'étais pas désespérément déficiente.

Si je n'avais pas eu un programme à ce stade, j'aurais pu continuer de blâmer mes parents pour m'avoir transmis un tel héritage. Heureusement, Al-Anon m'avait déjà exposé à l'idée que je suis responsable de mes défauts, d'où qu'ils viennent. Toutefois, je n'en étais consciente que d'un point de vue intellectuel. Faire descendre cela au niveau du cœur fut un défi émotif. J'ai dû abandonner l'espoir qu'un beau jour mes parents m'enseigneraient autre chose. J'ai dû accepter que, tout comme moi et le reste du monde, ils se comportent à tout moment au meilleur de leurs capacités. S'ils avaient pu faire mieux, ils l'auraient fait.

J'ai assumé mes défauts, sans blâmer mes parents, en faisant ma Quatrième et ma Cinquième Étape. Avec la Sixième et la Septième Étape, j'ai consenti et demandé que Dieu les fasse disparaître. Ensuite, en mettant en pratique la Huitième et la Neuvième Étape, j'ai réparé mes torts en modifiant graduellement mes comportements tout en acceptant que mes parents avaient le droit de ne pas changer.

Pensée du jour

Étant enfant, j'ai peut-être appris certains défauts de mes parents. En tant qu'adulte, je peux les désapprendre avec l'aide du programme Al-Anon.

> « Les comportements que nous avons adoptés pour faire face à l'alcoolisme dans notre famille sont devenus tellement habituels que nous avons cru qu'ils faisaient partie de notre identité. »
>
> *De la survie au rétablissement*, p. 18

16 mai

Pour me rétablir des conséquences d'avoir grandi dans un foyer marqué par l'alcoolisme, j'ai dû faire attention à mon attitude de « moi contre eux », qui m'empêche d'avancer. Cette attitude se manifeste souvent dans mes relations avec ma Puissance Supérieure, particulièrement en ce qui touche ma volonté et la Sienne. Quand je me considère en opposition à quelqu'un ou à quelque chose, mon entêtement se manifeste et je refuse de changer ou de progresser.

Je pense que cela dépend dans une large mesure du vocabulaire que j'utilise dans mes dialogues intérieurs. J'ai tendance à interpréter la Troisième et la Onzième Étape comme s'il s'agissait d'une certaine forme de lutte parce que j'ai dû abandonner beaucoup de ce que j'étais afin de survivre dans le contexte de l'alcoolisme. En tant qu'adulte, il m'arrive encore de me perdre dans certaines relations. Maintenant, je m'efforce de découvrir qui je suis vraiment, et je n'aime pas beaucoup l'idée d'abandonner ma propre volonté.

Cela m'aide quand je pense plutôt à aligner ma volonté sur celle de ma Puissance Supérieure. Quand je vois les choses de cette manière, cela me rappelle que je ne suis plus obligé de me perdre dans la maladie ou dans mes relations. Développer une relation saine avec ma Puissance Supérieure, c'est un travail d'équipe où l'accent est mis sur le respect de Sa volonté. Ce qui me rappelle que ma volonté n'est pas intrinsèquement mauvaise, comme je le croyais auparavant. Elle est tout simplement mal alignée, et ma Puissance Supérieure peut la remettre en ligne droite.

J'ai deux prières avec lesquelles je suis à l'aise : « Chère Puissance Supérieure, daigne aligner ma volonté sur la Tienne », et « Mon Dieu, aide-moi à désirer ce que Tu désires ».

Pensée du jour

Ma Puissance Supérieure désire ce qu'il y a de mieux pour moi. Par contre, il faut aussi que je le désire.

« Notre rôle consiste à coopérer avec Dieu... »
Les voies du rétablissement, p. 76

17 mai

J'ai récemment assisté à une réunion où le sujet de discussion suggéré était la négation. J'ai été frappé de découvrir une interprétation de la négation beaucoup plus vaste que je n'avais pu l'imaginer jusque-là. Il y a la négation de la maladie de l'alcoolisme et de ses conséquences. Il y a aussi la négation de la souffrance qui accompagne la trahison, le malheur, l'invalidité, et la mort. En méditant, j'ai réfléchi aux autres formes de négation peut-être plus subtiles, mais tout aussi nuisibles, que j'avais adoptées en grandissant dans une famille alcoolique.

En grandissant, j'avais utilisé la négation pour m'empêcher de ressentir la souffrance, mais cela m'avait aussi empêché de ressentir le plaisir. Maintenant que je vis le rétablissement dans Al-Anon, pratiquer mon programme signifie que j'abandonne ma négation en ouvrant mon cœur aux sources quotidiennes d'émerveillement et de plaisir. Cela implique aussi que je pratique la gratitude pour les miracles quotidiens. Je savoure maintenant la beauté offerte par chaque jour, aussi éphémère soit-elle, et je rends grâce à ma Puissance Supérieure de pouvoir en être témoin.

Une autre forme de négation, c'est de croire que je suis la somme de mes problèmes et de mes limites. Grâce à Al-Anon, j'ai fini par accepter la vérité : je suis un être spirituel. Ma négation a été remplacée par une réalité infiniment plus belle et plus vaste dans laquelle je m'appuie sur la force et la direction d'une Puissance Supérieure qui m'offre Sa protection et Ses conseils.

Pensée du jour

Aujourd'hui, je laisse aller ma négation, je fais face à la vérité, et je célèbre mon rétablissement.

« La négation est un symptôme des conséquences de l'alcoolisme. »
Le Courage de changer, p. 146

18 mai

Je n'avais jamais cru que les Traditions s'appliquaient à autre chose que mon groupe Al-Anon. Maintenant, je réalise qu'elles me concernent aussi personnellement puisque je suis membre d'une famille et d'autres groupes.

La Quatrième Tradition, qui dit que les groupes sont autonomes sauf en ce qui peut affecter d'autres groupes ou Al-Anon ou AA dans leur ensemble, a été particulièrement importante pour moi. Elle me dit que j'ai le choix et que je peux prendre les décisions que je veux, dans mon propre intérêt, pourvu que ces décisions ne fassent pas de tort à quelqu'un d'autre. Si Dieu m'accorde le droit de prendre mes propres décisions, cela implique que les autres ont le même droit. Je dois donc respecter leurs décisions, sans intervenir, sans juger, et sans contrôler.

Il peut m'être difficile d'accepter calmement que les autres prennent leurs propres décisions, particulièrement lorsque je crois savoir ce qui est le mieux pour la vie d'une autre personne ou lorsque j'ai peur que la décision d'une autre personne n'ait des conséquences négatives pour moi. Si j'ignore cette Tradition, cela entraîne des conséquences qui peuvent aller d'un simple agacement à une rupture dans mes relations.

Pensée du jour

La Quatrième Tradition, c'est respecter suffisamment les autres pour leur permettre de prendre leurs propres décisions.

« La Quatrième Tradition, c'est la démocratie à l'œuvre. Par cette Tradition, nous pouvons atteindre un juste milieu entre la liberté et la responsabilité. »

Les voies du rétablissement, p. 168

19 mai

Ma grand-tante favorite est mourante, et je veux écrire à sa fille, ma cousine. Ma main tremble au-dessus de la carte. J'étais le mouton noir, la fugueuse, et mon père était l'ivrogne du village. Je n'ai pas vu ma cousine depuis que j'ai quitté la maison, et j'ai encore honte. C'est mon héritage du contact avec l'alcoolisme : peu importe ce que je fais de bien dans la vie, que j'élève bien mes enfants, que je tienne bien ma maison, que je réussisse au travail, ou les services que je rends dans ma communauté, j'ai encore honte de parler aux gens qui m'ont connue comme étant la fille de mon père. Par contre, si je n'envoie pas cette carte, je perdrai peut-être contact avec tout un côté de ma famille lorsque ma tante sera décédée. Mes enfants n'auront peut-être jamais l'occasion de connaître leurs cousins, perpétuant ainsi un héritage d'isolement et de honte.

Trois années dans Al-Anon m'aident à me rappeler de « Ne pas compliquer les choses » et de changer les choses que je peux. J'écris un bref message sur la carte et je scelle l'enveloppe. Je la poste et je lâche prise. Que je reçoive ou non une réponse, ce n'est pas important. Ce qui importe, c'est de laisser aller ma honte et mon perpétuel sentiment d'échec. Ce n'est qu'en lâchant prise devant ces choses que je peux ouvrir la porte à une vie nouvelle, remplie de possibilités.

Pensée du jour

L'espoir me conduit vers l'avenir. Avec le soutien d'Al-Anon, je peux me libérer de mon passé.

« Si nous vivons chaque journée du mieux que nous pouvons, nous découvrirons bientôt que nous n'avons pas le temps de nous inquiéter de l'avenir ou de regretter le passé. Nous serons trop occupés à profiter de la vie. »

Alateen, un espoir pour les enfants des alcooliques, p. 69

20 mai

La sérénité qui m'est offerte dans Al-Anon n'est pas une façon de fuir la vie. Au contraire, elle me donne le pouvoir de trouver la paix dans ma vie.

Al-Anon ne me promet pas que je serai libéré de la souffrance, du chagrin ou des situations difficiles. Par contre, ce programme me donne l'occasion d'apprendre des autres comment développer la capacité d'entretenir ma tranquillité d'esprit même quand la vie me semble insupportable. Il m'aide à apprendre comment demander, accepter et utiliser la force et la sagesse de ma Puissance Supérieure. Ma Puissance Supérieure, à travers les autres membres, m'aide à préserver ma raison et mon estime de moi.

Al-Anon me donne aussi l'occasion de mener une existence sereine, libre de ne pas me sentir responsable des décisions prises par les autres. Le programme m'apprend que je peux faire des choix qui réalignent ma vie vers le progrès personnel et la satisfaction. J'ai une plus grande confiance en moi, parce que je fais confiance à une Puissance Supérieure telle que je La conçois pour me soutenir et me guider à travers les hauts et les bas de la vie.

Pensée du jour

La sérénité ne signifie pas que la douleur disparaît. Il s'agit de ma capacité de m'épanouir paisiblement, peu importe ce que la vie met sur mon chemin.

« Je me suis senti tout à fait en paix avec la vie et en même temps, rempli de joie. À ce moment-là, j'ai constaté que c'était cela, la sérénité, et j'ai éclaté de rire pour le pur plaisir de rire ! »

De la survie au rétablissement, p. 268

21 mai

Notre préambule des Douze Étapes stipule en partie qu'« un changement d'attitude peut contribuer au rétablissement », et je peux en témoigner. Ma situation familiale s'est améliorée considérablement depuis que j'ai appris à m'occuper de mes affaires. « Est-ce si important ? » me rappelle que je n'ai pas à exprimer et souvent je ne dois pas exprimer mon opinion à moins qu'on me le demande. « Vivre et laisser vivre » me rappelle que ma vie n'est pas celle de mes enfants adultes, et que chacun de nous doit diriger sa propre vie.

Dans le passé, j'avais l'habitude de m'occuper des affaires de mes enfants. J'offrais habituellement des conseils, qu'on me le demande ou non. Maintenant, je retiens mes commentaires au sujet des situations, des problèmes et des conflits dont mes enfants discutent avec moi. Je ne parviens pas toujours à m'en tenir parfaitement à ce nouveau mode de comportement. Souvent, ma première réaction est de leur dire comment je m'y prendrais. Toutefois, ma Puissance Supérieure m'a montré qu'un tel comportement contribue uniquement à les éloigner. Par contre, lorsqu'un de mes enfants parle négativement d'une décision qui m'affecte personnellement, je m'exprime et j'établis mes limites.

J'ai vu des résultats concrets depuis que j'ai consenti à changer et à mettre le programme en pratique. Mes enfants me disent qu'ils apprécient pouvoir me parler sans que j'essaie de régler leurs problèmes ou de leur dire quoi faire. Que mes enfants acceptent aujourd'hui de se confier à moi, c'est une preuve que le programme fonctionne. Plus je fais attention à mes opinions et à mes conseils, plus mes enfants partagent leur vie avec moi, et plus nous devenons ouverts et intimes.

Pensée du jour

Il n'est pas important pour moi de faire des commentaires sur tout ce que j'entends. Il est important pour moi de lâcher prise et de laisser les autres prendre leurs propres décisions.

> « Al-Anon m'a aidée à "laisser vivre" en m'apprenant ce qu'est le détachement et en m'aidant à voir que plusieurs de mes problèmes provenaient du fait que je me mêlais des affaires de tout le monde sauf des miennes. »
>
> *Le Courage de changer,* p. 234

22 mai

Il m'a été difficile d'apprendre à apprécier la vie et à m'amuser. Je trouve beaucoup plus facile de m'isoler et d'éviter de prendre des risques. Quand je m'attarde à ce défaut, il me semble que je suis extrêmement déficiente. Quand j'y regarde d'un peu plus près, je constate que c'est seulement de la peur.

Étant enfant, j'ai été humiliée parce que je me comportais comme une enfant et parce que je ne faisais rien d'assez bien. J'ai vite appris à avoir peur de faire quoi que ce soit. C'était, et c'est encore parfois plus facile de rester à la maison et de combler le vide avec de la nourriture, la télévision, et des livres. Pourtant, je sais que si je continue de faire ce que j'ai toujours fait, j'obtiendrai ce que j'ai toujours obtenu. Al-Anon m'encourage à adopter de nouveaux comportements et à faire confiance aux résultats. Je peux vraiment vivre ma vie, laisser les autres vivre la leur, et voir le côté comique des choses en me demandant : « Est-ce si important ? » En pratiquant le programme, j'apprends que je ne suis pas déficiente et que l'amour est la source de mon être. Il y a une Puissance Supérieure qui m'aime. Tout en m'encourageant moi-même à faire de petits pas en vue de surmonter ma peur et d'apprécier la vie, je réalise que Dieu m'aime comme je suis – une œuvre en voie de réalisation.

Maintenant, des choix s'offrent à moi pendant la journée. Si je commence à ressentir le vide et la honte, je sais que j'ai régressé vers l'isolement. Quand je suis prête à revenir vers l'amour de moi, je n'ai qu'à mettre en pratique le slogan « Ça commence par moi » en reconnaissant le plaisir et l'humour qui sont déjà présents dans ma vie.

Pensée du jour

Entrevoir les plaisirs qui m'attendent, c'est une bonne façon de commencer ma journée. Si je me perds en cours de route, je me rappellerai que je peux recommencer ma journée à tout moment.

« Bien sûr je n'ai pas réussi à changer mon passé, mais le present est rempli de promesses et chose étonnante, je découvre que c'est plaisant d'être moi. »

De la survie au rétablissement, p. 186

23 mai

Récemment, après une réunion Al-Anon, deux membres ont fait la remarque que ma voix était si douce qu'ils ne pouvaient pas entendre ce que je disais. J'ai été très étonnée qu'ils soient assez intéressés pour le mentionner.

Pendant plusieurs jours, je me suis demandé ce que Dieu essayait de me dire. Des souvenirs de mon enfance au contact de l'alcoolisme ont remonté à la surface. C'était comme si mes parents et moi ne nous étions jamais compris. Soit qu'ils ne comprenaient pas ce que j'essayais de dire, soit qu'ils comprenaient, mais qu'ils n'aimaient pas ce que je disais. J'ai appris à me taire ou à parler tout bas. C'est ainsi que je me protégeais. Je me suis finalement convaincue que je n'avais rien d'important à dire.

Al-Anon agit en douceur. J'aurais pu garder le silence longtemps encore pendant les réunions. Personne ne m'a jamais forcée à parler ou questionnée comme un professeur le fait avec un élève. Sans les commentaires de ces deux personnes, il aurait été facile pour moi de continuer à absorber les témoignages sans jamais rien donner en retour.

Un autre aspect de la douceur d'Al-Anon, c'est que nous avons toujours le choix de donner notre témoignage ou non. J'ai commencé à voir ces deux membres comme étant des personnes porteuses d'une invitation à laisser Dieu s'exprimer à travers moi. Pour ce faire, je devais croire que ce que j'avais à dire avait de l'importance. Souvent, je devais me forcer à parler même si je doutais de la valeur de mes paroles. Graduellement, des membres m'ont dit qu'ils appréciaient et même qu'ils s'identifiaient avec mes pensées et mes sentiments. Consentir à adopter un nouveau comportement a permis à ma voix et à mon estime de moi de s'exprimer « plus fort ». Merci, Al-Anon, pour ces deux personnes toutes spéciales qui m'ont amenée à progresser.

Pensée du jour

Ne pas m'exprimer peut me nuire autant que de trop parler.

« Les autres ne cessent de me dire que je suis une personne de valeur. Peut-être serait-il temps que je commence à les croire. »

Alateen – un jour à la fois, p. 88

24 mai

J'ai trouvé plusieurs expressions utiles dans la formule de bienvenue suggérée et celle pour clore nos réunions, mais celle qui m'a aidée le plus est «qu'il n'y ait ni commérage ni critique… » Quand je prends cette idée et que je l'utilise avec tous les gens que je connais, pas seulement avec mes amis Al-Anon, je suis plus en mesure de me concentrer sur ma propre vie, sur mes responsabilités, et sur moi. Par conséquent, mes relations avec ma famille sont plus aimantes.

Pour m'imposer certaines limites, j'ai décidé que je ne parlerais plus de quelqu'un si cette personne n'est pas présente dans la même pièce. Les « bulletins d'informations » par exemple si mon frère achète une nouvelle maison, ou que ma sœur retourne à l'école, sont autorisés. Mais je ne me permets pas de juger leurs décisions ou de faire des suppositions quant aux raisons qui motivent leurs choix ou quant à leurs conséquences.

Ma mère a rapidement saisi ce concept. Maintenant, nous discutons de nos sentiments uniquement lorsque quelque chose nous concerne personnellement. Quand j'ai été gravement malade, nous avons parlé de la mort. Maintenant que je vais bien, nous parlons de notre Puissance Supérieure, de beaux souvenirs de famille, et de nos espoirs et de nos rêves pour l'avenir. Éviter les commérages et les critiques m'aide à me concentrer sur moi et à garder les pieds bien ancrés dans la réalité. J'aime bien mieux cela que de me lamenter sur le sort des membres de ma famille.

Pensée du jour

Les choses sur lesquelles je me concentre deviendront un élément central de ma vie.

> « Non seulement nous évitons de nous concentrer sur nous lorsque nous faisons du commérage, mais notre manque de respect envers les autres renforce des attitudes qui vont à l'encontre du but recherché dans nos relations. »
>
> *Comment Al-Anon œuvre pour les familles et les amis des alcooliques*, p. 97

25 mai

Il a fallu un jour que j'aille chercher une lourde boîte au grenier. En la descendant par une échelle, je me suis mis à forcer et j'ai senti que je perdais le contrôle. Paniqué, j'ai dit à mon petit ami que j'avais peur de la laisser tomber. Il a rapidement étiré les bras et il m'a aidé à soutenir la boîte. Je n'avais plus à forcer.

Mon labeur avec la foi s'est avéré une expérience similaire. J'ai grandi avec un père alcoolique qui se considérait comme un athée. J'ai adopté sa façon de voir les choses et je suis devenu un sceptique. Au bout du compte, j'ai fini par être empli de désespoir. La vie ne semblait avoir aucun sens.

Pratiquer les trois premières Étapes du programme Al-Anon m'a permis de découvrir ma propre foi. J'ai entendu les membres discuter de leur Puissance Supérieure, c'était parfois le groupe Al-Anon, parfois une divinité féminine, parfois une divinité masculine plus traditionnelle. J'en ai vu qui avaient adopté le point de vue d'une autre personne pour finalement se rendre compte que cela ne leur convenait pas. Certains membres parlaient de bâtir une relation avec Dieu comme d'un processus qu'ils avaient dû traverser. Ils décrivaient souvent cela comme un processus semblable à celui que nous traversons en établissant les bases d'une amitié. Il faut parler (prier), écouter (méditer) et, avec le temps, apprendre à faire confiance à notre ami. Cette analogie me disait quelque chose. J'avais déjà plusieurs amis en qui j'avais confiance. En examinant mon propre rôle dans le développement de ces relations, j'ai réalisé que leur point commun était le contact constant. Tranquillement, j'ai commencé à utiliser la même méthode avec ma Puissance Supérieure. À force de constance dans la prière et la méditation, Dieu est devenu mon meilleur ami. Maintenant, je suis capable de prier ma Puissance Supérieure pour obtenir Son aide dans les situations difficiles et je sens Sa main qui me soutient.

Pensée du jour

Les Étapes parlent de Dieu tel que je Le conçois. Est-ce que j'adopte les comportements nécessaires pour atteindre cette conception de Dieu ?

« …Ma vie a complètement changé alors que j'ai poursuivi mon évolution spirituelle et que je me suis tournée vers une Puissance Supérieure pour obtenir de l'aide. »

Comment Al-Anon œuvre pour les familles et les amis des alcooliques, p. 172

26 mai

J'ai eu de la difficulté à mettre en pratique dans ma vie personnelle, la Septième Tradition qui parle de subvenir entièrement à ses besoins. J'ai grandi en voyant mon père, qui était enfant pendant la dépression, dépenser de grosses sommes d'argent pour lui-même et très peu pour la famille. J'avais de la difficulté à acheter des cadeaux pour ma mère, qui avait grandi dans un foyer marqué par l'alcoolisme, parce qu'elle ne voulait rien. J'ai souvent entendu mes parents dire qu'ils n'avaient pas d'économies. J'ai appris que c'était acceptable.

Puis je me suis mariée. En l'espace de quelques mois, j'ai dépensé toutes les économies de mon mari en achetant des meubles « essentiels » pour la maison. Puis la réalité m'a frappée : ma mère avait passé sa vie entière dans la négation, et maintenant je faisais la même chose. Je ne pourrais changer qu'en me comportant de manière à subvenir à mes propres besoins. J'ai commencé en établissant des versements automatiques dans un fonds de retraite, qui progresse très bien. Maintenant, avant d'acheter quelque chose, je me demande si c'est une chose dont j'ai besoin ou une chose que je désire. S'il s'agit d'un désir, j'attends au moins une semaine pour voir s'il sera encore là. Si mon désir est toujours là, j'en fais l'inventaire pour essayer de m'en détacher au plan émotif, afin de découvrir la véritable raison pour laquelle je veux cette chose. Utiliser cette approche, et certaines autres, me donne la tranquillité d'esprit qui me vient en subvenant entièrement à mes propres besoins.

Pensée du jour

Je suis reconnaissante qu'Al-Anon m'apprenne aujourd'hui à subvenir à mes besoins par mes propres contributions volontaires.

> « Quand les groupes et les membres comprennent qu'ils sont responsables individuellement de leurs propres survie et progrès, une grande force spirituelle les envahit tous, de même que la fraternité dans son ensemble. »
> *Les Douze Étapes et les Douze Traditions d'Al-Anon,* p. 133

27 mai

Avant d'arriver dans le programme, je me sentais engourdi et morcelé. Une fois dans Al-Anon, après avoir été exposé à la Deuxième Étape, j'ai dû me poser la question suivante : « Qu'est-ce que cela signifie pour moi, être sain d'esprit ou avoir perdu la raison ? » Il y avait dans ma vie des signes que j'étais sain d'esprit et des signes que j'avais perdu la raison. Pourtant, je ne me sentais pas plus responsable de l'un que de l'autre; c'était tout simplement quelque chose qui arrivait.

Avec le temps, j'ai appris que l'engourdissement affectif que j'avais développé pendant mon enfance pour m'ajuster à l'alcoolisme contribuait beaucoup à me faire perdre la raison. Cela me poussait à voir la vie comme quelque chose d'extérieur à moi, dont j'étais entièrement séparé. Dans Al-Anon, en apprenant à être attentif à mes sentiments, à les nommer et à les exprimer, j'ai bâti un pont entre les aspects morcelés de moi-même, ma Puissance Supérieure, et la totalité de mon être. Je n'aurais jamais pu imaginer que j'avais perdu la raison, parce que j'avais perdu ma relation avec moi-même et avec Dieu.

Pensée du jour

Al-Anon me donne l'occasion de rassembler tous les aspects brisés et éparpillés de ma personnalité et de les confier à Dieu pour qu'Il les recolle.

> « Parfois lentement ou par intermittence, occasionnellement en de grandes et éclatantes exubérances, ceux qui mettent les Étapes en pratique changent et avancent vers la lumière, le rétablissement et leur Puissance Supérieure. »
>
> *De la survie au rétablissement,* p. 270

28 mai

Souvent, la sérénité va et vient dans ma vie selon les efforts que je fais pour l'accueillir ou la repousser. Je ne peux pas créer la sérénité par un effort de ma volonté, mais je peux créer un environnement favorable à son épanouissement.

Parfois, je régresse vers mes défauts de caractère. Souvent, cela se produit parce que je me laisse devenir affamé, en colère, solitaire ou fatiguée. Je suis alors plus susceptible de repousser la sérénité. Je peux manquer quelques réunions ou oublier d'appeler ma marraine. Je peux aussi recommencer à fréquenter des gens qui renforcent mes attitudes autodestructrices.

Il m'arrive aussi de faire ce qu'il faut pour inviter la sérénité dans ma vie. Je prends une bonne nuit de sommeil, je lis ma documentation Al-Anon en me levant, je fais de l'exercice, je mange bien, je fais mon travail de manière responsable, je vais à une réunion, et j'appelle quelqu'un dans le programme. Je continue de mettre en pratique les Étapes, particulièrement de la Quatrième à la Neuvième. Je continue de me réconcilier avec mon passé, et je demeure en paix en faisant la Dixième Étape. Je me sens plus ouverte à la sérénité.

Alors, qu'est-ce qui me fait balancer entre ces deux attitudes ? C'est mon consentement à m'abandonner. Il y a des jours où je n'ai tout simplement pas envie d'abandonner. Je me comporte comme un enfant et j'éloigne ma Puissance Supérieure en refusant de me soumettre à Sa volonté. Il y a aussi des jours où l'abandon me vient aisément. J'avais l'habitude de croire que j'étais impuissante devant le consentement. Puis j'ai réalisé que ce n'était pas le cas. Lorsque je n'ai pas envie d'abandonner, je peux aussi abandonner cet état d'esprit ! Maintenant, une de mes prières favorites est « Mon Dieu, aide-moi à devenir consentante à consentir. »

Pensée du jour

Mon rétablissement commence ou s'arrête avec mon consentement.

« … Nous laissons une Puissance supérieure à nous-mêmes faire pour nous ce que nous sommes incapables de faire. »

Comment Al-Anon œuvre pour les familles et les amis des alcooliques, p. 106

29 mai

Récemment, le sujet de discussion d'une réunion était : « Comment discerner la volonté de Dieu ? » Une personne a dit qu'elle croyait que même si Dieu sait ce qui est le mieux pour elle et qu'Il lui révèle Sa volonté, elle n'est pas obligée de l'accepter. Elle peut choisir d'ignorer les bons choix, et rester misérable.

Pour moi, ce programme est un choix. La volonté de ma Puissance Supérieure est que, chaque jour, j'aie le choix d'accepter le cadeau d'Al-Anon ou de le refuser et d'essayer de vivre ma vie à ma manière. Toutefois, mon expérience me démontre que ma manière n'est pas aussi bonne que celle de Dieu. Elle n'est pas aussi bienveillante, généreuse et compatissante, et elle n'offre pas autant de possibilités.

Comme on le dit souvent, ma façon de penser m'a amené ici. Je ne suis pas allée à Alateen puis à Al-Anon parce que ma volonté fonctionnait si bien que j'étais vraiment heureuse, sereine, et joyeuse. Je suis venue ici parce que je me sentais tellement malade et si misérable que je ne parvenais plus à percevoir la volonté de Dieu à mon égard, et parce qu'il y avait constamment des embûches qui m'empêchaient d'atteindre la paix et la sérénité que je désirais tant.

Aujourd'hui, j'apprends à faire des choix qui me semblent être la volonté de Dieu. Même s'il m'arrive encore parfois de résister, il m'arrive plus souvent de choisir la voie plus simple et plus compatissante que Dieu m'offre. En continuant de choisir la volonté de Dieu plutôt que la mienne, je continue de progresser vers le bien-être, la joie, et la tranquillité d'esprit.

Pensée du jour

Ma Puissance Supérieure croit que je mérite ce qu'il y a de mieux et Elle veut que je l'obtienne, si seulement je veux bien faire l'effort de l'accepter.

« ... Je crois que ma Puissance Supérieure attend que je réalise que j'ai besoin d'aide. »

The Forum, novembre 1999, p. 30

30 mai

Je suis reconnaissante pour les nombreux bienfaits que j'ai obtenus depuis que je me suis arrivée à Al-Anon. Ma reconnaissance se reflète dans l'attitude que j'ai maintenant envers la vie. En fait, je me sens très bien, et je suis remplie de joie. Récemment, lors d'une réunion sur la gratitude, j'ai dit que « J'aimerais bien savoir pourquoi le mot "gratitude" s'épelle de cette façon, parce que je me sens remplie d'une "grande attitude". » Plusieurs personnes ont hoché la tête en signe d'approbation.

Peu importe où je vais, le message d'espoir d'Al-Anon est là. J'ai vécu dans deux différentes régions du pays, et dans chacune d'elle j'ai fait partie du meilleur groupe d'appartenance au monde. Mes étagères sont remplies de merveilleuses pièces de la documentation approuvée par la Conférence. J'ai des marraines dans le rétablissement et le service qui sont aimantes et sévères – en d'autres mots, formidables !

Mon mariage a survécu plusieurs saisons de rétablissement. Mes relations avec mes parents sont meilleures que jamais. J'ai des amis, les merveilleux amis que je désirais tant avoir étant enfant. Aujourd'hui, je suis pleinement consciente de l'amour et du respect qu'ils éprouvent à mon égard. Tout cela est arrivé grâce à Al-Anon.

Est-ce que j'étais reconnaissante dans les premiers temps, quand je suis arrivée battue dans ces salles ? Non. Est-ce que j'étais reconnaissante pour l'épidémie de cette maladie rusée, puissante et sournoise qui ravageait ma famille ? Non. Pourtant, j'ai survécu et je me suis épanouie. Je suis reconnaissante d'avoir pu faire ce que j'avais à faire pour en arriver où j'en suis et être qui je suis aujourd'hui.

Pensée du jour

J'éprouverai toujours de la gratitude envers les alcooliques et l'alcoolisme. Si je suis qui je suis aujourd'hui, c'est grâce à ce mal familial et à mon rétablissement.

« … Je veux remercier ma Puissance Supérieure de m'avoir permis de vivre avec une personne alcoolique et de m'avoir donné la possibilité d'entrer dans une salle Al-Anon. »

Having Had a Spiritual Awakening…, p. 161

31 mai

J'ai grandi en croyant que j'étais censée avoir un comportement parfait et en me détestant quand ce n'était pas le cas. Personne ne m'avait vraiment dit que je devais être parfaite, mais c'est ce que je croyais. Mon estime de moi diminuait dès que je faisais une erreur, quand je ne savais pas quelque chose que j'étais censée savoir, si je me trompais, où lorsque je disais ou faisais involontairement quelque chose qui blessait quelqu'un. Je croyais que mes erreurs étaient la preuve que j'avais failli à la seule tâche que j'étais censée accomplir : la perfection.

Après quelque temps dans Al-Anon, j'ai senti que je devais faire ma Quatrième Étape, « un inventaire moral sérieux et courageux » de moi-même. J'ai approché cette Étape dans la crainte et la honte à cause de chacune de ces imperfections dont je devrais assumer la responsabilité. Je croyais que mon inventaire consistait à faire le compte du bon et du mauvais en moi, et que cela prouverait à Dieu, à moi-même et à un autre humain que j'étais une ratée.

Après avoir soigneusement étudié cette Étape dans la documentation Al-Anon et en avoir discuté avec ma marraine, j'ai décidé de changer d'attitude. L'humilité, et non l'humiliation, voilà l'objectif à long terme de l'inventaire de Quatrième Étape. L'inventaire moral ne doit pas être une fiche de pointage ou un bulletin scolaire. Il y a bien des choses que je ne peux pas contrôler dans ma vie, mais je peux faire des choix concernant mes attitudes et mes comportements. Le véritable objectif de la Quatrième Étape, c'est d'établir une liste des choses que je peux changer pour que ma vie devienne plus spirituelle, plus saine, plus satisfaisante et plus sereine. Dans ce contexte, la perfection n'est pas une option.

Pensée du jour

Faire un inventaire de Quatrième Étape m'aide à voir plus clairement quelles sont les choses sur lesquelles j'ai réellement de l'influence.

> « Cela peut exiger du courage et de la discipline personnelle, mais en reconnaissant franchement ce que nous avons été, nous pouvons effectuer des changements positifs quant à ce que nous devenons. »
> *Le Courage de changer,* p. 158

1er juin

En faisant ma Quatrième Étape, j'ai remarqué un sérieux défaut de caractère qui s'infiltrait dans ma vie. J'avais l'habitude de « me dépêcher pour en finir au plus vite ». Cette expression illustre bien que la paix est absente de ma vie lorsque je me concentre sur la destination plutôt que sur le trajet.

Quand je vis en fonction des résultats, je projette mon progrès, mes réalisations et ma foi vers l'avenir plutôt que dans le présent. Je laisse passer les cadeaux qui me sont offerts aujourd'hui. Ce peut être la beauté tourmentée d'un ciel orageux, la chaleur spontanée du câlin d'un enfant, l'estime de soi que l'on obtient en faisant des amendes honorables ou la joyeuse impression d'être utile que je ressens en encourageant la personne que je parraine.

En revanche, quand je me concentre sur mon trajet vers le rétablissement, j'honore mes pensées et mes sentiments, et je suis attentive à ce qu'ils ont à me dire concernant le chemin que j'emprunte. Je suis attentive à l'aspect spirituel de chacun des petits détails de ma vie. Quand je suis attentive aux changements qui se produisent en moi lorsque je fais un effort spirituel en utilisant un slogan, une Étape ou une Tradition, je demeure ancrée dans le moment présent.

Pensée du jour

Vivre un jour à la fois, me concentrer sur mes efforts plutôt que sur les résultats, cela me donne un cadre de vie plus sain.

« Chaque moment de la journée est précieux et je ferai en sorte de rendre cette journée profitable ».
Le Courage de changer, p. 257

2 juin

Quand je suis arrivée à Al-Anon et que j'ai entendu le mot « sérénité », j'ai pensé que c'était « ennuyeux ». Jusque-là, ma vie avait été une montagne russe de hauts et de bas émotifs. C'était de la folie pure, mais au moins c'était excitant. J'étais loin de réaliser que j'étais aussi dépendante du chaos que l'alcoolique l'était de l'alcool. Ma vie était insensée et souvent pénible, mais elle était aussi étrangement confortable. Je n'avais jamais rien connu d'autre.

Dans Al-Anon, j'ai assisté à des réunions sans nombre, j'ai partagé avec d'autres membres (principalement ma marraine), j'ai mis en pratique les Étapes, et j'ai pratiqué la prière et la méditation. Graduellement, j'en suis venue à connaître de brefs moments de sérénité. J'ai décidé que j'aimais cette agréable, bien qu'inhabituelle impression de tranquillité.

Quand ma vie devenait incontrôlable, je me tournais vers les outils du programme. Je me sentais mieux, et ma vie s'améliorait. Peu importe ce que je partageais lors d'une réunion ou avec ma marraine, ce que je recevais en retour était toujours de l'amour inconditionnel. Dans l'étreinte de cet amour, j'ai été capable de me regarder franchement sans peur du rejet. J'ai pu explorer mes défauts de caractère, les admettre, et demander à ma Puissance Supérieure de les faire disparaître. Encore plus important, j'ai aussi été capable d'identifier mes qualités.

La sérénité est devenue mon objectif, un jour à la fois. Ce processus n'a vraiment rien eu d'ennuyeux ! Le progrès que j'ai fait s'est avéré bien plus excitant que ces insensées balades en montagnes russes que je vivais par le passé. Chaque jour je remercie ma Puissance Supérieure pour le cadeau inestimable de la sérénité. Les Douze Étapes, les Traditions et les Concepts de service m'offrent des possibilités infinies de progresser, et ma vie est vraiment excitante.

Pensée du jour

Le rétablissement pourrait bien être le tour de manège le plus excitant de toute ma vie.

« Parce que je me suis engagé à assumer la responsabilité de ma croissance personnelle… ma vie continue à dépasser mes rêves les plus fous. »
Le Courage de changer, p. 28

3 juin

Ma colère, retenue pendant toutes les années où j'ai vécu dans une famille gravement affectée par l'alcoolisme, a finalement explosé lors d'une dispute avec mes parents. Dans un accès de rage, j'ai quitté la maison et j'ai refusé d'avoir d'autres contacts avec eux. Deux ans plus tard, quand je suis arrivée à ma première réunion Al-Anon, je ne parlais toujours pas à mes parents.

Dans Al-Anon, j'ai obtenu ces choses que j'aurais tant voulu obtenir de mes parents : les témoignages des autres membres; les Douze Étapes et les Douze Traditions; la documentation approuvée par la Conférence; l'amour qui afflue de ma Puissance Supérieure par l'entremise de ma marraine. Tout cela m'a donné la sagesse, le soutien, la discipline, l'acceptation, l'encouragement et l'appui que mes parents n'étaient pas en mesure de me donner.

Recevoir le soutien dont j'avais besoin m'a permis de voir mes parents sous un nouveau jour. Aujourd'hui, je peux reconnaître que ce sont des personnes ayant elles-mêmes grandi dans la tourmente de l'alcoolisme en phase active.

Je suis reconnaissante de pouvoir identifier les comportements malsains de la maladie chez mes parents, ce qui me donne l'occasion d'éviter de faire les mêmes erreurs. Par leur exemple, mes parents m'ont permis de m'éviter bien des souffrances. Ils ont eux-mêmes connu ces souffrances parce qu'ils n'ont pas reçu le cadeau d'Al-Anon. Maintenant, j'ai pris assez de distance et acquis suffisamment de force et d'assurance pour offrir à mes parents l'amour que je voulais tant qu'ils me donnent. Ils ne l'acceptent pas toujours, mais c'est certainement très agréable de l'avoir à offrir.

Pensée du jour

Je demande à ma Puissance Supérieure de me guider vers les personnes qui peuvent me donner ce dont j'ai besoin et de m'accorder la compassion nécessaire pour aimer ceux qui ne sont pas en mesure de le faire.

« Nul ne connaît ce dont il n'a pas fait l'expérience. »
L'alcoolisme, un mal familial, p. 22

4 juin

Tous les outils Al-Anon que j'ai appris et utilisés m'ont guidée vers la sagesse. Pour moi, la sagesse signifie savoir quand m'arrêter, m'écouter, et être à l'écoute de ma Puissance Supérieure, plutôt que de me dépêcher de prendre une décision ou d'agir. J'avais l'habitude de croire que je devais constamment faire quelque chose, qu'attendre était une perte de temps. Maintenant, je sais que Dieu me parle pendant que j'attends.

La sagesse signifie être patiente à mon égard et envers les autres. J'avais l'habitude de me blâmer pour tout. Maintenant, je peux utiliser le slogan « Penser ». Peut-être n'ai-je pas à me sentir responsable d'une certaine situation. L'autre personne n'a peut-être pas à s'en sentir responsable, elle non plus. Peut-être faisons-nous tous du mieux que nous pouvons dans la mesure de nos connaissances actuelles.

La sagesse signifie que je reconnais que je ne peux pas vivre ma vie dans l'isolement. J'ai besoin des autres. J'ai besoin de l'amour d'autres êtres humains qui font des erreurs, qui comprennent ma condition humaine, et qui m'aiment malgré tout. J'ai aussi besoin de l'amour et de la direction du Dieu qui m'a créée. Il est toujours avec moi, et quand je fais appel à Lui, Il répond toujours.

La sagesse, c'est apprendre à dégager les diamants qui sont enfouis dans mes problèmes. J'avais l'habitude de gaspiller un temps précieux à me sentir déprimée parce que j'étais seule et sans amour. J'étais aveugle à toute la beauté qui m'entourait et je n'appréciais pas les bonnes choses que j'avais. Maintenant, quand la vie me donne des cailloux, j'utilise les outils du programme pour les polir et en faire des pierres précieuses.

Pensée du jour

La sagesse, c'est le fruit de la mise en pratique du programme Al-Anon.

« Quand nous demandons d'obtenir la sagesse, nous demandons à Dieu de partager avec nous une connaissance très précieuse. »

Courage to Be Me, p. 166.

5 juin

Quand je ne pouvais rien faire d'autre, je priais toujours : « Mon Dieu, faites que cela ne soit pas vrai », ou « Aidez-moi à trouver mes clés ». Je m'occupais du reste. Je n'en demandais pas trop à Dieu parce que j'étais une personne capable et que je ne croyais pas qu'Il puisse réussir mieux que moi. Je ne pouvais pas imaginer qu'Il puisse consacrer du temps à mes problèmes. J'étais convaincu que Sa réponse serait : « Tu peux le faire toi-même », ou « C'est ta faute, alors accepte les conséquences ».

Après quelques années dans Al-Anon, j'en suis venu à accepter mon impuissance devant l'alcoolique qui faisait partie de ma vie. Toutefois, parce que je ne pouvais pas supporter bien longtemps cette impuissance, j'ai cherché de l'aide dans la Deuxième Étape. C'est à ce moment que j'ai réalisé que je voyais Dieu comme un être froid et sans pitié qui n'avait pas de temps à perdre à aider une personne aussi inutile que moi.

J'ai entendu certains membres dire de Dieu qu'Il était miséricordieux, aimant et d'un grand secours. Était-ce possible ? La Troisième Étape m'a demandé de faire quelque chose de nouveau : confier ma volonté et ma vie, sans savoir qui ce Dieu était vraiment ou s'Il allait m'aider. À ce moment de ma vie, je croulais sous les problèmes. Je me suis dit que Dieu ne pourrait pas faire bien des bévues en une seule journée. J'ai essayé la Troisième Étape et je me suis confiée à Lui pour les premières 24 heures. J'ai observé attentivement ce que je ressentais ce soir-là. Je me sentais bien, alors je lui ai confié ma volonté et ma vie pour un autre 24 heures. Chaque jour, je me confie aux soins de Dieu, parce que ce qu'Il fait est bien fait.

Pensée du jour

Je n'ai qu'à me confier une minute, une heure, un jour à la fois.

> « J'ai commencé à confier ma vie à Dieu cinq minutes à la fois et à Le surveiller très attentivement pour voir ce qui se passerait. »
>
> *De la survie au rétablissement,* p. 34

6 juin

J'ai passé plusieurs années dans Al-Anon à me détacher des autres, et j'ai fini par réussir plutôt bien. J'ai développé des méthodes qui fonctionnaient pour moi, comme me retirer d'une discussion qui risquait de s'envenimer pour aller lire de la documentation Al-Anon. J'ai appris à désamorcer les critiques en répondant « Tu as peut-être raison », et en utilisant le slogan « Penser » pour m'aider à agir plutôt qu'à réagir.

Par contre, je n'étais pas si habile à me détacher de moi-même. Lors d'un épisode où je réagissais de manière insensée à mes propres sentiments, ma marraine m'a suggéré de synchroniser mon esprit à mon corps en faisant quelque chose de concret et en me répétant ce que j'étais en train de faire, par exemple : « Je suis en train de faire la vaisselle », ou « Je marche sur le tapis roulant ». Mais je recherchais quelque chose de plus profond, alors j'ai ignoré sa suggestion pendant huit ans, jusqu'à ce que j'en aie assez de répéter les mêmes comportements. J'ai alors suivi sa suggestion, et cela a fonctionné.

Lorsque quelque chose me dérange, les souvenirs des anciennes blessures reviennent souvent me hanter. Il m'est alors difficile de demeurer dans le moment présent, et je me mets à vivre à la fois dans le passé et dans l'avenir. Les conséquences du passé sont projetées dans mon présent et dans mon avenir. Je me retrouve coincée dans le désespoir, et il m'est alors difficile de prendre des décisions saines.

Quand je me perds dans le temps, je demande ce dont j'ai besoin pour prendre soin de moi. Si je fais quelque chose de concret – comme téléphoner à un membre Al-Anon, écrire dans mon journal personnel, faire de l'exercice ou travailler sur un projet – je parviens à me détacher de moi-même. Le passé et l'avenir retournent à leur place et moi je reviens, beaucoup plus calme, dans le moment présent.

Pensée du jour

Ai-je fait l'expérience du pouvoir du détachement qui permet à mon esprit d'être au même endroit que mon corps ?

> « Le détachement peut aider les familles à regarder leur situation d'une façon réaliste et objective, rendant ainsi possibles les décisions rationnelles. »
>
> *Le détachement*

7 juin

Quand j'étais jeune, grandissant dans un foyer marqué par l'alcoolisme, je pleurais rarement. J'étais certaine que c'était un signe de faiblesse. Toutefois, mes sentiments faisaient partie d'un tout. Quand je refoulais un sentiment, je refoulais tous les autres.

Quand ma mère est morte, il y avait un peu moins d'un an que j'étais dans Al-Anon. C'était principalement à cause d'elle que j'avais joint le programme. Elle était aussi ma meilleure amie. Mon chagrin était insoutenable, et il l'est encore parfois. Sans le programme, ma marraine et le soutien des membres Al-Anon, je ne serais même pas capable de pleurer.

Grâce au programme, je réalise maintenant que pleurer n'est pas un signe de fragilité. En fait, c'est tout le contraire. Sangloter, gémir, me lamenter, cela me permet de libérer ma douleur pour que je puisse guérir, et me permet de ressentir vivement que je suis bien en vie. Cela m'aide à accepter que cette femme formidable me manque, et à garder son souvenir toujours présent dans mon esprit.

La Première, la Deuxième et la Troisième Étape m'ont aidé à trouver le seuil du rétablissement. Elles m'ont ensuite donné la clé qui m'a permis de libérer mon acceptation et mon amour pour ma mère. Maintenant, elles m'accompagnent tandis que je marche dans ce corridor sombre et isolé appelé le chagrin. Je suis heureuse d'avoir trouvé Al-Anon à temps pour pouvoir dire à ma mère que je l'aimais comme elle était. Je ne l'ai peut-être pas fait de manière parfaite, mais je l'ai fait. Ma mère m'a tant donné, et elle continue aujourd'hui de me donner. Pleurer me permet de réaliser que nous étions vraiment très proches et que l'amour que je ressentais, et que je ressens toujours pour elle, est un amour véritable.

Pensée du jour

Éprouver du chagrin peut être un signe de pardon et de rapprochement.

> « Je sais maintenant que le chagrin que j'éprouve est normal… Mais si j'utilise les outils du programme, je serai capable de m'en sortir. »
>
> …*dans tous les domaines de notre vie*, p. 62

8 juin

Malgré ma maladie, j'ai entendu clairement la suggestion qui m'était faite aux réunions, de prendre une marraine. Trouver enfin l'amour et l'acceptation dont j'avais tant manqué étant enfant m'a donné le courage de rechercher une marraine. Quand je l'ai trouvée, elle était exactement ce que ma Puissance Supérieure avait prescrit. Elle est aujourd'hui ma meilleure amie. Elle met en pratique son programme mieux que la plupart des gens que je connais, et elle m'aide aussi à mieux pratiquer le mien.

Ma marraine m'a toujours encouragée à recevoir les bienfaits du service, d'abord au niveau du groupe, puis au niveau du district et de la circonscription. Dans le service, j'ai trouvé un groupe de membres qui m'accepte et qui m'inclut véritablement. Ils m'encouragent à développer de nouveaux talents et à mettre à l'œuvre ceux que j'ai déjà. Il est difficile de rester concentrée sur mes problèmes quand je suis entourée par tant de membres qui s'efforcent de redonner à la fraternité un peu de ce qu'ils ont reçu.

Quand je vois des membres dans le travail de service Al-Anon mettre en pratique les Étapes, cela m'encourage à me mettre à la tâche et à les pratiquer, moi aussi. Quand je vois d'autres personnes passer à l'action dans leur vie, cela m'inspire à faire la même chose. J'ai fait des amendes honorables à mes parents, et je m'efforce maintenant d'améliorer mes relations avec eux. J'ai abandonné certaines relations nuisibles, et j'en ai développé de nouvelles avec des amis dans le programme. J'ai utilisé les talents que je me suis découverts dans le service pour obtenir un diplôme collégial, un meilleur emploi, et un meilleur logement. Je sais que l'engagement dans le programme fonctionne parce que je bénéficie aujourd'hui des résultats.

Pensée du jour

Quand je m'engage dans le service, je prends effectivement un engagement envers moi-même.

« Puisque je participe au maintien d'un programme qui s'étend à travers le monde, j'ai de l'espoir quant à mes possibilités dans ma propre vie. »
Un passeport pour le rétablissement, p. 25

9 juin

Quand je suis arrivée à Al-Anon, j'étais une personne brisée, effrayée, et souffrante. J'avais peur de dire ce que j'avais en tête ou sur le cœur, de peur qu'on me ridiculise, qu'on m'évite ou qu'on me critique. Quand j'ai réalisé que j'avais la liberté et la possibilité de dire exactement ce que je pensais et ce que je ressentais, j'ai commencé à sentir la force de ma Puissance Supérieure monter en moi.

Maintenant, j'ai la réputation d'être une personne directe, honnête et ouverte – des qualités que je n'aurais jamais pu découvrir sans la « permission » et l'expérience que j'ai obtenues dans le programme Al-Anon. Donner mon témoignage dans les salles de réunion a été ma première occasion de sentir qu'on m'écoutait vraiment et que j'avais quelque chose d'utile à offrir. Aujourd'hui, quand je partage mon expérience, ma force et mon espoir avec les autres membres Al-Anon, ils m'observent avec incrédulité tandis que j'explique que j'étais auparavant incapable de m'exprimer verbalement.

Je peux maintenant indiquer aux autres ce que je pense et ce que je ressens, et je peux le faire avec dignité, de manière courtoise et polie. Je peux dire tout ce que je veux, pourvu que je le fasse de manière respectueuse et bienveillante.

Pourtant, même avec ce savoir-faire, il m'arrive encore d'avoir peur de m'exprimer. Lorsque cela se produit, je me rappelle que si des sujets inconfortables sont abordés dans ma vie familiale, sociale ou dans Al-Anon, j'ai le droit de dire ce que j'ai en tête ou sur le cœur. Je prie ensuite pour obtenir l'aide de Dieu tel que je Le conçois : « Est-ce que je devrais parler ? Que devrais-je dire ? S'il te plaît, aide-moi. » Je ne suis jamais longtemps sans réponse.

Pensée du jour

Quand vient le temps de m'exprimer, ça doit commencer par moi. Les réunions Al-Anon m'offrent un milieu sain où je peux prendre ce risque.

« Parfois je suis obligé de lutter contre mon ancienne impulsion de me taire à tout prix, mais j'ai découvert que partager mon vécu est la clé de mon rétablissement. »

Le Courage de changer, p. 111

10 juin

Je constate que les leçons du programme Al-Anon se manifestent dans les circonstances les plus inattendues – par exemple, dans les consignes de sécurité avant un envol. En plus d'indiquer comment attacher sa ceinture et l'emplacement des sorties d'urgence, ces instructions expliquent toujours ce qu'il faut faire s'il y a une perte de pression dans la cabine. On me suggère de mettre mon masque à oxygène, assurant ainsi ma propre survie, avant d'essayer d'aider une autre personne.

Pour moi, grandir au contact de la maladie de l'alcoolisme était comme souffrir d'un manque d'oxygène. Parce que mes parents n'avaient pas de « masques » à porter, je n'ai pas obtenu ce dont j'avais besoin pour m'épanouir sur le plan émotif et spirituel. J'ai manqué de choses comme la constance, l'encadrement, l'encouragement et l'acceptation de mes sentiments, alors je ne pouvais certainement pas transmettre ce que je n'avais pas. Dans Al-Anon, cependant, j'apprends ces choses et bien d'autres encore. Mettre en pratique le programme Al-Anon, c'est un peu comme mettre un masque à oxygène. On m'encourage à faire les choses essentielles à ma santé, à mon équilibre, et à mon progrès. Ce qui veut dire bien manger, prendre suffisamment de repos, étudier mon comportement et le modifier lorsque c'est nécessaire, partager mes pensées et mes sentiments avec les autres, demander de l'aide, prier et méditer, et m'impliquer au sein de ma communauté Al-Anon. Ce n'est qu'après avoir pris soin de ces responsabilités envers moi-même que je serai assez fort et assez stable pour aider les autres.

Pensée du jour

Prendre d'abord soin de moi, c'est aussi prendre soin des autres. Est-ce que je prends soin de moi aujourd'hui ?

« Dans mes prières, je demande de l'aide pour assumer mes responsabilités envers moi-même; alors seulement je peux aider les autres. »

Al-Anon un jour à la fois, p. 91

11 juin

Ayant mis le programme Al-Anon en pratique pendant plusieurs années, j'ai appris que vivre les Étapes exige deux actes fondamentaux. Premièrement, je ne dois pas oublier la suggestion qui m'invite à abandonner devant ce que j'essaie de contrôler chez moi ou chez les autres. En d'autres mots, je dois lâcher prise devant mon ego. Lâcher prise, confier, ne pas compliquer les choses, tout cela me rappelle que Dieu s'occupe de moi, et des défis qui surviennent dans ma vie. Parfois, quand je suis particulièrement tendue, l'abandon ne vient pas facilement. En fin de compte, je dois lâcher prise devant le processus de l'abandon lui-même. Je n'ai aucun contrôle sur le moment choisi par ma Puissance Supérieure pour me faire la grâce de ressentir et d'agir avec sérénité.

Le deuxième acte dans la pratique des Étapes, c'est la foi. Il s'agit tout simplement de croire que ma Puissance Supérieure sera là pour moi, parfois malgré moi et en dépit de mes efforts. Je dois choisir une ligne de conduite appropriée en m'appuyant sur cette confiance. J'ai réalisé que je peux abandonner sans cesse mon contrôle et ma volonté, mais que l'abandon n'a aucun sens si je ne passe pas à l'action en m'appuyant sur ma foi. Quand j'oublie la foi, je reprends mes inquiétudes, encore et encore. Quand je doute que Dieu est à l'écoute, je n'ai qu'à me rappeler toutes ces occasions où j'ai été envahie par la paix. À partir de là, la foi se charge du reste.

Pensée du jour

Al-Anon fonctionne. Tout ce que je dois faire, c'est abandonner mon ego, agir avec foi, et me fier à la sagesse des Étapes. Ma Puissance Supérieure fait le reste.

« Toutes les fois où j'ai fait confiance à Dieu et que je me suis abandonné à Lui, Il m'a vraiment aidé. »
Having Had a Spiritual Awakening . . ., p. 94

12 juin

J'ai cru que je pouvais passer par-dessus la Première Étape parce que je ne vivais plus avec mon beau-père alcoolique. Puis j'ai entendu d'autres membres dire qu'ils utilisaient la Première Étape d'une manière différente. Ils substituaient d'autres mots ou d'autres phrases au mot « alcool ». Au lieu de dire qu'ils étaient impuissants devant l'alcool, ils mentionnaient des gens ou des situations devant lesquels ils étaient impuissants.

J'ai examiné mon passé et j'ai vu clairement ces occasions où j'avais essayé inutilement d'exercer mon contrôle. Je cachais la boisson de mon beau-père. J'évitais les hurlements de ma mère en rentrant tard à la maison, me mettant souvent dans le pétrin. J'ai finalement réalisé combien ces tentatives de contrôle m'avaient nui, au lieu de m'aider.

J'ai examiné mon présent et j'ai réalisé que j'essayais d'obtenir l'approbation des autres en disant ou en faisant – et parfois en ne disant ou ne faisant pas – certaines choses en fonction de ce que je considérais être leurs attentes. La manipulation m'était devenue naturelle. J'ai réalisé à quel point je voulais que les autres changent pour que je puisse être heureuse. J'ai même réalisé que je m'efforçais de contrôler la vitesse et la direction de mon propre rétablissement.

Parfois, il me faut un certain temps pour identifier les gens ou les choses que je ne peux pas contrôler. Quand je le réalise, je peux mettre le mot approprié dans la Première Étape. Aujourd'hui, la Première Étape m'est encore plus utile parce que je peux substituer toutes sortes de gens et de situations au mot « alcool ». Cela m'aide aussi à mettre en pratique la Douzième Étape, puisque chaque domaine de ma vie comporte des choses qui échappent à mon contrôle.

Pensée du jour

La Première Étape peut être un outil multifonctionnel.

« Nous pouvons faire la Première Étape d'Al-Anon: admettre que nous sommes impuissants devant la réalité de notre une situation et les autres personnes concernées et que notre vie est devenue incontrôlable. »

... dans tous les domaines de notre vie, p. 33

13 juin

Auparavant, j'avais de la difficulté avec la Deuxième Étape, « Nous en sommes venus à croire qu'une Puissance Supérieure à nous-mêmes pouvait nous rendre la raison ». Le mot « raison » me dérangeait. Étant enfant, grandissant dans un foyer marqué par l'alcoolisme, j'ai vécu l'insanité. J'ai vu ma mère être emmenée dans un hôpital psychiatrique – la famille, les voisins et les amis disant d'elle qu'elle était « folle ». On la blâmait et on la critiquait pour une maladie qui affectait toute la famille. En tant qu'adulte, j'ai moi aussi été tenue responsable de la maladie qui affectait ma famille. Quand je suis arrivée à Al-Anon et que j'ai entendu le mot « raison », je ne pouvais voir que son absence. J'avais peur de devenir comme ma mère.

Ce qui m'avait échappé dans la Deuxième Étape, c'était le mot « Puissance ». Le jour où j'ai commencé à être attentive à cette Puissance plutôt qu'à l'insanité, j'ai commencé à voir des miracles se produire dans ma vie. Un de ces miracles fut de pouvoir parler de mes peurs pendant les réunions Al-Anon. Il y a eu d'autres miracles : j'ai suivi les Douze Étapes qui me conduisent vers la sérénité et j'ai entamé le processus du pardon et de la guérison.

Il a fallu que j'entende lire la Deuxième Étape pendant plusieurs années au cours des réunions pour que j'entende vraiment le mot « Puissance ». Je réalise maintenant que ma Puissance Supérieure est bien plus formidable que cette maladie. Au lieu de me morfondre dans la peur, je m'efforce aujourd'hui de transmettre le miracle du rétablissement à mes enfants.

Pensée du jour

Mon Dieu, quand je me laisse emporter par le tourbillon de la vie, aidez-moi à me concentrer sur le formidable pouvoir que Vous avez de me rendre la raison.

> « Cette croyance se développe à mesure que notre esprit s'ouvre suffisamment pour considérer qu'une ressource spirituelle pourrait nous aider à résoudre nos problèmes. »
>
> *Les voies du rétablissement,* p. 18

14 juin

Au début quand j'ai commencé à aller aux réunions Al-Anon, la phrase « Nous en sommes venus à croire » ne ressemblait à rien de bien nouveau. Toute ma vie, on m'avait enseigné à croire en Dieu, et je l'avais toujours fait. Mettre cette croyance en pratique, par contre, c'était une tout autre affaire. Quand la Troisième Étape m'a demandé de décider de confier ma volonté et ma vie aux soins de Dieu, je n'étais pas sûr de pouvoir le faire.

J'avais peur de confier même la chose la plus insignifiante, alors j'ai commencé modestement. Premièrement, j'ai confié la réaction d'une personne à quelque chose que j'avais dit. J'ai été surpris de constater que même si l'autre personne n'avait pas réagi comme je l'aurais souhaité, j'étais resté calme et j'avais pu réagir de manière appropriée. J'ai bientôt commencé à confier à Dieu des choses un peu plus importantes. Avec le temps, ma confiance en ma Puissance Supérieure a grandi.

L'analogie suivante m'a aidé à mieux comprendre ce qu'est la confiance. Une personne qui escalade des rochers apporte une corde de sécurité. Cependant, si elle ne s'en sert pas, cette corde est inutile. La confiance qui me permet de confier mes défis quotidiens à ma Puissance Supérieure, c'est ma « corde », mon filin de sécurité. C'est ce qui me permet d'être plus serein et d'aborder la vie d'une manière qui semblerait autrement imprudente et ridicule.

Pour moi, la foi n'est pas un sentiment. Au contraire, c'est une réalité qui s'appuie sur ma décision de choisir la confiance. Ma croyance se transforme en foi lorsque je fais ce que la Troisième Étape me dit de faire et que je prends une décision.

Pensée du jour

Si je ne Lui accorde pas ma confiance, ma Puissance Supérieure n'a rien avec quoi travailler.

« ... mes actes démontrent ma bonne volonté d'être aidé. Et chaque fois, je reçois l'aide dont j'ai besoin. »

Le Courage de changer, p. 48

15 juin

Pourquoi est-ce que je ferais une Quatrième Étape ? Parce que je le mérite. Je mérite de consacrer du temps et des efforts à mon rétablissement, au lieu de me morfondre dans mes difficultés. Je suis en train d'identifier, aussi honnêtement que possible, quelles sont mes véritables motivations. Je n'ai pas à le faire seul. Ma Puissance Supérieure m'accompagne tout au long du parcours.

Quels sont les avantages de faire mon inventaire ? Je veux me libérer de ces attitudes et de ces comportements nuisibles qui m'empêchent de vivre pleinement ma vie. Je sais que mon rétablissement est l'affaire de toute une vie, alors je commence par identifier les choses qui me compliquent la vie ici et maintenant. Je me pose certaines questions. Quels sont les comportements et les attitudes qui ont pu m'aider (ou à tout le moins me donner l'illusion qu'ils m'aidaient) dans le passé, mais qui limitent aujourd'hui ma capacité à me sentir heureux et accompli ? Quels sont les ressentiments qui me gardent enchaîné au passé ? Puis-je admettre en toute honnêteté le rôle que je joue dans les difficultés auxquelles je fais face et dans mes relations tendues avec les autres ? Est-ce que je m'accroche encore à des situations avec lesquelles je n'ai rien à voir ? Ai-je le courage d'être responsable de mes actes et de mes sentiments ? Est-ce que j'accepte le fait que, même si je suis impuissant à changer quoi que ce soit dans mon passé, je peux faire en sorte qu'il y ait du bonheur dans mon avenir ? Est-ce que je parviens à me faire confiance et à avoir de l'estime pour moi ? Est-ce que je réalise que je suis digne de m'aimer moi-même, comme ma Puissance Supérieure le fait déjà ?

Faire un inventaire de Quatrième Étape, ce n'est pas quelque chose que je me fais, c'est quelque chose que je fais pour moi. La satisfaction du travail accompli ne peut qu'améliorer mon estime de moi. Cela m'aide à m'aimer encore mieux.

Pensée du jour

La Quatrième Étape ne m'amène pas à devenir parfait, mais à vivre une plus parfaite harmonie avec moi-même.

« Une rigoureuse honnêteté est essentielle pour bien se connaître. »

Al-Anon Family Groups – Classic Edition, p. 114

16 juin

J'étais certaine que je ne ferais jamais ma Cinquième Étape. La Quatrième Étape m'avait été presque impossible à compléter, et la Cinquième Étape semblait me demander plus de force que j'en avais. D'affreux défauts de caractère étaient apparus sur ma feuille d'inventaire comme autant de champignons vénéneux, et j'étais décidée à ce qu'ils y restent cachés à jamais. J'avais bien trop honte. Et puis, ma famille alcoolique m'avait bien fait comprendre que personne ne pouvait être digne de confiance.

Un beau jour, une amie Al-Anon s'est arrêtée pour me voir et nous avons discuté de la Cinquième Étape. Lorsqu'elle m'a offert son aide avec cette Étape, j'ai paniqué et j'ai essayé de trouver des excuses. Après avoir entendu tous mes prétextes, elle m'a dit : « Va chercher ta liste ». J'ai fini par aller la chercher. Il n'y avait pas un seul mot positif sur cette liste. À chaque défaut que je lisais, elle me disait tranquillement comment elle me percevait. Elle soulignait mes qualités et mes talents. Elle m'a demandé de faire la même chose, en me suggérant d'écrire mes réponses à côté de mes défauts. Huit heures et plusieurs boîtes de mouchoirs plus tard, elle m'a félicitée pour avoir eu le courage de ne pas laisser tomber bien que cette tâche était de toute évidence très pénible pour moi. Je n'arrivais pas à croire que quelqu'un puisse encore avoir de la gentillesse et de la bienveillance à mon égard après avoir entendu toutes les choses horribles que j'avais faites. Ce jour-là, j'ai commencé à faire confiance.

Depuis, j'écoute très attentivement les témoignages des autres. Les entendre décrire leurs propres comportements irrationnels et parfois même en rire, cela m'aide à tenir à distance cette négation insensée qui ne trompait personne d'autre que moi. Je n'ai plus à souffrir en silence à cause de mes faiblesses bien humaines.

Pensée du jour

La Cinquième Étape m'invite à sortir de la prison émotionnelle dans laquelle j'ai passé ma vie et à rechercher le rétablissement continu par la pratique des autres Étapes.

> « Il a fallu que ma Cinquième Étape m'apprenne vraiment que… je suis une personne bien de cette terre, ne faisant qu'un avec l'humanité. »
>
> *De la survie au rétablissement,* p. 193

17 juin

La Sixième Étape dit que « Nous avons pleinement consenti à ce que Dieu élimine tous ces défauts de caractère ». Soudainement, après avoir lu et entendu cette Étape pendant trois ans, le mot « élimine » m'a sauté aux yeux. J'ai cherché la définition du mot éliminer dans le dictionnaire, et j'y ai trouvé ceci : Rejeter, retrancher d'un ensemble, d'un groupe. Il n'est dit nulle part dans cette définition que la personne ou la chose concernée disparaît complètement.

C'est la même chose avec mes défauts. Ils ne sont pas complètement et irrémédiablement bannis de mon existence comme par magie. Si c'était vraiment le cas, ils ne reviendraient pas à l'occasion. Toutefois, ma Puissance Supérieure retranche effectivement mes défauts de moi. Dieu me montre comment les mettre de côté. Il devient évident que je les mets de côté quand j'utilise mon programme sur une base quotidienne. J'examine maintenant chaque situation pour voir le rôle que j'y joue. Je me rappelle que je peux choisir des manières différentes de m'exprimer et d'agir, et consentir à les mettre en pratique. Je laisse ensuite les choses commencer par moi en faisant amende honorable pour ce dont je suis responsable. Si je consens à faire de telles choses, et d'autres encore, je peux maintenir une certaine distance spirituelle entre mes défauts de caractère et moi.

Pensée du jour

Même si Dieu ne supprime pas complètement mes défauts, Al-Anon m'offre des outils qui m'aident à garder mes distances devant ces défauts.

> « Je m'attendais à n'avoir qu'à dire "D'accord, mon Dieu, vas-y", et que mes défauts disparaîtraient du jour au lendemain. Ça n'a pas tout à fait marché de cette façon. »
> *Les Douze Étapes et les Douze Traditions d'Alateen,* p. 18

18 juin

J'ai eu de la difficulté avec la Sixième Étape pendant près de deux ans avant de finalement comprendre. J'avais pris l'habitude de blâmer deux personnes bien précises pour tous mes problèmes. Je les détestais, et je me tourmentais tour à tour à leur sujet au lieu de me concentrer sur moi-même.

Pendant ce temps, je continuais de pratiquer les Étapes. Quand je suis arrivée à la Septième Étape, j'ai finalement compris que la meilleure façon de me rétablir était de modifier mes attitudes. J'ai prié ma Puissance Supérieure de faire disparaître mon obsession envers les autres et de m'aider à me concentrer sur moi.

Plusieurs de mes défauts de caractère se sont améliorés tandis que je continuais de pratiquer mon programme, mais j'avais encore de la difficulté à me concentrer sur moi. Un beau jour, une amie Al-Anon m'a donné une tasse à café sur laquelle il y avait une prière toute spéciale, pour me rappeler de demander à ma Puissance Supérieure de faire disparaître mes défauts de caractère. Elle savait que j'avais de la difficulté, et elle s'était dit que cela pourrait m'aider de voir cette prière chaque matin en prenant mon café.

J'ai donc vu chaque matin cette prière qui m'encourageait à pratiquer ma Septième Étape avec plus d'assiduité. Les intentions de mon amie n'ont pas tardé à se réaliser. Après quelques jours, j'ai connu un réveil spirituel. Dans ce domaine comme dans tous les autres, je devais me soumettre à Dieu tel que je Le concevais. J'ai réalisé que j'avais prié – non, dicté – à ma Puissance Supérieure le défaut de caractère dont je voulais le plus me débarrasser. Quand j'ai finalement abandonné, j'ai su au fond de mon cœur ce pour quoi je devais prier. J'ai demandé à être débarrassée de tout défaut de caractère qui m'empêche d'être un canal pour Dieu, aujourd'hui seulement.

Pensée du jour

Je prie afin de pouvoir faire confiance aux décisions de ma Puissance Supérieure, Qui connaît les défauts dont je dois me défaire et à quel moment.

« Nous apprenons à nous fier à Sa façon de faire et à Son rythme pendant que nous vaguons à nos occupations. »

Les voies du rétablissement, p. 74

19 juin

J'écoutais attentivement les autres lors d'une discussion sur la Huitième Étape. Quand est venu mon tour de parler, j'ai répété les mots que j'avais si souvent entendus : « Mes parents ont fait du mieux qu'ils ont pu. Je me suis réconcilié avec eux sur leur tombe. » Ces mots sonnaient creux, alors que de vifs souvenirs de ma mère alcoolique me faisaient encore souffrir. En désespoir de cause, j'en ai finalement parlé avec mon parrain, qui m'a assuré qu'il n'était pas encore temps de faire amende honorable. Je n'avais qu'à consentir, et mon consentement me permettrait d'avancer. Je me suis accroché à cette idée pendant plusieurs jours tandis que les souvenirs m'envahissaient avec une intensité féroce.

Plus j'ai réfléchi à consentir, plus j'ai vu les choses clairement. J'ai réalisé que ma famille avait vécu dans le monde en noir et blanc de l'alcoolisme. J'ai compris que mes parents ne savaient pas comment élever un enfant et qu'ils ne réalisaient pas que je m'étais débrouillé aussi bien qu'un enfant de 12 ans pouvait le faire sans supervision.

Ces réflexions ont fait fondre quelque chose en moi. C'était peut-être mon propre cœur endurci. Je n'ai pas eu à me rendre sur la tombe de mes parents pour leur faire amende honorable. Cela s'est produit quand je me suis suffisamment assoupli pour consentir.

Pensée du jour

Quand je parviens à voir la maladie de l'alcoolisme plutôt que l'alcoolique comme étant la cause de mes blessures, les profonds bienfaits du rétablissement peuvent commencer à se manifester.

> « La Huitième Étape nous rappelle que nous sommes les seuls à pouvoir déverrouiller la porte de notre passé et à nous en éloigner. »
> *Les voies du rétablissement,* p. 85

20 juin

La Neuvième Étape, « Nous avons directement réparé nos torts envers ces personnes quand c'était possible, sauf lorsqu'en agissant ainsi, nous pouvions leur nuire ou faire tort à d'autres », a récemment été choisie comme sujet de discussion à ma réunion Al-Anon. Plusieurs membres ont fait des témoignages pénibles au sujet de relations parents enfants qui semblaient irréparables. Je me suis demandé si ma relation avec mes parents pouvait être réparée. C'est alors que j'ai entendu un autre membre décrire ma « formule magique » : me demander quels talents j'avais reçus de mes parents. Ce soir-là, j'ai écrit les nombreux talents que j'avais reçus de mon père, cet alcoolique, et je me suis sentie exaltée.

Le soir suivant, je me suis assise pour écrire les talents que j'avais reçus de ma mère. La page est restée vierge; mon esprit était vide, je ne me souvenais que de la souffrance. Pendant les semaines qui ont suivi, j'ai donc prié. Je me suis assise de nouveau, et cette fois-là c'est ma Puissance Supérieure qui a écrit : sincère, attentionnée, patiente, douce, perspicace. Je savais que je possédais ces qualités, et ma mère les possédait elle aussi. Était-il possible que je les aie reçues de ma mère ? Oui, c'était possible, et c'était effectivement le cas. J'ai ressenti de l'humilité et de la gratitude quand j'ai réalisé que ces dons m'étaient venus de ma mère. Ma colère s'est dissipée et, pour la première fois, je me suis sentie proche d'elle. Je pouvais enfin devenir le genre de fille que j'avais toujours voulu être.

Pensée du jour

Mes parents m'ont transmis plusieurs de leurs talents, et pas seulement leurs fardeaux. Le réaliser peut devenir une étape vers l'amélioration de mes relations avec mes parents.

> « Toute personne qui joue un rôle dans notre vie a quelque chose à nous apprendre. »
> *Le Courage de changer,* p. 335

21 juin

La Dixième Étape, « Nous avons poursuivi notre inventaire personnel et promptement admis nos torts dès que nous nous en sommes aperçus », me rappelle que j'ai le droit d'être humaine. Ma marraine me dit que Dieu m'a créée en tant qu'être humain parfait, pas en tant que dieu parfait. Effectivement, je m'adonne régulièrement à de nombreux comportements bien humains : faire des erreurs, faire du tort aux autres, et me faire du mal à moi-même. Qu'importe la durée de mon rétablissement, je n'irai jamais au-delà de ma nature humaine.

Cependant, accepter ma condition humaine ne veut pas dire que je doive vivre avec les sentiments désagréables, comme la culpabilité et la honte, qui accompagnent souvent des erreurs bien humaines. La Dixième Étape m'invite à prendre régulièrement le pouls de ma vie spirituelle pour que je puisse collaborer avec Dieu à ma croissance et à mon rétablissement spirituel. Elle me dit que si je ne fais pas ou si je ne dis pas la bonne chose, je peux m'arrêter et faire les choses autrement, maintenant. La Dixième Étape m'invite à progresser, à être responsable, et à faire amende honorable – et tout cela est à mon propre avantage. Je mets en pratique la Dixième Étape parce que je veux être la meilleure personne qu'il me soit possible d'être.

Pensée du jour

En continuant mon inventaire personnel et en corrigeant mes torts, je peux vivre en paix avec les autres enfants de Dieu.

« Cette étape continue la démarche commencée avec la Quatrième Étape, c'est-à-dire être conscients des choses que nous faisons, et corriger sans délai nos erreurs… »
Les Douze Étapes et les Douze Traditions d'Al-Anon, p. 20

22 juin

Il m'a fallu plusieurs années dans Al-Anon avant d'en arriver à la Onzième Étape, l'Étape « de prière et de méditation ». Quand j'y suis finalement arrivée, après m'être débattue avec la Quatrième à la Dixième Étape, la Onzième Étape est devenue mon oasis spirituelle. Mettre en pratique cette Étape a rendu ma vie plus douce et plus agréable.

Pendant que j'étais dans Al-Anon, je me suis séparée de mon mari et j'ai fini par divorcer. Quand ce processus a débuté, j'en étais à faire la Neuvième et la Dixième Étape. J'ai commencé la Onzième Étape alors que la situation en était à son point le plus chaotique. Je vivais seule et je me sentais seule. Je ne m'ennuyais pas du comportement alcoolique de mon mari, mais je m'ennuyais de lui. Avec la Onzième Étape, grâce à la prière et à la méditation, je me suis sentie moins seule et moins mal à l'aise d'être à nouveau célibataire. Le fardeau de vivre seule me semblait moins lourd parce que je pouvais me détendre et me permettre de me laisser envelopper par la présence réconfortante d'une Puissance supérieure à moi-même.

En pratiquant la prière et la méditation, j'ai développé une relation réconfortante avec Dieu tel que je Le conçois. M'asseoir sans bouger m'a donné l'occasion d'être à l'écoute de moi. Je restais assise dans la tranquillité pour explorer mon cœur et mon esprit. Je demandais à ma Puissance Supérieure de me parler dans le silence et de me révéler ce qu'Elle attendait de moi, aujourd'hui et dans les mois difficiles à venir.

Comme toujours, je n'ai pas été déçue par mon programme Al-Anon. La prière et la méditation suggérées par la Onzième Étape m'ont aidée à entendre en moi la voix de ma Puissance Supérieure. La prière et la méditation m'ont aidée à mieux me connaître et, ce faisant, à mieux discerner la volonté de ma Puissance Supérieure à mon égard.

Pensée du jour

Je n'ai jamais à être seul. Tout ce que je dois faire, c'est établir un contact conscient avec Dieu tel que je Le conçois.

« Quand nous nous tournons vers Dieu, nous découvrons qu'Il nous a toujours fait face. »
Tel que nous Le concevions..., p. 229

23 juin

Maintenant que je suis sensible à mes intuitions, je ne me retiens plus autant que j'avais l'habitude de le faire. Al-Anon m'a appris que lorsque quelque chose me semble approprié, je peux me dire que c'est la bonne chose à faire.

Je dactylographie des projets à la maison, et j'ai récemment dactylographié les mémoires d'une cliente âgée. Puisqu'il s'agissait d'un ouvrage de 500 pages, nous avons travaillé ensemble pendant plusieurs mois. C'était un projet merveilleux, et je me suis attachée à ma cliente. Lorsque le projet a été terminé et que le moment est venu de nous faire nos adieux, je me suis spontanément approchée d'elle pour la prendre dans mes bras.

Cependant, elle s'est raidie et ne m'a pas rendu mon accolade. Une vague d'appréhension m'a envahie et je me suis reculée. Nous nous sommes quittées après n'avoir échangé que quelques mots. Je me suis questionnée pendant les jours qui ont suivi. J'étais certaine que, sans le savoir, j'avais franchi une ligne invisible. C'était un sentiment affreux.

Cette cliente est par la suite revenue pour me remettre quelque chose. Pendant cette visite, elle m'a révélé combien mon accolade avait été importante pour elle. Elle m'a dit que cela lui avait fait tellement de bien qu'elle avait commencé à prendre les autres dans ses bras. Elle avait même demandé à son mari, à ses fils et à ses petits-enfants de la prendre dans leurs bras.

Cela m'a vraiment étonnée de réaliser que nous pouvions voir le même événement de manière si différente. Ma marraine a souligné que plus je me rétablis, plus je deviens une messagère du programme, tandis que Dieu choisit le message. Qui aurait pu dire que je serais utilisée d'une manière si agréable pour répandre un peu la chaleur du programme ?

Pensée du jour

Il y a autant de manières de faire la Douzième Étape qu'il y a d'étoiles dans le ciel.

> « Nous qui avons si longtemps vécu dans l'angoisse avons découvert une façon de vivre dans la sérénité, un jour à la fois, et notre plus grande joie est de partager ce mode de vie avec d'autres. »
>
> *Tel que nous Le concevions...*, p. 261

24 juin

Pendant un certain temps, j'ai eu de la difficulté avec cette partie de la Cinquième Tradition qui dit « … en encourageant et comprenant nos parents alcooliques ». Il me semblait que cela m'encourageait à faire ce que je désirais cesser de faire en adhérant à Al-Anon : aider et encourager les alcooliques.

Après avoir discuté avec un membre de longue date qui avait aussi eu de la difficulté avec cette Tradition, j'ai clarifié le genre d'encouragement et de compréhension que je pouvais offrir. En matière d'encouragement, je peux pratiquer le détachement en faisant de mon mieux pour offrir à l'alcoolique la dignité de faire ses propres choix. En matière de compréhension, je peux m'efforcer de reconnaître la maladie et ses conséquences, de manière à améliorer ma façon de voir les choses.

De telles formes d'encouragement et de compréhension offriraient peut-être peu de réconfort à certains des alcooliques qui font partie de ma vie. Cependant, j'ai appris dans le rétablissement que je peux établir des limites quant à ce que je veux et ce que je peux offrir aux autres. En prenant soin de moi et en bâtissant tranquillement des relations positives avec les alcooliques, je mets en valeur le message d'espoir que l'on trouve dans les salles de réunion Al-Anon.

Pensée du jour

Aujourd'hui, j'offre aux alcooliques qui m'entourent la compréhension et l'encouragement dont je suis capable. Je m'appuie sur ce que je peux offrir, et non sur ce qu'ils veulent.

« Je peux, sans perdre mon identité, éprouver de la compassion pour les êtres que j'aime et qui souffrent soit de la maladie de l'alcoolisme, soit de ses conséquences. »

Le Courage de changer, p. 194

25 juin

Étant jeune, je manquais d'assurance et j'avais peur de la vie. Dans ma famille marquée par l'alcoolisme, nous ne parlions pas de nos pensées ni de nos sentiments, alors je croyais que j'étais seule à ressentir ce que je ressentais. Je camouflais mon insécurité de peur d'être ridiculisée ou de me faire humilier par ceux qui me connaissaient. Même si je souffrais, garder mes secrets pour moi-même me donnait un sentiment de sécurité.

J'ai assisté à ma première réunion Al-Anon à l'insistance d'une camarade de chambre au collège. Je ne m'attendais pas à en retirer quoi que ce soit, parce que même si mon père était un alcoolique ses fautes les plus graves me semblaient être ses ennuyeuses divagations philosophiques. Par contre, j'ai été surprise et ravie d'entendre d'autres personnes parler de leurs sentiments. Elles partageaient devant de nombreuses personnes des pensées que j'avais peur de m'admettre à moi-même. En quittant cette réunion, je ne me sentais plus aussi seule.

Après m'être plongée dans l'atmosphère ouverte et honnête que j'ai trouvée dans les salles de réunion Al-Anon, j'ai commencé à me sentir moins vulnérable et à m'ouvrir. J'ai découvert qu'il y a de nombreuses autres personnes comme moi. J'ai appris que garder des secrets est une des subtiles conséquences de la maladie de l'alcoolisme.

Dans ce domaine, ma croissance a été une question de progrès et non de perfection. Je cache encore certains aspects de moi-même devant les autres, mais garder des secrets ne me donne plus un sentiment de sécurité. Quand je partage, j'ai l'occasion de connaître l'amour et la compréhension des autres membres Al-Anon. Je me sens plus attirante, plus importante, plus excitée par la vie. Je n'ai plus l'impression qu'il y a quelque chose qui cloche vraiment avec moi, parce que je sais que je ne suis pas seule.

Pensée du jour

Dans Al-Anon, je peux me libérer en libérant mes secrets.

« ... Nous trouvons quelque chose qu'on ne trouve nulle part ailleurs : une association de gens qui ont vécu à peu près les mêmes expériences de vie que nous et qui comprennent comme peut-être personne ne peut le faire. »

Les voies du rétablissement, p. 207

26 juin

« Êtes-vous anxieux quand tout va bien dans votre vie, anticipant continuellement des difficultés ? » Je m'identifie à cette question contenue dans le dépliant Al-Anon intitulé «Avez-vous grandi auprès d'un buveur problème ?»

Aujourd'hui, les choses vont bien dans ma vie, grâce aux efforts de rétablissement que j'ai faits dans Al-Anon. J'ai un emploi formidable, un conjoint merveilleux, et je suis finalement en voie d'obtenir ce diplôme dont j'ai toujours rêvé. Pourtant, même si tout cela me semble formidable, je suis anxieuse. Je m'attends à ce que quelque chose aille de travers. C'est comme si je ne savais pas comment m'y prendre avec le bonheur, alors je cherche les problèmes. Je n'arrive pas à m'endormir le soir parce que je me demande si ma voiture tombera en panne le lendemain. J'essaie de deviner ce à quoi mes employés peuvent bien penser, et je suis angoissée si je ne suis pas au moins une semaine en avance dans mes travaux scolaires. Ces obsessions sont énervantes, même pour moi.

Évidemment, ces inquiétudes ne riment à rien. Même si je pouvais prévoir tous les problèmes et chacune de leurs solutions, ce n'est pas en m'inquiétant que je me protégerai de quelque chose qui ne se produira peut-être jamais. Dans le passé, quand je me suis tournée vers ma Puissance Supérieure pour qu'Elle m'enlève mes inquiétudes au sujet de problèmes bien réels, Elle ne m'a pas fait défaut. Je dois me rappeler qu'Elle peut aussi faire disparaître mes difficultés imaginaires. Si j'accepte mon impuissance devant l'énergie négative de mon esprit, si je désire que la raison me soit rendue, et si je demande à ma Puissance Supérieure de m'aider, Elle le fera. Je peux Lui faire confiance. Je n'ai qu'à faire mon propre travail devant les problèmes qui se présentent effectivement. Je peux ainsi lâcher prise et apprécier ma vie.

Pensée du jour

Quand j'ai fait tout ce que je peux faire, je peux « Lâcher prise et m'en remettre à Dieu ».

« … l'inquiétude ne me protégera pas de l'avenir. Elle ne fera que m'empêcher de vivre le moment présent. »
Le Courage de changer, p. 15

27 juin

La Huitième Tradition dit que « Le travail de Douzième Étape Al‑Anon devrait toujours demeurer non professionnel, mais nos centres de service peuvent engager des employés qualifiés ». Elle nous indique comment faire en sorte que l'aspect spirituel de notre programme demeure spirituel. Elle définit la séparation entre le cœur et les mains d'Al‑Anon. Il faut qu'un certain travail soit fait pour que notre programme demeure disponible pour les autres – faire la conception de la revue Le Forum, emballer la documentation devant être envoyée aux groupes, vider les corbeilles au Bureau des Services mondiaux pour qu'elles ne débordent pas, etc. En outre, certaines tâches spécialisées doivent être accomplies pour soutenir une organisation aussi importante qu'Al‑Anon. Il est tout à fait sensé de payer certaines personnes pour faire les choses qui doivent être faites.

Par contre, la Huitième Tradition indique clairement que le véritable travail d'Al‑Anon, son travail de Douzième Étape, doit demeurer non professionnel et non rémunéré. On ne peut pas acheter l'amour offert par les membres de ce programme; c'est un don, pas une marchandise. Le merveilleux et formidable paradoxe, c'est que nous donnons librement sans rien attendre en retour, et que nous sommes amplement récompensés puisque nous recevons encore plus d'amour et de rétablissement que nous n'en donnons.

Pensée du jour

La Huitième Tradition est très simple. Elle indique comment prendre soin du corps d'Al‑Anon pour que son esprit d'amour puisse s'épanouir.

« La Huitième Tradition nous guide dans la façon de transmettre le message d'Al‑Anon aux autres. »
Les voies du rétablissement, p. 209

28 juin

Avant d'arriver à Al-Anon, j'ai passé la majeure partie de ma vie à entretenir des attentes de tous ceux qui m'entouraient et à leur faire des demandes irréalistes. Les gens qui ne donnaient pas suite à mes demandes devaient subir ma colère. Cependant, parmi toutes les personnes que j'avais placées sous mon autorité, celle qui en souffrait le plus n'était nulle autre que moi.

Il m'a donc semblé étrange de franchir les portes d'Al-Anon et d'arriver dans un endroit qui n'était pas dirigé par des dictateurs cruels donnant des ordres sévères. Au contraire, j'ai entendu des choses comme « Ne pas compliquer les choses » et « Se hâter lentement ». C'était comme arriver dans un monde nouveau et très différent où on m'apprenait à m'aimer moi-même et à me traiter avec dignité et respect. Heureusement, je n'ai pas été laissé à moi-même pour apprendre ces difficiles leçons. Au contraire, j'ai appris en observant les autres membres Al-Anon se – et me – traiter avec amour, dignité, et respect.

En voyant les autres membres utiliser cette approche dans leurs relations avec moi, j'ai eu envie de l'utiliser, moi aussi et tout de suite ! J'ai souvent trébuché en essayant de faire trop de changements d'un seul coup avec ma vieille volonté de fer. J'ai ensuite appris que je pouvais appliquer les slogans non seulement à ce qui se passait dans ma vie, mais aussi à ma pratique du programme. Les membres m'ont encouragé à éliminer les « Je dois » et les « Il faudrait », ainsi qu'à ralentir pour que je puisse choisir consciemment les changements qui me semblaient les plus appropriés. J'ai découvert que, dans Al-Anon, la bonne volonté était la seule chose qui se rapprochait un tant soit peu du « Je dois », et que même cela était facultatif. Je peux en tout temps pratiquer mon programme à la vitesse et dans la mesure qui me convient.

Pensée du jour

Me forcer à me rétablir ne fonctionnera pas. M'aimer suffisamment pour me rétablir, c'est cela qui fonctionne.

« … "la douceur" réussit souvent là où "la force" échoue. »
Comment Al-Anon oeuvre pour les familles et les amis des alcooliques, p. 69

29 juin

Le mot « nous », utilisé dans plusieurs des Étapes, a pris beaucoup d'importance pour moi. Il m'indique que je ne suis pas seule et que je suis à ma place. Il me donne le courage de faire des choses que j'aurais normalement peur de faire par moi-même, comme essayer de nouveaux types de comportement. « Nous » m'assure qu'il y a d'autres personnes qui éprouvent des sentiments semblables aux miennes. Mieux encore, cela signifie que d'autres personnes ont vécu ces sentiments et qu'elles y ont non seulement survécu, elles ont fini par s'épanouir. Cela me réconforte de savoir que d'autres personnes ont emprunté le chemin sur lequel j'avance maintenant. « Nous » est comme un phare qui m'invite au rétablissement.

Ma définition personnelle de « nous » inclut ma Puissance Supérieure, moi-même, ainsi que ma communauté Al-Anon. Ensemble, nous formons la majorité nécessaire à ma protection, à mon encouragement et à mon apprentissage sur la voie du rétablissement. Ce trio uni m'aide à combattre mes peurs avec foi et courage. « Nous » signifie que ma vie n'est plus un désert me retenant prisonnière, où j'erre sans but. Aujourd'hui, la sérénité m'enveloppe tandis que je chemine. Des signes et des balises m'indiquent la bonne direction vers une vie remplie et pleine de sens. Je n'ai plus à me contenter de survivre encore une heure, un jour ou une année dans la solitude et l'isolement. Au lieu de cela, je peux apprendre à faire confiance aux autres et prendre des risques en m'appuyant sur la sagesse du programme Al-Anon. « Nous » m'aide à apprendre à marcher dans la liberté et la dignité pour devenir la personne que Dieu a voulu que je sois.

Pensée du jour

Je n'aurai jamais plus à agir seul.

« Ensemble, nous pouvons y arriver. »
Alateen - un jour à la fois, p. 170

30 juin

Enfant, j'avais rarement l'impression d'avoir suffisamment de quoi que ce soit, surtout s'il s'agissait d'amour, d'attention, et d'approbation. Peu importe ce que mes parents pouvaient dire ou faire, c'était comme si j'en voulais toujours plus. Devenue adulte, j'ai tenté de satisfaire mes besoins de différentes manières. Je mangeais trop, pensant que je pourrais combler le vide avec de la nourriture. Je courais trop les magasins, cherchant cet article insaisissable qui allait enfin me faire sentir complète. Je cherchais des « parents suppléants » dont l'attention et l'approbation pourraient améliorer mon appréciation de ma vie et de moi-même.

Dans Al-Anon, j'ai appris que je me tends un piège lorsque j'attends des autres plus qu'ils ne sont en mesure de me donner. Il est futile d'attendre de quelqu'un ou d'une chose extérieure à moi qu'ils me comblent intérieurement. Comme ma marraine le dit, le bonheur est un travail intérieur; j'en suis responsable. Il n'y a rien de surprenant à ce que mes parents n'avaient jamais pu en faire, en dire ou en donner assez. Même s'ils n'avaient pas été des alcooliques, ils n'auraient pas été plus responsables de ma paix intérieure et de mon contentement.

Aujourd'hui, dans Al-Anon, je trouve le bonheur dans une relation étroite avec ma Puissance Supérieure. Grâce à la prière et à la méditation quotidienne, je réalise que je suis exactement là où Dieu veut que je sois. Que les choses aillent bien ou qu'elles aillent mal, je peux toujours compter sur ma Puissance Supérieure pour me donner généreusement tout ce dont j'ai besoin. J'en suis venue à accepter que mes parents soient exactement là où Dieu veut qu'ils soient, eux aussi. Ils ne peuvent pas me combler et m'épanouir. Cela relève de Dieu, et de moi. Cette réalisation est très importante. C'est un pas vers un nouveau mode de vie où je récolte avec abondance l'amour, l'attention et l'approbation de ma Puissance Supérieure. Aujourd'hui, je sais que j'en aurai toujours suffisamment.

Pensée du jour

Quels sont les comportements que j'adopte pour satisfaire mes besoins ? Est-ce que cela fonctionne ?

« Les membres Al-Anon m'offrent leur amour inconditionnel et une saine attention. »
De la survie au rétablissement, p. 25

1ᵉʳ juillet

La dernière phrase de la Deuxième Tradition dit que « Nos dirigeants ne sont que des serviteurs de confiance – ils ne gouvernent pas ». Ceci m'incite à réfléchir à un des obstacles au succès dans Al-Anon – la domination. Nous nous efforçons de mener nos réunions en tant que fraternité de membres égaux et en pratiquant la rotation des dirigeants. Il arrive toutefois qu'un membre continue d'occuper un poste parce que personne d'autre ne semble intéressé à prendre sa place.

Il m'est arrivé d'occuper trop longtemps certaines fonctions de service. J'ai appris qu'il est parfois nécessaire que je lâche prise même s'il n'y a personne pour me remplacer. Personne ne peut ramasser la balle tant que je ne la laisse pas tomber. J'ai aussi appris que ce que je considère comme étant un sens des responsabilités très développé peut en fait être une forme de domination.

Je ne peux pas essayer de diriger les affaires du groupe sans que cela nuise au rétablissement du groupe ou au mien.

Pensée du jour

Aujourd'hui, je participerai à la rotation du leadership dans Al-Anon.

> « Une des raisons de l'importance de la rotation dans les fonctions, c'est de donner à chacun une égale occasion d'assumer une responsabilité. La rotation contribue aussi à empêcher qu'un membre ne s'installe en autorité dans une fonction. »
> *Les voies du rétablissement,* p. 218

2 juillet

Dans ma quête pour trouver de l'aide afin de surmonter les conséquences de mon enfance au contact de l'alcoolisme, j'ai accumulé des étagères entières de livres sur la psychologie, la religion, et la croissance personnelle. Enfant, j'avais l'impression que je ne pouvais me fier à personne, alors j'étais hésitante à demander de l'aide. Je préférais le soutien personnel offert par les livres.

J'ai commencé à assister aux réunions Al-Anon de manière sporadique, mais je ne me sentais pas plus à l'aise d'aller vers les membres qui s'y trouvaient. Ironiquement, malgré mon penchant pour l'écrit, je n'ai pas saisi que des milliers de témoignages vécus par des membres Al-Anon étaient à ma portée dans la documentation approuvée par la Conférence. Je n'ai pas réalisé que cette documentation, bien adaptée à ma zone de confort, pourrait être ma porte d'entrée vers Al-Anon et cette forme d'expérience qui consiste à se tourner vers les autres pour obtenir conseil et réconfort.

Une amie de ma famille qui assiste aux réunions Al-Anon a remarqué mes difficultés, et elle a gentiment partagé avec moi les bienfaits qu'elle retirait de la lecture de la DAC. Consciente que quelqu'un se souciait vraiment de moi, j'ai acheté mon premier livre Al-Anon. Je l'ai lu seule à la maison et j'y ai réfléchi pendant un bon moment avant de décider que j'essaierais d'assister régulièrement aux réunions Al-Anon.

Je suis maintenant en train d'accumuler une bibliothèque complète de publications Al-Anon que j'achète aux réunions et que j'étudie à tour de rôle. J'ai même trouvé le courage de discuter de mes lectures avec d'autres membres. Les idées que j'ai ainsi recueillies ont transformé ma méfiance en confiance. Je suis sortie de ma bibliothèque personnelle solitaire pour entrer dans l'univers humain et accueillant d'Al-Anon.

Pensée du jour

Il n'y a pas de mauvaise façon d'arriver à Al-Anon, même si au départ ce n'est pas par la porte d'une salle de réunion.

« Notre documentation est le principal moyen par lequel sont facilités la croissance, l'unité et le service d'Al-Anon. L'influence de plusieurs milliers de livres et dépliants ... est incalculable. »
Le Manuel de service Al-Anon/Alateen, p. 187

3 juillet

Si je veux être en santé, je dois assister à des réunions qui sont en santé. Lors de ma première réunion, les membres se concentraient sur les problèmes plutôt que de chercher des solutions Al-Anon. Au départ, j'ai été tentée de me joindre à eux. Après tout, à la maison, personne ne m'avait vraiment écoutée. N'avais-je pas droit à un peu de sympathie, étant donné tout ce que j'avais enduré ?

Nous avons tous besoin de partager nos problèmes de temps à autre. Par contre, j'ai vite réalisé que m'attarder sans cesse sur mes problèmes, semaine après semaine ne m'aidait pas. Ce n'est qu'après avoir assisté à des réunions en santé – celles où nous nous concentrons sur la recherche de solutions à l'aide des Étapes, des Traditions, des Concepts de service, et de la documentation approuvée par la Conférence – que j'ai commencé à me rétablir des conséquences de mon enfance dans un foyer marqué par l'alcoolisme. Ces réunions, de même que l'implication dans le travail de service et l'aide d'une marraine bien ancrée dans le programme, m'ont aidée à devenir responsable de mes choix.

J'ai vite réalisé que, dans Al-Anon, être responsable signifie notamment qu'une réunion en santé commence avec moi. Avec du recul, je réalise que mon progrès en matière de responsabilité aurait pu commencer dès ma première réunion, si j'avais alors exprimé mes inquiétudes. Je ne me blâme pas pour avoir été incapable de le faire à ce moment-là. Je fais de mon mieux pour partager des choses positives plutôt que des choses négatives. Je respecte les Traditions, j'encourage les autres à faire de même, et j'inclus les Étapes ainsi que la documentation approuvée par la Conférence dans mon témoignage. J'appuie aussi les membres qui s'investissent dans le service à différents niveaux. Dans Al-Anon, je reçois vraiment ce que je donne.

Pensée du jour

Ce que je reçois et ce que je donne dans mes réunions peut vraiment changer ma façon de vivre, aujourd'hui.

« Si une réunion ne se déroule pas bien, je parle et j'essaie de faire ma part pour la remettre dans la bonne voie. »

Alateen – un jour à la fois, p. 208

4 juillet

Quelqu'un m'a récemment demandé de parler de mon rétablissement dans les domaines de l'intimité et de la sexualité. L'alcoolisme présent dans ma famille a eu des conséquences dans tous les domaines de ma vie; ma sexualité et le plaisir que je prends à l'intimité ne faisaient pas exception. Je crains l'intimité autant que je la désire. J'y prends plaisir pendant un certain temps, puis j'ai l'impression de me perdre dans l'autre personne. Je vois mon corps et ses imperfections de manière malsaine. Étant donné qu'on n'exprimait pas aisément son affection dans ma famille, je mets souvent en doute mes envies spontanées de prendre quelqu'un dans mes bras ou de l'embrasser.

Je ne pensais pas que ma Puissance Supérieure voulait que je travaille sur mes défauts de caractère dans le domaine de la sexualité. Néanmoins, j'ai pris conscience que Dieu avait déjà commencé Son travail de guérison dans ce domaine – tranquillement, en douceur, avec beaucoup de compassion et d'amour. Même si je ne l'ai pas réalisé sur le coup, ce travail de guérison a commencé lorsque ma marraine a suggéré que je fasse un inventaire axé sur ma sexualité, ma sensualité, l'intimité, mes passions, mes affections, ma façon de m'exprimer, et mes désirs.

J'ai suivi la suggestion de ma marraine, et ce fut une aventure remplie de surprises et de découvertes. J'ai d'abord appris à reconnaître, à accepter, à apprécier et à faire confiance à mes instincts et à mes expressions. J'ai ensuite appris à établir des balises, pour moi et pour les autres, en matière de comportements sexuels acceptables et inacceptables. Je m'efforce maintenant de faire la différence entre ma sexualité sur le plan physique et mes passions et ma *sensualité* sur les plans mental, physique, émotif et spirituel. Je célèbre maintenant les dons de mon corps, de mes sens et de mon âme dans le cadre de relations intimes et sacrées avec Dieu, moi-même, mon mari, et les autres personnes qui font partie de ma vie.

Pensée du jour

L'intimité, la sensualité et la passion ne sont pas limitées à des modes d'expression physiques.

> « C'est alors que j'ai appris que l'acte sexuel n'est qu'un partie de l'intimité — que l'intimité comprend la sollicitude et le partage, le rire, les larmes et la prière ensemble, se toucher et se prendre dans les bras l'un de l'autre, donner et recevoir. »
>
> *L'intimité sexuelle dans les relations alcooliques*, p. 42

5 juillet

Quand j'ai pris connaissance de la Septième Tradition, qui parle de subvenir entièrement à ses besoins, j'ai cru que cela signifiait que je devais soutenir mon groupe en faisant un don lorsqu'on passait le panier. Depuis ce temps, cette Tradition a pris beaucoup plus de sens. J'offre mon soutien en assistant aux réunions et en donnant mon témoignage, en plaçant la documentation, en prenant une fonction de service dans le groupe et en téléphonant lorsque j'ai besoin d'aide. En résumé, je soutiens mon groupe en rendant service.

J'ai toujours assisté à différentes réunions afin d'obtenir de nouveaux points de vue, mais c'est dans mon groupe d'appartenance que je donne un petit extra. À un certain moment, j'ai pensé changer de groupe d'appartenance, mais j'ai décidé de rester et de concentrer mon attention et mon énergie sur ce groupe. À long terme, c'est à chacun d'entre nous qu'il revient de faire de notre groupe le meilleur groupe possible. S'il m'arrive de constater que quelque chose pourrait être amélioré dans mon groupe, je suis aussi responsable que quiconque de contribuer à améliorer les choses. De cette manière, je peux me conformer à la Septième Tradition et aider mon groupe à subvenir entièrement à ses besoins.

Pensée du jour

Je suis responsable de l'état de santé de mon groupe d'appartenance, là où j'obtiens mon rétablissement personnel – « Ça commence par moi ».

> « Je devais faire une contribution si je voulais obtenir de l'aide. Il ne s'agissait pas d'une contribution financière. Il s'agissait de moi. Je devais donner un peu de moi-même. »
>
> *Courage to Be Me*, p. 230

6 juillet

Les déceptions qui surviennent lorsqu'on grandit au contact de l'alcoolisme ont nourri mes attentes négatives. Je m'attendais constamment au pire, et la peur était solidement ancrée dans ma volonté et dans ma vie.

Quand je suis arrivé à Al-Anon, j'ai entendu dire que la foi remplace la peur. Mais je croyais que la foi était quelque chose que j'avais ou que je n'avais pas, comme si c'était quelque chose qui m'était accordé ou refusé par quelqu'un d'autre. Je ne savais pas que la foi est un talent spirituel qui doit être cultivé. Je ne savais pas que ma foi allait évoluer pour devenir une conviction bien concrète que Dieu serait toujours là pour moi.

Je pratique ma foi à l'aide de la Troisième Étape et du slogan « Lâcher prise et s'en remettre à Dieu ». Lorsque j'essaie un nouveau type de comportement et que je me détache des résultats, je vois mes problèmes se résoudre – sans que j'aie à intervenir. Ces expériences forment un réservoir de confiance dans lequel je peux puiser lorsque survient une nouvelle difficulté.

Lorsque je suis accablé par la peur, je me tourne vers les réunions. Quel que soit le danger, je peux toujours aller à une réunion où l'on me rappelle que cela aussi passera. Cela me remet sur la voie de la foi et de la confiance envers ma Puissance Supérieure.

J'ai aussi découvert quelque chose de plutôt déroutant – je peux très bien avoir la foi un certain jour et avoir de la difficulté à la trouver le jour suivant. Étant une personne qui prône la constance, cela m'a pris un certain temps pour accepter la nature changeante de mon *expérience* de la foi. Aujourd'hui, je comprends que même si j'ai de la difficulté à ressentir la foi, cela ne veut pas dire que je ne la possède pas. C'est un aspect naturel du processus. La foi existe, que je la ressente ou non.

Pensée du jour

Quand la peur occupe une place importante, je peux agir avec foi pour ramener cette peur à ses véritables proportions.

« Maintenant, j'apprends à compter tellement sur Dieu que je peux me débarrasser de la plupart de mes peurs. »

Le Forum, mai 1998, p. 24

7 juillet

Je me sentais persécutée par les alcooliques avec qui j'ai grandi, et j'ai conservé cette attitude dans ma vie adulte. Je m'efforçais de paraître comme une personne mature, accomplie, adulte, et en contrôle. Cependant, je me sentais intérieurement comme un jeune enfant complètement hors de contrôle. Je me sentais et je me comportais continuellement comme une victime – craintive, en réaction, incapable de m'ajuster. Ma peur est devenue encore plus intense quand j'ai appris que mon fils était un alcoolique. Heureusement, quand il a cherché à se rétablir, j'ai découvert Al-Anon.

Dans Al-Anon, j'ai appris que j'ai le choix. Je ne suis pas obligée d'être une victime impuissante et désespérée. Au contraire, je peux à tout moment être responsable de moi-même par les choix que je fais. Je peux assister à une réunion, appeler un membre du programme, demander conseil, prier, et mettre mon programme en pratique.

Ce n'est pas toujours facile. Je dois parfois demander à Dieu de me donner le courage de demander de l'aide, au lieu de me complaire dans l'apitoiement et la peur. Je peux me demander ce dont j'ai besoin et faire ce que j'ai à faire pour combler mes besoins. Je n'ai pas à me préoccuper de ce que font les autres; leur propre Puissance Supérieure s'occupe d'eux. Je peux demander d'obtenir le courage de changer les choses que je peux, et la sérénité d'accepter les choses que je ne peux pas changer. Me rappeler que j'ai toujours le choix, cela me donne de l'espoir, et le courage de laisser la peur et la passivité derrière moi. Ma Puissance Supérieure prend toujours soin de moi, et Elle me donne le sentiment de sécurité et l'inspiration nécessaire pour que j'agisse bravement en changeant la seule chose que je peux changer – moi-même.

Pensée du jour

Se comporter en victime est un choix, ce n'est pas le destin.

« Les victimes créent des victimes. Heureusement, le rétablissement fonctionne de la même façon – le rétablissement engendre un accroissement du rétablissement. »

De la survie au rétablissement, p. 205

8 juillet

Le mot que je choisirais probablement pour décrire l'atmosphère qui régnait dans le foyer où j'ai grandi c'est « colère ». Pendant un certain temps, mes parents ont été des alcooliques en phase inactive, mais les accès de rage imprévisibles et la violence physique étaient fréquents. Tout cela n'avait aucun sens, jusqu'au moment où ma mère s'est remise à boire. J'en étais presque reconnaissante; au moins, cette démence avait alors un certain sens. Je ne me suis jamais dit « Si au moins elle cessait de boire », mais j'ai consacré énormément de temps et d'énergie à essayer de comprendre son comportement.

Je suis finalement arrivée à Al-Anon. Un beau jour, lors d'une rencontre suivant une réunion, je me suis confiée un peu au sujet de ma mère et de notre relation. La personne avec qui je discutais a dit que le comportement de ma mère semblait tout à fait insensé. Cela m'a fait rire aux éclats. « Oh! Oui », lui ai-je répondu, « elle est malade, et si je passe mon temps à essayer de la comprendre au lieu de m'occuper de mes affaires, je serai malade, moi aussi ! »

Maman ne boit plus, mais elle ne fait partie d'aucun programme. Je peux aujourd'hui apprécier ses bons côtés et laisser tomber le reste. De cette manière, j'évite de me rendre folle, et mon sentiment de colère à son endroit fait place à la compassion. En m'occupant de mes affaires, en mettant en pratique les principes du programme, et en assistant régulièrement aux réunions de mon groupe d'appartenance, l'atmosphère à la maison devient plus sereine.

Pensée du jour

Comment est-ce que j'utilise le programme Al-Anon pour obtenir la paix et la sérénité dans mes relations avec les autres ?

> « … Je me suis concentré sur moi et sur ce que je pouvais faire pour me rétablir. »
> *De la survie au rétablissement*, p. 60

9 juillet

Je suis venue à Alateen parce que mon père était un alcoolique. Dans Alateen, je me suis familiarisée avec la philosophie Al-Anon, mais je me suis surtout efforcée de créer des liens et de me faire accepter des autres jeunes. Je m'étais toujours sentie mal à l'aise à la maison et à l'école. Dans Alateen il me semblait que j'étais à ma place. J'ai eu de merveilleux guides, et plusieurs des adolescents que j'ai rencontrés sont devenus des amis avec qui j'ai pu partager nombre d'activités et de sorties.

J'ai ensuite fait la transition vers Al-Anon et j'y suis maintenant depuis plusieurs années. Mais j'ai récemment commencé à avoir l'impression qu'il me manque quelque chose. Il m'arrive souvent de rentrer à la maison après une réunion en me sentant vidée plutôt que comblée d'idées et de suggestions positives. C'est comme si mon corps avait été à la réunion, mais que mon esprit n'y était pas vraiment.

Je réalise que j'ai considéré que le but premier d'Al-Anon était l'amitié plutôt que le rétablissement. La raison pour laquelle je me sens vide quand je reviens à la maison, c'est que je pense habituellement à l'endroit où nous irons après la réunion, ou que je me demande si quelqu'un voudra bien aller voir un film. Quand je pense aux personnalités, mon esprit est trop occupé pour entendre les principes qui sont offerts en partage.

Je ne veux pas me priver des amitiés que je peux nouer dans le programme, mais je ne veux pas non plus qu'elles deviennent mon principal objectif. Après tout, il n'est dit nulle part dans les Étapes, les Traditions, les Concepts de service ou les slogans que je me ferai des amis. Je peux trouver l'amitié tout en me concentrant sur mon rétablissement.

Pensée du jour

Les Traditions m'aident à me concentrer sur les raisons pour lesquelles j'assiste aux réunions à Al-Anon.

« Chaque groupe Al-Anon n'a qu'un but : aider les familles des alcooliques. Nous y parvenons en pratiquant nous-mêmes les Douze Étapes d'AA, en encourageant et comprenant nos parents alcooliques, et en accueillant et réconfortant les familles des alcooliques. »

Cinquième Tradition

10 juillet

Lorsque je m'intéresse à quelque chose, j'y accorde volontiers mon temps et mon attention. Je m'intéresse à Al-Anon, et je m'intéresse à mes groupes. Il est dans mon intérêt qu'ils soient en santé et qu'ils progressent. Alors, je fais ce qui est en mon pouvoir. Je participe de bon gré et avec amour. Je fais ce qu'il y a à faire – arranger la salle, nettoyer, animer, parler aux nouveaux venus. Je ne le fais pas parce que je m'y sens obligée, mais parce que j'ai un sentiment d'appartenance. Je sens que je fais partie de ces groupes.

Je suis à l'aise de participer aux réunions Al-Anon parce que j'y trouve un climat de confiance et de respect mutuel. Mais je n'ai pas toujours été aussi ouverte. Il y a eu des périodes de ma vie où je n'arrivais pas à faire confiance, et je n'étais pas respectée, alors je me retirais. Je ne me permettais pas de rester et de faire face aux défis qui se présentaient à moi. Maintenant que je suis en rétablissement, je ne veux pas limiter mes possibilités de croissance en restreignant mes relations avec les autres, qu'ils soient ou non dans le programme. Comme toujours, Al-Anon m'apprend à prier, à me regarder, à examiner mes attitudes puis à passer à l'action.

Pour moi, passer à l'action signifie me détacher des comportements des autres et leur offrir la même acceptation, la même considération, et le même respect que je désire obtenir. Pour vivre avec les autres de manière plus harmonieuse, je pratique le « Vivre et laisser vivre ». Je m'efforce d'accepter le fait qu'ils sont humains et qu'ils ont des faiblesses et des limites bien humaines, tout comme moi. Quand je ne m'attends pas à la perfection, chez moi ou chez les autres, je suis libre de participer et de prendre ma place dans la vie.

Pensée du jour

Le sentiment d'appartenance est aussi nécessaire à ma santé spirituelle que l'air l'est à mes poumons.

> « Reconnaissant ce besoin spirituel d'appartenance, le principe de participation a été intégré à notre structure de service. »
>
> *Les Concepts : le secret d'Al-Anon…*, p. 7

11 juillet

Une des choses les plus étranges que j'ai apprises dans mon rétablissement a été de développer ma tolérance et même désirer me sentir bien. Au début, je ne communiquais pas beaucoup avec les autres. Je ne laissais rien se produire qui se rapprochait de l'intimité. J'ai plus tard remarqué un paradoxe. Lorsque quelqu'un m'acceptait ou s'intéressait à moi, je ressentais à la fois du plaisir et de la souffrance. J'étais perplexe. Pourquoi ressentais-je de la souffrance en même temps que de la joie ? J'ai questionné une amie Al-Anon à ce sujet. Elle se demandait si le fait d'expérimenter les sentiments qui m'avaient tant manqué étant enfant ne pouvait pas faire ressortir de la souffrance. Elle a dit que le « reçu » pourrait bien, pendant une brève période, faire ressortir le « non reçu ».

Ses paroles se sont avérées exactes dans mon cas. J'ai effectivement vécu une période de rétablissement pendant laquelle recevoir l'amour, l'approbation et le respect des autres faisait instantanément ressortir la tristesse enfouie en moi parce que, en grandissant, je n'avais pas reçu ces choses de mes parents. En fait, je ne savais même pas qu'une telle souffrance était enfouie en moi avant que quelqu'un ne manifeste de la gentillesse à mon égard. J'allais ensuite épancher cette douleur dans les oreilles et les bras bienveillants de ma marraine. J'ai finalement compris que mes parents ne pouvaient pas me donner ce qu'ils n'avaient pas, et j'ai été capable d'éprouver de la compassion à leur endroit.

Mettre en pratique « Se hâter lentement » m'a aidée. Il m'est arrivé de sortir de certaines réunions avant qu'elles ne soient terminées. J'avais reçu toutes les bonnes choses que j'étais capable de recevoir ce jour-là. Je devais parfois limiter le nombre d'accolades que j'acceptais. Je partageais ensuite mes pensées et mes émotions avec ma marraine. Graduellement, j'en suis venue à apprécier, et même à aimer, les bonnes choses qui me font sentir sereine et heureuse.

Pensée du jour

Si le rétablissement me semble trop pénible, j'ai peut-être besoin de ralentir et de pratiquer le slogan « Se hâter lentement ».

« "Se hâter lentement" et "L'essentiel d'abord" nous aident à poursuivre notre démarche, tout en nous rappelant que nous ne devons faire que des petits pas. »

De la survie au rétablissement, p. 95

12 juillet

Grâce à l'accent que l'on met dans Al-Anon sur la conscience de soi, je sais maintenant que j'ai vécu dans la peur pendant presque toute ma vie. Quand j'ai fait ma Quatrième Étape, j'ai pris conscience de mon entêtement, et du fait que ce trait de caractère est relié à ma peur. Plus j'avais peur, plus j'essayais de contrôler. Cette monstrueuse peur se manifestait notamment par une croyance que je n'étais pas assez bonne ou assez brillante pour avoir des relations intimes, heureuses et basées sur la confiance. Au lieu de me permettre de me rapprocher des autres, j'avais plutôt tendance à les éviter.

Par exemple, je suis un jour sortie faire un tour et j'ai remarqué une voisine qui venait dans ma direction, de l'autre côté de la rue. Ma première réaction – une impulsion venant de ma Puissance Supérieure – a été de l'interpeller et de lui envoyer la main, mais j'ai immédiatement rejeté cette idée. Elle a tourné le coin, et j'avais encore perdu une occasion d'essayer un nouveau genre de comportement en me rapprochant d'elle.

Je me sentais mal à l'aise après cette marche. J'ai réfléchi aux choix qui s'offraient à moi, j'ai décidé que ça commençait par moi, et j'ai appelé ma voisine. J'ai senti que j'avais progressé un peu en faisant le choix de lui parler plutôt que de garder le silence. Je me sentais bien d'avoir pris le risque de me rapprocher de l'intimité avec un autre être humain.

Je suis maintenant mieux en mesure de reconnaître ces occasions où ma décision de m'isoler me prive d'une occasion de bâtir de saines relations. Ma Puissance Supérieure et ma plus grande sensibilité à ce défaut de caractère vont sûrement m'aider à développer la confiance et la réceptivité nécessaires pour que je m'ouvre aux autres et que je leur permette d'entrer dans ma vie.

Pensée du jour

En laissant aller la peur, je consens à apprendre de nouvelles façons d'entrer en relation avec le monde qui m'entoure. Je sais que ma Puissance Supérieure m'accompagne, et qu'Elle est en moi.

« ... Ma Puissance Supérieure, c'est la confiance que je ressens en mon for intérieur et qui m'enlève la peur... »

Tel que nous Le concevions..., p. 120

13 juillet

Une des questions posées dans le dépliant Al-Anon intitulé *Avez-vous grandi auprès d'un buveur problème* est « Recherchez-vous la perfection ? » Cette question me touchait beaucoup. Mon perfectionnisme compulsif m'a empêché d'entreprendre ou de terminer bien des projets parce que je croyais que les résultats ne sauraient satisfaire mes objectifs.

Heureusement, dès mes premiers jours dans la fraternité, on m'a suggéré de ne jamais dire non à Al-Anon. Les autres membres m'ont assuré que faire des erreurs faisait partie de mon rôle en tant qu'être humain, et que bien peu d'erreurs pouvaient être assez sérieuses pour qu'on ne puisse pas les corriger ou les ignorer. Ils m'ont aussi rappelé qu'ils seraient à mes côtés pour partager leur expérience, leur force et leur espoir quand j'en aurais besoin.

Même si j'étais terrifiée, je disais toujours oui. J'ai donc fini par animer des réunions, devenir représentante de groupe, être guide pour un groupe Alateen, et offrir mes services à notre centre d'information Al-Anon. C'était chaque fois une nouvelle occasion d'augmenter ma confiance et mon estime de moi. J'ai graduellement laissé tomber l'idée que je peux ou que je doive parfaitement faire mon travail. Je fais simplement de mon mieux en tout temps. J'ai découvert que me donner la permission d'être imparfaite me donne une incroyable liberté, la liberté d'être moi-même.

Pensée du jour

Il n'y a qu'un domaine dans lequel je peux atteindre la perfection, et c'est dans mon imperfection bien humaine !

« J'ai tenté d'ignorer mes erreurs, et j'ai essayé d'être parfaite… Je n'ignore plus mes erreurs. J'ai en fait appris à les mettre à profit. »

Courage to Be Me, p. 125

14 juillet

« Mon Dieu, donnez-moi la sérénité… » Assise dans un rayon de soleil qui entre par la fenêtre de la cuisine, je me demande : « Qu'est-ce que la sérénité ? » Elle est reliée à la compréhension que j'ai de ma Puissance Supérieure, qui est bienveillante, douce, compréhensive, et source de toute sérénité. Il y a un fil conducteur dans mon programme Al-Anon, c'est de m'efforcer de m'aimer de manière bienveillante et sereine, comme m'aime ma Puissance Supérieure. Ma façon de voir la sérénité est aussi reliée à la définition du mot « sérénissime » que j'ai déjà lue dans un dictionnaire : « Titre honorifique donné à certains princes ou hauts personnages, indiquant le respect ou la révérence ».

Ma sérénité se manifeste de diverses manières. S'il m'arrive de constater que je pense à moi ou à quelqu'un d'autre sans l'honneur, le respect et la révérence dus à un enfant de Dieu, je m'exerce à être bienveillante et douce. Je m'efforce de mieux apprécier la beauté de la nature. Je permets à un doux baiser sur ma joue ou sur le dessus de ma tête de remplir mon cœur et de nourrir mon âme. Je m'efforce de discuter de mes problèmes avec une autre personne sans me juger ou juger les autres. Je ressens et j'exprime mes sentiments, et je permets aux autres de faire de même – en pratiquant le détachement s'il le faut. Je me rappelle que je ne suis pas obligée de tout savoir. Je prie pour obtenir la capacité de m'accepter comme étant l'enfant d'une Puissance Supérieure dont la miséricorde est sans limite.

Pensée du jour

Aujourd'hui, comment puis-je pratiquer mon programme de manière à me sentir plus sereine ?

> « La sérénité, ce n'est pas l'absence de tempêtes dans ma vie. C'est le calme au milieu de la tempête, ce qui me permet de la traverser. Il n'en tient qu'à moi d'essayer de garder ce calme, même quand la tempête s'envenime. »
>
> *Alateen – un jour à la fois*, p. 30

15 juillet

Ma marraine m'a un jour fait part d'une idée que j'ai trouvée très utile au sujet de la Huitième Étape. Elle m'a suggéré de rédiger ma liste sous forme de colonnes, tel que décrit dans *Les voies du rétablissement*. Je plaçais le nom de la personne que j'avais lésée dans la première colonne, le genre de relation que nous entretenions dans la deuxième colonne, le geste que j'avais posé dans la troisième colonne, les raisons pour lesquelles je devrais faire amende honorable dans la quatrième colonne, et j'indiquais mon consentement à le faire dans la dernière colonne.

La troisième colonne m'a donné du fil à retordre ! J'ai découvert que les mêmes défauts de caractère revenaient sans cesse. Si je n'avais pas pris conscience de ces défauts et de leur influence destructrice en faisant de la Quatrième à la Septième Étape, j'avais maintenant effectivement l'occasion de les voir dans ce portrait en couleurs, vivant et vibrant, en trois dimensions, de moi-même, de ma famille, de mes amis, et de mes connaissances !

Pensée du jour

Aujourd'hui, je serai ouvert à de nouvelles façons de mettre mon programme en pratique de manière créative.

« En passant en revue les injustices que j'ai commises envers les autres, est-ce que je relève un tracé significatif indiquant un défaut de caractère que je devrais essayer de corriger ? »
Un dilemme : le mariage avec un alcoolique, p. 101

16 juillet

Parce que j'ai grandi dans une famille marquée par l'alcoolisme, je ne comprenais pas le processus de la confiance. Je faisais entièrement confiance à des gens qui n'avaient pas démontré qu'ils étaient dignes de confiance. Je révélais sans discernement les détails intimes de ma vie. Je finissais souvent par me sentir blessée ou trahie.

En assistant aux réunions et en développant mes relations avec ma marraine et ma Puissance Supérieure, j'ai mis au point une technique pour faire confiance. J'ai appris qu'il est sain que je permette aux gens de *gagner* ma confiance. Je vois ce processus comme s'il s'agissait de grimper à une échelle, chaque barreau symbolisant un nouveau degré dans mes confidences.

Je monte ces barreaux un à un – plus de course vers le sommet. Parfois, je commence par parler de la pluie et du beau temps. Si je me sens à l'aise avec la façon de réagir de l'autre personne, je peux me rendre un peu plus vulnérable et grimper un nouvel échelon; par exemple, lui faire un compliment sur ses vêtements. Si je me sens toujours à l'aise, je peux continuer de gravir les échelons de la confiance en partageant, petit à petit, un peu plus de moi-même. Par contre, si je ne me sens pas en sécurité, je redescends vite au bas de l'échelle !

La confiance se développe en me révélant lentement aux autres et en étant attentive à mes pensées et à mes sentiments devant leurs réactions à mes confidences. Grâce à ce processus, j'apprends à identifier quelles sont les personnes dignes de confiance avec lesquelles je peux développer des relations intimes.

Pensée du jour

La confiance est un processus sur lequel je peux exercer un certain contrôle. Je peux respecter mon propre rythme quand je noue des relations.

« Regarder la réalité en face implique le fait d'accepter que mes nombreuses expériences dans Al-Anon démontrent qu'*il y a* des gens sur qui je peux compter. »

Le Courage de changer, p. 232

17 juillet

La première limite que j'ai appris à établir dans mon rétablissement concernait ma façon de réagir aux sarcasmes. Quelqu'un avait entamé une discussion au sujet d'un conflit. Même si je m'efforçais en toute bonne foi d'en arriver à une solution mutuellement acceptable, j'essuyais des sarcasmes répétés. Après un moment, j'ai dit à mon interlocutrice que si ces sarcasmes continuaient, je refuserais de poursuivre les discussions jusqu'à ce qu'elle accepte de le faire d'une manière respectueuse et productive. Comme ce comportement désagréable continuait, je me suis levé et je suis allé m'occuper de ce que j'avais à faire. Après quelques épisodes semblables, les sarcasmes se sont faits plus rares dans mes discussions avec cette personne. Elle avait d'abord réagi avec colère, mais j'ai ensuite obtenu son respect quand mes gestes se sont harmonisés avec mes intentions. Toutefois, le résultat le plus important a été une plus grande estime de moi.

Exprimer clairement ce que je juge acceptable est un des outils que j'utilise pour prendre soin de moi. Cela tombe dans la catégorie des choses que je peux changer, comme le dit la Prière de Sérénité. Pour établir des limites raisonnables et efficaces, il est important que je fasse la différence entre mes responsabilités et celles des autres. Là aussi, la Prière de Sérénité peut m'aider. Je peux ensuite décider des gestes que je poserai ou que je ne poserai pas. Je suis libre de prendre soin de moi de la manière que je juge nécessaire, que les autres apprécient ou non les choix que je fais.

Pensée du jour

Aujourd'hui, je prends soin de moi en établissant des limites raisonnables avec les gens qui m'entourent.

« Vous ne pouvez pas établir des limites tout en vous efforçant de ménager les sentiments des autres. »
The Forum, septembre 2000, p. 28

18 juillet

J'ai obtenu du « contentement et même du bonheur » en apprenant à laisser aller l'apitoiement pour le remplacer par l'humour. J'ai tout d'abord cru qu'Al-Anon était un endroit où je pourrais me plaindre de mon sort. Cette idée a vite été chassée de mon esprit.

Au cours d'une réunion, je racontais comment mon conjoint me traitait, et les larmes coulaient sur mes joues. Soudainement, quelqu'un s'est mis à rire. Cet éclat de rire inattendu m'a fait m'arrêter.

J'ai pris un peu de recul pour voir ce que j'avais bien pu dire de si drôle. Ce faisant, mes larmes se sont asséchées, et mes lèvres se sont recourbées en un sourire timide. J'ai réalisé que mon histoire était effectivement drôle. Je voulais « sauver » mon mariage, mais je n'arrêtais pas d'insister pour que mon mari parte, lui demandant ensuite de revenir. Soudainement, j'ai vu le côté comique de la situation. Comment pouvions-nous travailler à notre relation, avec tout le brouhaha des boîtes qu'il fallait emballer et déballer chaque fois qu'il partait et qu'il revenait ? Mon indécision concernant notre vie commune reflétait mon incertitude à l'égard de notre mariage, mais je ne le voyais pas. J'ai alors réalisé qu'il était ridicule, dans ces circonstances, de tenter une réconciliation !

Ce jour-là, j'ai commencé à développer mon sens de l'humour. Tandis que j'avance dans mon rétablissement, je trouve de plus en plus d'occasions de rire. Je ris maintenant avec mon mari parce que nous sommes passés à travers cette phase et que nous sommes toujours ensemble. Je ris avec mes enfants, et il m'arrive même de rire de moi !

Pensée du jour

Aujourd'hui, y a-t-il une situation dans ma vie dont je pourrais rire, au lieu de m'apitoyer ?

« Si je prends du recul et que je regarde ma journée comme si je regardais un film, j'y découvrirai sûrement au moins un moment où je pourrai apprécier le côté comique d'une situation. »

Le Courage de changer, p. 205

19 juillet

Je déteste l'admettre, mais même après des années dans le programme, je rêve toujours d'avoir quelqu'un dans ma vie dont le seul rôle serait d'anticiper et de satisfaire tous mes besoins sans que j'aie à le demander. Quel fantasme !

Je crois que ce fantasme est relié au fait que je sois l'enfant d'un alcoolique. Puisque les bébés ne peuvent pas parler, les parents ont la responsabilité d'anticiper et de satisfaire certains des besoins de leur enfant. Cela requiert énormément d'énergie – de l'énergie que mes parents n'avaient pas. À cause de l'alcoolisme de mon père, je n'ai pas reçu beaucoup de soins attentionnés étant enfant. Maintenant adulte, cela me manque encore parfois. Je dois m'engager à aller au-delà de ce fantasme enfantin en assumant la responsabilité de satisfaire moi-même mes désirs et mes besoins, au lieu de m'attendre à ce qu'une autre personne le fasse pour moi.

Les outils Al-Anon qui m'aident le plus à relever ce défi sont la Septième Tradition et le slogan « Ça commence par moi ». La Septième Tradition me suggère de subvenir entièrement à mes besoins. Je ne dois pas oublier de subvenir à mes besoins émotionnels. Même si personne d'autre ne remarque ou ne souligne mon progrès et mon courage, je peux me donner une tape sur l'épaule.

« Ça commence par moi » me rappelle que personne ne lit dans mes pensées. Si je désire ou si j'ai besoin de quelque chose, je dois le faire savoir. Je dois demander, ce qui signifie prendre un risque. Peut-être ma demande sera-t-elle satisfaite; peut-être que non. Si oui, tant mieux. Si non, je me sentirai quand même mieux parce que j'aurai osé demander, et je serai libre de m'adresser à une autre personne qui sera peut-être en mesure de m'aider.

Pensée du jour

Je suis impuissante devant les alcooliques et l'alcoolisme. Mais je n'ai plus à me sentir impuissante face à moi-même.

« Je me suis levée au milieu d'une réunion et j'ai demandé aux membres de me téléphoner et de m'aider. »

De la survie au rétablissement, p. 35

20 juillet

Le sujet de la réunion était « Se guérir soi-même ». Se guérir soi-même ? Si j'avais pu me guérir moi-même, me suis-je dit, je l'aurais fait il y a bien longtemps. Si je pouvais me guérir moi-même, est-ce que j'irais à autant de réunions, même quand je n'en ai pas envie ? Me donnerais-je la peine de pratiquer ces Étapes, alors que j'ai bien d'autres choses à faire ? Est-ce que je confierais des choses embarrassantes à ma marraine et est-ce que je tolérerais ses remontrances bienveillantes ?

Après m'être calmée, j'ai réfléchi au sujet sous un angle différent. Je me suis rappelé l'histoire d'un homme qui travaillait dur dans son jardin, labourant, semant, et arrachant les mauvaises herbes. Il avait obtenu une récolte très belle et abondante. Admirative, sa voisine lui a fait la remarque que Dieu lui avait donné une bien splendide récolte. L'homme lui a sèchement répliqué qu'elle devrait voir le jardin quand Dieu est seul à faire le travail.

Cette histoire me dit que je dois *vouloir* me rétablir, et que je dois aussi consentir à passer à l'action, à faire les choses différemment, si je veux progresser dans mon rétablissement. Passer à l'action démontre que je consens à être guérie – Dieu peut alors s'approcher et procéder à la guérison.

Pensée du jour

La guérison ne peut pas se faire sans mon consentement et ma coopération. Si je coopère avec Dieu dans mon éducation spirituelle, alors je suis véritablement un partenaire dans ma propre guérison.

« Les Groupes familiaux Al-Anon nous montrent qu'il faut cultiver le jardin de notre vie… »
Al-Anon Family Groups – Classic Edition, p. 57

21 juillet

Enfant, l'unité était un concept avec lequel je n'étais pas familière. Je n'ai jamais senti que je faisais partie de ma famille. C'était plutôt comme si une bande d'étrangers vivait dans la même maison. Au mieux, ma famille communiquait plutôt mal ou pas du tout. Il me semblait qu'il n'y avait personne pour m'aider. En fait, je recevais habituellement des critiques ou des accusations. Plutôt que de me sentir unie à ma famille, je me sentais seule et isolée.

C'était agréable de faire partie d'un groupe Al-Anon ayant en commun de nombreux sentiments semblables aux miens et ayant vécu des expériences similaires. Par contre, c'était aussi un peu étrange. Il a fallu un certain temps avant que je me sente à l'aise de me considérer comme faisant partie d'une entité plus importante que moi, sachant que mes gestes pourraient affecter cette entité.

Heureusement, Al-Anon a des principes qui favorisent l'unité et qui me montrent comment l'implanter dans ma vie. La Première Tradition énonce le principal objectif de l'unité : atteindre le plus grand bien pour le plus grand nombre. L'idée, c'est que plusieurs personnes peuvent accomplir ensemble bien plus qu'une personne seule. Je vois la Première Tradition à l'œuvre dans le processus de la conscience de groupe informée. La Quatrième Tradition me rappelle que je ne vis pas en vase clos; je dois toujours prendre en considération les conséquences de mes gestes sur ceux qui m'entourent. Le Premier Concept me dit que l'avenir d'Al-Anon réside dans les groupes, et non dans une seule personne. Les membres Alateen me rappellent qu'« ensemble, nous pouvons y arriver ». Je suis tellement reconnaissante qu'Al-Anon me montre comment faire partie d'un groupe, pour que je n'aie jamais plus à me sentir seule et isolée.

Pensée du jour

Le sentiment d'unité est autant à ma portée que la plus proche salle de réunion Al-Anon.

« Quand je vois l'application de la Première Tradition au niveau du groupe, cela me rappelle une fois de plus l'importance de l'unité dans ma vie. »

Les voies du rétablissement, p. 141

22 juillet

Une des choses les plus importantes que j'ai apprises dans Al-Anon, c'est d'être bienveillante à mon égard, particulièrement en ce qui concerne l'assistance aux réunions. Il y a deux réunions auxquelles j'assiste régulièrement, et je vais parfois à une troisième et à une quatrième réunion. Cependant, il m'arrive aussi de préférer m'isoler. C'est dans de tels moments que je dois faire l'effort d'y aller, et je le fais. Je garde à l'esprit quelque chose que j'ai entendu aux réunions : si je pense aller à une réunion, il vaut mieux y aller maintenant et y penser par après.

Je réalise que, parfois, il n'est pas opportun que j'aille à une réunion. Certains jours, j'ai d'autres obligations à respecter. J'ai peut-être des devoirs à faire, ou bien je dois étudier pour un examen le jour suivant. J'ai peut-être tout simplement besoin de me coucher tôt pour prendre une bonne nuit de sommeil. J'ai peut-être besoin d'entrer doucement en contact avec ma Puissance Supérieure en priant, en méditant, ou en écrivant dans mon journal. Il arrive aussi que j'aie besoin d'attention personnelle et d'une bonne crise de larmes, alors je reste à la maison et j'appelle ma marraine. Il y a évidemment des moments où je dois me détendre et m'amuser, pour ensuite revenir fraîche et dispose à mon travail de rétablissement.

Mon rétablissement est une question d'équilibre. Al-Anon m'a appris à me concentrer sur moi et à discerner ce que j'ai besoin de faire, pour moi, et non ce que je « devrais » faire. Cela peut vouloir dire aller à une réunion, ou cela peut vouloir dire autre chose. Je ne dois pas oublier qu'Al-Anon est un mode de vie tout en douceur, pas un exercice militaire !

Pensée du jour

Assister aux réunions Al-Anon n'est qu'un des éléments d'un rétablissement équilibré.

« Après avoir entendu des slogans comme "Ne pas compliquer les choses" et "L'essentiel d'abord", j'ai réalisé que je n'aidais personne quand je ne prenais pas soin de moi au plan physique et mental. »

Living Today in Alateen, p. 8

23 juillet

Le Courage de changer stipule que « Mes ressentiments m'indiquent les situations où je me perçois comme une victime ». Il m'est arrivé de me sentir enfouie sous mes ressentiments. Ils sapaient mon énergie chaque jour que j'y pensais. Je me sentais intérieurement rongée par l'amertume. Faire du ressentiment était comme boire un poison en espérant que cela allait faire mourir la personne contre qui j'éprouvais du ressentiment !

J'avais souvent l'impression qu'il n'y avait rien à y faire, mais en réalité je savais quoi faire : travailler sur mes ressentiments à l'aide des Étapes, et permettre à ma Puissance Supérieure de me les enlever. Mais j'éprouvais tellement de résistance à le faire que j'ai dû me poser la question suivante : « Quels sont les avantages que je retire à me percevoir comme une victime ? » Tandis que je réfléchissais à cette question, ma Puissance Supérieure a tranquillement suscité une prise de conscience. J'avais l'impression que mes ressentiments me protégeaient. Ils agissaient comme une clôture en fil de fer barbelé qui tenait à l'écart les gens qui, selon moi, m'avaient blessée. Le problème, c'est que je n'arrêtais pas de m'accrocher sur ce fil barbelé. En outre, mes ressentiments me semblaient confortables. Je me demandais ce que je ferais sans eux, puisqu'ils m'étaient aussi familiers que ma propre peau.

Réaliser que mes ressentiments n'étaient pas nécessaires et qu'ils ne me protégeaient pas, cela a ouvert la porte au changement. Je me suis fiée à ma Puissance Supérieure pour m'indiquer des façons plus saines de me défendre dans ces situations où j'avais l'impression d'être attaquée ou blessée. J'ai pris une profonde respiration et j'ai permis à ma Puissance Supérieure de démanteler ce défaut de caractère extrêmement destructeur. J'ai pleinement consenti.

Pensée du jour

Y a-t-il un défaut de caractère que j'utilise pour me protéger ? En ai-je toujours besoin ?

« Il ne suffit pas de constater que nous avons des défauts, et de prendre de vagues résolutions de faire mieux. Il faut fournir un effort pour devenir réceptifs. »
Les Douze Étapes et les Douze Traditions, p. 6

24 juillet

Environ six mois après être arrivé à Al-Anon, j'ai commencé à avoir de la difficulté avec le concept de « Dieu *tel que nous Le concevions* ». J'étais à un point, tôt dans mon rétablissement, où un peu de ma souffrance avait disparu. Je ne pleurais plus tous les jours, et je commençais à me poser des questions sur tout ce que j'entendais aux réunions. Tout le monde parlait de cette « Puissance Supérieure », ce qui me semblait un peu sacrilège. Mes pieux parents m'emmenaient à l'église chaque fois que les portes étaient ouvertes, et je savais qui était Dieu ! Mes convictions me disaient que je devais mettre les choses au clair avec ces gens-là. Si seulement ils comprenaient Dieu aussi bien que moi, ils iraient bien mieux.

Tandis que je vivais cet accès de vertu, ma Puissance Supérieure a décidé de me faire connaître un réveil spirituel. Elle m'a dit que ces gens La comprenaient peut-être bien plus que moi. Après tout, ils étaient heureux, libres et remplis de paix, eux... J'allais peut-être apprendre quelque chose d'eux si j'ouvrais suffisamment mon esprit pour écouter et si j'ouvrais suffisamment mon cœur pour prendre le risque de m'impliquer dans le programme.

J'ai donc écouté et pris des risques. Maintenant que je fais cela depuis plusieurs années, je suis très à l'aise, même si je ne « comprends » rien à Dieu, me contentant d'en faire l'expérience en pratiquant les Douze Étapes, en assistant aux réunions, en partageant avec ma marraine, et en servant la fraternité. En faisant ces choses, j'ai pu connaître l'amour et la paix que j'obtiens quand je m'appuie sur une Puissance supérieure à moi-même. En essayant moins de comprendre, je parviens à connaître bien plus de choses.

Pensée du jour

Il y a bien des manières de comprendre ma Puissance Supérieure.

> « J'avais toujours eu une religion, mais maintenant je connaissais la spiritualité dont les autres parlaient. »
> *Tel que nous Le concevions...*, p. 101

25 juillet

Ayant grandi avec deux parents alcooliques, j'ai appris à me cacher d'eux *avant* que les problèmes commencent. Une fois adolescente, j'étais si bien entraînée que je disparaissais dès que j'entendais le son d'un glaçon tombant au fond d'un verre.

Aujourd'hui, des années plus tard, l'envie de m'enfuir peut s'emparer de moi de manière tout aussi soudaine et irrationnelle. Un léger malentendu, un silence embarrassant, c'est suffisant pour déclencher ma peur, pour que j'aille me cacher d'une quelconque manière. Je me cache parfois de manière bien évidente, par exemple en refusant de décrocher le téléphone. Encore plus souvent, il m'arrive simplement de ne pas dire ce que je pense afin d'éviter les critiques auxquelles je m'attends.

Al-Anon m'a appris à réfléchir avant de m'enfuir devant une personne, une dispute, ou une occasion de parler à cœur ouvert. Quand je réagis à la peur, je me place à la merci de cet aspect malsain de ma personnalité qui me dit qu'il est dangereux d'être moi-même et que je ne pourrai jamais changer. Aujourd'hui, ma recherche de nouvelles solutions à d'anciens problèmes commence par le changement, ou en m'acceptant telle que je suis.

Pensée du jour

La Prière de Sérénité me rappelle que je peux toujours compter sur l'aide de ma Puissance Supérieure quand je m'efforce de faire face à mes peurs en utilisant les outils du programme.

« J'ai besoin de courage pour changer *mon* attitude et *mon* comportement. La Prière de Sérénité peut m'aider. »

Alateen — un jour à la fois, p. 247

26 juillet

En tant qu'enfant dans un foyer marqué par l'alcoolisme, je n'étais pas encouragée à exprimer mes opinions. Quand je le faisais, j'avais l'impression que personne n'écoutait. Quelqu'un finissait toujours par en sortir blessé ou en colère.

Quand j'ai été promue à un poste de chef de service au travail, j'ai enfin eu l'impression de me retrouver dans une position d'autorité inconditionnelle. Quand des décisions devaient être prises et qu'il fallait faire quelque chose, je ne discutais pas des choix possibles avec les gens qui travaillaient pour moi. En guise de représailles, ils faisaient mal leur travail et mon image en souffrait. J'avais de la difficulté à voir ce que je ne faisais pas de la bonne manière.

En tant que belle-mère, j'avais aussi l'impression d'être aux commandes. J'écoutais avec ma tête plutôt qu'avec mon cœur. Les adolescents qui vivaient chez nous réagissaient avec colère et ils prenaient parfois la fuite. J'ai fini par me sentir humiliée publiquement; notre foyer débordait de controverse.

Quand j'ai entendu parler des Garanties générales dans le Douzième Concept, j'ai senti de l'espoir. Pour moi, une garantie, c'est une garantie. Si mes relations vont mal, je peux revenir aux Garanties générales pour ajuster mes attitudes. Grâce à elles, j'ai appris à ne pas utiliser mon autorité pour imposer mon point de vue ou pour punir quelqu'un qui n'est pas d'accord avec moi. J'ai aussi appris à éviter la controverse en écoutant et en encourageant les autres à donner leur point de vue quand des décisions doivent être prises. Il nous arrive même de prendre des décisions unanimes.

Grâce aux Garanties générales évoquées dans le Douzième Concept, mes relations avec les autres sont moins tumultueuses et moins tendues. J'arrive enfin à connaître la paix qui m'a tant manquée étant enfant. Encore une fois, les outils Al-Anon s'avèrent utiles dans tous les domaines de ma vie !

Pensée du jour

Nos Concepts de service et les Garanties générales sont des outils qui peuvent m'aider dans mon rétablissement personnel.

« De nombreux membres Al-Anon ont également trouvé que les Concepts [de service] peuvent s'appliquer à la maison comme au travail. »

Les voies du rétablissement, p. 248

27 juillet

Tandis que je me rétablis des conséquences de l'alcoolisme, je découvre de nouvelles choses à mon sujet. Je désire instinctivement régler les problèmes, et ce ne sont pas nécessairement les miens. En fait, la plupart du temps, ils ne le sont pas.

En grandissant, à cause de l'alcoolisme dans ma famille, il y avait de nombreuses responsabilités que personne n'aurait endossées si je ne l'avais pas fait. Je suis devenue une personne très fiable. Je croyais que j'avais la responsabilité d'aider les gens qui ne pouvaient ou ne voulaient pas s'aider eux-mêmes. Ce qu'une autre personne aurait appelé *prendre soin des autres*, j'appelais cela *être responsable*.

Je ne réalisais pas que faire pour les autres ce qu'ils pouvaient faire eux-mêmes, c'était en fait leur rendre un bien mauvais service. Faire les choses à la place des autres les empêchaient d'être responsables; cela leur permettait d'être irresponsables. Dieu a un plan pour chacun d'entre nous. Prendre soin des autres, cela les prive de l'estime de soi qu'ils peuvent obtenir en affrontant et en surmontant les défis que Dieu a prévus pour eux. Permettre aux autres de faire face aux conséquences de leurs gestes, cela leur permet d'apprendre et de progresser.

Pensée du jour

Étendre mes bras et faire un cercle complet sur moi-même, cela me montre clairement l'étendue de mes responsabilités. Si une chose n'entre pas dans cet espace, je ne m'en occupe pas.

« Aujourd'hui, je me souviendrai que j'ai le choix, tout comme l'alcoolique d'ailleurs. Je ferai les meilleurs choix possibles et je permettrai aux autres personnes dans ma vie de faire de même, sans intervenir. »

Le Courage de changer, p. 5

28 juillet

Il y a peu de réunions Al-Anon là où j'habite, et il n'y a pas de présence Alateen. Il y avait cependant une jeune personne qui avait désespérément besoin d'aide, alors mon groupe a consulté le *Manuel de service Al-Anon/Alateen* pour voir ce que nous pourrions faire pour l'aider. Selon le Manuel, les membres Alateen sont membres de la fraternité Al-Anon. Puisque le Manuel indique « Là où il n'y a pas de groupe Alateen, les jeunes sont encouragés à assister aux réunions Al-Anon », mon groupe a décidé de l'encourager à assister à nos réunions. Après un certain temps, elle m'a demandé d'être sa marraine. Je me suis sentie honorée et bien humble que cette jeune personne tellement affectée d'avoir grandi au contact de l'alcoolisme choisisse de me faire confiance. En fait, j'ai appris à lui faire confiance et à faire confiance à ma Puissance Supérieure, qui utilisait cette relation pour m'amener à mieux me connaître.

J'ai aujourd'hui l'impression d'avoir beaucoup appris de cette jeune personne. Elle m'en a appris au sujet de la maladie et elle m'a rappelé toute la place que celle-ci occupait dans *ma* vie de tous les jours tandis que je grandissais moi aussi au contact de l'alcoolisme. Ses témoignages m'ont aidée à me souvenir de la souffrance et de l'isolement. En la guidant à travers les Étapes et en l'écoutant parler, j'ai confronté et ressenti toutes les sentiments qui avaient été trop lourds à porter seule quand j'étais enfant. Quand j'ai abordé ces sentiments avec ma propre marraine, j'ai guéri plus profondément et mon rétablissement s'est enrichi.

Il y a assez longtemps que je suis dans Al-Anon pour savoir que le rétablissement est une aventure, mais je ne me serais jamais attendue à avoir une si jeune guide ! Je suis reconnaissante que ma Puissance Supérieure m'aide à rester ouverte à de nouvelles façons inattendues de me rétablir.

Pensée du jour

Quand je parraine un membre ou un groupe Alateen, je commence en donnant, mais je finis par recevoir encore plus que je ne donne.

> « Le parrainage ne consiste pas uniquement à donner. En aidant les autres, les parrains découvrent qu'ils s'aident eux-mêmes. »
>
> *Le parrainage et tout ce qu'il comporte*, p. 11

29 juillet

La Deuxième Étape, « Nous en sommes venus à croire qu'une Puissance supérieure à nous-mêmes pouvait nous rendre la raison », m'a donné l'espoir que je pourrais vivre de manière saine et équilibrée. Dans ma famille, il n'y avait aucun équilibre, seulement des extrêmes : la pauvreté et l'abondance, le pouvoir et l'impuissance, la violence et une paix précaire. J'aspirais à trouver l'équilibre, une normalité qui me permettrait de me sentir en sécurité et proche des autres.

Quand j'ai commencé à assister aux réunions Al-Anon pour enfants adultes d'alcooliques, plusieurs personnes m'ont assuré que l'espoir offert par la Deuxième Étape était bien réel. À force d'écouter, j'ai vu le miracle se produire tandis que des membres recouvraient la raison et retrouvaient l'équilibre dans leur vie. J'ai entendu leurs histoires changer de ton, passant de l'inquiétude à la foi, de la confusion à la clarté.

En étant témoin de ces miracles, j'en suis venu à croire que Dieu pourrait me conduire vers un mode de vie plus sain. J'ai lâché prise, j'ai demandé de l'aide, et je me suis fiée à ma Puissance Supérieure pour me rendre la raison. La réponse à ma demande fut d'apprendre à vivre la Prière de Sérénité. Avec l'aide d'autres membres Al-Anon, j'ai découvert ma propre définition de ce qu'est un équilibre raisonnable. Dieu m'a aidé à faire la différence entre lâcher prise devant les choses que je ne peux pas contrôler et changer les choses que je peux.

J'ai déjà cru que l'équilibre était le privilège des gens ayant grandi dans des familles normales, non alcooliques. Je croyais que j'avais été irrémédiablement abîmé par l'extrême chaos vécu dans mon enfance. Je sais maintenant qu'il est possible d'être guéri, d'être reconstruit, et de recouvrer la raison.

Pensée du jour

Peu importent les ravages subis pendant mon enfance, la Deuxième Étape me donne l'espoir de la guérison.

> « La Deuxième Étape nous offre une option : la santé mentale. En gardant à l'esprit cette nouvelle perspective, nous commençons vraiment à connaître cet espoir dont tant de membres parlent. »
>
> *Les voies du rétablissement*, p. 20

30 juillet

J'ai récemment commencé à réaliser que j'entretiens bien des illusions quant à l'étendue de mon contrôle. Cette prise de conscience a été suscitée par la lecture du livre *Comment Al-Anon œuvre pour les familles et les amis des alcooliques*, qui parle non pas d'abandonner le contrôle, mais d'abandonner l'illusion d'être en contrôle.

J'ai imploré ma Puissance Supérieure de me débarrasser de mes illusions, même si c'était atrocement douloureux. Il s'en est suivi une période d'amertume émotionnelle, de désillusion, et de mépris. Tous les gens que j'avais placés sur un piédestal – là où j'aurais dû placer ma Puissance Supérieure – se sont écroulés, révélant leurs « pieds d'argile », comme on dit. J'ai crié à mon Dieu : « Où pourrai-je enfin trouver une intégrité véritable ? »

Voici quelle fut la réponse : « Si tu veux de l'intégrité dans ta vie, tu dois toi-même en faire montre ». J'ai tout de suite pensé à « Ça commence par moi ». Ce slogan a pris un nouveau sens très fort. Étant familière avec la façon de fonctionner de ma Puissance Supérieure, j'étais certaine que j'aurais l'occasion de mettre ces paroles à l'œuvre.

L'importance que j'accorde à ce slogan m'a amenée à dépasser ma zone de confort. Il m'a mis au défi de pardonner à mon père alcoolique. Il m'a mis au défi de donner à ma mère le genre d'amour que je voulais qu'elle me donne. « Ça commence par moi » m'a aussi incité à offrir des points de vue inconfortables, bien qu'appuyés sur les Traditions, lors des inventaires de groupe. Cela m'a donné un outil pour me concentrer sur moi au lieu de me perdre dans mes réactions, en me montrant comment placer les principes au-dessus des personnalités.

Pensée du jour

Quand j'abandonne l'illusion d'être en contrôle, j'accède à mon *réel* pouvoir en admettant que ça commence par moi.

> « Mais nous *avons* un pouvoir qui nous vient de Dieu et ce pouvoir, c'est celui de changer notre propre vie. »
>
> *Al-Anon un jour à la fois*, p. 86

31 juillet

À l'époque où je grandissais avec l'alcoolisme dans ma famille, j'ai découpé un article de magazine suggérant que le bon usage de la pensée conduit vers la sagesse, tandis que le mauvais usage de la pensée conduit vers la folie. J'étais loin de me douter que j'allais un jour utiliser un programme qui repose essentiellement sur le bon usage de ma pensée et de mon cœur.

Le programme me donne aujourd'hui la direction spirituelle dont j'ai tant besoin. J'ai appris que tout ce qui touche mon rétablissement commence et finit avec moi. J'ai découvert que la force de ma pensée et de mon cœur peut m'aider ou me nuire, et que j'ai le choix en la matière. La meilleure façon d'utiliser mon cœur et ma pensée, c'est de me concentrer sur ma Puissance Supérieure par la prière et la méditation, Lui demandant seulement de me faire connaître Sa volonté à mon égard et de me donner la force de l'exécuter.

En faisant l'étude de la Troisième Étape, j'ai appris que « volonté » fait référence à nos pensées et à nos sentiments et que « vie » fait référence aux actes que nous posons. Quand je prie de la manière suggérée par la Onzième Étape, je demande à savoir quels sont les pensées et les sentiments que Dieu désire pour moi, et je prie pour avoir la force de les transposer en action.

La simplicité de ma façon de voir la Onzième Étape me réconforte. Je réaffirme que Dieu est une Puissance supérieure à moi-même, ayant des pensées et des sentiments bien différents des miens. Cela me permet de mettre mes pensées de côté, de prendre le temps de me concentrer sur Ses pensées et sur la manière dont Il veut les exprimer à travers moi. De cette manière, je peux aligner ma pensée et mon cœur dans la bonne direction.

Pensée du jour

Est-ce que mon cœur et mon esprit sont concentrés sur le rétablissement, ou est-ce qu'ils s'attardent à quelque chose qui me fait moins de bien ?

« Dieu seul sait ce dont j'ai besoin. »
Having Had a Spiritual Awakening..., p. 46

1er août

J'ai grandi dans un foyer marqué par l'alcoolisme. Mes parents argumentaient beaucoup, et ils me disaient de me taire. Je n'avais aucun mot à dire sur quoi que ce soit. J'étais souvent effrayée, et je suis devenue une enfant tranquille et isolée qui ne réagissait pas quand un parent ou un ami lui posait une question.

Par conséquent, quand je suis arrivée à Al-Anon, je trouvais qu'il était difficile de m'exprimer ouvertement. Malgré tout, avec le temps et en continuant à assister aux réunions, j'ai commencé à me confier. Écouter les autres membres m'a donné le courage de me dévoiler petit à petit. Ce fut réconfortant de découvrir que je pouvais exprimer mes sentiments et mes pensées au cours des réunions.

Maintenant, je donne souvent mon témoignage. Mon esprit se libère chaque fois que je prends le risque de m'exprimer devant des personnes qui comprennent ce que je pense et ce que je ressens. Il y a plusieurs années, un membre que je parrainais m'a dit quelque chose qui met en évidence mon progrès dans ce domaine – « Maintenant tu parles ! »

Pensée du jour

Le partage c'est le portail à travers lequel nous découvrons et transmettons nos dons particuliers. En retour nous obtenons l'estime de soi et une meilleure idée de qui nous sommes.

> « Je tiens à vous remercier de m'avoir écouté… Sans vous, je dissimulerais probablement encore mes sentiments. Je n'irais jamais à la poursuite de mes rêves. »
> *Courage to Be Me*, p. 53

2 août

Avant, j'étais capable de rester debout toute la nuit et dormir toute la journée. Maintenant j'ai de la difficulté à rester éveillé jusqu'à minuit et je dors rarement une nuit complète sans me réveiller spontanément aux premières heures du matin pour une période d'insomnie agitée.

J'avais l'habitude de ne pas savoir quoi faire pendant ces épisodes, mais à la suggestion d'un membre Al-Anon, j'utilise maintenant ces temps libres inattendus pour prier. Je crois que je peux prier au lit aussi bien que n'importe où, et que je peux bien prier que je me sente calme ou non. En fait, quand je suis en colère, confus, contrarié ou inquiet, c'est là que je suis le plus susceptible d'avoir l'énergie nécessaire pour mes prières nocturnes ou matinales.

Sans rituel ou cérémonial élaboré, je fais de mon mieux pour ouvrir mon cœur à Dieu. Si je m'endors avant d'avoir terminé, je sais que Dieu peut accepter une prière même si elle est incomplète.

Pensée du jour

Je peux être créatif dans mon approche de la prière – différents moments, différents endroits, différents mots et, parfois, aucun mot.

« Dans Al-Anon, j'ai appris que Dieu me rejoint là où je suis. »
Tel que nous Le concevions…, p. 224

3 août

J'ai toujours voulu que ma mère m'accepte telle que je suis. Je sais qu'elle m'aime, mais elle semble devenir tellement déçue par des choses sans importance. Dans Al-Anon, j'ai trouvé l'acceptation dont j'avais besoin. J'ai commencé à croire que je suis vraiment digne d'être aimée et que, même si je fais des erreurs, je ne suis pas une erreur. Même si je ne fais pas les choses de la même manière que ma mère, je suis quand même une bonne personne. Malgré tout, cela n'a pas été long avant que j'en vienne à désirer obtenir de ma mère le même genre d'acceptation que j'obtiens de la part des membres Al-Anon.

Avec l'aide de quelques-uns de mes amis Al-Anon, j'ai découvert que je n'accepte pas ma mère telle qu'elle est, moi non plus ! Je voudrais qu'elle adopte ma façon de penser, qu'elle commence à dire non, et que les choses sans importance ne la dérangent pas autant. Fondamentalement, je veux qu'elle pense comme moi, et Al-Anon m'a donné des mots pour décrire une telle attitude : suffisance, arrogance, et contrôle.

J'ai commencé à travailler sur ces défauts de caractère en pratiquant le slogan « Vivre et laisser vivre ». Je m'efforce de me concentrer sur moi en adoptant la Onzième Tradition, qui m'encourage à exercer l'attrait plutôt que la réclame. Ce changement d'attitude a eu une influence extraordinaire sur notre relation. Depuis que j'ai cessé de faire des recommandations à ma mère sur la manière d'améliorer sa vie, sans qu'elle me le demande, elle ne trouve plus nécessaire d'essayer de changer la mienne.

Pensée du jour

Quand je pointe le doigt vers quelqu'un, il y a trois doigts qui pointent vers moi. Cela veut-il dire que pour chaque défaut de caractère que je veux corriger chez quelqu'un d'autre, j'en ai trois dont je devrais m'occuper ?

> « Parfois, les choses qui nous dérangent le plus chez les autres peut être exactement les traits de caractère que nous sommes aptes à cultiver en nous. »
> *Comment Al-Anon œuvre pour les familles et les amis des alcooliques*, p. 72

4 août

En tant qu'enfant de parents alcooliques, j'ai grandi dans un milieu violent. Mes parents utilisaient la violence verbale et physique, alors j'étais en colère contre eux. Quand j'exprimais ma colère, ils me maltraitaient encore plus. J'ai appris à me refermer et à garder le silence. La communication s'est rompue.

Ma famille ne pouvant pas subvenir à mes besoins financiers, je suis devenue autonome à l'âge de 17 ans. Je suis arrivée sur le marché du travail avec une vision plutôt déformée de l'autorité. Puisque mes parents avaient jusque-là constitué la principale autorité dans ma vie, je m'attendais à ce que mon patron me traite de la même manière que mes parents. Je me suis comportée en fonction de ces attentes et je me suis refermée derrière la peur. Si quelque chose me dérangeait au travail, je gardais le silence. Quand j'avais l'impression qu'on empiétait sur mes droits en tant qu'employée, je refoulais ma colère. Par conséquent, j'en suis venue à réagir de manière irrationnelle et imprévisible avec mes proches, et la vie en général.

La Douzième Étape me dit que je peux utiliser les principes du programme dans tous les domaines de ma vie, que l'alcool soit impliqué ou non. Comme point de départ, j'ai dû admettre ma peur de l'autorité et que ma vie était devenue incontrôlable. Je me suis ensuite exercée à parler de ma colère pendant les réunions, où j'ai reçu de l'acceptation, de l'encouragement et de la compréhension. En m'appuyant sur l'expérience positive de ma participation au cours des réunions, j'ai décidé de prendre le risque d'exprimer mes sentiments au travail. Quand je l'ai fait, il m'est arrivé de rencontrer de l'opposition, et cela me mettait mal à l'aise. Parfois, mes propos étaient bien reçus et j'obtenais qu'on modifiât le comportement qui m'agaçait. D'une manière ou d'une autre, je me sentais mieux parce que je m'étais exprimée avec respect et estime de moi.

Pensée du jour

Quand je refoule ma colère, je lui permets de macérer dans mon cœur et dans ma tête, et cela défait tout mon rétablissement.

« Dans mon groupe Al-Anon, j'ai trouvé quelque chose dont j'avais terriblement besoin – la permission de me mettre en colère. »

De la survie au rétablissement, p. 133

5 août

J'ai occupé pendant plusieurs années un emploi qui m'épuisait sur les plans émotif, physique et mental. Je n'aimais pas mon travail, mais je ne le détestais pas assez pour prendre le risque de chercher quelque chose de mieux. Comme dans les autres domaines de ma vie, je ne croyais pas mériter mieux. Souvent, je réussissais à passer à travers ma journée de travail qu'en lisant la petite carte Al-Anon intitulée *Aujourd'hui seulement*. Elle contient notamment une phrase qui m'a toujours aidé : « Aujourd'hui seulement… Je peux accomplir pendant douze heures une foule de choses dont la seule pensée m'accablerait si je devais y consacrer toute ma vie. »

Puis j'ai assisté à une réunion dont le sujet était « Aujourd'hui seulement ». Après avoir écouté attentivement les commentaires des autres membres, j'ai réalisé qu'en faisant la même chose jour après jour, année après année, cela revenait à dire que je le faisais pendant toute ma vie ! Peut-être *devrais*-je être accablé par mon acceptation d'une situation inacceptable. Passer à travers des difficultés temporaires en me rappelant qu'elles seront de courte durée, ce n'est pas la même chose que me résigner à souffrir continuellement en me disant que « les choses ne pourraient pas aller mieux. »

Au fond de mon cœur, je savais que la seule chose qui me retenait à cet emploi était la peur. En utilisant la sagesse contenue dans un petit document Al-Anon et en demandant l'aide de ma Puissance Supérieure, j'ai obtenu le courage de changer les choses que je pouvais changer. Récitant la Prière de Sérénité à chaque étape du parcours, j'ai finalement abandonné mon ancien travail et j'ai trouvé un emploi qui me convient mieux.

Pensée du jour

Les outils Al-Anon sont particulièrement efficaces lorsque nous utilisons de manière appropriée celui qui convient à la tâche à accomplir.

« Si je voulais mettre ces outils à l'œuvre, je devais apprendre à les utiliser. »

The Forum, mai 2001, p. 25

6 août

Quand mon groupe d'appartenance a formé un groupe Alateen, on a demandé aux deux plus jeunes membres Al-Anon d'être guides. J'étais l'un d'eux. Mon groupe croyait que parce que nous étions plus près de l'âge des adolescents, nous pourrions mieux les comprendre. Je n'aimais même pas les adolescents. Cependant mon parrain m'a appris à toujours dire oui au service.

Une aventure étonnante et parfois pénible m'attendait. J'ai vite découvert que je ne détestais pas les adolescents – j'avais tout simplement peur d'eux. La plupart de mes peurs venaient du fait que je ne m'étais jamais permis d'être un adolescent, alors il me semblait que je ne les comprenais pas. J'avais passé mon adolescence à me cacher du monde et du chaos suscité par la consommation d'alcool de ma mère. Je ne m'étais pas fait d'amis, je ne sortais pas avec les filles, je n'étais même pas rebelle. Je me cachais.

Écouter chaque semaine des jeunes membres qui étaient encore aux prises avec des parents alcooliques a réveillé ces sentiments qui m'avaient amené à me cacher. En continuant de parrainer ces adolescents et à me familiariser avec mes sentiments, Al-Anon m'a donné la force de regarder mon enfance avec honnêteté, et la sagesse de voir d'autres possibilités que l'isolement.

J'ai vécu de nombreux changements dans un court laps de temps. Mon comportement ressemblait beaucoup à celui d'un adolescent. Je mettais tout en doute ! Heureusement, ce tour de manège émotif dans les montagnes russes a été de courte durée. Grâce à ce cheminement tardif dans mes années d'adolescence, je comprends mieux qui je suis vraiment. Je ne sais pas si j'ai aidé les membres Alateen, mais je sais qu'ils m'ont beaucoup aidé.

Pensée du jour

Les occasions de faire du progrès peuvent survenir dans les circonstances les plus inattendues. Tout ce dont j'ai réellement besoin, c'est de bonne volonté, de courage, et d'ouverture d'esprit.

« Alateen me permet de remonter aux années de ma propre adolescence. »

Guide du parrainage Alateen, p. 20

7 août

La dépression, la boulimie et une piètre estime de moi font partie des conséquences de l'alcoolisme de mon père. Cependant, il a fallu que j'assiste à de nombreuses réunions Al-Anon avant de comprendre que ces défauts reposaient en fait sur mon incapacité à être honnête envers moi-même. J'ai pris conscience que j'avais tendance à permettre aux gens de profiter de moi parce que je voulais leur plaire. Pourtant, je me sentais souvent déprimée lorsque je faisais ce qu'on attendait de moi et que cela allait à l'encontre de mes objectifs ou de mes valeurs. Quand il m'arrivait de m'affirmer, je me sentais coupable. J'avais l'impression de vivre sur une corde raide.

Al-Anon m'a aidée à découvrir mes droits en tant qu'individu. Cela a commencé par le droit de parler pendant une réunion sans que personne m'interrompe ou me donne des conseils. On m'a dit que mon anonymat serait respecté et que j'avais seule le droit de révéler mon appartenance. C'était peut-être la première fois qu'on me donnait le droit de décider quelque chose.

J'ai fini par entendre que « non » est une phrase complète en soi, et que j'avais le droit de refuser sans donner d'explication. J'ai découvert l'importance d'appliquer la Prière de Sérénité à mes relations et à mon habitude de vouloir plaire aux gens. Si rien de ce que je dis ou de ce que je fais n'incite les gens à m'aimer ou non, alors je peux bien agir dans mon propre intérêt, pourvu que cela ne nuise à personne.

Finalement, grâce au service j'ai appris comment me fixer des objectifs réalistes et les atteindre étape par étape. J'ai appris que le succès n'est pas important. L'échec peut être une occasion de progresser, plutôt que de me taper sur la tête. C'est ainsi que se bâtit l'estime de soi. Avant mon arrivée à Al-Anon, je n'avais jamais connu ce qu'est le progrès personnel.

Pensée du jour

Ma capacité de m'apprécier moi-même augmente avec chaque nouvelle réunion, avec chaque nouvel outil Al-Anon que j'utilise et que je mets en pratique.

« Al-Anon m'a appris que je suis une personne de valeur… mais, par-dessus tout, que je peux choisir comment vivre ma vie. »

De la survie au rétablissement, p. 276

8 août

Mon père m'avait offert d'aller camper. J'étais ravie qu'il veuille faire quelque chose avec moi. Je me sentais spéciale. Peu de temps avant le moment du départ, il a téléphoné. Son avion devait être réparé et finalement il ne pourrait pas l'utiliser. Ma première réaction a été de dire : « Oh, ce n'est pas grave, papa. » Les semaines passant, j'ai réalisé que j'avais réagi selon une ancienne habitude. J'étais enthousiasmée par un projet avec mon père, il tombait à l'eau, et je lui cachais ma déception.

J'ai tout de même partagé avec mon groupe d'appartenance mes sentiments concernant ce voyage de camping manqué. J'ai pleuré en racontant mon histoire, et cela m'a fait du bien. Des membres sont venus me voir après la réunion et ils m'ont remerciée de m'être confiée. Un membre m'a dit que le plus beau cadeau qu'il n'ait jamais reçu, c'est quand ses enfants lui ont dit qu'il les avait peinés.

J'étais terrifiée à l'idée de parler de mes sentiments à mon père, même s'il était dans les AA depuis plus de dix ans et dans Al-Anon depuis plus d'un an. J'ai parlé à ma marraine, et elle m'a suggéré de dire à mon père ce que je ressentais. Après notre entretien, j'ai appelé mon père. Je lui ai dit que je l'aimais, et que c'était important pour moi que nous passions du temps ensemble. Puis je me suis mise à pleurer, et il m'a laissée faire. Il ne m'a pas interrompue. Je lui ai dit que j'étais déçue qu'il ait annulé le voyage. Il m'a écoutée et, quand j'ai eu terminé, il m'a dit qu'il était désolé que je me sente peinée. Puis il m'a dit : « Je suis content que tu me l'aies dit. »

Pensée du jour

Quand je parle ouvertement de mes sentiments lors des réunions et que les autres membres me remercient pour mon honnêteté, cela me donne le courage de faire de même dans d'autres domaines de ma vie.

« *Si je change d'attitude, je peux choisir ce que je ferai de mes sentiments.* »

Le Courage de changer, p. 270

9 août

Quand j'ai finalement découvert Al-Anon, j'avais une très faible estime de moi. Ce sentiment de dévalorisation était dû en grande partie au fait qu'on avait rarement accordé de l'importance à mes pensées ou à mes idées. J'étais convaincu que ce que j'étais, ce que je disais, ou ce que je faisais n'avait aucune importance. À la maison, l'alcoolisme me faisait croire bien des mensonges et il me chuchotait constamment que je n'étais pas digne de m'exprimer et d'être entendu. J'avais des opinions, mais je les gardais à l'intérieur de moi où elles croupissaient. Même lorsque j'avais l'occasion de parler, habituellement j'y renonçais.

Je suis reconnaissant pour le Cinquième Concept d'Al-Anon, qui stipule que « Les droits d'appel et de pétition protègent les minorités et assurent qu'elles sont entendues ». Ce Concept m'indique qu'il est important que je fasse entendre mon point de vue lors des réunions d'affaires de mon groupe, même si je ne suis pas d'accord avec la majorité. Pour qu'une conscience de groupe Al-Anon soit efficace d'un point de vue spirituel, chaque voix doit être entendue. Ce pourrait bien être ma voix qu'utilise notre Puissance Supérieure pour mieux informer le groupe concernant une décision à prendre. À elle seule, ma voix *peut* faire une différence.

Ayant acquis de l'expérience à donner mon témoignage, je pourrais être tenté d'utiliser ce Concept comme une excuse pour imposer mon opinion aux autres. Cependant, cette tentation est tempérée par la leçon reçue de la Deuxième Tradition, qui stipule que notre groupe n'a qu'une seule autorité – un Dieu d'amour tel qu'Il peut Se manifester à notre conscience de groupe. En gardant à l'esprit ces deux héritages, je peux conserver en toute humilité l'équilibre entre le silence et la domination.

Pensée du jour

Aujourd'hui, suis-je capable de m'exprimer sans m'inquiéter des réactions des autres ?

> « En s'occupant des membres de la fraternité moins nombreux et apparemment plus faibles, ce Concept offre sécurité et continuité à tous. »
> *Les Concepts : le secret d'Al-Anon le mieux gardé ?* p. 8

10 août

Enfant, je vivais dans un monde de fantaisie où imaginer quelque chose, c'était le réaliser. En combinant ceci à ma recherche du perfectionnisme et de la maîtrise de soi, je croyais que je pouvais par la simple pensée éviter de réagir émotionnellement aux gens et aux événements. J'ai transporté ces illusions dans ma vie adulte. Je me suis longtemps exercée à être dure.

Dans Al-Anon, la réalité émotionnelle de mon existence a fait surface tandis que j'acceptais mon passé. J'ai d'abord été terrifiée. Des choses affreuses cachées au fond de moi – colère, peur, et ressentiment – se sont mises à couler à flots comme la lave en fusion sortant d'un volcan.

À force de ressentir et d'exprimer mes émotions, la lave a refroidi et elle a atteint un niveau plus calme, plus mesuré. J'ai traversé une période où je pensais que je devais appliquer le perfectionnisme et la maîtrise de soi à ma vie émotive maintenant plus ouverte. Ce fut de courte durée, parce que la vie poursuivait son cours, de même que mes émotions. J'étais suffisamment rétabli pour réaliser que refouler mes sentiments nuirait à mon rétablissement. Il ne me fallait rien de moins que l'honnêteté.

J'apprends à être à l'aise avec mes sentiments en acceptant ce que la vie met sur ma route. J'utilise la Prière de Sérénité et les slogans « Penser » ainsi que « Ne pas compliquer les choses ». Les slogans « Se hâter lentement » et « Un jour à la fois » m'aident aussi. Je n'oublierai jamais le moment où j'ai fait le choix d'affronter mon côté sombre. Quand je l'ai fait, mon côté doux m'est devenu accessible, et ma vie émotive s'est équilibrée. Aujourd'hui, au lieu de passer d'un extrême à l'autre, je vis d'une manière plus stable et plus sereine.

Pensée du jour

Si je veux me rétablir, je dois ressentir. C'est peut-être difficile au début, mais je sais que ma Puissance Supérieure et le programme m'aideront à trouver un point d'équilibre émotionnel.

« Plus nous acceptons et exprimons nos sentiments, plus nous avons l'occasion d'éprouver toute la gamme de nos émotions, de la tristesse à la joie. »

Alateen – 4ᵉ Étape : Inventaire, p. 32

11 août

Quand j'ai commencé à aller à Al-Anon, j'ai découvert que je n'étais pas la seule à essayer de surmonter les conséquences d'une enfance dans le foyer d'une personne alcoolique. Cette découverte s'est avérée un bienfait de bien des manières. Devenir membre de la fraternité Al-Anon a fait disparaître le lourd fardeau de la honte que j'avais porté sur mes épaules pendant des dizaines d'années. J'en suis aussi venue à croire que l'alcoolisme est véritablement un mal familial, affectant toutes les personnes proches d'un buveur. Le programme m'a aussi fait franchir une nouvelle étape dans mon rétablissement en me donnant les outils nécessaires pour affronter cette maladie. Une dose quotidienne des Étapes, des slogans, d'implication dans les services, de partage, et de spiritualité – prise jour après jour, mois après mois, année après année – a permis la rémission de ma maladie. Aucune thérapie professionnelle – même si cela est utile – n'avait pu remplacer le profond soulagement que j'ai obtenu en entendant les autres partager des expériences similaires, leur force, et leur espoir.

« Écouter pour se rétablir » est une vérité Al-Anon toute simple, mais tellement importante. Je m'entends à travers les expériences des autres et je me retrouve dans les émotions partagées. En apprenant à éprouver de la compassion et de l'acceptation à l'égard des autres membres, j'apprends à éprouver la même chose à mon propre égard. Leur force me donne de la force, leur espoir me donne de l'espoir, et j'en viens à croire que, s'ils peuvent obtenir la guérison, je le peux moi aussi. Rien ne peut remplacer l'expérience d'être personnellement témoin de la guérison, du changement et du progrès chez les autres membres Al-Anon. C'est le seul encouragement dont j'ai besoin pour continuer de mettre en pratique mon programme avec d'autres personnes qui luttent avec cette maladie insidieuse.

Pensée du jour

Le partage mutuel de notre expérience, de notre force et de notre espoir pendant les réunions Al-Anon nous libère de la solitude et de l'isolement individuel.

> « En fait, c'est dans le partage de notre diversité et de notre individualité que nous abolissons le mur de l'isolement, approfondissons notre compréhension, constatons que nous ne sommes pas seuls, et apprenons que nous avons le droit de mener une vie remplie, heureuse et profitable. »
>
> *Al-Anon, c'est aussi pour les homosexuels*, p. 2

12 août

Dans la maison où j'ai grandi, j'ai appris bien peu de choses concernant le respect. On parlait de respect, et on l'exigeait, mais on ne le voyait pas souvent. Heureusement, ma Puissance Supérieure m'a amenée à choisir un cheminement qui allait me permettre d'explorer un nouveau concept : mériter le respect.

Dans mon travail, j'avais décidé qu'obtenir du respect serait à la fois essentiel et désirable. Mais je me débrouillais encore par moi-même. Apprenant de mes essais et de mes erreurs, j'ai bientôt découvert que, pour obtenir du respect, je devais aussi l'offrir – sincèrement. Miraculeusement, ce que je donnais me revenait.

Dans ma vie personnelle, cependant, les conséquences de l'alcoolisme faisaient que j'avais de la difficulté à maintenir mon respect à l'égard des alcooliques faisant partie de ma vie, et aussi à mon propre égard. J'ai éprouvé des difficultés continuelles jusqu'à ce que j'aie la chance de découvrir Al-Anon.

Pendant les réunions, nous parlons à tour de rôle, chacun a la chance de s'exprimer, et nous nous remercions de le faire. Nous nous abstenons de donner des conseils, de critiquer, de discuter ou de juger. Nous permettons à nos paroles de demeurer suspendues dans la salle de réunion, sans débat, pour qu'elles soient absorbées par ceux qui en ont besoin. Nous nous donnons mutuellement le temps d'apprendre des leçons difficiles. Nous nous respectons les uns les autres, ce qui permet de se respecter soi-même.

Pensée du jour

La structure même d'une réunion Al-Anon me donne l'occasion de m'exercer à donner et à recevoir le respect.

« Je me suis retrouvée au milieu de groupes qui me traitaient avec confiance et respect… »
Having Had a Spiritual Awakening…, p. 124

13 août

La Douzième Étape m'encourage à « … mettre ces principes en pratique dans tous les domaines de ma vie ». Les questions financières sont un de ces domaines, et quelque chose en moi me faisait croire que je pouvais les gérer sans l'aide d'une Puissance Supérieure.

Non seulement je croyais que je pouvais m'occuper de mes finances seule, sans tenir compte des principes du programme, mais je croyais aussi que si je pouvais générer un certain revenu par mon travail, je pourrais dire à Dieu d'aller Se faire voir. Je m'accrochais encore à l'idée que quelque chose – dans ce cas-ci, une somme d'argent – me permettrait de gérer ma vie à ma manière et selon mes conditions.

Le résultat s'est avéré ironique, mais cela avait du sens. Plus je demandais à Dieu de m'aider à atteindre cet objectif qui allait enfin éliminer ma dépendance envers une Puissance Supérieure, plus je perdais la raison. J'ai finalement réalisé ce que j'étais en train de faire et je suis revenue à la Première, Deuxième et Troisième Étape. J'ai de nouveau accepté que ma Puissance Supérieure serait toujours aux commandes en ce qui me concerne, dans tous les domaines de ma vie.

Pensée du jour

Quand je m'appuie sur ma propre volonté, je limite sérieusement *toutes* mes ressources. Quand je me tourne vers ma Puissance Supérieure, ces limites s'évaporent.

> « Nous sommes en mesure de diriger notre destinée en nous abandonnant à une volonté autre que la nôtre. »
>
> *Forum Favorites*, volume 3, p. 40

14 août

Avant Al-Anon, je prenais parfois des décisions en réaction à des états émotionnels qui me mettaient mal à l'aise, tels que la confusion, la colère et la peur, qui ne sont pas de bonnes fondations sur lesquelles appuyer une décision. J'étais en réaction, et ma vie me semblait complètement incontrôlable.

Al-Anon m'a montré comment répondre adéquatement à mes émotions. Sur le plan des réactions, j'ai appris à m'occuper d'abord de mes sentiments afin de pouvoir considérer lucidement tous les faits relatifs à une situation. Aujourd'hui, quand je fais face à des émotions intenses, j'appelle mon parrain afin de discuter du problème et pour désamorcer mes sentiments. J'écris parfois dans mon journal, ou je fais de l'exercice, comme la natation. La prière et la méditation m'aident aussi à me calmer et à prendre du recul. Quand je veux agir de manière radicale, je me demande : « Est-ce si important ? » Le comportement que je pense adopter est-il proportionnel au problème ? Souvent, ce n'est pas le cas. Chacun de ces outils m'aide à m'accorder le temps et l'espace nécessaires pour démêler les fils de l'intellect et des émotions. Je peux ensuite agir au lieu de réagir.

Cela m'aide de me rappeler qu'*aller mieux* ne signifie pas nécessairement se *sentir mieux*. Quand je dois traverser la douleur afin de la laisser aller, je me rappelle que « Cela aussi passera ». Je me dis que tout comme mes pensées n'influencent pas la réalité, mes sentiments non plus. Ma vie va s'arranger selon la volonté de Dieu, peu importe ce que je ressens, alors à quoi bon essayer de manipuler une situation afin d'éviter l'inévitable – les émotions humaines ? Un tel comportement ne sert qu'à susciter encore plus de souffrance, et je n'en veux certainement pas plus !

Pensée du jour

Est-ce que j'utilise mes sentiments ou est-ce que je leur permets de m'utiliser ?

> « La véritable nature de mon problème était mon refus obstiné de reconnaître mes sentiments, de les accepter et de lâcher prise. »
>
> *Le Courage de changer*, p. 249

15 août

La peur est l'énergie qui déclenche mes défauts de caractère. Il arrive que mes défauts demeurent inactifs comme une auto-tamponneuse au repos, et je ne les remarque même pas. Quand j'ai peur, par contre, ma peur agit comme une décharge électrique qui fait partir la voiture (mes défauts). Je gaspille mon énergie mentale et physique à tourner en rond, en essayant ne pas me faire frapper ou renverser.

Mais qu'est-ce qui déclenche ma peur ? Essayer de contrôler des choses devant lesquelles je suis impuissante, c'est un bouton qui fonctionne toujours. Comment puis-je le désactiver ? La Prière de Sérénité m'aide à me calmer. Je fais une liste avec une colonne intitulée « Choses que je peux changer » et une autre intitulée « Choses que je ne peux pas changer ». Je divise ensuite le problème en différents éléments que je place sous chaque colonne. Quand j'ai fini, je demande à ma Puissance Supérieure de rediriger mon énergie vers les éléments que je peux changer.

Sortir du moment présent et m'inquiéter de l'avenir est un autre déclencheur. Quand j'ai l'impression que ma tête avance plus vite que mon corps, cela m'aide si je me concentre sur mon corps et, habituellement, ma tête se réaligne. Je me dis de lâcher prise et de m'en remettre à Dieu pour qu'Il s'occupe des choses que j'ai placées sous la colonne « Choses que je ne peux pas changer ». Je me concentre sur ce que je suis en train de faire : je me lave les cheveux; je prépare le repas; je conduis ma voiture. Cela peut me paraître ridicule, mais je consens à faire ce que je peux pour me ramener dans le moment présent. Une telle façon d'agir donne le ton pour une journée plus sereine et plus centrée.

Pensée du jour

La peur est une émotion humaine bien naturelle ayant de nombreux déclencheurs. Les outils Al-Anon m'aident à les identifier et à les désactiver à la source.

> « Mes peurs concernant l'alcoolisme peuvent enfermer mes pensées dans un cercle vicieux. Le programme m'aide à briser leur emprise sur mon esprit. »
> *Alateen – un jour à la fois*, p. 144

16 août

La Sixième Tradition, qui nous met en garde contre les tentations pouvant nous distraire de notre but spirituel premier, peut se condenser en quelques mots – se concentrer, se concentrer, se concentrer. Comment cela s'applique-t-il à mon rôle dans Al-Anon ? J'ai fait le choix d'accepter que le seul but d'Al-Anon est d'aider les familles et les amis des alcooliques. Comment est-ce que j'y parviens ? Je me concentre. Si je me laisse distraire par une autre mission, cause, groupe ou idéologie – aussi louable soit-elle – je dissipe mes énergies et j'ai moins de chances d'atteindre mon objectif.

Est-ce que je peux lire autre chose pour combler mes besoins émotionnels et spirituels ? Bien sûr que oui, mais je n'appelle pas cela Al-Anon. Est-ce que je peux aller à des réunions ouvertes des AA pour mieux comprendre les alcooliques qui font partie de ma vie ? Absolument, mais je n'appelle pas cela Al-Anon. Est-ce que je peux aller voir un conseiller ou suivre une thérapie ? Certainement. Je peux faire tout ce que je veux, *en tant qu'individu*, mais je n'appelle pas cela Al-Anon, et je n'amène pas cela dans mes réunions. Je viens à Al-Anon pour apprendre Al-Anon. Il y a autant de compléments formidables à mon rétablissement qu'il y a de membres, mais si je me laisse distraire, je vais nuire à mon propre programme ainsi qu'à ma capacité d'aider les autres.

Pensée du jour

Si je perds ma concentration, je risque de ne pas pouvoir atteindre mon objectif spirituel premier.

« … Si Al-Anon devait s'impliquer dans chaque cause louable, comment pourrions nous fixer les limites nécessaires pour que notre fraternité demeure intacte et qu'elle puisse faire son travail ? »
Al-Anon Family Groups – Classic Edition, p. 174

17 août

J'étais enthousiasmé quand je suis arrivé à Al-Anon et que j'ai découvert les Douze Étapes. C'était comme si j'avais enfin la permission de vivre ma vie à ma manière, mais au lieu de cela j'ai utilisé le programme pour disséquer la vie des autres. Je connaissais plusieurs personnes qui auraient pu bénéficier de la sagesse que je recevais dans Al-Anon, et j'ai décidé que c'était mon devoir de les éclairer !

Puis j'ai fini par mieux comprendre la Troisième Étape, par laquelle je confie ma volonté et ma vie aux soins d'une Puissance Supérieure telle que je La conçois. J'ai finalement compris que je n'ai pas à éclairer qui que ce soit. Aujourd'hui, confier ma vie à ma Puissance Supérieure veut aussi dire Lui confier mes êtres chers, ainsi que leurs paroles, leurs actes et leurs attitudes. Permettre à ceux que j'aime de prendre leurs propres décisions et d'apprendre de leurs erreurs, c'est leur faire cadeau de la dignité et me faire cadeau de la sérénité. Quand je ne gaspille pas mon énergie à essayer de comprendre la vie des autres, j'ai assez de lucidité pour prendre des décisions qui me permettent d'obtenir la paix dans la vie de tous les jours.

Pensée du jour

Aujourd'hui, je vais cesser de me mêler des affaires des autres et je vais démêler mes propres affaires.

« Al-Anon m'a aidée… à voir que plusieurs de mes problèmes provenaient du fait que je me mêlais des affaires de tout le monde sauf des miennes. »
Le Courage de changer, p. 234

18 août

La Quatrième et la Cinquième Étape m'ont guérie de la honte. La Sixième à la Huitième Étape m'ont guérie de la culpabilité. La honte affecte ma vie intérieure, mes pensées et mes sentiments. La honte me dit qu'il y a quelque chose qui ne va pas chez moi, *en tant que personne*. La culpabilité concerne ma personnalité extérieure, mes paroles et mes actions. La culpabilité me dit qu'il y a quelque chose qui ne vas pas dans *mes comportements*. Avant Al-Anon, je traînais tellement de honte et de culpabilité que je n'aurais jamais pu imaginer que ces émotions pouvaient m'être utiles. Je ne savais pas que la honte et la culpabilité pouvaient m'avertir quand j'adopte un comportement incompatible avec mes valeurs. Dans la famille d'un alcoolique, je n'ai pas appris ce que sont des valeurs saines et cohérentes. La honte et la culpabilité servaient à me punir et à me contrôler. J'ai fini par me sentir honteuse et coupable d'à peu près n'importe quoi.

Al-Anon et ma marraine m'ont aidé à me guérir de la honte en m'offrant un environnement sain où partager mes pensées et mes sentiments. Quand j'ai fait ma Quatrième et ma Cinquième Étape avec ma marraine, j'ai reçu le cadeau d'avoir quelqu'un en qui j'ai confiance et que je respecte, m'aimer encore après m'avoir vue telle que je suis. Je n'aurais jamais cru cela possible. La Sixième à la Neuvième Étape m'ont guérie de ma culpabilité en me donnant des directives pour me permettre de discerner mon rôle dans différentes situations, à identifier mes erreurs, et faire amende honorable. Maintenant que j'ai admis mes erreurs et mes déficiences à Dieu, à moi-même et à un autre être humain, des sentiments de honte et de culpabilité plus normaux me guident dans la Dixième Étape, tandis que je poursuis mon inventaire personnel. Ces émotions qui me mettent mal à l'aise m'indiquent que j'ai peut-être dit ou fait quelque chose qui est contraire aux valeurs que j'ai développées dans Al-Anon. Je peux ainsi faire amende honorable et préserver mon estime de moi.

Pensée du jour

Ai-je considéré que des sentiments de honte et de culpabilité *normaux* peuvent contribuer à mon rétablissement et non lui nuire ?

« Ce que nous faisons de nos sentiments et comment nous y réagissons, voilà ce qui est important. Alateen me montre à réagir positivement. »

Alateen – 4ᵉ Étape : Inventaire, p. 32

19 août

J'ai pris à un tout jeune âge l'habitude de contrôler, d'intervenir et de me mêler des affaires des autres. Je croyais que je devais préserver le bien-être de ma famille. Enfant, ce genre de comportement me donnait une illusion de pouvoir qui me permettait de me sentir en sécurité dans l'ambiance chaotique et incohérente de l'alcoolisme. Transposés dans ma vie adulte, ces comportements ont commencé à détruire ma santé et mon bien-être.

J'étais fatiguée, irritable, épuisée, vidée. J'avais des maux de tête continuels, des douleurs à l'estomac, et je souffrais d'une légère dépression. Ai-je pensé à consulter mon médecin pour ces problèmes ? Non, parce que je me concentrais sur autre chose. J'en ai toutefois discuté avec une amie bien au courant mon enfance. Elle m'avait déjà parlé d'Al-Anon, mais maintenant que ma santé s'effritait, elle s'est faite plus insistante pour m'encourager à y aller. Mon corps a atteint son bas-fond, et j'ai suivi sa suggestion.

Tandis que je plongeais dans les réunions Al-Anon en me contentant d'écouter, s'occuper de soi-même est une idée qui a retenu mon attention. Ce concept me semblait étrange, mais je voulais bien essayer. J'ai créé un « Compte de soins personnels » dans un vieux cahier de notes et j'y ai inscrit deux colonnes : « Ingérence » et « Prendre soin de moi ». J'ai inscrit dans la deuxième colonne les choses que je devrais ou que j'aimerais faire pour me soutenir sur les plans mental, physique, émotif et spirituel. Chaque jour, j'ai noté les minutes et les heures consacrées à me mêler des affaires des autres, et ce que cela me coûtait sur le plan de ma santé et de mon bien-être. Par exemple, au lieu de passer 30 minutes à réprimander mon fils d'âge adulte, j'aurais pu prendre rendez-vous avec mon médecin au sujet de mes maux de tête. J'avais finalement une façon concrète pour me concentrer sur moi.

Pensée du jour

C'est une illusion de croire que m'épuiser peut servir à aider une autre personne.

> « …l'organisation d'une vie bien à nous doit être notre priorité, malgré ce que les autres font ou ne font pas. »
> *Comment Al-Anon œuvre pour les familles et les amis des alcooliques*, p. 76

20 août

La Première, la Deuxième et la Troisième Étape ont ouvert la porte à des changements profonds et importants. Les conséquences d'avoir été élevée dans la famille d'une personne alcoolique me semblaient aussi immuables que la couleur de mes yeux. Deux caractéristiques me viennent à l'esprit – chercher du soutien auprès de personnes incapables d'offrir un soutien émotionnel, ainsi que douter de moi-même et me dénigrer. Avec l'aide de ma marraine, je vois maintenant que ce sont mes traits de caractère, et non les autres personnes qui sont la source de mes angoisses.

Cependant cette prise de conscience n'a été qu'un début. La véritable libération a eu lieu quand j'ai admis que je ne pouvais pas me rétablir par moi-même, ce qui a fait disparaître ma négation. Mon impuissance emplissait mes poumons, elle collait à ma peau, elle battait à l'unisson avec mon cœur. J'étais au bord de l'acceptation, j'ai fait un pas, et je suis tombée en chute libre dans la Première Étape. J'ai réalisé que si je parvenais à ne pas oublier que je suis vraiment impuissante devant ces conséquences, sans essayer de prétendre autre chose, tout irait bien. Pourquoi ? À cause de la Deuxième Étape. Une Puissance supérieure à moi-même peut m'aider. Ce qu'est cette Puissance et comment Elle peut m'aider, ce n'est pas important. Ce qui importe, c'est que je confie mon espoir impatient à cette Puissance. Avec la Troisième Étape, je peux ensuite confier mes pensées, mes sentiments, mes actions, mes rêves et mes besoins – ma vie tout entière – aux soins de cette Puissance.

Je me suis acheté un anneau spécial, et il m'arrive de le toucher d'une heure à l'autre pour me rappeler que je ne suis pas seule et que ces trois Étapes sont mes pierres de gué vers l'abandon, la raison et, finalement, la sérénité. Il m'est souvent arrivé depuis de les utiliser rapidement l'une après l'autre. Ma vie s'est améliorée, et elle continue de le faire. Jamais en vingt ans ne me suis-je autant sentie « moi-même ».

Pensée du jour

C'est cela la prière de l'impuissance : demander simplement à être guidé.

> « Plus je me sens petit et impuissant, plus je progresse sur le plan spirituel. »
>
> Having Had a Spiritual Awakening, p. 159

21 août

Dans ma famille, mes parents me disaient toujours quoi faire. Je réagissais habituellement en obéissant de mauvaise grâce ou par un refus rebelle. D'une manière ou d'une autre, je réagissais au lieu d'agir, et je me sentais contrôlé.

J'ai eu l'occasion de changer quand je suis arrivé à Al-Anon. Devant me rendre à ma première réunion de l'Assemblée de la circonscription en tant que nouveau représentant de groupe, je voulais voter selon les instructions de mon groupe. Nous avons donc discuté des sujets qui seraient soumis à un vote. Les membres ont parlé pour ou contre ces différents sujets. Avant de conclure, le représentant de groupe sortant a proposé qu'on me donne l'autorisation de voter selon mon bon jugement. Il a dit que j'obtiendrais plus d'information pendant la réunion, et que je ne pourrais pas consulter le groupe sur chaque sujet. Plusieurs membres nous ont rappelé le Troisième Concept, « Le droit de décision rend possible un leadership efficace ». Je n'arrivais pas à croire que mon groupe me fasse confiance pour parler en son nom. Malgré tout, j'ai « lâché prise et m'en suis remis à Dieu », et je me suis fait confiance pour prendre de bonnes décisions au cours de la réunion de l'Assemblée.

À mon retour, j'ai indiqué comment j'avais voté. Tous n'étaient pas d'accord avec mes décisions, mais personne n'a voulu me démettre de mes fonctions. Ils m'ont remercié pour mon travail et ils ont remboursé mes dépenses. Mon mandat une fois terminé, j'ai offert le même soutien aux représentants de groupe qui m'ont succédé.

Le soutien que je reçois dans Al-Anon va bien au-delà de ce que mes parents étaient en mesure de me donner. Aujourd'hui, je sais qu'il y a quelque chose de plus important que de toujours faire ou refuser de faire ce qu'on me demande. Au lieu de cela, je peux apprendre à me fier à mon jugement et, aussi, permettre aux autres de me faire confiance.

Pensée du jour

Le service Al-Anon me donne l'occasion de prendre des décisions, ce qui m'aide à bâtir mon caractère.

> « Avoir toute latitude de prendre des décisions appropriées, agir librement sans être harcelée ni avoir à se justifier confère de la dignité à la personne responsable d'une fonction. »
>
> *Les Concepts : le secret d'Al-Anon le mieux gardé ?* p. 8

22 août

Quand je suis arrivée à Al-Anon, je m'attendais à recevoir des instructions concernant quelque chose dont j'avais grandement besoin. Je voulais savoir comment devenir une personne adulte ayant des valeurs solides, de l'estime de soi, et de l'amour-propre. J'ai cherché à l'apprendre auprès de tout un chacun : mes parents, mes employeurs, mes conjoints, mes enfants, mes amis, etc. – tout le monde sauf ma Puissance Supérieure et moi-même.

Après avoir assisté à des réunions et entendu les autres raconter leur histoire, un changement essentiel m'est apparu clairement. Je devais cesser de me saboter moi-même en recherchant à l'extérieur quelque chose qui n'existe qu'en moi.

Essayer de trouver l'estime de soi et l'amour-propre en moi-même, c'était comme essayer de faire sortir un lapin d'un chapeau, et je n'avais ni lapin ni chapeau ! Ayant grandi avec des parents alcooliques qui n'étaient pas disponibles, il y avait eu des failles importantes dans mon développement. Je ne voyais pas comment j'allais pouvoir m'investir de traits de caractère que je n'avais jamais observés à la maison.

Al-Anon a réparé ces failles en me donnant des outils pour développer les qualités que je désire et en me donnant l'exemple de personnes saines qui les possèdent déjà. Le programme me donne des directives saines et solides – des valeurs – pour vivre ma vie. En lâchant prise et en me fiant à Dieu pour arranger les choses sans imposer ma volonté, je deviens plus mature. En prenant mes responsabilités en faisant amende honorable, je gagne en estime de moi. En ajustant mon comportement social selon les Traditions, je gagne en amour-propre. Pratiquer mon programme m'aide à devenir l'adulte que j'ai toujours rêvé être.

Pensée du jour

Pour moi, il y a quatre vérités : j'ai des besoins; j'ai des parents; parfois, mes parents ne peuvent pas combler mes besoins; mais je *peux* combler mes besoins ailleurs.

> « Avec de l'aide, nous pouvons redonner un sens à notre vie à mesure que nous devenons, un jour à la fois, la personne que nous voulons être. »
> *Al-Anon : témoignages d'enfants adultes d'alcooliques*, p. 4

23 août

Être marraine a été un élément important de mon rétablissement des conséquences de mon enfance au contact de l'alcoolisme. En réalité, en tant que marraine, je ne donne jamais autant que je reçois. Par exemple, voir la personne que je parraine s'épanouir sous le rayon ensoleillé de paroles encourageantes me montre toute l'importance d'être bienveillante à mon propre égard, et cela me donne l'occasion de m'exercer à offrir le réconfort mentionné dans la Cinquième Tradition.

Quand j'ai le privilège d'entendre un secret qu'une personne que je parraine s'attendait à garder sous silence toute sa vie, cela me rappelle le soulagement que j'ai ressenti moi-même quand j'ai finalement confié le fardeau de mes secrets à *ma* marraine.

En personne ou au téléphone, les conversations avec ces personnes que nous parrainons donnent souvent lieu à des éclats de rire, ce qui nous rappelle que nos tragédies contiennent aussi certains aspects extrêmement comiques.

Quand une de ces personnes que j'ai vue progresser à pas de géant me confie son découragement parce que son progrès lui semble trop lent, je m'ouvre à la possibilité que mon propre découragement est peut-être dû à ma mauvaise façon de penser plutôt qu'à un réel manque de progrès.

Pensée du jour

En devenant parrain ou marraine, je cultive l'art d'écouter avec mon cœur les autres autant que moi-même.

« L'échange entre le parrain et le membre parrainé est une forme de communication qui les enrichira tous les deux. »

Le parrainage et tout ce qu'il comporte, p. 11

24 août

M'accrocher à la colère, au ressentiment et à une attitude de « pauvre moi », cela ne fait plus partie de mes choix aujourd'hui. Grandir auprès de parents alcooliques m'a laissée avec bien des souvenirs pénibles. Toutefois, jusqu'à ce que je sois capable de lâcher prise devant mon passé en pardonnant à mes parents, j'étais incapable d'apprécier le moment présent.

Parmi les nombreux outils d'Al-Anon qui favorisent le rétablissement, une chose qui m'a particulièrement aidée a été de me familiariser avec l'alcoolisme en tant que maladie et ses conséquences sur la famille. Cela m'a permis de voir mes parents sous un nouveau jour. Je sais maintenant qu'ils étaient *malgré eux* victimes de la maladie de l'alcoolisme. Je n'ai aucun doute que s'ils avaient eu le choix, mes parents n'auraient pas pris le premier verre et ils n'auraient pas suivi ce chemin destructeur. En grandissant, je les ai vus lutter contre la maladie de bien des façons – en faisant des promesses, en suivant des programmes de réhabilitation, etc. – mais la maladie a gagné. Mes parents ont souffert, et mes frères et sœurs et moi avons partagé les conséquences de leur souffrance. Dans la bataille contre l'alcoolisme, personne ne gagne, même pas ceux qui semblent être « coupables ».

Dans mon cœur, je comprends maintenant que mes parents ont été le meilleur père et la meilleure mère qu'ils pouvaient être, considérant ce qu'ils ont traversé. En m'imaginant ce qu'ils ont dû endurer, j'ai pu m'identifier à leur combat. Je me suis vue marchant un kilomètre dans les souliers de mes parents, et je n'éprouve plus que de la compassion à leur égard. Je suis reconnaissante envers Al-Anon pour m'avoir aidée à pardonner entièrement à mes parents, et pour m'avoir aidée à les accepter et à les apprécier comme ils sont.

Pensée du jour

Me rappeler que l'alcoolisme est une maladie m'aide à voir la personne qui se débat sous le fardeau de la maladie.

« Avec l'aide de mes amis Al-Anon, j'ai pu voir mes parents comme étant ... deux personnes gravement affectées par une maladie. »

De la survie au rétablissement, p. 170

25 août

J'ai grandi dans le foyer d'une personne alcoolique où j'avais l'impression que personne ne s'occupait de moi, alors j'ai décidé de le faire moi-même. Mon champ de vision est rapidement devenu très limité. J'avais besoin de toute mon énergie uniquement pour me protéger ou pour identifier les choses essentielles à ma survie. Je me sentais confuse et dépassée par mon environnement, alors je me suis fermée au monde qui m'entourait.

Dans Al-Anon, j'apprends à regarder autour de moi, et non seulement droit devant moi. C'est dans les réunions que j'ai commencé à m'ouvrir pour la première fois au monde qui m'entoure. J'ai pris le risque d'observer les membres qui m'entouraient et de les écouter. J'ai ainsi pu créer des liens avec des personnes qui me comprenaient, qui m'acceptaient, et qui voulaient m'aider. En assistant à une seule réunion, j'ai finalement su que je n'étais pas seule.

J'ai par la suite compris comment les Traditions m'encourageaient à regarder autour de moi. La Première Tradition m'a appris que je ne suis pas seule à rechercher le rétablissement, puisque nous assistons tous aux réunions en vue d'atteindre le même objectif. L'atteinte de cet objectif repose non seulement sur la recherche de mon bien-être individuel, mais sur la recherche de notre bien commun. Ce fut ma deuxième prise de conscience. Mon progrès bénéficie du progrès des autres.

La Douzième Étape m'a donné une troisième occasion d'élargir mon champ de vision, particulièrement en ce qui concerne transmettre le message à d'autres. On m'encourageait à regarder autour de moi avec l'intention d'apporter la lumière bienfaisante d'Al-Anon à ceux qui souffrent encore. Ma récompense fut de découvrir que je suis une personne digne de valeur, capable de partager son expérience, sa force et son espoir avec les autres.

Pensée du jour

Quels sont les cadeaux qui m'attendent dans le rétablissement si j'élargis un peu mon champ de vision ?

« J'ai continué d'aller aux réunions, et graduellement mon optique a changé. »
L'alcoolisme, un mal familial, p. 10

26 août

Ce n'était pas une coïncidence, mais bien un miracle Al-Anon que, le même jour, je commence ma Quatrième Étape ainsi qu'un réaménagement majeur de mon jardin. J'avais déménagé trop tard dans la saison pour pouvoir semer, alors j'ai décidé de nettoyer le jardin en prévision de l'année suivante. J'ai enlevé les mauvaises herbes, les feuilles et les plantes mortes. J'ai ensuite commencé à creuser, retournant la terre pour la rendre plus malléable. Mon progrès a été ralenti par une grosse touffe qui avait jadis été un lis tigré. J'ai creusé autour, puis en profondeur, pour découvrir un enchevêtrement de racines qui rattachait cette masse à la terre. J'ai essayé en vain de l'arracher d'un seul morceau. J'ai tiré, poussé, frappé des pieds, mais elle refusait de bouger. J'étais de plus en plus frustrée et je commençais à regretter d'avoir entamé ce projet qui me semblait maintenant impossible à terminer.

J'ai pris une pause. Tout en me reposant, j'ai réfléchi à une approche différente pour enlever cet enchevêtrement de racines. Je me suis levée et je me suis remise au travail. Cette fois-ci, j'ai lentement et méticuleusement démêlé cette masse, un petit bout à la fois. Après avoir terminé et laissé un grand trou dans le sol, je l'ai rempli avec de la terre fraîche. J'ai ensuite contemplé avec satisfaction le fruit de ma persistance : un jardin prêt à accueillir de nouvelles pousses.

C'est alors que j'ai compris. C'est ainsi qu'Al-Anon m'aide aujourd'hui. Al-Anon m'a montré comment me démêler, comment nettoyer les débris, et comment demander humblement à ma Puissance Supérieure de me préparer à poursuivre ma croissance en enlevant les mottes qui ralentissent mon progrès.

Pensée du jour

Si je me sens intimidé par la Quatrième Étape et par l'effort que je dois faire pour me démêler, je demanderai à Dieu de m'indiquer une approche différente.

« … les mauvaises herbes continueront à pousser et certains plants auront toujours besoin d'émondage. Les Étapes me donnent des outils pour contrôler les mauvaises herbes et des manuels de jardinage. »

De la survie au rétablissement, p. 201

27 août

Pendant un certain temps, j'ai éprouvé de la difficulté avec le détachement. Quand j'essayais, je ramenais constamment les choses vers moi, et j'avais de la difficulté à être avec moi-même. J'ai fini par comprendre que ma capacité à me détacher reposait sur ma capacité à accepter mes pensées et mes sentiments, à me sentir à l'aise avec moi-même.

En me sentant acceptée dans Al-Anon, j'en suis venue à mieux m'accepter moi-même, ce qui m'a donné le courage de pratiquer le détachement. J'ai essayé avec le buveur en phase active. Quand mon conjoint allait boire après le travail et qu'il arrivait en retard pour le souper, les enfants et moi mangions et nous allions voir un film. Je ne restais pas à la maison à l'attendre en éprouvant de la colère et de l'amertume.

Quand un collègue de travail faisait face à un dilemme, j'ai appris à partager mon expérience sans m'inquiéter de savoir si cette personne allait ou non utiliser mes idées. Je n'ai pas perdu ma concentration ou ma productivité en m'appropriant le problème de quelqu'un d'autre.

J'ai ensuite commencé à me détacher de mon parent alcoolique comme de celui qui ne buvait pas. Lorsqu'ils se disputaient, j'ai appris à dire : « Je suis certaine que vous trouverez une solution créative. » Puis je sortais de la pièce. Afin d'être mieux en mesure de prendre soin de moi, je louais une voiture quand j'allais leur rendre visite. Si l'un d'eux essayait de m'impliquer dans une dispute, je prenais la voiture et je conduisais vers un endroit sûr, attendant de me sentir assez calme pour revenir.

J'ai maintenant beaucoup de pratique et je trouve de plus en plus facile de me détacher. Plus je me détache, plus j'apprends à connaître, à accepter, et à passer du temps avec une personne vraiment formidable – moi !

Pensée du jour

Me détacher des autres et apprendre à me connaître vont main dans la main.

> « Parce que mon destin – ma vie même – n'était plus lié directement à leur destin, j'étais capable de les accepter pour ce qu'ils étaient et d'écouter leurs idées et leurs inquiétudes sans essayer d'exercer un contrôle. »
> *Le Courage de changer*, p. 199

28 août

Avant Al-Anon, je ne savais pas qui j'étais. À cause de leurs maladies, mon père alcoolique et ma mère qui avait grandi dans le foyer d'une personne alcoolique, ne se voyaient pas clairement. Ils ne pouvaient pas m'aider non plus. En grandissant, j'avais l'impression que mes parents ne me voyaient pas. Je me sentais invisible, sans voix. Je n'avais aucune idée de ce que j'aimais ou de ce que je n'aimais pas, et encore moins ce que je pourrais ou non accepter dans une relation. Je me sentais vide à l'intérieur. Quand j'avais l'impression de ressentir quelque chose, c'était comme si cela appartenait à une autre personne.

Tout cela a changé avec Al-Anon. J'ai entendu des suggestions comme « Concentre-toi sur toi » et « Fais ton inventaire et non celui des autres ». Ces idées me laissaient perplexe. Qui étais-je ? Je ne me connaissais pas. La personne que je connaissais était l'adolescente que ma mère considérait comme un fardeau. Mon père me critiquait constamment. Il devait bien y avoir autre chose en moi.

En pratiquant les Étapes, particulièrement les quatre premières, j'ai appris à me connaître. Avec la Première Étape, j'ai pris conscience que j'étais une personne qui essayait stupidement de contrôler l'alcoolisme sans en être capable. J'ai constaté mon impuissance. Avec la Deuxième Étape, j'ai examiné la possibilité qu'il puisse exister une Puissance que je ne pouvais pas définir, mais qui pourrait m'aider. J'ai appris à connaître mon Dieu tel que je Le conçois. Avec la Troisième Étape, j'ai pris conscience de mon profond désir de faire confiance à cette Puissance, qui était supérieure à moi-même. J'ai appris à connaître cet aspect de moi qui acceptait de lâcher prise. Et avec la Quatrième Étape j'ai pris conscience de ma capacité de me définir moi-même plutôt que de laisser aux autres le soin de le faire. J'en suis venue à me connaître.

Pensée du jour

Dans Al-Anon, je peux en toute sécurité me définir moi-même au lieu de laisser aux autres le soin de le faire.

« La vérité, c'est que nous avons peut-être beaucoup plus de valeur et sommes bien plus dignes d'être aimés que les autres ne nous l'ont laissé croire. »

Courage to Be Me, p. 122

29 août

Le comportement de ma mère est la raison qui m'a amenée à Al-Anon. Elle était la première et la plus importante personne alcoolique dans ma vie. C'était une femme créative et talentueuse, mais elle était aussi affectée par les conséquences de sa propre enfance dans une famille marquée par l'alcoolisme, et par la mort de mon frère. Tandis que je vieillissais, sa consommation est devenue plus évidente, tout comme le mur qu'elle érigeait entre elle et le reste de la famille.

Quand je suis arrivée à Al-Anon, ma mère vivait seule et isolée, mais apparemment elle ne buvait pas. Par contre, les conséquences du mal familial de l'alcoolisme continuaient d'affecter notre relation, jusqu'à ce que je commence à me détacher d'elle avec amour. J'ai cessé d'essayer de l'aider à prendre soin d'elle-même, ce qui a aussi mis fin à nos disputes. Je me suis concentrée sur moi, réalisant qu'à cause de ma maladie je ne voyais pas clairement les limites entre ma mère et moi. Découvrir qui j'étais, indépendamment de ma mère fut mon premier défi dans Al-Anon.

Dans les premiers temps, me détacher de ma mère avec amour voulait dire limiter nos rencontres face à face. Pendant plus d'un an, nous n'avons communiqué que par des notes envoyées par la poste et des cadeaux déposés sans que l'on se voie. À l'époque, c'était ce dont j'avais besoin pour mon rétablissement.

Aujourd'hui, ma mère et moi avons une relation honnête et bienveillante fondée sur le respect mutuel de nos limites. Quand nous nous parlons, je me concentre sur moi et je partage mon expérience, ma force et mon espoir au lieu de lui dire quoi faire. Mon rétablissement est devenu plus sain et plus solide, tout comme ma relation avec mère. C'est cela le miracle d'Al-Anon dans ma vie.

Pensée du jour

Le détachement m'aide à établir des limites et à m'affranchir des personnes qui font partie de ma vie.

« Notre responsabilité première consiste à déterminer nos limites et à créer notre propre bien-être … »
De la survie au rétablissement, p. 204

30 août

Le bruissement des feuilles à l'extérieur de la fenêtre trahit la présence d'un visiteur. C'est une mésange qui profite du soleil. Je reste là à la regarder – tout en m'inquiétant du temps que je perds à le faire. Je l'envie de pouvoir prendre le temps de lisser son plumage, frottant sa tête contre ses plumes, les secouant et les remettant tranquillement à leur place. « Rien à voir avec ma routine matinale », me dis-je en me dépêchant à me préparer pour aller travailler – repasser un vêtement, prendre ma douche, et forcer mes cheveux à prendre une allure présentable.

Mon attention est ramenée à la fenêtre par les secousses persistantes d'une feuille sous le premier oiseau, où j'aperçois un autre oiseau que je n'avais pas remarqué, puis un troisième, et un quatrième sur une autre branche. Encore une fois, je me sens jalouse. Ils ont tellement de temps pour accomplir chacune de leurs tâches, se préparant pour la journée. Je suis aussi en train de me préparer pour ma journée, mais je ne suis pas aussi calme qu'eux.

J'éclate de rire. Je viens tout juste de me détacher pendant dix minutes de ma vie « trop active » pour prendre simplement le temps d'apprécier le spectacle de ces oiseaux. Avant Al-Anon, je n'aurais jamais remarqué de si légers mouvements. Les leçons du programme commencent enfin à prendre racine. Mon esprit est enfin assez calme pour remarquer ces oiseaux. Mon appréciation pour leur vie sans complication pénètre mon âme, faisant écho à mon aspiration à la simplicité et à mon besoin de retrouver mon équilibre.

Aujourd'hui, j'ai le choix. Je peux m'isoler du monde extérieur, ou je peux ralentir et l'apprécier. Je peux ressentir profondément les images et le rythme de la vie, leur permettre de nourrir mon âme, faisant confiance à ma Puissance Supérieure pour s'occuper de tout ce qui vit sous le soleil.

Pensée du jour

Dans Al-Anon, j'ai appris à savourer les petits moments merveilleux et particuliers de ma vie.

« Je mettrai mes problèmes de côté durant quelque temps et j'apprécierai ce que signifie vivre avec intensité. »

Le Courage de changer, p. 325

31 août

Je suis l'enfant adulte de deux alcooliques. Avant d'arriver à Al-Anon, je n'avais ni rêves ni espoir. Je voyais ma vie à travers la consommation d'alcool de mon mari. J'avais entendu parler d'Al-Anon, mais je ne voyais pas bien comment cela pourrait m'aider. Tant et aussi longtemps que mon mari continuait de boire sans avoir l'intention d'arrêter, comment le fait d'assister à des réunions et me concentrer sur moi pourrait-il faire une différence dans ma vie ? Ma vie était comme une tornade incontrôlable que rien ne pourrait arrêter.

J'ai décidé d'aller à une réunion et de faire ce qu'on me suggérerait. « Je n'ai rien à perdre », me suis-je dit. J'ai assisté régulièrement aux réunions, que j'en aie eu envie ou non. J'ai demandé à quelqu'un d'être ma marraine, et j'ai commencé à mettre les slogans et les Étapes en pratique dans ma vie. Comme je ne croyais toujours pas qu'Al-Anon pourrait m'aider de manière significative, ma marraine a suggéré ceci : « Tu pourrais essayer de croire que *je* crois ». J'ai décidé de m'appuyer sur la foi de ma marraine envers le programme en attendant de développer ma propre foi.

Après quelques mois, j'ai pu appeler ma marraine et lui dire que je n'avais plus à m'en remettre entièrement à sa foi puisque j'avais maintenant la mienne ! Après avoir donné une honnête chance au programme en le mettant en pratique dans ma vie, j'avais accumulé une impressionnante collection de miracles et de réveils spirituels. Cela s'est produit en vivant un jour à la fois, en pratiquant la foi, et en travaillant sur des Étapes simples, bien que difficiles. Aujourd'hui, je suis reconnaissante d'être en vie, fortifiée par une croyance et une foi grandissantes envers ma Puissance Supérieure, le programme Al-Anon, et moi-même.

Pensée du jour

Sans Al-Anon, je serais dans une impasse. Au lieu de cela, mon chemin est celui de la foi en ce cadeau du rétablissement.

« ... Je suis devenue une croyante qui remercie sa Puissance Supérieure tous les jours et qui demande Son aide. »

Le Forum, mai 1998, p. 24

1er septembre

Après avoir assisté aux réunions Al-Anon pendant un certain temps, j'ai réalisé que prendre soin de moi ne signifiait pas la même chose pour moi que pour certains autres membres. Je croyais faire un bon travail au niveau de mon hygiène personnelle et de ma santé. Après en avoir discuté avec ma marraine, j'ai réalisé que même si je prenais soin de moi, je le faisais en me préoccupant des autres. Je faisais ces choses parce que les autres s'attendaient à ce que je les fasse, et non parce que je me souciais de mon bien-être. J'ai graduellement réalisé qu'en grandissant dans un foyer marqué par l'alcoolisme, j'avais décidé d'ignorer mes sentiments naturels comme l'amour-propre et l'estime de soi parce qu'ils ne pouvaient pas empêcher mes parents de boire ou de me critiquer.

Plus je mets en pratique mon programme, plus je réalise que je suis en train de rebâtir ma relation avec moi-même. Prendre soin de moi, c'est mon affaire, pas celle des autres. Maintenant que j'ai une meilleure perspective quant aux raisons que j'ai de prendre soin de moi, je fais l'effort de me demander ce qui important pour moi. Je demande à ma Puissance Supérieure de me guider avant de passer à l'action. Dans mes prières, je demande l'aide de ma Puissance Supérieure pour apprendre à m'aimer comme Elle m'aime. La sérénité que je ressens aujourd'hui quand je prends soin de moi, voilà une preuve que mes prières sont exaucées.

Pensée du jour

Prendre soin de moi me démontre que j'accepte l'amour que ma Puissance Supérieure éprouve à mon égard.

« Dans Al-Anon, nous apprenons à prêter attention à notre comportement, à nos pensées, et à nos sentiments. Nous méritons cette attention, et nous en avons besoin. »

Le Courage de changer, p. 359

2 septembre

Quand j'ai fait ma Quatrième Étape, j'ai réalisé avec étonnement qu'avoir volé un peigne à 10 cents quand j'avais 7 ans était un geste sans grande importance. Pendant des années, j'avais éprouvé de la culpabilité pour cette infraction mineure. Je m'identifiais au concept d'un sens des responsabilités surdéveloppé, mais je ne savais pas que c'était un défaut. Je considérais que mon sens des responsabilités omnipotent était un atout en or. Les résultats de mon inventaire m'ont amené à réviser mon point de vue.

En m'efforçant d'identifier la véritable nature de ce défaut, j'ai découvert une tendance sous-jacente au perfectionnisme. Je me suis demandé pourquoi j'avais toujours besoin d'être parfaite au point où personne ne pourrait me punir pour avoir fait une erreur quelconque. Je me punissais avant que quelqu'un d'autre ne puisse le faire. J'ai été surprise de découvrir que mon perfectionnisme cachait une peur profonde d'être abandonnée. Quand j'étais enfant et que je faisais quelque chose de mal, mon père alcoolique pouvait passer plusieurs jours sans m'adresser la parole. Je me souviens encore comment je me sentais tendue, triste et seule jusqu'à ce qu'il communique de nouveau avec moi; à ce moment-là, tout recommençait à bien aller. Je me sentais comme si j'étais abandonnée encore et encore. Je ne savais pas que la façon de penser et le comportement de mon père alcoolique n'avaient rien à voir avec moi.

La peur de l'abandon est probablement universelle, mais avoir peur d'être abandonnée ne veut pas dire qu'on l'est effectivement. Ce n'est que lorsque je m'accroche à ma perception infantile du passé que je pense que je peux contrôler la possibilité d'être abandonnée. Mettre mon programme en pratique et faire confiance à ma Puissance Supérieure me donne une nouvelle façon de me voir et de voir mon passé, ce qui me libère de son emprise.

Pensée du jour

Il est naturel pour un enfant de vouloir contrôler. En tant qu'adulte en rétablissement, par contre, je peux faire des choix plus sains.

« Grâce à une relation avec Dieu tel que je Le conçois… je ne crains plus d'être abandonnée. »
De la survie au rétablissement, p. 83

3 septembre

J'ai récemment réagi à une situation. Je me suis mise en colère – vraiment en colère. Je me sentais victime. Merci mon Dieu pour toutes les réunions auxquelles j'ai assisté et pour les phrases et les slogans que j'ai entendu sans cesse répéter. J'ai aussi entendu dire que « colère » était synonyme de « danger ». Je savais que ma colère me conduisait dans une direction dangereuse.

Me rappelant cet avertissement, les leçons d'Al-Anon me sont revenues à l'esprit et je suis rapidement passée de la colère à la gratitude. J'ai pensé aux choses pour lesquelles je pouvais présentement éprouver de la gratitude. Passer de la colère à la gratitude, c'est un bond énorme que je ne pouvais pas faire sans l'aide d'Al-Anon. J'ai cherché dans mon cœur cet endroit où je pourrais trouver de la paix et de la sérénité afin d'aller vers l'acceptation. J'ai fait un inventaire ponctuel sur la colère. J'ai ensuite pu accepter les choses que je ne pouvais pas changer.

En l'espace de quelques heures, j'ai atteint un endroit où j'étais en sécurité, un endroit qu'Al-Anon a créé à l'intérieur de moi. J'ai réalisé que je ne pouvais pas changer grand-chose à la situation. Tout ce que je pouvais changer, c'était ma façon d'y réagir. En continuant à agir ainsi, j'ai pris encore plus conscience du danger potentiel que représente la colère, exprimée en paroles ou en action. En une fraction de seconde, j'avais un choix à faire entre m'en remettre à la colère ou à mon programme, la différence étant de creuser un abîme dans mes relations ou de créer des liens fondés sur l'unité et l'harmonie. Je remercie ma Puissance Supérieure d'avoir utilisé les témoignages entendus aux réunions Al-Anon pour me répéter doucement que je peux faire des choix plus sains.

Pensée du jour

L'importance d'assister régulièrement aux réunions Al-Anon devient évidente quand je m'y attends le moins et que j'en ai le plus besoin.

> « On pourrait croire que relire sans cesse les mêmes Étapes, les mêmes Traditions et les mêmes prières au cours des réunions risque de diminuer leur impact, mais ce n'est pas le cas. »
>
> *The Forum*, novembre 1999, p 4

4 septembre

Un beau jour, on m'a diagnostiqué une fracture de fatigue dans mon pied. J'avais déjà des incapacités physiques depuis 20 ans et il va sans dire qu'une fracture au pied occasionnait bien des problèmes. Puisqu'il m'était très douloureux et même dangereux de marcher, je me suis retrouvée seule dans mon appartement pendant une grosse tempête de neige, incapable de me rendre à mes réunions.

Je n'ai pas été surprise de retomber dans mes anciennes attitudes, principalement l'apitoiement. J'aime bien être dorlotée et choyée quand je suis malade, mais mes amis et les membres de ma famille ne « lisaient pas dans mes pensées » et ils ne comblaient pas mes attentes. Je suis généralement une femme indépendante, très créative quand il s'agit de résoudre des problèmes. Par contre, quand je suis embourbée dans mes pensées négatives, je deviens une autre personne.

Comme toute chose, cela aussi est venu à passer. Mon pied a guéri et j'ai pu retourner à mes réunions. Quand je l'ai fait, je me suis demandée : « Est-ce que *tu* remarques si une autre personne est malade, et est-ce que tu lui offres la même attention que tu désires tant ? » Ma réponse a été non, et j'ai vite demandé à ma Puissance Supérieure de me donner l'occasion de mettre en pratique le slogan « Ça commence par moi ».

En l'espace de quelques semaines, deux de mes voisines ont subi des opérations. Je ne souhaitais pas qu'elles soient malades, mais j'ai tout de même été réjouie que Dieu exauce si rapidement ma requête. C'était ma chance ! Chose amusante, en prenant soin de mes voisines – en leur demandant si elles avaient besoin de quelque chose au magasin et en allant voir si tout allait bien – j'avais l'impression que je prenais soin de moi. J'imagine que ce qu'on dit d'Al-Anon est vrai. Je reçois souvent bien plus que je ne donne.

Pensée du jour

J'ai entendu dire que pour conserver ce programme, je dois le partager. Quand je le partage, je le reçois aussi.

> « La joie et la tranquillité d'esprit sont parmi les récompenses que nous recherchons quand nous décidons que "Ça commence par moi". »
>
> *De la survie au rétablissement*, p. 95

5 septembre

Les premiers slogans que j'ai entendus ont été « Aujourd'hui seulement » et « Un jour à la fois ». Je pensais qu'ils concernaient les autres, pas moi. Il a fallu que je travaille sur la Troisième Étape et sur ma foi en une Puissance Supérieure pour que je devienne honnête.

Avec la Quatrième Étape, j'ai réalisé que j'étais prisonnière du passé. Mes pensées quotidiennes concernaient habituellement le jour, la semaine ou même le mois suivant. Je m'inquiétais toujours du lendemain, au point où il *devenait* mon présent. J'étais souvent si préoccupée par ce que *j'allais faire* que je ne réalisais même pas ce que j'étais en train de faire *maintenant*.

Depuis que j'ai pris conscience de ce défaut de caractère et demandé à ma Puissance Supérieure de le faire disparaître, chaque jour est habituellement meilleur que celui qui l'a précédé. J'exprime ma reconnaissance pour chacune de mes petites joies quotidiennes. Je fais encore des projets, mais je ne permets pas à mes pensées d'oblitérer le présent. Il est agréable de penser à l'avenir, mais pas au prix de mon moment présent.

Quand je réfléchis à cela dans le contexte de l'alcoolisme, je peux comprendre pourquoi je me comportais de cette façon. Avec toutes les choses affreuses qui se passaient à la maison, il y a eu bien des « aujourd'hui » dont je ne voulais pas faire l'expérience. En tant qu'enfant, mes choix étaient limités, alors la meilleure façon de m'évader était de fuir dans la possibilité d'un lendemain meilleur. J'ai maintenant d'autres possibilités. Je sais qu'apprécier ma journée et faire de mon mieux pour moi et ma Puissance Supérieure, c'est la meilleure façon de planifier un lendemain encore meilleur.

Pensée du jour

Aujourd'hui seulement, je choisis d'apprécier tout ce que cette journée peut m'offrir. Si je n'aime pas ce qui m'est offert, je demanderai à ma Puissance Supérieure de m'aider à ajuster mon attitude.

> « Je garderai toujours à l'esprit qu'aujourd'hui seul m'intéresse et j'en ferai une journée aussi bonne qu'il m'est possible. »
>
> *Al-Anon un jour à la fois*, p. 79

6 septembre

Il y a environ deux ans, j'ai essayé ma première réunion Al-Anon. J'ai réalisé que j'étais vraiment à ma place et j'ai décidé d'assister à au moins trois réunions par semaine. Cependant, la vie avait d'autres projets pour moi. En l'espace de quelques jours, ma vie a changé de manière inattendue. Dans ces nouvelles circonstances, assister aux réunions devenait presque impossible.

Heureusement, j'avais ramassé tout un assortiment de pièces de la documentation Al-Anon approuvée par la Conférence, et j'en lisais certaines quotidiennement. C'est en lisant la DAC que j'ai trouvé des renseignements concernant le Service aux membres isolés. Par ce service, les gens qui ne peuvent pas assister aux réunions à cause de leur situation géographique, d'incapacités physiques, etc. sont mis en communication avec d'autres membres Al-Anon qui désirent partager notre programme grâce à un échange de correspondance. J'ai vite commencé à échanger des lettres avec des membres de partout aux États-Unis.

Environ un an après avoir été chercher l'aide d'Al-Anon, j'ai réalisé que l'écrit sous la forme de la DAC et de ma correspondance avec d'autres membres isolés – n'était pas seulement mon principal moyen d'apprendre et de vivre mon programme. C'était devenu une forme de Puissance supérieure à moi-même – un guide, ainsi qu'un bon ami digne de confiance. Cela m'aide toujours, même quand je ne comprends pas totalement l'importance ou la sagesse de ce que je lis ou de ce que j'écris. Revenir régulièrement à la DAC m'aide à préserver la sérénité pour laquelle j'ai travaillé si dur dans Al-Anon.

J'ai toujours espoir de pouvoir un jour assister aux réunions et de redonner, grâce au service, le merveilleux cadeau que j'ai reçu en lisant la DAC. D'ici là, je vais continuer de m'appuyer sur la DAC et le Service aux membres isolés.

Pensée du jour

Si je ne peux pas aller à une réunion dans un moment de crise, la raison et la sérénité sont peut-être dans une page de la documentation Al-Anon.

> « Entre les réunions et quand les autres membres ne sont pas disponibles, la documentation Al-Anon peut nous offrir le réconfort de savoir que nos problèmes ne sont pas uniques et que nous ne sommes pas seuls. »
> *Comment Al-Anon œuvre pour les familles et les amis des alcooliques*, p. 41

7 septembre

Quand je suis arrivé à Al-Anon, j'étais prêt à tout faire pour rendre les autres heureux. Je croyais que j'étais un suiveur né. Si on me disait de sauter, je demandais : « À quelle hauteur ? » Je ne me reconnaissais certainement aucun talent de meneur. J'avais plutôt des talents de suiveur. J'ai traîné cette attitude dans les réunions.

Cela n'a pas été long avant que je me retrouve impliqué dans des projets de service Al-Anon, un après l'autre. Je ne me croyais pas capable d'accomplir ces projets, mais cela n'empêchait personne de me demander de le faire. Quand j'ai admis que j'avais peur de faire des erreurs, des membres m'ont dit que nous en faisons tous, et que j'apprendrais grâce à mes erreurs. Cela m'a beaucoup aidé que des membres d'expérience soient à mes côtés, me guidant avec amour et acceptation. Je pouvais apprendre et progresser à mon propre rythme.

J'ai fini par me sentir plus à l'aise avec mes capacités et je me suis découvert des talents que je ne savais même pas que je possédais. J'en suis même venu à me sentir capable de faire ce qu'on me demandait. Avant même de le réaliser, j'étais celui qui guidait les autres avec amour. Cela m'a pris un certain temps à le constater, mais j'étais devenu un meneur.

Le Neuvième Concept dit notamment que « Des dirigeants ayant des qualités de chef sont essentiels à tous les niveaux de service. » Mon style de leadership est différent du style autoritaire exercé dans mon enfance dans le foyer d'une personne alcoolique. Je me contente de présenter mon expérience, ma force et mon espoir en offrant mon soutien et mon encouragement pour que les autres puissent faire de leur mieux. Je m'efforce à ce que ça commence par moi, ce qui est le véritable leadership Al-Anon à l'œuvre.

Pensée du jour

Al-Anon m'encourage à devenir un dirigeant, à la manière et au rythme voulus par ma Puissance Supérieure.

> « Dans Al-Anon, nous apprenons que nous sommes capables d'assumer la responsabilité de notre vie. Nous sommes nos propres dirigeants. »
> *Les Concepts : le secret d'Al-Anon…*, p. 12

8 septembre

Après avoir adhéré à Al-Anon, j'ai finalement trouvé la paix. L'alcoolisme de mon père et les réactions de ma mère avaient rendu mon enfance pénible. J'ai transmis ma souffrance à ma propre famille. Mon mariage était manifestement profondément affecté par mes sentiments d'abandon et de méfiance. Je m'attendais à ce que mon mari et mes enfants comblent cet énorme vide dans mon âme. Puisque cela n'a pas fonctionné, j'ai essayé la religion, le travail, les services communautaires; j'ai aussi essayé d'être parfaite dans mes rôles de mère, de bénévole, d'employée, et de propriétaire d'une boutique. La liste des choses que j'ai essayées n'a pas de fin. C'est finalement dans Al-Anon que j'ai découvert ce qui marchait : ma foi dans une Puissance Supérieure. Ce sentiment de vide intérieur a maintenant disparu.

Ma mère est décédée en sachant que je l'aimais et que j'étais reconnaissante pour tout ce qu'elle avait fait pour moi. Al-Anon m'a montré qu'elle avait fait de son mieux avec les outils dont elle disposait. Mon père souffre de démence alcoolique. Les autres membres de ma famille le déplacent d'un établissement à l'autre, espérant qu'il ne s'agit que de la maladie d'Alzheimer. Je me dis qu'il faut « Vivre et laisser vivre ».

Je ne suis pas sur cette terre pour changer ou pour contrôler les autres. Je suis ici pour changer et progresser de mon mieux, de manière à servir ma Puissance Supérieure. Il m'arrive de rechuter et de choisir une autre personne comme « puissance supérieure ». Alors je prie, je lis ma documentation Al-Anon, je vais aux réunions, et je discute avec ma famille Al-Anon de l'abandon. C'est en lâchant prise que je peux éprouver la paix et la liberté, le « don inestimable de la sérénité ». Je suis à ma place dans Al-Anon, là où je n'aurai jamais plus à me sentir vide ou abandonnée.

Pensée du jour

Si je « persiste » dans Al-Anon, j'obtiendrai ce dont j'ai besoin pour combler le vide.

« Nous constatons qu'aucun moment du passé n'a été perdu; même à notre insu, nous absorbions tranquillement le programme. »
Le Courage de changer, p. 135

9 septembre

Al-Anon me suggère de « Ne pas compliquer les choses ». J'avais l'habitude de croire que ne pas compliquer les choses signifiait faire en sorte que les autres ne se mettent pas en colère contre moi. Pas du tout ! Ne pas compliquer les choses signifie que je n'ai pas à faire dix choses en même temps pour que tout le monde soit heureux. Ce slogan m'indique que je n'ai même pas à *penser* à dix choses en même temps. Ne pas compliquer les choses implique également que je peux prendre des décisions tout en pensant à moi. Je n'ai pas à me compliquer la vie en essayant d'interpréter la conduite ou les sentiments des autres. Ne pas compliquer les choses m'aide à dire de remarquables phrases comme « J'ai besoin de temps pour y réfléchir » ou « Je t'informerai plus tard de ma décision ». « Je ne suis pas certaine » et « Je ne connais pas la réponse » sont aussi des réponses qui fonctionnent bien.

Ne pas compliquer les choses m'indique que je n'ai pas à réagir à la colère. Je n'ai pas à expliquer ma conduite à une personne irrationnelle. Ne pas compliquer les choses me suggère que je n'ai pas à endosser la culpabilité et la frustration des autres. Cela signifie que mon intégrité est protégée et qu'elle demeure intacte. Ne pas compliquer les choses me donne le temps d'apprécier les choses agréables et peu compliquées – comme respirer profondément, faire un large sourire, et rire de bon cœur !

Quand je m'efforce de « Ne pas compliquer les choses », mes choix et mes responsabilités sont clairs, alors je peux m'en occuper rapidement et continuer d'apprécier ma vie.

Pensée du jour

Qu'arrive-t-il quand je m'efforce de « ne pas compliquer les choses » ?

« Je remarque les choses simples qui m'entourent – un sourire, un magnifique lever de soleil, un sentiment chaleureux envers un ami – et j'essaie aujourd'hui de *ne pas compliquer les choses* dans ma vie. »

Alateen – un jour à la fois, p. 46

10 septembre

Un membre a demandé : « Alors, qu'est-ce qu'on *fait* avec un parrain ? » Le parrainage *est* un outil – un outil à prendre et à utiliser. Le parrainage ne peut m'aider que si je demande à un parrain ou à une marraine de m'aider à bâtir une vie fondée sur le programme Al-Anon.

Quand l'alcoolique prenait un verre et s'enivrait avec l'alcool, je me tournais vers l'alcoolique pour m'enivrer par le contrôle et la recherche de l'approbation. Ma marraine a été la première personne vers qui je me suis tournée pour des motifs sains. J'aimais sa foi enthousiaste et j'admirais son engagement envers l'amour inconditionnel. Je voulais savoir comment elle avait utilisé le programme pour en arriver là où elle en était.

Comment ai-je utilisé le parrainage ? J'appelais ma marraine pour lui parler. J'y suis allée pas à pas en partageant de petits détails de ma vie. Une fois convaincue que nous désirions toutes deux préserver un haut degré de confidentialité, je me suis sentie à l'aise de lui confier des pensées et des sentiments plus intimes. Quand notre relation a finalement été portée par les ailes de la confiance, je lui ai demandé si nous pourrions nous rencontrer régulièrement deux fois par mois pour plusieurs heures à la fois. Je voulais son soutien et sa sagesse pour apprendre à mieux connaître cette personne que je ne connaissais pas vraiment – moi.

Ensemble, nous avons graduellement acquis des racines et une paire d'ailes qui m'ont permis de prendre mon envol tout en me sentant bien ancrée. J'ai emprunté sa foi en attendant d'acquérir la mienne. Je me suis appuyée sur sa Puissance Supérieure en attendant d'entrer en contact avec la mienne. Tout cela a été possible parce que j'ai pris le risque de m'aimer suffisamment pour demander de l'aide.

Pensée du jour

Est-ce que je m'aime suffisamment pour me servir des outils que m'offre le programme ?

> « … Le parrainage est un des outils les plus importants du programme Al-Anon. Nous en retirons des bienfaits dans la mesure où nous nous servons de cet outil. »
> *Le parrainage et tout ce qu'il comporte*, p. 11-12

11 septembre

J'en suis venue à voir mon rétablissement sous la forme d'un triangle dont le sommet est occupé par ma Puissance Supérieure. Sous ma Puissance Supérieure se trouvent les outils fondamentaux et essentiels du programme Al-Anon – les Étapes, les Traditions, les Concepts de service, les slogans, les réunions, le service, le parrainage, et la documentation approuvée par la Conférence. Ensuite il y a moi, avec mon bien-être au plan physique, émotif et spirituel. Mon emploi, ma famille, mes amis et mes passe-temps sont à la base du triangle.

Tant que je garde les choses dans cet ordre, en me concentrant sur le sommet occupé par ma Puissance Supérieure, tout marche sereinement, et même joyeusement. Dieu me donne de la force, de la sagesse, et des conseils, qui me parviennent par l'entremise du programme Al-Anon. Avec l'aide d'Al-Anon et de ma Puissance Supérieure, j'obtiens ce qui est nécessaire pour maintenir une vie saine et équilibrée, et je m'occupe honorablement de mes divers besoins. Quand j'ai pris soin de ces choses, j'utilise le temps et l'énergie qui me restent pour m'occuper de mon travail, de ma famille, de mes amis, et de mes passe-temps. C'est ainsi que je place « les principes au-dessus des personnalités » et que je pratique « L'essentiel d'abord ».

Si je place quelqu'un ou quelque chose d'autre au sommet du triangle de mon rétablissement – comme mon inquiétude pour une personne alcoolique qui m'est chère – ma vie devient incontrôlable. Je ne peux pas faire d'une chose, d'une situation ou d'une autre personne ma Puissance Supérieure sans en ressentir les effets dans tous les domaines de ma vie. Un tel substitut ne peut tout simplement pas me soutenir. Souvent, quand ma vie devient incontrôlable, je n'ai qu'à me demander : « Qui ou qu'est-ce qui est au sommet de mon triangle ? »

Pensée du jour
Ma vie est-elle bien équilibrée aujourd'hui ?

« Le programme m'a aidé à bien définir mes priorités. »
Alateen – un jour à la fois, p. 222

12 septembre

J'entends encore la voix de ma marraine quand elle m'a suggéré de ressentir mes émotions. Lui faisant confiance, j'ai docilement commencé à ressentir. Des émotions désagréables ont fait surface. Je croyais que j'étais venue à Al-Anon pour me débarrasser de la douleur, pas pour l'amplifier.

À la longue, j'ai réalisé que le message que j'avais appris dans ma famille au contact de l'alcoolisme, avait été : « Ne ressens rien ». Quand j'exprimais ma colère, ma peur ou ma tristesse, on me disait que je n'avais pas raison de me sentir ainsi. Par conséquent, j'ai grandi en me méfiant non seulement de mes sentiments mais de tout mon être. Si je n'avais pas raison de ressentir ce que je ressentais, alors il devait y avoir quelque chose qui clochait sérieusement avec moi.

Afin de contenir mes émotions, j'avais appris à me concentrer sur autre chose – l'école, le travail, la promiscuité, et même expérimenter avec l'alcool. Par contre, rien ne fonctionnait aussi bien que d'essayer de contrôler l'incontrôlable – l'alcoolisme. Je concentrais toute mon attention et toutes mes énergies sur la crise à laquelle je faisais face, et je m'y perdais.

Al-Anon m'a aidée à me guérir de cet esprit d'abnégation insensé en me donnant un endroit où je me sens en sécurité afin d'apprendre à découvrir mon côté émotionnel. Pendant les réunions, j'ai vu les autres partager leurs sentiments, et j'ai lentement commencé à révéler les miens. Personne ne m'a critiquée, personne n'a dit que je ne devais rien ressentir. Al-Anon m'a aussi donné des outils concrets pour faire face à ces émotions nouvellement ressenties. Les slogans m'ont aidée à réagir adéquatement quand certains sentiments faisaient surface, et la Quatrième à la Sixième Étape m'ont aidée à les examiner plus sérieusement. J'ai ensuite pu identifier ceux que je voulais conserver, comme la joie et la sérénité, et ceux que je voulais laisser aller, comme la peur et le ressentiment.

Pensée du jour

Al-Anon m'offre un environnement sécuritaire où je peux ressentir et laisser aller les émotions pénibles qui sont enfouies à l'intérieur de moi.

> « Nous commencerons à prendre conscience de nos sentiments et nous en viendrons à connaître la vaste gamme de nos émotions, mais nous n'en serons pas esclaves. »
>
> *De la survie au rétablissement*, p. 269

13 septembre

Pourquoi un chien aboie-t-il ? Je suis terrorisé quand je fais face à des aboiements féroces. Je crois qu'un chien aboie à cause de sa propre peur. Si un chien voulait vraiment attaquer, il se passerait d'aboyer et il sauterait sur moi.

Mon père alcoolique faisait souvent des crises de colère qui semblaient dirigées vers moi. J'avais constamment peur de lui, et je me défendais en l'attaquant la première. Notre comportement donnait lieu à des disputes affreuses. J'ai transposé ce comportement dans mes autres relations. Quand je n'étais pas en train d'aboyer, je feignais l'indifférence, amenant les autres à croire que j'étais snob. Évidemment, je me protégeais, mais ce faisant je me privais de toute forme de véritable amitié.

Quand je suis finalement arrivé à Al-Anon, ce fut tout un défi d'ouvrir mon cœur et mon esprit. Assis semaine après semaine dans les salles de réunion Al-Anon, j'en suis graduellement venu à croire que je pourrais dire ce que j'avais sur le cœur sans être méprisé. J'ai assisté à des réunions portant sur la peur et la colère, et j'ai découvert la raison qui motivait mon besoin d'attaquer le premier. J'avais peur. J'ai vite réalisé que mon père aboyait peut-être après moi parce qu'il avait peur, lui aussi.

Le réaliser ne signifiait pas que je pouvais ignorer mes sentiments concernant les injures qui avaient été proférées à mon endroit. Après avoir assumé la peur et la colère que j'éprouvais envers mon père, j'ai réalisé qu'il n'était qu'un être humain ayant les mêmes émotions que moi. Nous n'étions pas des chiens grogneurs, seulement deux êtres humains avec des déficiences. C'est beaucoup plus facile de me faire des amis quand je n'aboie pas après eux !

Pensée du jour

Ne sous-estimez jamais la conscience de soi – elle a le pouvoir de placer le passé sous un jour nouveau.

« Jusqu'à ce que nous ne prenions le temps de nous regarder honnêtement, nous ne serons peut-être jamais libérés de l'esclavage dans lequel l'alcoolisme nous tient captifs. »
Comment Al-Anon œuvre pour les familles et les amis des alcooliques, p. 26

14 septembre

J'ai été élevé par deux alcooliques, et j'éprouvais de la colère parce que je devais me tourner vers un groupe de soutien pour en assumer les conséquences. Je n'avais choisi ni mes parents ni leurs problèmes. Et pourtant, je devais subir les conséquences de leur consommation d'alcool. J'éprouvais du ressentiment envers mes parents et c'est à contrecœur que je consacrais du temps à Al-Anon. Les conjoints des alcooliques avaient au moins eu le choix de les épouser ou non. Je n'avais pas pu choisir mes parents.

Mon groupe m'a laissé macérer dans mon ressentiment. Ils m'ont laissé râler contre Al-Anon, et personne n'a insisté pour que j'éprouve de la gratitude envers les alcooliques ou le programme. Ils m'ont tout simplement dit de revenir. J'ai exprimé mon mécontentement, je me suis plaint que ce n'était pas ma faute, et j'ai pesté contre mes parents. Graduellement, j'en suis venu à avoir hâte d'assister à mes réunions. J'étais content de pouvoir aller dans un endroit sûr où je me sentais compris et accepté. Je suis devenu un membre Al-Anon reconnaissant, en rétablissement.

Avec l'aide du groupe, des outils Al-Anon, et de ma Puissance Supérieure, j'ai appris que même si mes parents avaient été à l'origine de plusieurs de mes problèmes, j'étais responsable des solutions. J'ai finalement progressé dans Al-Anon. J'ai tellement progressé qu'il m'est difficile de me rappeler l'ancien moi. Bien que mes parents n'aient pas choisi le rétablissement, mes relations avec eux continuent de s'améliorer considérablement en utilisant les principes Al-Anon dans mes échanges avec eux.

Pensée du jour

Je n'ai peut-être pas progressé du premier coup comme je l'aurais voulu, mais je peux progresser de nouveau dans Al-Anon.

« Aujourd'hui, je progresse à pas de géant. J'ai appris à me concentrer sur moi et non sur l'alcoolique. Al-Anon m'a apporté plusieurs choses – en commençant par des amis jusqu'à des moyens pour mieux vivre – mais ce qui est le plus important, Al-Anon m'a donné une vie bien à moi ! »

Témoignages d'enfants adultes d'alcooliques, p. 17

15 septembre

J'ai vécu un des plus frappants exemples du pouvoir des amendes honorables tel que décrit dans la Neuvième Étape, non pas en faisant moi-même amende honorable, mais en en recevant de la part d'un autre membre de la fraternité.

Je me souviens de m'être senti confus, craintif et sur la défensive quand cette personne m'a demandé de la rencontrer. Par le passé, nous avions eu un différend concernant une certaine tâche et nous ne nous étions pas quittés en très bons termes. Même si je m'efforçais de garder l'esprit ouvert face à cette rencontre, j'étais quelque peu inquiet.

Quand j'ai réalisé que ce membre Al-Anon désirait me faire des amendes honorables, j'ai été stupéfait. J'ai été profondément touché par cet acte d'humilité et de courage. Cette personne avait fait montre d'une grande patience et d'une grande ouverture d'esprit pour en arriver à comprendre et accepter mon point de vue. J'ai réalisé que j'avais eu le privilège d'être entendu et accepté sans jugement. Cela m'a également donné l'occasion de voir comment on peut faire amende honorable, ce qui me donne un bel exemple à suivre pour faire mes propres amendes.

Pensée du jour

Faire et recevoir des amendes honorables est un processus qui m'invite à un nouveau niveau de respect et d'acceptation dans toutes mes relations.

> « Maintenant je sais que si je fais amende honorable à quelqu'un, cette personne aura probablement une meilleure opinion de moi et je me sentirai beaucoup plus à l'aise en sa compagnie. »
> *Les Douze Étapes et les Douze Traditions d'Alateen*, p. 19

16 septembre

Les règles n'avaient aucun sens dans ma famille marquée par l'alcoolisme. Je ne pouvais pas m'y fier parce qu'elles changeaient constamment. Mon couvre-feu était à 23 h. Certains soirs je rentrais plus tôt et ma mère pestait contre moi pour l'avoir tenue éveillée. Parfois, je téléphonais pour lui dire que je serais en retard et elle criait après moi parce que je l'avais réveillée. Il m'arrivait aussi de rentrer plusieurs heures en retard et personne ne s'en apercevait. Personne ne semblait non plus remarquer que ma mère avait un problème avec l'alcool.

Quand je suis arrivée à Al-Anon, je voyais les Traditions de la même manière que les règles dans mon foyer. Elles n'avaient aucun sens, alors je les ignorais. Par contre, j'étais attirée par les groupes qui respectaient les Traditions. Dans ces réunions, je sentais un plus au niveau de la sécurité et de la stabilité.

Il m'a fallu un certain temps pour réaliser l'importance des Traditions. Je devais m'investir dans les premières Étapes et prendre une marraine. Quand j'ai vu les choses un peu plus clairement, j'ai commencé à remarquer et à apprécier les différences entre les réunions et mon environnement alcoolique. La constance et la structure y remplaçaient le chaos et les comportements inconsistants. Il m'était apparemment plus facile de me rétablir en sachant à quoi m'attendre. J'avais plus d'énergie à consacrer au rétablissement quand je n'avais pas à en dépenser à essayer d'interpréter le chaos.

Quel que soit l'endroit où j'assiste à une réunion Al-Anon, je sais que j'y trouverai la même formule de bienvenue suggérée et celle pour clore la réunion, les Douze Étapes, la documentation approuvée par la Conférence, l'amour inconditionnel, et le respect. Cette stabilité et cette structure ne sont possibles que lorsque les groupes adhèrent volontairement aux Traditions suggérées.

Pensée du jour

Grâce aux Traditions, j'ai plus d'énergie à consacrer à mon rétablissement parce que je ne m'épuise plus à m'occuper de l'inconstance.

« Maintenant je pense que les Douze Traditions sont tout aussi importantes pour moi que les Douze Étapes. »
Alateen – un jour à la fois, p. 318

September 17

Aussi loin que je me souvienne, la peur a obscurci ma vision. Pour faire face à l'alcoolisme en phase active qui affectait ma famille, je m'inquiétais. L'inquiétude me donnait l'illusion d'être en contrôle. J'essayais en me faisant du souci de trouver la porte de sortie du labyrinthe de l'alcoolisme, de la critique et du manque de soutien caractéristiques de mon enfance. Quand j'ai pu quitter ma famille pour fonder mon propre foyer, mes habitudes m'ont suivi. Me faire de l'inquiétude est devenu une caractéristique de ma vie adulte comme elle l'avait été de mon enfance.

J'ai appris dans Al-Anon qu'il est inutile de m'inquiéter des choses que je ne peux pas changer. Par contre, simplement le savoir ne suffisait pas à m'empêcher de m'inquiéter. Je devais trouver une façon positive de remplacer ce type de comportement. Aujourd'hui, si je me surprends à me faire du souci, j'écris mes peurs sur papier, aussi absurdes qu'elles puissent paraître. Une fois que je les ai sorties de mon esprit en les couchant sur papier, je demande à ma Puissance Supérieure de me montrer celles qui sont réelles et celles qui sont imaginaires. Je demande ensuite à voir clairement quelles sont celles que je peux changer.

Ce processus me fait penser à porter des verres fumés à l'intérieur. Ces verres sont utiles en plein soleil, mais une fois à l'intérieur tout paraît sombre et lugubre. C'est la même chose avec l'inquiétude. Cela m'a aidé en grandissant, mais aujourd'hui cela peut faire paraître terne le cadeau le plus éclatant et le plus vif. De petites ombres deviennent des monstres énormes, et je gaspille mon énergie à m'inquiéter de problèmes inexistants. Quand j'invite ma Puissance Supérieure à m'aider, c'est comme dire « Mon Dieu, pouvez-vous tenir ces verres fumés pour moi. Aidez-moi à voir les choses comme Vous les voyez. »

Pensée du jour

Mon Dieu, dégagez ma vision pour que je puisse lâcher prise devant la peur et l'inquiétude.

« C'est un Dieu dont j'ai pris conscience, Qui me sert de guide dans tous les domaines de ma vie. »
Tel que nous Le concevions, p. 107

18 septembre

Quand je suis arrivée à Al-Anon, l'idée d'une Puissance Supérieure ne me disait rien. Quand je lisais les Étapes, avec toutes ces références à Dieu, j'étais quelque peu sceptique. Je n'étais même pas certaine que je voulais d'une relation avec une Puissance Supérieure, ou de ce que j'en ferais si j'en avais une. À mon grand étonnement, on m'a toujours laissée approcher le programme d'une manière qui reflétait le point où j'en étais. Les gens partageaient leur expérience, leur force et leur espoir tandis que j'essayais de décider si je voulais entrer en contact – et dans quelle mesure – avec une Puissance Supérieure. J'ai fait des faux pas, j'ai avancé et j'ai reculé pendant des mois. Mais personne ne m'a dit que je devais croire ce qu'ils croyaient pour obtenir ce que le programme avait à offrir.

Graduellement, en ayant le cœur et l'esprit ouverts, en assistant aux réunions et en utilisant les outils du programme, j'ai consenti à entretenir – et j'ai même commencé à désirer – une relation avec une Puissance Supérieure. Cette relation me permet de partager avec honnêteté, d'établir des limites, et d'exprimer pleinement mes émotions. Je serai éternellement reconnaissante envers tous ces membres dans les salles de réunion qui, tout en connaissant leur propre vérité, m'ont permis de découvrir la mienne.

Pensée du jour

Al-Anon me permet de progresser à ma manière, à mon propre rythme.

« En tant que membres Al-Anon, nous sommes invités à définir nos concepts spirituels et nous sommes libres d'en arriver à nos propres vérités spirituelles. »

Tel que nous Le concevions, p. 79

19 septembre

Ayant grandi dans le contexte de l'alcoolisme, je n'ai pas pu échapper aux mauvais traitements de toutes sortes, y compris les abus sexuels. Quand j'ai adhéré à Al-Anon, je me sentais comme une victime et j'étais devenu une personne remplie de colère et de ressentiment.

Quand le sujet du pardon était évoqué pendant les réunions ou dans la documentation, j'en faisais abstraction. Je croyais que le ressentiment me permettrait de ne plus jamais être blessé. Il a fallu que je passe un certain temps dans le programme et que je m'efforce d'apprendre à m'aimer avant que je commence à comprendre que vivre ma vie sous le fardeau de la rage et du ressentiment me causait du tort. Cela affectait toutes mes relations, avec mes contacts professionnels, mes amis, ma famille et mes connaissances. Je savais que cela risquait aussi d'affecter mes relations futures; pourtant, plusieurs des personnes envers lesquelles j'éprouvais du ressentiment n'étaient même plus de ce monde. Ce n'était certainement pas à elles que je faisais du tort ! Étant cependant profondément déterminé à ne plus être une victime, je m'accrochais à l'hostilité qui perpétuait ma souffrance.

Quand j'ai fini par réaliser cela, j'ai connu un réveil spirituel sous la forme d'un désir sincère de lâcher prise devant ces sentiments qui empoisonnaient mon existence. J'y suis parvenu en allant plus souvent aux réunions Al-Anon, en priant, en partageant avec mon parrain et en pratiquant la Quatrième à la Neuvième Étape. Grâce à Al-Anon, j'ai abandonné ma rancune et j'ai repris le contrôle de ma vie.

Pensée du jour

Aujourd'hui, je conçois le pardon comme un acte que je pose en vue de mieux m'aimer.

> « Personne n'a jamais trouvé de la sérénité dans la haine. »
> *Comment Al-Anon œuvre pour les familles et les amis des alcooliques*, p. 87

20 septembre

À mes débuts dans Al-Anon, je voyais seulement comment j'étais différente des autres. Nous avions plusieurs problèmes en commun, mais je ne voyais pas que nous étions semblables. J'étais une personne capable et j'avais de l'assurance. Ils semblaient tous être des geignards ou des perfectionnistes.

Malgré tout, quelque chose m'attirait dans Al-Anon. J'ai continué d'assister régulièrement aux réunions et je lisais la documentation chaque jour, mais je n'appelais définitivement personne. Comment « ces » gens pourraient-ils m'aider ? Alors je gardais mes distances. Quand j'ai commencé à souffrir suffisamment, j'ai admis que j'avais besoin de l'aide d'une marraine pour comprendre et pratiquer les Étapes, mais je n'avais personne à qui demander. Qui serait assez bien pour moi ? Ou pire encore, allais-je être jugée comme je jugeais les autres ?

J'étais très mal à l'aise pendant les réunions qui ont suivi, et j'ai finalement dû admettre la vérité. Aussi capable et assurée que je fusse, j'avais peur de m'avancer pour demander de l'aide. C'est à ce moment que j'ai entendu quelqu'un qui faisait clairement des efforts pour parler. Sa voix tremblait tandis qu'elle admettait avoir désespérément besoin d'une marraine, mais qu'elle avait peur de demander à quelqu'un. Elle s'est mise à pleurer.

Un membre a passé une boîte de mouchoirs, et en prenant cette boîte dans mes mains j'ai réalisé que cette voix craintive était la mienne. Après la réunion, plusieurs personnes sont venues vers moi pour m'offrir des accolades et pour me rassurer. Ces mêmes personnes que j'avais l'habitude de regarder de haut m'apparaissait maintenant comme des anges. Quand je vois tous ces visages différents pendant mes réunions Al-Anon, mon cœur s'emplit de gratitude pour cette formidable mosaïque de rétablissement qui m'inclut maintenant.

Pensée du jour

De quelle manière est-ce que je m'encourage à me sentir différent ?

> « Chacun de nous est unique et chacun de nous a de la valeur. Mais aussi longtemps que je me tenais à l'écart ou au-dessus des autres, je me refusais et je refusais aux autres la richesse d'une possibilité d'échange. »
>
> Le Forum, avril 1998, p. 31

21 septembre

Il me semble parfois que mes efforts pour surmonter les conséquences de mon enfance au contact de la maladie de l'alcoolisme me conduisent sur une route trop difficile à suivre. J'oublie que tout voyage comporte des hauts et des bas, et je me sens accablé de déception devant la lenteur apparente de mon progrès. C'est alors que ma Puissance Supérieure me rappelle une leçon d'histoire que j'ai déjà entendue, et je regagne espoir.

Une expédition au Grand Canyon voyageait le long de la rivière Colorado. À mi-chemin le long du canyon, les explorateurs sont arrivés à de dangereux rapides. Certains d'entre eux se sont noyés dans les eaux tumultueuses. Les autres sont parvenus à atteindre le rivage où ils ont repris leur calme afin d'évaluer la situation. Au-delà de leur position, la rivière semblait agitée et menaçante, mais certains membres de l'équipage ont décidé d'aller de l'avant. Il leur semblait qu'ils étaient allés trop loin pour faire demi-tour. Les autres ont décidé de rebrousser chemin à pied. Les explorateurs qui sont allés de l'avant ont traversé des eaux dangereuses pendant un certain temps, mais le reste du voyage s'est bien déroulé, calmement et sans incident. Ceux qui ont rebroussé chemin ont rencontré de plus grands dangers et ils n'ont pas survécu.

Cette histoire me rappelle comme il est important de persévérer et d'aller de l'avant dans ce programme. Quand la route me semble menaçante et que je suis tenté de retourner à mes anciennes attitudes et à mes anciens comportements, je me rappelle que je ne suis pas seul. Je suis soutenu par la sagesse d'une Puissance supérieure à moi-même, par les outils du programme, et par l'expérience, la force et l'espoir de mes compagnons de voyage dans Al-Anon.

Pensée du jour

Dans les périodes sombres de mon rétablissement, ma Puissance Supérieure me rappelle que la meilleure façon de m'en sortir est de passer à travers.

« Aujourd'hui, je m'arrêterai à la croisée des chemins et j'écouterai la voix de ma Puissance Supérieure. »
Le Courage de changer, p. 81

22 septembre

Il m'est difficile et parfois vraiment pénible de parler ouvertement et honnêtement avec les membres de ma famille. C'est quelque chose d'effrayant que de dire aux personnes que j'aime que je n'accepte plus d'endurer leur forte énergie négative. Parfois, j'ai peur de devoir me séparer des membres de ma famille afin de poursuivre ma quête d'un mode de vie sain, surtout lorsqu'ils nient et qu'ils justifient leurs comportements inacceptables.

Je réalise que j'aimerais encore que les gens que j'aime changent et qu'ils mûrissent, pour que je me sente plus à l'aise. Je réalise aussi que cela peut ou non se produire. Aujourd'hui, j'accepte le fait que ce soit quelque chose que je désire. Par contre, j'apprends lentement qu'essayer de changer le comportement de quelqu'un afin de satisfaire mes besoins n'est qu'un exercice futile et frustrant. Le véritable pouvoir et la véritable paix résident dans ma capacité à changer *mon* comportement pour satisfaire mes propres besoins.

Pensée du jour

Avec l'aide d'Al-Anon, je peux accepter les gens tels qu'ils sont et obtenir de la sérénité même si je suis la seule personne à changer.

« Nous devons nous rétablir et, en le faisant, nous découvrons parfois que les autres sont eux aussi motivés à s'améliorer. »

Boit-elle trop ?, p. 4

23 septembre

Je souffrais d'un besoin compulsif d'être parfaite que j'avais développé en grandissant avec une mère alcoolique. J'avais constaté qu'essayer d'être parfaite était le meilleur moyen de défense contre sa colère. Il n'y avait aucune façon de prévoir ce qui allait irriter ma mère, et je croyais que des comportements et des accomplissements parfaits pourraient me protéger de ses réactions menaçantes.

Une amie qui avait remarqué l'habitude destructrice que j'avais de me critiquer moi-même m'a fait part d'une bévue qu'elle avait faite un beau matin. Au lieu de verser son jus d'orange dans un verre, elle l'avait versé dans son café comme si c'était de la crème. Elle savait que si j'avais commis la même bévue, je me serais vertement reproché mon imperfection, et elle avait bien raison. J'étais complètement déconcertée par la manière dont elle faisait fi de cette erreur. Je l'enviais d'avoir pu simplement jeter son mélange de jus et de café pour s'en faire un autre. Comment pouvait-elle rire si facilement de cet incident ? Je ne savais pas comment me traiter avec autant de bienveillance et d'indulgence.

Il y a un outil Al-Anon en particulier qui m'a aidée à mettre la leçon de mon amie en pratique dans ma propre vie. Entendre et relire souvent le slogan « Est-ce si important ? » m'a aidée à intégrer cette question dans ma vie quotidienne. J'ai finalement compris que verser du jus d'orange dans un café n'entraîne aucune conséquence grave. J'ai appris à distinguer les comportements ayant des conséquences graves de ceux qui n'en ont pas. J'ai finalement compris que nos actes sont une question de responsabilité, et non de jugement. J'ai maintenant appris à être aussi bienveillante à mon égard que je le suis à l'égard des autres.

Pensée du jour

Quel est le baromètre que j'utilise pour répondre à la question « Est-ce si important ? »

« La plupart du temps, je constate que ce que j'aurais pu considérer comme un désastre est en réalité sans importance. »

Le Courage de changer, p. 228

24 septembre

Quand je suis arrivée à Al-Anon, j'étais mal préparée à accepter le fait que mes parents « parfaits » soient des alcooliques à part entière et que je souffrais de la maladie sous la forme de malaises émotionnels et de privation spirituelle.

Je croyais que si Al-Anon me donnait le manuel des réponses et me permettait de l'étudier, je pourrais corriger ma famille pour que nous vivions heureux ensemble. J'ai vite appris qu'il n'y a pas de manuel des réponses. Par contre, il existe beaucoup de pièces utiles dans la documentation approuvée par la Conférence et énormément d'expérience, de force et d'espoir. Plus important encore, il y a Douze Étapes qui peuvent m'aider à trouver les réponses.

Tandis que je me suis impliquée dans Al-Anon, ma famille a continué de se détériorer à cause de la consommation d'alcool de mes parents et de mon frère. En dépit de mes efforts, j'ai fini par me sentir abattue et pratiquer les Douze Étapes Al-Anon et vivre ma vie ne m'intéressait plus.

Puis le miracle dont parlent souvent d'autres membres du programme s'est produit. Quand je n'ai plus été capable de faire quoi que ce soit pour moi-même, mon Dieu d'amour tel que je Le conçois m'a enveloppé de Sa protection et a commencé à m'enseigner que je mérite la joie et la sérénité. J'ai commencé à m'ouvrir à ce que le programme Al-Anon peut me donner quand je l'applique dans ma vie – la joie et la sérénité en présence du chaos.

Aujourd'hui, je vis en sachant que j'ai de la valeur et du mérite. Si je cultive ma conscience spirituelle sans oublier de profiter de chacune des occasions qui s'offrent à moi à tout moment, je vis plusieurs heures de joie et de sérénité.

Pensée du jour

Ma Puissance Supérieure s'occupe de moi, même quand je n'en suis pas capable.

« Je crois que la grâce de Dieu signifie également que Dieu fait pour nous ce que nous ne pouvons pas faire pour nous-mêmes. Il inonde ma vie de Sa grâce, faisant pour moi et à travers moi des choses que je ne pourrais jamais faire seule. »

Tel que nous Le concevions…, p. 112

25 septembre

Mes parents doivent venir me voir bientôt. Rien ne m'incite autant à rechuter dans mes comportements compulsifs et manipulateurs que d'anticiper leur jugement. Même s'ils sont aujourd'hui plus délicats que lorsque j'étais enfant, il m'arrive encore de réagir. J'ai entrepris de manière obsessive à rendre ma vie, ma maison et ma cour aussi parfaites que possible. Plus je me démène, plus je me sens distante de ma Puissance Supérieure.

Aujourd'hui, j'ai humblement demandé de l'aide. « Montre-moi comment descendre de ce carrousel », ai-je prié. « Rapproche-moi de Toi et montre-moi comment Te faire confiance ». J'ai tout de suite vu l'image d'un voilier dirigé par un gouvernail. Quand la main de ma Puissance Supérieure repose sur mon gouvernail, le navire de ma vie et de ma volonté glisse calmement sur les vagues. Sans une gouverne sage, stable et constante, le gouvernail tourne au hasard, et le navire est secoué par les vagues. Même si je ne peux rien contre les vagues qui entrent dans ma vie, je peux confier à Dieu le gouvernail de ma vie et Lui faire confiance pour me diriger en lieu sûr.

Chaque jour un chemin s'ouvre devant moi, tout comme un chemin s'ouvre sur l'eau pour chaque navire. Ma Puissance Supérieure peut interpréter les signes mieux que moi. Quand je me sens poussée à accomplir une tâche plutôt qu'une autre, je m'efforce de réagir de bon gré. Même si une autre direction me semble plus attirante, je choisis d'avoir confiance que le trajet suggéré par ma Puissance Supérieure est le meilleur pour moi.

Pensée du jour

Chaque fois que je doute que ma Puissance Supérieure connaisse le chemin, je me souviendrai combien ma vie devient chaotique et incontrôlable quand j'essaie de prendre le contrôle.

> « Dans Al-Anon, j'en suis venu à savoir que j'ai, à l'intérieur et autour de moi, une ressource qui peut me guider dans mes peurs les plus accablantes et dans mes décisions les plus difficiles à prendre – une Puissance Supérieure. »
>
> *Le Courage de changer,* p. 327

26 septembre

Je voulais créer une famille parfaite, c'était tout. À vingt ans, cette idée ne me semblait pas si folle. Mes parents avaient divorcé, et je voulais prouver que je pouvais faire un mariage différent. Alors j'ai épousé quelqu'un qui avait besoin de moi. Lors de notre cérémonie de mariage, le prêtre a dit « … et ils deviendront comme un seul être », et c'est ce qui est arrivé. « Nous » sommes devenus « lui ».

Nous avons immédiatement éprouvé des difficultés, mais je les imputais à la consommation d'alcool de mon mari. Je croyais que si je l'aimais suffisamment, il ne boirait pas. Je me suis donné beaucoup de mal pour adoucir les écueils qu'il rencontrait. Ce faisant, j'ai perdu ma dignité. J'ai passé quatorze ans à m'efforcer d'être plus aimante, pour aboutir dans l'isolement complet et la misère spirituelle. Je ne suis pas parvenue à créer ma famille parfaite.

Dans Al-Anon, j'ai commencé par accepter la réalité de mon enfance dans le foyer d'une personne alcoolique. Mon mari n'était pas l'unique cause de tous nos problèmes. J'avais nié le fait que ma maladie, contractée en tant que fille d'un alcoolique, affectait profondément notre mariage. La consommation d'alcool de mon père s'était peut-être bien manifestée de manière moins évidente que celle de mon mari, mais cette subtilité ne m'avait pas épargné les conséquences de la maladie. Il m'a tout simplement fallu plus de temps pour les reconnaître et les accepter.

L'alcoolisme est toujours autour de moi. Ce qui a disparu, c'est l'illusion que je peux contrôler la consommation d'une autre personne. Je consacre maintenant mon énergie à rechercher des solutions plus saines et essayer de créer la famille parfaite n'en est pas une !

Pensée du jour

Les racines des difficultés que j'éprouve dans une relation résident peut-être dans mon enfance au contact de l'alcoolisme. Une fois que j'ai identifié ces racines, je peux utiliser les Étapes pour les arracher.

> « Les enfants d'alcooliques trouvent, dans Al-Anon, les outils qui leur permettent de laisser le passé là où il est, de pardonner et de s'acheminer vers une vie d'adulte qui a un sens. »
>
> *Témoignages d'enfants adultes d'alcooliques*, p. 1

27 septembre

Plusieurs d'entre nous sommes arrivés à Al-Anon en ayant l'impression que nous regardions les choses de l'extérieur, ne nous sentant jamais vraiment à notre place. Ce fut le premier endroit où nous avons enfin eu l'impression que nos opinions pouvaient avoir autant d'importance et de valeur que celles de quiconque. Nous avons commencé à apprendre à participer en plaçant les chaises ou en lisant une des Étapes, et nous avons graduellement pris confiance en nos capacités. Avec l'encouragement des autres membres, nous avons découvert que nous pouvions participer encore plus et que nous n'avions jamais à le faire seuls.

Ceux d'entre nous qui étions des perfectionnistes avons découvert que notre participation n'avait pas à être parfaite. Si nous avions de la difficulté à passer les commandes, nous avons réalisé qu'il y avait d'autres membres qui avaient d'excellentes idées et qui avaient eux aussi besoin de participer. Ailleurs, j'ai entendu dire que rien d'exceptionnel n'était jamais sorti d'un comité. Apparemment, la personne qui a dit cela n'a jamais travaillé avec un comité Al-Anon !

Nous avons tous l'obligation et le besoin de participer. Dans Al-Anon, on nous offre le rare privilège de le faire. Le service élargit notre univers et amène de nouveaux amis dans notre vie. Il nous offre de nouvelles expériences et nous aide à progresser de manière extraordinaire. Tous les membres n'agiront pas en tant que délégué, président de l'Assemblée de la circonscription, administrateur ou membre du personnel du Bureau des Services mondiaux. Pourtant, chacun de nous amène quelque chose d'unique au programme. Que notre participation consiste à placer les chaises, à animer une réunion, à participer à une réunion de l'Assemblée, à travailler à un congrès ou à accueillir le nouveau venu, la participation n'est pas seulement la clé de l'harmonie, c'est aussi la clé du progrès et du rétablissement.

Pensée du jour

Aujourd'hui, je penserai à enrichir mon rétablissement en m'impliquant dans le service Al-Anon.

« Mais, le "droit de participation" dans notre structure de service est d'une si grande importance pour notre avenir qu'il est fortement recommandé de préserver ce droit traditionnel face à toute tentative pour l'amoindrir. »
Le Manuel de service Al-Anon/Alateen, p. 163

28 septembre

Même après avoir assisté aux réunions Al‑Anon pendant un certain temps, j'entretenais encore certaines pensées et certains sentiments secrets que je croyais trop intimes pour les partager avec le groupe. Cependant, certains membres avaient suggéré que prononcer ces mots difficiles à voix haute pourrait m'aider à me rétablir. Un soir, j'ai exprimé la confusion que j'éprouvais quant à la manière de guérir ces aspects de ma vie.

Peu après, mon groupe a tenu une réunion sur le parrainage. Plusieurs membres de longue date ont parlé de leur expérience. J'ai appris de ces personnes que les parrains et les marraines sont des membres Al‑Anon qui travaillent face à face avec un autre membre pour lui expliquer les outils du programme et l'encourager à les utiliser. Les parrains et les marraines répondent aux besoins des membres qu'ils parrainent de manière aimante et constructive. Ils écoutent les situations décrites par les personnes parrainées et, s'ils ont vécu des expériences semblables, ils expliquent comment les principes Al‑Anon les ont aidés à les traverser. Même s'ils n'ont pas vécu d'expérience similaire, ils peuvent les aider à appliquer les Étapes à leurs problèmes. J'ai aussi entendu dire que le soutien d'un parrain ou d'une marraine pendant une situation difficile peut amplifier le soutien offert par le groupe.

Cette réunion sur le parrainage m'a beaucoup aidée. Après je ne me sentais plus aussi confuse et j'ai même trouvé le courage de demander à quelqu'un de me parrainer. Je comprends maintenant un peu mieux comment ce type de relation fonctionne, et ma marraine est devenue un autre outil dans mon rétablissement. Son oreille attentive aide à combler les écarts lorsque partager aux réunions n'est pas suffisant pour combler mes besoins. Ensemble, les réunions et le parrainage m'aident à m'exprimer pleinement.

Pensée du jour

Demander à un autre membre Al‑Anon de nous parrainer et de marcher à nos côtés sur le chemin du rétablissement, c'est faire preuve de respect à notre propre égard.

> « Il est certain que les ressentiments doivent être exprimés et les marraines et parrains peuvent être d'une très grande aide lorsqu'il s'agit de travailler au niveau de ces sentiments et de les mettre en perspective. »
>
> *Comment Al‑Anon œuvre pour les familles et les amis des alcooliques*, p. 115

29 septembre

Je me souviens d'une époque où le sexe était aussi facile que de me rouler par terre. Maintenant, me rouler par terre n'est même plus aussi facile qu'avant. J'ai mûri, et mon corps a plus de limites qu'auparavant.

J'ai aussi plus de responsabilités que j'en avais. Ma vie est plus structurée et moins spontanée. L'aspect positif des responsabilités et de la structure, c'est que cela me permet de m'adonner à des activités qui me plaisent. Malgré tout, j'éprouve de la difficulté à ménager des épisodes intimes et spontanés avec ma conjointe.

Que faire ? Étonnamment, mon oubli le plus évident dans mon expérience avec l'intimité c'est que je n'y inclus pas ma Puissance Supérieure. Ma façon de mettre en pratique les principes d'Al-Anon dans tous les domaines de ma vie, tel que suggéré par la Douzième Étape, m'invite à demander à être guidé par ma Puissance Supérieure même en ce qui concerne les choses que j'ai peut-être déjà considérées comme étant trop intimes.

Pensée du jour

Ma Puissance Supérieure est ma partenaire dans tout ce que je fais. Aujourd'hui, je peux inclure Dieu dans tous les domaines de ma vie, même dans ceux que je considérais auparavant hors limite.

> « Je ne veux pas insinuer que j'ai trouvé une formule magique donnant accès au plaisir sexuel, mais je crois vraiment à l'idée de changer les choses que je peux. Dans mon cas en particulier, cela veut dire remettre toute la situation entre les mains de Dieu. »
> ... *dans tous les domaines de notre vie*, p. 121

30 septembre

J'étais prête à affronter mon père alcoolique. Je voulais lui faire savoir que je me souvenais de chacun des détails de toutes les occasions où il m'avait fait souffrir pendant mon enfance. Il pourrait ainsi me présenter ses excuses et je pourrais me rétablir. Toutefois, il a refusé d'en parler. Il a dit que c'était du passé ! J'étais furieuse. Comment ces torts pouvaient-ils être réparés s'il refusait de les admettre et de me dire qu'il était désolé ?

En appliquant les outils du programme Al-Anon, je me suis lentement efforcée d'accepter ce que je ne pouvais pas changer – le fait que mon père refuse de s'excuser – et de changer ce que je pouvais : mon attitude devant cette situation. Mieux comprendre l'alcoolisme en tant que maladie m'a appris que mon père n'était pas une mauvaise personne. C'était une personne ayant une maladie qui lui faisait faire des choses détestables. Pratiquer le « Vivre et laisser vivre » et me concentrer sur moi-même m'a appris à m'occuper de mon propre comportement. Je devais m'assurer que je n'avais pas les mêmes comportements qui m'avaient causé tant de tourments. En examinant ma part de responsabilité dans la souffrance que j'éprouvais, j'ai appris que la chose que je pouvais changer n'était pas la blessure elle-même, mais la douleur à laquelle je m'accrochais.

J'ai fini par réaliser que je n'avais pas besoin des excuses de mon père pour me rétablir. Je pouvais aller de l'avant en priant pour que mes ressentiments soient libérés et remplacés par le pardon.

Pensée du jour

Le pardon est une chose que j'accomplis avec l'aide de ma Puissance Supérieure, et je le fais pour moi. Je n'ai besoin des excuses de personne pour entamer le processus du rétablissement.

« En laissant aller le ressentiment, je me libère. »
Le Courage de changer, p. 289

1er octobre

Pendant les réunions, je consacre la majeure partie de mon temps à une activité très importante – écouter. Un aspect de ce que je fais quand j'écoute est indiqué dans notre slogan « Écouter pour apprendre ». En écoutant, j'apprends ce qu'est le programme. J'apprends ce qu'est l'alcoolisme, comment les autres utilisent les Étapes et les Traditions, et j'apprends que la pratique des principes Al-Anon me permet d'obtenir une certaine sérénité.

En écoutant pendant les réunions Al-Anon, toutefois, je fais plus qu'apprendre. Je peux emprunter l'expérience, la force et l'espoir des autres membres, mais j'apporte aussi mon brin de détachement, d'acceptation et de compréhension. Je me joins aux autres pour forger les liens de l'unité qui nous aide à nous rétablir. Je m'efforce de contribuer à cette acceptation inconditionnelle qui invite notre Puissance Supérieure à se joindre à nous.

Pensée du jour

Bien vouloir écouter est un aspect important de ce que je donne à mes compagnons dans Al-Anon.

> « Le slogan Al-Anon "écouter pour apprendre" nous rappelle que si nous avons assez de discipline personnelle pour nous taire et prêter attention aux paroles des autres, nous pouvons apprendre énormément sur nous-mêmes et sur notre univers. »
> *Comment Al-Anon œuvre pour les familles et les amis des alcooliques,* p. 100

2 octobre

J'ai souvent entendu dire : « Tu ne feras jamais rien de bon. Tu finiras nu-pieds et enceinte. Les collèges n'acceptent pas les idiotes comme toi ». Ces déclarations se sont gravées dans mon cœur et mon esprit dès mon plus jeune âge tandis que je grandissais avec les comportements imprévisibles, incohérents et abusifs de mon père alcoolique. Je voulais lui prouver qu'il avait tort, mais peu importe mes efforts, après avoir fini mon cours secondaire, j'ai toujours semblé échouer dans mes objectifs de succès scolaire.

Je suis arrivée à Al-Anon à genoux, prête à vivre d'une autre manière. J'ai demandé à quelqu'un de me parrainer après avoir été dans le programme pendant six semaines. Elle m'a tout de suite dirigée vers le travail de service, et j'ai accepté la première fonction qui s'est présentée dans mon groupe d'appartenance. J'avais peur de mal faire le travail et d'être critiquée, mais j'ai tout de même accepté. Puisque les critiques ne se sont jamais manifestées, mes peurs se sont calmées. Au contraire, les autres membres m'ont complimentée pour un travail bien fait. Cela m'a donné le courage de lever la main lorsqu'un autre poste s'est ouvert. Avant de m'en rendre compte, j'étais membre de notre comité de l'Assemblée et représentante de district.

Participer au travail de service Al-Anon m'a donné le courage de terminer mon cours collégial et d'entrer dans l'enseignement. Je suis vraiment reconnaissante pour la confiance et l'estime de moi qu'Al-Anon m'a données. Les anciens messages négatifs ont été remplacés par le courage, l'amour-propre, et le bonheur. Le travail de service dans Al-Anon m'a aidé à devenir la personne que ma Puissance Supérieure et moi avons toujours su que je pouvais devenir.

Pensée du jour

Le service Al-Anon m'offre un terrain d'entraînement positif où découvrir le meilleur de moi-même ainsi que la personne que je peux devenir.

« Je peux… je peux… je peux… Et je le fais ! »
Un passeport pour le rétablissement, p. 25

3 octobre

Avez-vous déjà eu l'occasion d'observer un groupe d'enfants d'âge préscolaire assembler un casse-tête ? Si une pièce ne fait pas du premier coup, ils essaient de la forcer en place tout en faisant de nombreux effets sonores.

C'est ainsi que j'ai vécu la majeure partie de ma vie. Je n'ai jamais eu l'impression que je « faisais » dans ma famille marquée par l'alcoolisme ou nulle part ailleurs. Je me sentais comme une pièce de casse-tête entre les mains d'un enfant. Au lieu de me forcer à me placer, je forçais les gens qui m'entouraient. J'essayais de manipuler et de contrôler les membres de mon entourage pour que leurs personnalités s'adaptent à la mienne. J'ai même participé à des ateliers afin de pouvoir faire changer les choses. Mon slogan personnel était devenu « Il faut que je fasse bouger les choses ». Ma vie était incontrôlable.

Heureusement, je suis arrivée à Al-Anon avant de pouvoir gâcher le beau casse-tête de ma vie. Le programme m'a tout d'abord montré qu'il n'y a rien qui va de travers avec la façon dont je suis faite, sur les plans mental, émotif, physique ou spirituel. Il n'y a rien qui va de travers non plus avec la façon dont les autres sont faits. J'ai ensuite appris que la seule pièce que je peux changer, c'est la mienne. J'ai maintenant le choix. Au lieu de consacrer mon temps à des gens ou à des situations où je ne suis pas à ma place, je peux aller là où je le suis. En ce qui concerne ma famille, je ne peux pas changer le fait que je n'aie pas toujours ma place dans ce casse-tête. Par contre, Al-Anon me donne des outils, comme le détachement et la Prière de Sérénité, que je peux utiliser quand je suis en présence des membres de ma famille. Je peux changer ce que je peux et me rappeler que cette réunion de famille passera, elle aussi. Je pourrai bientôt aller vers des réunions où je suis plus à l'aise.

Pensée du jour

Mon objectif n'est pas de changer les autres pour qu'ils s'adaptent à moi. Je cherche à me changer pour m'adapter à la volonté de ma Puissance Supérieure.

« Nos efforts pour imposer des solutions faussent notre jugement et sans nous en rendre compte nous devons irritables et déraisonnables. »

Formule de bienvenue suggérée Al-Anon/Alateen

4 octobre

Le papier peint qui est dans ma cuisine est le même depuis que j'ai emménagé dans cette maison il y a vingt ans. Je n'ai jamais aimé le motif, mais c'est quelque chose que j'avais appris à tolérer. J'ai voulu le changer et j'ai pensé le faire à plusieurs reprises au fil des années, mais j'avais peur de découvrir ce qui se cachait derrière. Si j'enlevais le papier peint, les murs allaient-ils s'écrouler ? Allais-je découvrir quelque chose que je ne pourrais pas réparer ? Cela me fait penser à ma vie. J'ai appris à endurer, à tolérer et à vivre avec bien des choses que j'aurais voulu changer, mais la peur de l'inconnu m'empêchait d'essayer.

J'ai fini par arracher ce papier peint. Il s'est défait en petits morceaux. Il y avait des fissures, quelques trous, et beaucoup de bosses et de crevasses. Quand il a fallu déplacer le réfrigérateur, il m'a semblé trop gros et trop encombrant. Plus tard ce jour-là, ma marraine m'a suggéré de mettre un morceau de carton sous le devant et de le faire glisser. Cela me paraissait impossible, mais j'ai essayé et cela a marché !

La cuisine aura besoin de bien des retouches. Je ne pourrai pas l'arranger du jour au lendemain mais, avec les bons outils, j'y parviendrai. C'est la même chose en ce qui me concerne. Avec l'aide d'Al-Anon, de ma marraine et de ma Puissance Supérieure, le changement n'a pas à m'effrayer. Si je ne fais pas d'effort, je ne découvrirai peut-être jamais tout ce que je peux accomplir.

Pensée du jour

Ma Puissance Supérieure m'invite peut-être à aller plus loin dans mon cheminement spirituel en me donnant le désir de changer. Aujourd'hui, je prends un risque, sachant que Dieu m'aime et me guide dans ce processus.

«… La volonté de Dieu ne me mènera jamais là où Son amour ne peut pas me protéger.»
De la survie au rétablissement, p. 111

5 octobre

Je n'ai pas choisi une mère alcoolique ou un père bourreau de travail, tous deux incapables de donner des marques d'affection. Je n'ai pas décidé d'avoir un frère aîné qui me battait ni un frère cadet dont je désirais ardemment obtenir l'amour et l'attention.

Par contre, j'ai choisi de donner à mon frère cadet les choses que je voulais pour moi-même, afin de gagner son amour. J'avais choisi de cacher mes sentiments à ma famille. J'ai choisi une profession qui me permet d'être un bourreau de travail comme mon père. J'ai demandé en mariage une femme que je croyais très différente de ma mère. Elle ne fumait pas, ne buvait pas, et elle travaillait dur – aussi dur que mon père. Elle travaillait dur quand je voulais être en sa compagnie, quand je voulais sortir avec elle, et quand j'étais seul au lit.

J'ai joint Al-Anon quand ma femme et moi nous sommes séparés. Bien que m'efforcer de vivre ma vie par son entremise m'ait rendu malheureux et déprimé, il m'a été pénible de la laisser aller. En me plongeant dans Al-Anon, j'ai graduellement compris que j'étais responsable de mes choix. Je devais cesser de me concentrer sur l'indisponibilité émotionnelle de mon ex-épouse en tant que source de tous mes problèmes. Je devais examiner les raisons pour lesquelles je choisissais des personnes non disponibles.

J'apprends à m'apprécier et à prendre soin de moi. Aujourd'hui, mes choix reposent sur l'amour de soi plutôt que sur la peur ou le contrôle. J'apprends que lorsque j'essaie de me faire aimer, il devient plus difficile de savoir qui je suis ou ce que je veux. Je découvre que je ne peux progresser qu'en vivant dans le moment présent. Je réalise que certains choix me sont plus bénéfiques que d'autres.

Pensée du jour

Mes choix reflètent mon opinion de moi et la relation que j'entretiens avec moi-même.

« Je peux apprendre à réagir avec amour, sollicitude et respect envers moi… »

Le Courage de changer, p. 172

6 octobre

J'ai récemment vécu une expérience édifiante lors d'un congrès Al-Anon. En arrivant sur les lieux du congrès, certains membres Al-Anon m'ont parlé d'un sentier très particulier passant à travers bois. En le suivant, j'arriverais à un bel endroit calme et retiré propice à la prière, à la méditation et à la contemplation. La semaine précédente, ma vie avait été stressante et agitée, et je désirais ardemment faire quelque chose de bon pour moi. J'avais besoin d'un moment de tranquillité avec ma Puissance Supérieure, alors j'ai décidé d'être audacieuse et de suivre le sentier.

Après avoir marché pendant un certain temps, je suis arrivée à une croisée des chemins. Devant ces deux sentiers, je me suis senti angoissée à l'idée que je risquais de ne pas arriver là où je désirais désespérément me rendre. Je me suis demandé quel chemin me conduirait à destination. Lequel choisir ? Et si je faisais le mauvais choix, que je me perdais, et que je ne trouvais pas cet endroit tout particulier ? J'ai fini par décider de suivre le sentier sur la gauche, et j'ai été ravie de découvrir cet endroit d'une beauté sereine où méditer dans la solitude avec Dieu.

Je suis revenue par le même chemin, revigorée et reconnaissante que ma Puissance Supérieure s'occupe si bien de mes besoins. En revenant à l'emplacement du congrès, j'ai joyeusement partagé ma bonne fortune avec le groupe, et on m'a aimablement indiqué que n'importe lequel des deux sentiers m'aurait conduit au même endroit ! J'ai alors réalisé que peu importe la direction que je choisis de prendre dans la vie, ma Puissance Supérieure prendra toujours soin de moi.

Pensée du jour

Peu importe la direction que je prends, ma Puissance Supérieure sera là si je le demande.

« Quelle que soit ma décision, ma Puissance Supérieure décide pour et avec moi. »
Having Had a Spiritual Awakening…, p. 68

7 octobre

Je me souviens quand j'ai trouvé ma première marraine. Je l'avais rencontrée des années auparavant, quand j'avais fait la transition d'Alateen à Al-Anon. Je la trouvais étrange. Elle souriait et elle riait tout le temps. À ce point de mon rétablissement, je pensais que les gens qui ne prenaient pas le rétablissement au sérieux n'avaient rien à offrir.

J'ai vu ma future marraine quelques années plus tard lors d'un congrès. Je n'ai plus pensé à elle jusqu'à ce que je sois désespérée. Une personne proche avait déménagé à l'extérieur, et je croyais que je ne survivrais pas à cette séparation. J'étais dans Al-Anon depuis trois ans et je n'avais toujours pas de marraine. Mon tourment m'a mise à genoux. J'ai supplié Dieu de m'aider, je me suis mise au lit et je me suis rapidement endormie.

Je me suis réveillée au chant des oiseaux. Claire comme un son de cloche, une voix à l'intérieur de moi m'a dit de demander à « l'étrange » dame de me parrainer. Je savais que c'était la voix de ma Puissance Supérieure. « Tu veux rire ! », lui ai-je dit. Ma Puissance Supérieure continuait de répéter les instructions.

Je souffrais suffisamment pour essayer n'importe quoi, alors je lui ai demandé d'être ma marraine. Elle était ouverte à l'idée, et elle a suggéré que nous priions à ce sujet pendant une semaine et que nous en reparlerions. Quand je lui ai dit que je désirais toujours qu'elle soit ma marraine, elle a accepté.

Cette expérience m'a enseigné à écouter et à obéir à la volonté de Dieu, même quand Il semble me dire quelque chose de bizarre. Ma première marraine et moi avons fini par être ensemble pendant huit ans. Elle est devenue la clé de mon programme. Son amour m'a conduit vers un sentiment d'appartenance. Je serai éternellement reconnaissante pour sa présence dans ma vie.

Pensée du jour

Un parrain ou une marraine, c'est une personne spéciale qui m'aide à donner vie au programme.

> « … L'expérience démontre que le parrainage est une aide précieuse pour la compréhension personnelle et la pratique du programme de rétablissement Al-Anon. »
> *Le parrainage et tout ce qu'il comporte*, p. 3

8 octobre

Ayant grandi dans le foyer d'une personne alcoolique, j'ai vécu beaucoup d'incertitude dans ma jeunesse. Je pouvais un jour rentrer à la maison pour être accueilli par des bras ouverts et bienveillants, prêts à combler mes besoins et me faisant sentir en sécurité. Le lendemain serait rempli de rejet affectif et de violence verbale. Mes sentiments ont tenté de s'ajuster à ces extrêmes, mais ils ont fini par ressembler à des montagnes russes faites de hauts et de bas excessifs. J'ai appris à m'accrocher aux extrêmes comme si ma vie en dépendait.

Quand j'ai rejoint Al-Anon, je suis lentement mais sûrement descendu de ces montagnes russes et j'ai remis mes émotions et ma vie entre les mains d'une Puissance supérieure à moi-même. En assistant aux réunions, en lisant la documentation et en mettant en pratique les Étapes et les slogans, j'ai appris qu'il y a beaucoup de zones intermédiaires, des zones grises, dans mes sentiments. J'ai appris à lâcher prise devant mes excès émotifs et à permettre à Dieu de me faire découvrir un mode de vie plus serein et plus paisible.

Pensée du jour

En améliorant mon contact conscient avec Dieu, je découvre que l'équilibre émotionnel et la paix intérieure peuvent faire partie de ma vie quotidienne.

« Al-Anon m'aide à revenir au juste milieu. »
Le Courage de changer, p. 194

9 octobre

Ma Puissance Supérieure me présente des situations devant lesquelles je peux choisir ou non de progresser. Ces situations semblent se présenter plus souvent quand j'applique les principes Al-Anon. Elles concernent habituellement des problèmes qui n'ont pas été résolus avec ma famille et qui se manifestent sous la forme de conflits avec mes collègues, mes amis ou mes voisins. Ces conflits semblent se répéter tant que je n'obtiens pas, grâce aux Douze Étapes, suffisamment de sensibilité, de courage et d'amour de moi pour cesser de souffrir. Je peux alors vivre ma vie de manière différente, en adoptant des attitudes et des choix plus sains.

Quand je faisais face à des gens qui me rappelaient les comportements alcooliques que j'ai connus dans mon enfance dans le foyer d'une personne alcoolique, j'avais l'habitude d'être tellement effrayée que je paniquais, m'enfuyant ou me refermant sur moi-même. Ce type de comportement perpétuait l'ancien cycle de ma souffrance. Je ne réalisais pas que je faisais des retours en arrière sur mon enfance au contact de l'alcoolisme et que mes réactions à ces gens étaient excessives, comme si j'étais toujours une petite fille effrayée.

Aujourd'hui, quand je suis confrontée à des comportements malsains ou inacceptables, je ne m'enfuis plus. J'utilise le programme pour m'aider. Je me souviens de m'arrêter et de « Penser ». J'utilise mon intellect et non mes émotions avant de réagir. Je me détache de la personne ou de la situation jusqu'à ce que je sois assez calme pour penser de manière rationnelle. J'appelle ma marraine pour désamorcer mes émotions et pour m'aider à déterminer quels outils du programme utiliser.

Quand j'applique ma sagesse Al-Anon à ce genre de situation, les comportements inacceptables se manifestent moins souvent dans ma vie. Aujourd'hui, quand je suis prête à permettre à ma Puissance Supérieure de m'aider à faire face à mes problèmes d'une manière plus saine que par le passé, je suis moins susceptible de les reproduire.

Pensée du jour

Si je ne prends pas le temps de me rétablir du passé, je suis voué à le répéter.

> « Grâce à Alateen, je peux parler aux gens et mieux les comprendre et je vis ce que j'appelle une vie heureuse et normale. »
> *Alateen, un espoir pour les enfants de parents alcooliques*, p. 97

10 octobre

Je dois parfois mettre en pratique la Première Étape à l'envers. Je ne reconnais par toujours mon impuissance, mais je peux certainement remarquer que ma vie devient incontrôlable. Je me souviens alors que lorsque je perds la raison, j'oublie habituellement que je suis impuissant et j'essaie de contrôler les gens ou les résultats.

Ma vie se détériore rapidement quand je cède aux désirs de mon ego et que je tente aveuglément de changer une personne ou une chose sur lesquelles je n'exerce aucun contrôle – autrement dit, quand j'essaie d'imposer ma volonté. Il m'arrive aussi de m'entêter et de dépenser énormément de temps et d'énergie pour y parvenir. Le résultat inévitable, c'est la douleur, la frustration, et l'échec complet. Même si je reconnais mon impuissance, je continue de souffrir tant que je ne l'ai pas acceptée.

Par contre, lorsque j'accepte mon impuissance et que je me soumets à la volonté de ma Puissance Supérieure, j'obtiens une certaine mesure de sérénité et d'humilité. Je deviens spirituellement enseignable. J'aimerais pouvoir dire que je reconnais et que j'accepte toujours mon impuissance. Si seulement je demandais conseil à ma Puissance Supérieure, Lui laissant jouer Son rôle tandis que je joue le mien, pour continuer à partir de là. Souvent, cela se produit effectivement, mais je suis humain. Je dois parfois me débattre devant quelqu'un ou quelque chose avant d'être de nouveau prêt à abandonner et à accepter la réalité.

Mon rétablissement concerne le progrès, non la perfection. Chaque fois que je m'exerce à accepter mon impuissance, cela se rapproche un peu plus d'un réflexe spontané. La bonne nouvelle, c'est que l'abandon et l'acceptation me permettent de me libérer de ma souffrance.

Pensée du jour

Ce ne sont pas l'abandon et l'acceptation qui font mal. C'est la résistance.

> « Je peux m'agripper à ma volonté jusqu'à ce que la situation devienne si pénible que je sois forcé de me soumettre ou je peux mettre mon énergie là où elle peut me faire un peu de bien immédiatement et m'abandonner aux soins de ma Puissance Supérieure. »
> *Le Courage de changer,* p. 269

11 octobre

Ma façon de faire face à l'insanité et au chaos en grandissant dans un milieu alcoolique, c'était de *ne pas* y faire face. Je m'évadais dans un monde fantastique par les livres et l'art, et je me détachais au plan physique et émotif de ce qui se passait autour de moi. Ma famille pouvait se quereller toute la journée, cela ne me touchait pas, car j'étais bien loin.

Quand j'ai fini par trouver mon chemin vers Al-Anon, des années passées à m'isoler m'avaient laissé avec des cicatrices qui n'allaient pas guérir du jour au lendemain. J'avais notamment une piètre estime de moi, j'étais mal à l'aise en société, et je me connaissais bien mal. Étant un jeune homme homosexuel, je me sentais encore plus différent des autres dans les groupes où j'allais. J'étais certain que personne ne pourrait m'aider sans être semblable à moi.

J'ai fini par trouver ce que je croyais rechercher – un groupe Al-Anon pour hommes homosexuels et enfants adultes d'alcoolique. Assis à ce groupe semaine après semaine, découvrant de nouvelles raisons de me sentir seul et isolé, j'ai commencé à réaliser deux choses. Peu importe comment nous semblons être différents, nous sommes tous très semblables. Peu importe comment nous avons l'air de nous ressembler, nous sommes tous très différents. C'est alors que j'ai constaté que mon problème n'avait rien à voir avec les groupes où j'allais, mais qu'il avait tout à voir avec mon ouverture d'esprit.

Pensée du jour

Être prêt à aider et à me faire aider par toutes sortes de gens est une des clés de mon rétablissement.

> « Je comprends maintenant que je suis unique. Il se peut qu'il n'y ait personne au monde exactement comme moi, mais avec Dieu comme coéquipier et en tant que membre d'une telle fraternité, je ne suis pas seule. »
>
> *… dans tous les domaines de notre vie*, p. 123

12 octobre

Quand je réfléchis aux limites, cela m'aide si je visualise un château au milieu d'un lac. Les limites sont représentées par le pont-levis qui relie le château au reste du monde. Habituellement, le pont-levis est abaissé et les gens peuvent circuler librement. Par contre, en présence d'un danger, le pont-levis est relevé afin de protéger le château.

Afin de me protéger du danger dans ma famille marquée par l'alcoolisme, je me suis refermé et j'ai gardé mon pont-levis fermé afin de préserver mes sentiments et mes pensées. L'intérieur de mon château a fini par sentir le moisi et le renfermé. Quand je suis arrivé à Al-Anon, je ne pouvais plus faire la différence entre les menaces réelles et imaginaires. En écoutant les membres raconter leur histoire, j'ai appris à reconnaître les signes de danger dans les comportements des autres et à réagir de manière appropriée.

Il arrive que les signes de danger ne soient pas évidents. Parfois, je vois comme une menace quelque chose que j'ai imaginé dans ma tête. Si je réagis en bloquant immédiatement mes sentiments, je finis habituellement par me blesser ou par blesser quelqu'un d'autre. En fin de compte, je risque de perdre une occasion de progresser ou d'aimer et d'être aimé.

Avec l'aide de ma Puissance Supérieure et de la Prière de Sérénité, j'ai appris à faire la distinction entre les menaces réelles et imaginaires. J'ai appris à distinguer et à respecter les limites des autres. Lorsque la peur m'incite à me refermer, je peux reconnaître qu'il est plus sage de rester ouvert à une personne que j'aime et en qui j'ai confiance. Je dois me souvenir que je ne peux pas vivre l'amour, la joie et la confiance, ni m'abandonner complètement à ma Puissance Supérieure, si je ne suis pas prêt à prendre le risque de ressentir les sentiments opposés : la tristesse, la peine, et la peur.

Pensée du jour

Savoir quand ouvrir et quand refermer mes limites est une question d'apprentissage.

« Les limites sont flexibles, modifiables, mobiles, de sorte qu'il n'en tient qu'à moi de déterminer à quel point je serai, à un moment donné, ouvert ou fermé. »

Le Courage de changer, p. 201

13 octobre

« Un jour à la fois » paraît si simple, et pourtant c'est le slogan avec lequel j'ai le plus de difficulté. Je m'inquiète souvent du lendemain. Je ne m'inquiète pas tant des réactions que les autres auront à mon endroit; je m'inquiète plutôt de la façon dont je me comporterai dans une situation donnée. Aurai-je le courage de défendre mes convictions, mes droits ou mes besoins ?

La Onzième Étape m'encourage à rechercher la volonté de ma Puissance Supérieure à mon égard et à Lui demander la force de l'exécuter. Quand il s'agit de vivre un jour à la fois, connaître la volonté de ma Puissance Supérieure à mon égard signifie essentiellement que je saurai quels sont les sentiments, les pensées, les paroles et les actions adéquats *à tout moment*. Avoir la force de l'exécuter signifie que j'obtiendrai les qualités nécessaires – la bonne volonté, le courage, la patience, etc. – pour transformer cette connaissance en action concrète *à tout moment*.

Le véritable test s'est manifesté quand j'ai été placé dans une situation angoissante devant un tribunal. Je ne savais pas quoi dire, mais ma Puissance Supérieure le savait. Je Lui ai confié mes peurs, j'ai demandé d'avoir les mots justes, et ils me sont venus. J'ai survécu à cette épreuve en ayant foi que ma Puissance Supérieure allait me donner ce dont j'aurais besoin quand j'en aurais besoin.

Pensée du jour

Ma Puissance Supérieure a déjà la solution à toutes les questions et à tous les besoins que je peux avoir. Demander, c'est ouvrir la porte et permettre aux réponses d'entrer dans le champ de ma conscience.

> « Nous pouvons être assurés que les réponses, les choix, les actes et les pensées dont nous avons besoin nous seront révélés en temps opportun parce que nous les avons placés entre les mains de notre Puissance Supérieure. »
>
> *Comment Al-Anon œuvre pour les familles et les amis des alcooliques*, p. 77

14 octobre

Après que mon père soit mort de l'alcoolisme quand j'avais neuf ans et que ma mère soit décédée quand j'avais douze ans, je me sentais abandonné par Dieu. J'étais dans la confusion, je vivais dans un brouillard qui envahissait tous les aspects de ma vie.

J'ai recherché la consolation dans la nature en passant la majeure partie de mes temps libres dans les bois et les champs qui entouraient ma demeure. Je me reposais dans les champs et j'observais les cours d'eau. J'observais les animaux dans les bois et j'ai appris à connaître les oiseaux et leurs chants. J'ai découvert de nombreuses formes de vie dans les petits étangs stagnants, et je collectionnais les insectes trouvés dans les champs. La paix que je ressentais quand j'étais seul avec la nature m'aidait à oublier ma douleur.

Des années plus tard, j'ai rejoint Al-Anon. C'était comme si chaque réunion faisait référence à Dieu, avec qui je n'avais plus aucune relation. Plus souvent je revenais, plus il m'a semblé évident que je devais trouver une Puissance Supérieure telle que je La concevais. Si je ne pouvais pas accepter et mettre en pratique les trois premières Étapes, je savais que mon rétablissement en viendrait à stagner.

Grâce à la prière et à la méditation, j'ai pu me souvenir de mes moments d'enfance dans la nature. La beauté de la nature – les chaudes brises d'été, le froid vivifiant de l'hiver – m'avait réconforté comme rien d'autre n'avait pu le faire. Sans même m'en rendre compte, Dieu m'avait permis de guérir tranquillement au sein de Son monde naturel. Avec le temps, j'ai fini par réaliser que Dieu ne m'avait pas abandonné. Il avait tout simplement pris un peu de recul en attendant que je sois prêt, dans mon rétablissement, à reprendre un contact conscient avec Lui.

Pensée du jour

Mes pensées et mes sentiments changeants ne peuvent pas saisir l'immensité et la profondeur de la sollicitude que ma Puissance Supérieure éprouve à mon égard.

> « … Il m'est bien facile de regarder mon passé et de constater que Dieu oeuvrait dans ma vie à tout moment. »
>
> *Le Forum, février 1998, p.7*

15 octobre

J'avais l'habitude de passer beaucoup de temps à ne rien faire. Je regardais le monde passer tout en m'accusant de ne rien faire. Quand j'agissais, c'était souvent en réaction. Je réagissais de manière impulsive et compulsive aux paroles et aux comportements de tous ceux qui m'entouraient. C'était comme si je ricochais constamment entre deux murs marqués « inactif » et « réactif ».

J'ai utilisé certains outils Al-Anon pour travailler sur ces défauts de caractère. Afin de cesser de réagir, j'ai utilisé le slogan « Est-ce si important ? » et la Douzième Tradition qui me suggère de « placer les principes au-dessus des personnalités ». La Prière de Sérénité, le slogan « Ça commence par moi » et la Onzième Étape m'aident à transformer mes rêves en réalité en décidant avec sagesse des gestes que je pose.

Je dois me souvenir de cultiver l'équilibre entre l'action et l'inaction. L'impulsivité peut s'avérer un piège tout autant que l'immobilisme. J'évite ce piège en priant pour obtenir les conseils de ma Puissance Supérieure avant d'agir. Il est important que j'attende – que je sois inactif – en attendant d'être guidé.

Cela m'aide si je n'oublie pas qu'une période d'attente et de préparation intérieure, ce que j'appelais auparavant ne rien faire, est nécessaire pour que je découvre comment agir. Quand ma Puissance Supérieure et moi sommes prêts, les choses prennent leur place d'une manière qui n'aurait pas été possible si j'avais agi seul.

Pensée du jour

Les conseils de ma Puissance Supérieure me suggèrent qu'il est préférable de confier à Dieu mes décisions concernant mes temps de repos, de préparation et d'action, car Il sait choisir le bon moment avec perfection.

> « Je serai conscient que, même en ne faisant rien pour solutionner mes problèmes, je vis activement selon la philosophie Al-Anon. »
>
> *Al-Anon un jour à la fois*, p. 143

16 octobre

Par un après-midi d'hiver, une amie et moi avons fait une promenade le long d'un lac gelé. Le lac était couvert d'une mince couche de glace, mais il y avait des fissures à certains endroits où les canards avaient nagé. La plupart des canards occupaient une large étendue dégagée, mais deux d'entre eux étaient plus loin, séparés des autres par une barrière de glace. L'un d'eux a tenté à plusieurs reprises de passer de l'autre côté. Il essayait frénétiquement de monter sur la mince couche de glace, mais celle-ci cédait sous son poids dès qu'il approchait. Malgré tout, le canard persistait, poursuivant sa folle danse sur glace.

Au début, mon amie et moi avons ri aux éclats de voir ce canard faire ses cabrioles. Mais j'ai bien vite considéré la situation sous un œil plus philosophique. La situation de ce canard me semblait étrangement familière. Combien de fois m'étais-je vainement efforcée d'être heureuse en utilisant sans cesse les mêmes moyens inadéquats, tout comme ce canard qui avait oublié qu'il pouvait voler au-dessus de cette barrière de glace ? Quelles sont les « ailes » que j'ai pu oublier ? Les outils Al-Anon peuvent m'aider à m'affranchir de l'héritage de ma famille marquée par l'alcoolisme, où je n'ai jamais appris à surmonter mes faiblesses, mais seulement à les nier ou à les exagérer.

Je veux cesser de me reprocher mes faiblesses humaines. J'utiliserai plutôt mon inventaire de Quatrième Étape pour déterminer mes points forts, mes ailes. Je raffermirai ma confiance en moi en m'appuyant sur mes forces et en les utilisant pour mon bien et pour le bien des autres.

Pensée du jour

Dans Al-Anon, j'ai l'occasion de réparer mes « ailes » et même de m'en façonner une nouvelle paire, si je veux.

« Ce programme m'a montré que j'avais des choix. Je pouvais rester comme j'étais, ou je pouvais changer. »
Living Today in Alateen, p. 55

17 octobre

Mon père est décédé il y a longtemps. Pendant plusieurs années, je n'ai plus pensé à lui. Quand j'ai débuté dans Al-Anon, des souvenirs de son comportement alcoolique, enfouis depuis longtemps, ont refait surface. Dans mes pensées remplies de colère, il était « L'Ivrogne ». Toutefois, j'ai continué d'assister aux réunions, j'ai commencé à mettre en pratique les Étapes, j'ai prié, et j'ai parlé avec ma marraine. Elle écoutait attentivement, avec bienveillance, mais elle ne disait pas grand-chose. Elle m'a donné du temps et de l'espace.

Quelques mois plus tard, ma mère m'a demandé de venir chercher une boîte d'effets personnels. J'ai emporté la boîte chez moi et je l'ai ouverte. À l'intérieur, j'ai trouvé le portefeuille de mon père. « Voici donc le portefeuille de "L'Ivrogne" », me suis-je dit en examinant son contenu.

Le portefeuille contenait différentes choses, notamment de vieilles photos. Il y en avait plusieurs, des instantanés découpés avec soin pour pouvoir entrer dans les pochettes en plastique du portefeuille. Il y avait une photo de moi et lui le soir de ma remise des diplômes, et une autre de moi avec notre chien. Il y avait une photo de son bateau, et une photo que j'avais prise à un match de football. Il y avait plusieurs photos de lui prenant un verre avec ses copains. Il les aimait, eux aussi.

J'ai subitement vu mon père indépendamment de son alcoolisme. Il était un gars normal, comme tout le monde, qui aimait certaines personnes et certaines choses. Mon travail dans Al-Anon, mes études, et mes prières, tout s'est mis à sa place. J'ai réalisé que j'étais prête à lui pardonner. J'ai pleuré chaudement et longtemps, et mon père m'a manqué pour la première fois depuis des années. Il n'était plus « L'Ivrogne ». Il était tout simplement « papa ».

Pensée du jour

Je sais que je suis en train de me rétablir quand je peux voir l'alcoolique qui fait partie de ma vie en tant qu'être humain.

> « Al-Anon m'a aussi redonné mon père, d'une toute nouvelle et merveilleuse manière, m'aidant à l'accepter tel qu'il était. Il était malade, mais il était également affectueux et il faisait son possible. »
> *Al-Anon est pour les enfants adultes d'alcooliques*, p. 17

18 octobre

Les suggestions que renferme la Prière de Sérénité m'étaient des concepts étrangers quand je suis arrivé à ma première réunion Al-Anon. J'ai vite réalisé qu'il devait s'agir de quelque chose d'important puisqu'on l'utilisait à l'ouverture de chacune des réunions auxquelles j'ai assisté par la suite. Il m'a semblé que l'appliquer à mon rétablissement pouvait en valoir l'effort.

Quand je dis la Prière de Sérénité, je demande à ma Puissance Supérieure de m'accorder la « sagesse de connaître la différence » entre « les choses que je ne puis changer » et « les choses que je peux ». Avant Al-Anon, je ne pouvais pas faire la différence. En fait, je pense que je voyais les choses totalement à l'envers, m'efforçant souvent de diriger des événements que je n'avais pas la capacité d'influencer, et encore moins de contrôler. De tels comportements entraînaient souvent de la fatigue au plan mental, physique et émotionnel, ainsi que des sentiments de déprime, d'échec et d'inutilité. Ces sentiments m'étaient devenus familiers en grandissant dans le contexte de l'alcoolisme, et j'en étais venu malgré moi à les accepter comme étant normaux.

Maintenant, grâce à Al-Anon, je sais que je suis impuissant devant l'alcool et les comportements alcooliques. Je sais que je suis une personne importante et digne de valeur ayant éprouvé des difficultés à la suite des événements apparemment insensés qui se sont produits dans ma vie. L'illusion d'être en contrôle m'a aidé à survivre, mais je n'en ai plus besoin aujourd'hui.

Même si des sentiments désagréables et le besoin de diriger se manifestent à l'occasion, je me souviens que cela fait partie de ma maladie et que les sentiments ne sont pas des faits. J'admets de nouveau mon impuissance et je remets mes réactions malsaines entre les mains de ma Puissance Supérieure. Non seulement peut-Elle diriger ma vie mieux que moi, Elle peut aussi me rendre la raison.

Pensée du jour

Quand mes mains laissent aller les commandes et que je « lâche prise et m'en remets à Dieu », ma vie se déroule aisément et je me sens serein.

> « *Lâche prise et remets-t-en à Dieu*, Il voit le monde tel qu'il est,
>
> Repose-toi sur Lui, et tu ne seras jamais triste... »
>
> *Alateen Talks Back on Slogans*, p. 15

19 octobre

Pour moi, donner et servir sont des actes égoïstes. Quand je donne, je reçois tellement plus en retour. Si je donne dix minutes de mon temps pour écouter quelqu'un parler de ce qui se passe dans sa vie, j'obtiens une nouvelle façon de voir ma propre situation. Je gagne une occasion de progresser et de mieux comprendre comment les Étapes peuvent s'appliquer dans ma vie. Juste quelques mots de bienvenue à un nouveau venu peuvent me faire sentir bien et ragaillardie pendant des heures. En offrant mon aide, je n'ai jamais senti qu'on abusait de moi ou que je faisais quelque chose que je n'avais pas vraiment envie de faire.

Cependant, en dépit de mon progrès dans Al-Anon, il m'arrive de donner pour les mauvaises raisons. Je dois faire la distinction entre donner par amour et donner pour plaire aux autres, en vue d'obtenir leur attention ou leur approbation. C'est une question de motivation et de degré. Si je fais quelque chose pour la mauvaise raison ou si cela nuit à mon rétablissement, alors cela vaut la peine d'y regarder de plus près à l'aide de la Quatrième et de la Cinquième Étape.

Par contre, plus je donne par amour, plus je reçois en retour. Imaginez une loterie qui paye à tous coups ! J'achète un billet à un dollar et j'en reçois cinq. Alors, pourquoi n'achèterais-je pas un billet quand je sais que je gagne chaque fois ?

C'est ainsi quand il s'agit d'aider, de faire du service, et de transmettre le message du rétablissement. Quand je fais ces choses pour les bonnes raisons, c'est mon billet gagnant pour encore plus de progrès, d'estime de soi, et de sérénité. Je reçois toujours plus que je donne. Je suis sûre de gagner chaque fois !

Pensée du jour

Faire du travail de service Al-Anon me permet de prendre des risques et de progresser en même temps.

« Par-dessus tout, je voulais parvenir au rétablissement et m'y maintenir. J'ai trouvé la joie de transmettre le message… »

Les voies du rétablissement, p. 129

20 octobre

À ma première réunion Al-Anon, j'ai attentivement écouté les autres parler. Une femme a dit qu'elle se sentait comme si elle était dans un endroit sombre et isolé, comme si elle était au fond d'un puits. Les outils du programme l'aidaient à voir la lumière au sommet du puits, mais il allait tout même être difficile d'escalader les parois pour en sortir.

Après un certain temps, j'ai fini par comprendre qu'en lisant la documentation Al-Anon, en écoutant les autres membres, et en mettant les slogans, les Étapes et les Traditions en pratique dans ma vie, je pourrais sortir de mon propre puits. Petit à petit, j'ai cessé de me concentrer sur les problèmes de l'alcoolique et j'ai commencé à me concentrer sur les miens. J'ai découvert que faire face à mes responsabilités signifiait que je devais développer la capacité de choisir ma façon de réagir à mes problèmes.

Être responsable de moi voulait dire me concentrer sur moi et ne pas permettre à la peur de dicter ma façon de réagir, même quand cette peur semblait gigantesque. La force dont j'avais besoin pour sortir de mon puits devait venir de mon estime de moi. Sans cela, je n'aurais pas le courage d'escalader les parois. Cependant, ayant si peu d'estime de moi, je croyais n'avoir aucun courage. Mais ma marraine m'a dit que j'avais énormément de courage. Elle m'a dit qu'en prenant le risque de franchir les portes d'Al-Anon, j'étais déjà devenue responsable de mon estime de moi.

Pensée du jour

La peur est un sentiment et non une action. Le courage n'est pas l'absence de peur. C'est décider d'agir avec amour en dépit de la peur.

« Si ma peur avait été simplement éliminée, je n'aurais peut-être jamais su que je suis capable d'agir par moi-même. »

Le Courage de changer, p. 119

21 octobre

Enfant, j'aimais chaque automne aider ma mère à planter des bulbes de tulipes. Elle m'a appris à les planter en rangées bien ordonnées. Dans ma première maison, j'attendais avec impatience la floraison de mes propres tulipes. Une année, mon mari m'a demandé : « Pourquoi tu les plantes en rangées ? Pourquoi pas en touffes ? » J'ai remarqué que plusieurs de mes voisins plantaient leurs fleurs en touffes, un arrangement qui me semblait éparpillé.

Peu de temps après, un membre Al-Anon a raconté qu'elle faisait certaines choses à la manière de sa mère comme si c'était la seule manière possible. J'ai soudainement vu clairement pourquoi je faisais certaines choses d'une certaine façon. Ma mère me l'avait appris.

Plus tard, pendant les vacances, j'ai vu des canards sur un étang, tous en rangée. Ils étaient l'incarnation vivante d'une phrase que ma mère employait souvent : « Attends ma chérie que je mette mes canards en rangée ». Pour la première fois, je me suis demandé pourquoi j'aimais que les choses soient si ordonnées. Dans ma famille marquée par l'alcoolisme, j'avais appris que si je faisais ce qu'on me disait de faire sans poser de questions, je serais plus en sécurité et plus heureuse. Dans ma famille, l'obéissance voulait dire suivre une ligne droite, bien définie.

Je ne me soucie plus que mes canards soient en rangée, et je préfère parfois qu'ils ne le soient pas. En ne forçant pas mes pensées et mes sentiments en ligne droite, je peux voir toutes les possibilités. Je peux explorer, être créative, inventive, et aventureuse. Les témoignages des autres membres, ma marraine et notre documentation approuvée par la Conférence élargissent mon horizon de manière à inclure des champs d'action et de perception inexplorés.

Pensée du jour

Je n'ai plus besoin que mes fleurs, mes pensées ou les membres de ma famille soient en rangée. Ils sont libres d'être qui ils sont – et moi aussi !

« Je veux continuer à apprendre le reste de ma vie en appliquant chaque jour de nouvelles idées et en laissant la vie être une véritable aventure. »

Comment Al-Anon œuvre pour les familles et les amis des alcooliques, p. 374

22 octobre

Faire amende honorable ne veut pas dire faire des excuses chaque fois qu'il y a un problème. Il s'agit de déterminer ce qui est allé de travers dans une relation ou une certaine situation, d'identifier le rôle que j'ai joué, et de faire ce que je peux pour corriger les choses.

Je savais que mon père avait sa place sur ma liste de Huitième Étape, mais j'étais furieux ! Pourquoi devrais-je lui faire amende honorable ? Il avait fait des excès de colère et s'était comporté de manière brutale en tant qu'enfant adulte d'un alcoolique. Il m'avait battu, rejeté, puis abandonné. Pourquoi aurais-je dû pardonner à la personne ayant commis les abus que j'avais subis ? En outre, il est maintenant décédé. À quoi bon ?

J'ai utilisé une approche en trois parties. Premièrement, pourquoi notre relation était-elle allée de travers ? Mon père avait lui aussi subi des préjudices. Il n'avait pas plus que moi demandé à grandir au contact de l'alcoolisme. Il était irréaliste de m'attendre à ce qu'il fût une personne attentionnée. Détester mon père et continuer de souffrir ne faisait que perpétuer mes problèmes. Deuxièmement, quel était mon rôle ? Mon père était parti depuis longtemps, alors pourquoi est-ce que je souffrais encore ? J'ai fini par comprendre que j'avais adopté certains de ses défauts de caractère. Troisièmement, que pouvais-je faire pour corriger la situation et pardonner à mon père ? Je devais m'accorder ce qu'il n'était pas en mesure de m'accorder – amour, acceptation, sagesse, une enfance sans danger, et une saine initiation à la vie d'homme adulte.

Cela n'a pas été facile. Avec l'aide du programme et de ma Puissance Supérieure, et avec un dévouement infatigable à l'espoir et à la vérité, je pardonne à mon père chaque fois que je m'accorde quelque chose que je veux ou dont j'ai besoin. De cette manière, je fais amende honorable et j'améliore ma vie un jour à la fois.

Pensée du jour

En quoi faire amende honorable est-il une manière de mieux me traiter ?

« Quel apaisement et quelle acceptation j'ai ressentis quand j'ai accueilli et fais amende honorable à la personne à laquelle j'avais causé le plus de torts : moi. »

Having Had a Spiritual Awakening..., p. 144

23 octobre

Il m'a été difficile de saisir le concept de « *Dieu tel que nous Le concevions* ». Dans ma famille, on croyait qu'il n'y a qu'une seule façon de voir Dieu. Mes parents utilisaient la religion pour me faire obéir. Je croyais que nous allions à la seule véritable église. Il y avait toute une liste de permissions et d'interdictions. J'avais peur de Dieu – je Le voyais comme un juge sévère n'attendant que l'occasion de me punir.

À la fin de ma première réunion, j'étais impressionné par le sentiment d'acceptation que je ressentais. Il n'y avait ni commérages, ni critiques. Les membres étaient gentils, bien qu'ils n'aient pas tous les mêmes opinions ou les mêmes croyances. Personne n'essayait de changer les autres en leur disant quoi penser ou quoi ressentir. Dans Al-Anon, j'ai senti pour la première fois que je pouvais être moi-même. Je pouvais me détendre et laisser se développer ma conception d'une Puissance Supérieure.

J'ai réalisé que le dieu de mes parents était venu dans une toute petite boîte, pas assez grande pour moi. J'ai congédié ce dieu et j'en ai engagé un nouveau. Ma nouvelle Puissance Supérieure est beaucoup plus grande que l'ancienne. Elle ne vit pas dans une boîte. Elle vit en moi et en ceux qui m'entourent. Elle m'aime, Elle prend soin de moi, et Elle m'accepte comme je suis – une œuvre d'art en voie de réalisation. Ce Dieu désire ce qu'il y a de mieux pour chacun. Ma Puissance Supérieure peut transformer une tragédie en quelque chose de positif, puisque de mon enfance difficile est sorti un Dieu que je ne crains plus, mais auquel je suis très attaché.

Pensée du jour

L'idée que j'ai de Dieu est-elle en accord avec mon nouveau moi en rétablissement ?

> « Dans Al-Anon, nous en venons à comprendre la nature d'une puissance supérieure à nous-mêmes d'une manière personnelle, profonde, et beaucoup d'entre nous avons été étonnés de la différence que cette compréhension apporte dans notre vie. »
> *Tel que nous Le concevions…*, p. 81

24 octobre

Avec les années passées dans Al-Anon, j'ai réalisé que je dois faire attention à ma manière d'interpréter certains mots. Prenons « défauts de caractère » et « déficiences », qui sont utilisés dans la Sixième et la Septième Étape respectivement. Je suis arrivée à Al-Anon en croyant que j'étais responsable quand les choses allaient mal et que j'étais « mauvaise » ou « déficiente ». Des années de réunions m'ont amenée à penser différemment. Je vois maintenant mes problèmes de comportement comme étant des techniques de survie qui m'ont bien servie en grandissant. Maintenant, elles me nuisent, m'empêchant de mener une existence sereine. J'ai aujourd'hui Al-Anon et ses outils pour m'épanouir, et non simplement survivre.

Il m'arrive aussi d'avoir de la difficulté avec les mots « sérieux et courageux », dans la Quatrième Étape. À la maison, pour faire face aux blâmes et aux critiques, j'étais devenue perfectionniste. Il m'est bien trop facile d'interpréter « sérieux et courageux » comme voulant dire « parfait ». Je suis alors paralysée par la peur, pensant que je dois faire l'inventaire parfait, ce qui voudrait dire selon certains de mes principes toujours déformés, que je devrais faire l'inventaire du moindre mot que j'ai dit ou du moindre geste que j'ai posé pendant toute ma vie. Je pourrais me rendre folle ! Cela m'a aidé quand un membre m'a rappelé que lorsqu'un épicier fait son inventaire, il vérifie ce qu'il y a sur les tablettes *aujourd'hui*, pas ce qui s'y trouvait la veille ou l'avant-veille. Cette idée rend mon inventaire beaucoup plus facile à faire. Tout ce que j'ai à faire, c'est identifier les choses en moi qui me tracassent et qui nuisent à mon progrès, aujourd'hui seulement.

Pensée du jour

Porter attention à ma manière d'écouter et à ma manière d'interpréter ce que j'entends, cela peut aider à mon rétablissement.

> « Si je peux détourner mon esprit de mes problèmes personnels et vraiment écouter… j'apprendrai beaucoup plus de choses aujourd'hui. »
> *Alateen – un jour à la fois,* p. 227

25 octobre

« Super ! » Ce mot exprime tellement d'émerveillement, d'enthousiasme, de surprise et d'humilité. C'est un mot que j'utilise souvent, et pourtant je porte peu attention à son sens et à son pouvoir. Par exemple, quand je me suis réveillée ce matin, le soleil brillait, le ciel était d'un bleu profond, sans nuage, et le feuillage d'automne reflétait des teintes dorées, bronzées et cuivrées. Sans réfléchir, ma première réaction a été de dire : « Super ! »

J'ai été frappée par le fait que je n'avais rien à voir avec la création de ce merveilleux matin. Cela voulait dire que je n'avais probablement pas plus d'influence sur les matins pluvieux ou enneigés. En fait, la température était une des nombreuses choses sur lesquelles je n'avais aucun pouvoir. Cette réalisation m'a soulagé de ma responsabilité à l'égard de la température, ensoleillée ou nuageuse, et m'a rappelé les nombreuses choses sur lesquelles je n'ai aucun pouvoir dans ma vie. Je ne peux que lâcher prise et les laisser faire. J'étais reconnaissante pour ce rappel, et j'ai pris conscience des autres choses pour lesquelles je peux me compter chanceuse. Je n'avais qu'à apprécier ce matin et être reconnaissante de pouvoir être témoin de cette beauté. La journée commençait très bien.

Je suis maintenant plus attentive aux moments « supers » dans ma vie. Je reconnais les sentiments, comme la gratitude, la joie et l'humilité que j'éprouve quand j'apprécie quelque chose que je n'ai pas créé ou influencé. Aujourd'hui, je remercie ma Puissance Supérieure pour chaque personne et chaque événement qui croise mon chemin. J'accepte le fait que je n'ai pas à travailler dur pour les plaisirs de cette journée parce qu'ils sont des cadeaux de ma Puissance Supérieure. Tout ce que j'ai à faire, c'est d'être attentive et d'apprécier mes émotions sincères au fil de la journée.

Pensée du jour

Je prends le temps d'apprécier la beauté qui m'entoure.

« Quand je cueille des fleurs ou que je m'émerveille devant les beautés de la nature, je ne perds pas la face en concédant que je n'y suis pour rien. »

Le Courage de changer, p. 283

26 octobre

Quand j'étais enfant et que je demandais à ma mère la permission de faire quelque chose, elle me disait souvent « Demande à ton père ». Et mon père disait « Demande à ta mère ». Mes sœurs aînées se comportaient plus comme des parents que ma mère ou mon père, assumant souvent les tâches qui étaient négligées. Les questions de responsabilité et d'autorité étaient très confuses dans ma famille. Je ne savais jamais vraiment qui était aux commandes et je ne savais jamais à quoi m'en tenir.

Comme cela a été agréable d'arriver à Al-Anon et d'y trouver un groupe de personnes dont les comportements ne faisaient pas écho à la confusion de mon enfance. Différents membres de mon groupe d'appartenance s'offraient chaque mois pour animer les réunions, disposer la documentation, préparer les rafraîchissements et accomplir diverses autres tâches. D'autres membres étaient élus à des postes comme représentant de groupe ou trésorier. Les rôles et les responsabilités étaient bien définis, et chaque serviteur de confiance avait l'autorité nécessaire pour accomplir ses tâches. En cas de difficulté, le groupe pouvait faire appel à une personne bien précise selon la nature de l'obligation. De cette manière, les conflits étaient résolus de manière simple et bien organisée. En d'autres mots, le chaos avait rarement sa place. Voyez-vous ça !

À l'époque, je ne le réalisais pas, mais mon groupe mettait en pratique le Dixième Concept : « La responsabilité en matière de service est équilibrée par une autorité soigneusement définie et la double gestion est évitée. » Tout le monde savait qui était responsable de quoi. Personne n'essayait de faire le travail de quelqu'un d'autre, et tout le travail était fait quand il devait être fait. Des limites claires et précises – et la capacité d'accomplir ses tâches à l'intérieur de ces limites – ont rendu cela possible.

Pensée du jour

Si je faisais une liste de toutes les choses que je dois – et que je veux – faire aujourd'hui, combien de choses seraient de mon ressort et combien seraient du ressort de quelqu'un d'autre ?

« En mettant en pratique le Dixième Concept, nous établissons des buts précis et nous comptons les uns sur les autres pour les atteindre. »

Les voies du rétablissement, p. 311

27 octobre

Je n'avais pas réalisé à quel point j'avais perdu mon estime personnelle en grandissant au contact de l'alcoolisme. Quand j'étais enfant et insouciante, j'avais de l'estime de moi, mais elle a lentement été enfouie et elle s'est endormie tandis que j'affrontais ce mal familial.

Quand je suis arrivée à Al-Anon, il a fallu tous les aspects du programme pour rebâtir mon sens de ma propre valeur. Aux réunions, j'avais le droit de passer mon tour si je voulais, mais j'ai graduellement trouvé la force de dire ce que j'avais à dire. J'ai demandé à quelqu'un de me parrainer et je lui ai téléphoné pour lui demander de l'aide. J'ai découvert un Dieu tel que je Le conçois et j'ai appris que je pouvais faire des choix, que je pouvais par moi-même prendre de bonnes décisions. Petit à petit, toutes ces choses m'ont aidée à redécouvrir mon estime personnelle.

Afin de conserver ce que j'avais reçu, on m'a suggéré de le donner. J'ai donc continué de renforcer mon estime de moi grâce au service. J'ai commencé en plaçant les chaises et en préparant le café. J'en suis venue à animer des réunions, à devenir marraine, puis à servir en tant que secrétaire, représentante de groupe suppléante, et représentante de groupe. Tout en préservant mon estime de moi en faisant du travail de service, j'ai appris dans l'action ce que sont les Étapes et les Traditions.

Mes efforts m'ont donné un sentiment d'autonomie, de l'estime de moi, et de la gratitude. Ces qualités m'aident à demeurer ouverte aux cadeaux que Dieu m'offre à travers mes relations avec les autres. Elles me donnent la force et le courage d'entretenir les relations qui existent déjà dans ma vie. Elles m'aident aussi à créer de nouveaux liens, ce qui avait l'habitude de m'effrayer. Merci Al-Anon de m'avoir offert le soutien et les conseils bienveillants grâce auxquels j'ai retrouvé l'estime de moi que j'avais perdue il y a tant d'années.

Pensée du jour

Je prendrai chaque jour le temps de nourrir mon estime personnelle que j'ai redécouverte.

« Aujourd'hui, quand j'aurai des choix à faire, j'opterai pour la voie qui rehaussera mon estime personnelle. »

Le Courage de changer, p. 118

28 octobre

Un soir, à mon groupe d'appartenance, une femme a raconté qu'elle se disputait souvent avec l'alcoolique. Je ne portais pas trop attention, mais elle a mentionné le slogan « Est-ce si important ? » Ses paroles m'ont alors frappée et j'ai écouté plus attentivement. J'ai décidé d'essayer ce slogan et de l'appliquer dans ma propre vie.

La première fois que j'ai essayé, cela m'a vraiment ouvert les yeux. Mon mari alcoolique était rentré tard à la maison, et j'étais prête à commencer ma routine en lui posant toutes les questions que je savais que je ne devais *pas* poser. Pour m'empêcher de le faire, j'ai répété plusieurs fois la Prière de Sérénité et je me suis demandé « Est-ce si important ? » J'ai été envahie d'un profond soulagement en me donnant moi-même la réponse : « Ce n'est pas assez important pour que je joue à la policière ! »

Mon mari me connaît bien et il s'était préparé à faire face à un barrage de questions en rentrant à la maison. J'ai pu voir les muscles de son cou se raidir quand il est entré, attendant ma réaction. J'ai simplement dit « Bonsoir ! » Il s'est visiblement détendu, et nous avons passé le reste de la soirée ensemble dans la sérénité et en nous amusant même un peu.

Depuis cette soirée, j'ai appliqué ce slogan dans plusieurs domaines de ma vie. J'ai appris que si un problème n'aura probablement plus d'importance dans 30 jours, alors cela ne vaut probablement pas la peine de m'en faire maintenant. Aujourd'hui, il ne se produit pas tellement de choses dans ma vie qui auront des répercussions si durables que je doive en faire tout un plat.

Pensée du jour

Avec quelle facilité est-ce que je laisse aller ma sérénité ?

« La perspective que nous acquérons quand nous appliquons ce slogan nous permet d'écarter les petites inquiétudes, les futiles exaspérations et les jugements sans fondement, afin de pouvoir nous réjouir des extraordinaires richesses et merveilles que la vie nous offre. »

Comment Al-Anon œuvre pour les familles et les amis des alcooliques, p. 73

29 octobre

Avant d'arriver à Al-Anon, je prenais à cœur les commentaires désobligeants. Je les croyais, et je me demandais ce qui n'allait pas avec moi. Même en vieillissant, j'ai continué de porter en moi la personne qui avait grandi avec des parents alcooliques et qui avait enduré les abus qui accompagnent la maladie. Une part importante de mon rétablissement a consisté à redécouvrir et à soutenir cette partie de moi qui avait grandi avec l'alcoolisme en phase active. J'ai dû apprendre à aimer sans conditions cet aspect de moi.

Quand j'ai fait ma Troisième Étape et que j'ai véritablement confié ma volonté et ma vie aux soins de ma Puissance Supérieure, je me suis senti enveloppé d'un amour bienfaisant. Avec la Onzième Étape, par la prière et la méditation, je m'imprègne quotidiennement de cet amour. En pratiquant assidûment les Étapes, j'ai finalement appris à m'aimer totalement – avec mes forces *et* mes faiblesses. Je me sens maintenant beaucoup mieux dans ma peau et je ne permets à personne d'affecter cela. Al-Anon m'a donné des cadeaux merveilleux – l'amour-propre et l'estime de moi nécessaires pour me protéger des comportements inacceptables.

Maintenant, quand mon fils me dit qu'on l'a taquiné à l'école, je lui transmets les leçons de mon rétablissement en parlant d'amour de soi. Je lui enseigne ce que j'ai appris dans Al-Anon. Je l'aide en lui suggérant des façons simples de se détacher. Je lui explique comment il peut faire en sorte que ça commence par lui en évitant de se venger. Je l'aide à comprendre qu'il lui arrive aussi de faire des choses qui font de la peine aux autres, et qu'il peut se sentir mieux dans sa peau en faisant des amendes honorables. Le programme Al-Anon m'a non seulement aidé à guérir mon passé, il m'aide aussi à offrir à mon fils un avenir plus sain.

Pensée du jour

Quand je prends conscience de ma véritable valeur et que j'utilise le détachement avec discernement, les paroles et les actions des autres ne peuvent pas me blesser.

« … La personne dont il importe le plus que j'obtienne amour et respect, c'est moi-même. »

Courage to Be Me, p. 137

30 octobre

J'avais demandé à ma marraine de me rencontrer avant la réunion Al-Anon pour enfants adultes d'alcoolique afin de discuter de ma Deuxième Étape : « Nous en sommes venus à croire qu'une Puissance supérieure à nous-mêmes pouvait nous rendre la raison ». Elle a suggéré que nous allions tranquillement marcher avant la réunion et elle m'a patiemment écouté parler. Je lui ai dit que je croyais avoir saisi l'idée d'une « Puissance supérieure à moi-même », et que ce qui avait trait à la raison et à l'insanité avait aussi du sens. Pour moi, la raison voulait dire être centrée sur moi, me sentir à l'aise avec moi-même. Ce qui m'échappait dans la Deuxième Étape, c'était « croire » – non pas le concept, mais comment le « faire » concrètement de manière à créer les assises de mon mode de vie. Je lui ai demandé comment transformer l'idée de croire en quelque chose de concret.

Je ne me souviens pas de ce que ma marraine a dit en réaction à ma frustration et à ma confusion parce que j'ai été saisie d'un profond réveil spirituel. Ce moment sera figé à jamais dans mon esprit. La lune brillait avec éclat au-dessus du feuillage automnal dénudé qui se berçait doucement au-dessus de nos têtes, dessinant des lignes dans le clair de lune. Le sentiment qui m'a envahi ce soir-là était comme si le soleil avait brillé au fond de mon être, accompagné d'un éclair de conscience et de clarté. La solution à mon dilemme est montée du plus profond de mon être. C'était la confiance. Avoir confiance, puis m'appuyer sur cette confiance, c'était ainsi que je pouvais transformer ma croyance en quelque chose de concret.

Pendant mon enfance, je n'avais jamais totalement fait confiance à qui ou à quoi que ce soit – à part certaines idées. Ce soir-là, par contre, j'ai su que mon Dieu n'était plus simplement un concept. Dieu est devenu une grande source de confiance à l'intérieur de moi qui me procurera quotidiennement, par l'entremise du programme Al-Anon, les conseils, le réconfort et le soutien dont j'ai besoin pour agir en m'appuyant avec foi sur mes croyances.

Pensée du jour

La Deuxième Étape m'invite à développer ma confiance.

> « Je n'ai pas besoin de comprendre la Puissance supérieure à moi-même, je n'ai qu'à Lui faire confiance. »
> *Tel que nous Le concevions...*, p. 181

31 octobre

J'ai grandi dans une famille où la dérision, les critiques et les moqueries étaient des modes de communication quotidiens. Pour y faire face, j'ai développé la capacité de masquer ma douleur et ma confusion derrière les sarcasmes et les railleries.

Me faire paraître plus grand et meilleur que les autres en me moquant d'eux n'a jamais comblé le vide que je ressentais à l'intérieur. Tant que je n'ai pas pu faire suffisamment confiance aux autres et à moi-même pour demander de l'aide, je suis resté prisonnier d'une fosse spirituelle, sans espoir d'en sortir. J'ai fini par en avoir assez de mon attitude sarcastique et j'ai travaillé avec mon parrain afin d'explorer la douleur qui se cachait derrière mes paroles et mes comportements acerbes.

Avec le soutien de Dieu et de mes amis dans Al-Anon, j'applique maintenant les Étapes à cette problématique particulière. J'ai accepté le fait que je suis impuissant à changer seul mon comportement. Je crois maintenant qu'une Puissance supérieure à moi-même peut me ramener à un mode de communication plus aimant, si je suis disposé à apprendre. J'ai finalement atteint le point où je suis prêt à ce que ce défaut me soit enlevé. Avec humilité et en me pardonnant à moi-même, je demande à ma Puissance Supérieure de le faire.

Je me surprends encore parfois à souligner les défauts des autres. Les vieilles habitudes sont difficiles à changer. Maintenant, par contre, avec l'aide du programme, il m'est plus facile de m'apercevoir que je retombe dans ce type de comportement spirituellement destructeur. Je sais que je ne suis pas parfait et que j'ai encore bien du chemin à parcourir sur la voie que ma Puissance Supérieure a tracée pour moi. Al-Anon me rend conscient et confiant de pouvoir briser ces anciennes habitudes, un jour à la fois.

Pensée du jour

Aujourd'hui seulement, je vais laisser aller mon besoin de juger ou de critiquer les autres et je commencerai à les voir de la même manière que j'aimerais bien qu'ils me voient.

« Je ne peux blesser les autres sans me blesser moi-même. »

Al-Anon un jour à la fois, p. 20

1er novembre

Souvent je suis trop distant pour entendre les sentiments exprimés par les membres de ma famille, mais si j'écoute attentivement je peux entendre leurs voix pendant mes réunions. J'entends ma mère quand des membres expriment leurs angoisses en tant que mère ou épouse dans un foyer marqué par l'alcoolisme. Je réalise alors combien ma mère était forte, de même que les efforts qu'elle a faits. Je suis moins enclin à critiquer quand je réalise que je connais bien peu le défi que représente aimer un mari alcoolique. J'ai récemment dit à maman que si je pouvais choisir une nouvelle mère, je demanderais à Dieu de me redonner la même.

J'entends mon père au moins une fois par semaine aux réunions ouvertes des AA. À force d'entendre des membres abstinents parler de la personne derrière la bouteille, j'aime finalement mon papa. Il boit toujours et il ne se qualifie plus d'alcoolique. Il dit que ce n'était qu'une phase, et je ne discute pas. J'ai décidé que je n'allais pas me priver d'apprendre à l'aimer et à lui pardonner simplement parce qu'il ne vit pas comme je le voudrais.

Pensée du jour

Écouter les autres raconter leur histoire – d'autres mères, d'autres pères et d'autres enfants – peut me donner une perspective plus compatissante sur mes propres difficultés et sur celles de toute ma famille.

« Entendre des conférenciers AA nous aide à comprendre l'alcoolique. Écouter des conférenciers Al-Anon nous donne une idée des sentiments du non-alcoolique. Et nous pouvons parler avec eux de ce que nous ressentons en tant qu'enfants d'alcooliques. Garder les lignes de communication ouvertes nous aide à nous comprendre mutuellement. »
Alateen – un jour à la fois, p. 169

2 novembre

Nos réunions d'affaires sont un aspect d'Al-Anon dont on ne discute pas souvent, et pourtant elles sont essentielles à la survie du programme. Personnellement, je les aime bien. J'avais rarement mon mot à dire dans les affaires quotidiennes du foyer d'une personne alcoolique, même quand les décisions me touchaient. Maintenant, je sais que j'ai voix au chapitre dans ma famille Al-Anon. Cela m'attriste quand certains membres se précipitent vers la porte avant que la réunion d'affaires débute, croyant que cela n'a rien à voir avec le rétablissement.

Pour moi, le travail de service s'imbrique dans le rétablissement, et les services rendus par le groupe dans son ensemble, c'est l'affaire d'Al-Anon. Les Traditions nous aident à nous concentrer sur la *question du service*. Par exemple, une partie de la Cinquième Tradition nous aide à nous concentrer sur la raison d'être d'Al-Anon – aider les familles et les amis des alcooliques. Nous le faisons en ouvrant et en préparant les salles de réunion, en offrant la documentation approuvée par la Conférence, en payant notre loyer, ainsi qu'en soutenant et en participant aux différentes activités de service de la fraternité.

Quelqu'un doit se porter responsable des activités de service de notre fraternité à l'échelle mondiale, et ce « quelqu'un », c'est chacun de nous, chaque groupe, individuellement. Puisque nous subvenons entièrement à nos besoins, comme le stipule la Septième Tradition, personne d'autre ne fournit les fonds nécessaires à la poursuite des activités que nous accomplissons pour que la fraternité demeure accessible à ceux qui ont encore besoin d'aide.

Al-Anon n'est pas apparu par hasard. Il y avait et il y a encore bien des membres dans les coulisses qui assurent sa survie. Un groupe qui s'occupe de ses affaires dans tous les domaines est un groupe en santé. Pour jouer mon rôle, je n'ai besoin que d'un peu de bonne volonté pour assister aux réunions d'affaires tout en gardant l'esprit ouvert.

Pensée du jour

Assister à une réunion d'affaires peut être mon tremplin vers le travail de service et un enrichissement de mon rétablissement.

« Le service m'aide à repousser mes limites. Prendre des risques favorise ma croissance et Al-Anon est un endroit sûr pour cela : prendre un risque et progresser. »

Un passeport pour le rétablissement, p. 18

3 novembre

Quand je suis arrivée à Al-Anon, je voulais le « cadeau inestimable de la sérénité », mais j'étais convaincue que cela n'existait pas. Il y avait trop de balles avec lesquelles jongler, trop de gens dont la vie était liée à la mienne. Je ne pourrais jamais garder chaque chose à sa place et faire en sorte que tout le monde soit heureux.

Al-Anon m'a appris que j'avais raison de penser que je ne pouvais pas contrôler toutes ces forces extérieures. Le programme m'a aussi appris que manipuler les gens et les événements comme bon me semble n'était pas la voie conduisant vers la sérénité. La sérénité est une question de stabilité intérieure. Si je me concentre sur moi et que je laisse ma Puissance Supérieure prendre soin du reste, tout semble aller pour le mieux. Les choses extérieures à moi me semblent encore parfois désordonnées, et les gens agissent encore de manières qui me semblent destructives et dommageables. Cependant, Al-Anon me donne les outils dont j'ai besoin pour garder le cap, pour conserver ma sérénité quels que soient les vents qui soufflent ou les vagues qui m'assaillent.

Je garde le cap que ma Puissance Supérieure a fixé pour moi en lisant quotidiennement la documentation Al-Anon, en assistant aux réunions chaque semaine, en parlant régulièrement avec ma marraine, et en prenant de fréquents inventaires personnels. Ces inspections intérieures me rappellent ma destination – la sérénité et un réveil spirituel – et elles me permettent d'ajuster mon parcours au besoin. En me concentrant sur moi et sur mes responsabilités, je sens la sérénité grandir en moi. C'est un sentiment merveilleux que de prendre soin de moi avec bienveillance et de ne plus craindre les turbulences qui s'agitent encore parfois autour de moi.

Pensée du jour

Rester concentré sur mon cheminement dans le rétablissement, plus confier le monde extérieur à Dieu, cela égale sérénité.

« Reconnaître que le monde a sa propre Puissance Supérieure, c'est inviter la paix de la sérénité à s'emparer de moi. »
Alateen Talks Back on Serenity, p. 12

4 novembre

J'ai vraiment fait beaucoup d'efforts pour me rétablir des conséquences effroyables de mon enfance dans le contexte de l'alcoolisme. J'étais souvent effrayée dans mes jeunes années. Des objets étaient brisés, des adultes tombaient parce qu'ils avaient trop bu, et le chien s'assoyait dans un coin en tremblant. Pour m'en sortir, je ne bougeais pas et je gardais le silence. Je me refermais sur moi-même. Je ne participais pas. Je ne vivais pas vraiment.

Maintenant que je suis un adulte, je veux me rétablir et vivre une vie remplie et joyeuse. Après tout, je le mérite. Al-Anon m'offre de nombreuses façons de devenir la personne que je veux être. Pour moi, présentement, les outils les plus complets comprennent le slogan « Vivre et laisser vivre », particulièrement la première partie; le Quatrième Concept, qui m'enseigne que la « participation est la clé de l'harmonie »; et rendre des services dans Al-Anon, peu importe leur importance.

Je suis en train de réaliser que le rétablissement dont j'ai toujours voulu se produit *en* vivant. Je ne commence pas par aller mieux pour ensuite corriger les choses. Pour devenir un être complet, je dois vivre maintenant, participer, interagir avec les autres. Parfois, je ne peux le faire qu'un petit peu à la fois. En attendant de pouvoir en faire plus, je m'efforce d'entretenir une plus grande ouverture d'esprit quant à ma vie et aux gens qui en ont font partie.

Le rétablissement est un processus qui se poursuivra pour le reste de ma vie. Je sais combien j'étais malade, mais je sais aussi que mon rétablissement a commencé. Ma participation à la vie ordinaire de tous les jours est un petit pas, mais c'est un pas ferme qui m'éloigne de la douleur de l'isolement pour me mener vers une vie où je m'engage avec amour.

Pensée du jour

La vie doit être vécue. Aujourd'hui, je participerai à la joie de vivre.

« La participation répond également à nos besoins naturels. Nous avons tous un profond désir d'appartenance. »

Le Manuel de service Al-Anon/Alateen, p. 163

5 novembre

La formule suggérée pour clore les réunions Al-Anon/Alateen dit que « ... vous éprouverez pour nous un attachement très spécial – même si tous ne peuvent vous plaire également – et vous nous aimerez comme déjà nous vous aimons ». Quand je suis arrivé à Al-Anon, cette déclaration me semblait trop incroyable pour être vraie. Je pensais que s'ils me connaissaient vraiment, ils ne diraient pas cela. Comment pourrait-on m'apprécier ou m'aimer ? Je n'en étais certes pas capable.

Pourtant, ils le disaient à chaque réunion. Quand j'ai fini par éprouver du véritable respect pour ces membres, je me suis demandé si leur opinion de moi pouvait être tellement erronée. Peut-être y avait-il quelque chose d'aimable en moi, même si je n'en étais pas conscient. C'est alors que les membres de mon groupe m'ont encouragé à mieux me connaître grâce à la Quatrième Étape d'Al-Anon.

Au début, je ne voyais que mes défauts. Les autres membres m'ont encouragé à découvrir également mes forces. Ils sont même allés plus loin, me suggérant d'embrasser autant mes forces que mes faiblesses et de célébrer tout cela comme faisant partie de qui je suis. Ils m'ont assuré qu'avec l'aide des Étapes suivantes je pourrais laisser ma Puissance Supérieure décider de ce que je devais conserver.

J'ai entendu plusieurs membres dire que leur groupe les avait aimés jusqu'à ce qu'ils parviennent à s'aimer eux-mêmes. J'ai vécu la même chose. Plus mon groupe a fait montre d'amour et de respect à mon égard, plus j'ai été capable de m'aimer. Puis j'ai été en mesure d'en aider d'autres à s'aimer eux-mêmes. Quelle merveilleuse façon de transmettre ce que j'ai reçu !

Pensée du jour

Cela réchauffe le cœur de savoir que je peux compter sur l'amour de soi des autres membres en attendant de pouvoir acquérir le mien.

> « Pour la première fois de ma vie, je commence à me soucier réellement des autres, surtout parce que je crois être une personne valable. Je crois au dicton qui dit qu'on ne peut pas aimer quelqu'un à moins de s'aimer d'abord soi-même. »
>
> *Alateen, un espoir pour les enfants des alcooliques*, p. 100

6 novembre

La première fois que j'ai entendu parler de ne pas accepter les comportements inacceptables, j'ai ressenti de la confusion. Le programme Al-Anon dit clairement que je suis impuissante devant les autres – alors comment puis-je ajuster leurs comportements ? Certains membres disent que restreindre les comportements inacceptables est une question d'établir des limites. Toutefois, les limites ne sont pas des règles que je peux imposer aux autres. Ce sont des normes de conduite que j'établis pour mon propre bénéfice.

Dans mon programme, les limites sont un ingrédient civilisant dans les échanges sociaux, une question de respect de soi et des autres. Établir des limites requiert certains talents de communicateur puisque les autres ne peuvent pas lire dans mes pensées et que je ne peux pas lire dans les leurs. Les autres doivent savoir ce que je ressens et je dois exprimer mes sentiments avec bienveillance. Il est également important que j'écoute et que je respecte leurs sentiments.

Je ne peux pas m'attendre à ce que les autres partagent les mêmes valeurs que moi. Je fais parfois certains choix dans mon propre intérêt sans que les autres comprennent. Si mes limites ne sont pas respectées, je me rappelle la Prière de Sérénité, j'exprime mes limites, et je fais calmement et avec sérénité ce qui est nécessaire pour prendre soin de moi. Je n'ai pas nécessairement à mettre fin à une relation. Par contre, je dois reconnaître que j'ai la responsabilité de m'honorer en tant qu'enfant de Dieu digne de respect.

Je suis plus attentive à mes limites quand je suis avec des gens en qui je n'ai pas confiance. Je peux être plus flexible avec les gens en qui j'ai confiance. Si je permets constamment que mes limites soient transgressées, je me porte volontaire, je ne suis pas une victime. C'est ma responsabilité de me tenir près de gens encourageants et dignes de confiance, et de ne pas trop m'exposer aux gens qui ne le sont pas.

Pensée du jour

Je fais montre de dignité et de respect envers moi et les autres quand j'honore mes valeurs autant que les leurs.

« Aujourd'hui j'ai le choix d'établir des limites, de tracer une ligne que je ne permettrai pas qu'on dépasse. »

Comment Al-Anon œuvre pour les familles et les amis des alcooliques, p. 251

7 novembre

J'avais l'habitude de refaire constamment la même chose en m'attendant à des résultats différents. Après en avoir discuté avec une amie, elle m'a donné un exercice à pratiquer.

Quand quelqu'un me dit quelque chose et que je réagis fortement – en ayant envie de pleurer ou de me mettre en colère, ou en pensant que je suis inférieure – je m'arrête et j'imagine deux portes. L'une est marquée « Comme d'habitude » ou « Ma volonté ». L'autre est marquée « Nouveau et différent » ou « La volonté de Dieu ». En voyant ces deux portes, j'imagine que j'ouvre la mienne pour voir ce que je dirais ou ce que je ferais normalement dans cette situation. Je referme ensuite ma porte et j'ouvre celle de Dieu. En faisant cela, je laisse passer un certain temps entre la remarque initiale et ma réaction impulsive. Cela me donne le temps d'utiliser le slogan « Penser » et de choisir une façon plus saine de réagir. Je n'ai eu à regretter aucun incident depuis que je pratique cette forme de retenue. Ironiquement, il n'y a la plupart du temps absolument rien derrière la porte de Dieu. Quel message ! Cela veut-il dire que les comportements des autres leur appartiennent et que je n'ai pas à me les approprier en y réagissant ?

Pensée du jour

M'efforcer de me détacher avant de réagir me permet de préserver mon respect de moi-même en choisissant ma façon de réagir.

« Nous devons reconnaître nos propres réactions. Nous pouvons ensuite décider si nous voulons continuer à réagir de la même façon ou si nous voulons essayer quelque chose de nouveau. »

Courage to Be Me, p. 123

8 novembre

Pourquoi suis-je tellement attirée par les personnes alcooliques ? Je me suis penchée sur cette question pendant plus de cinq ans. Puis, en écoutant un enfant adulte d'alcoolique donner son témoignage pendant le premier Congrès international d'Al-Anon, j'ai vécu un réveil spirituel inattendu. J'ai réalisé que mon grand-père maternel avait un problème avec l'alcool. C'était un homme solitaire rempli de colère et de ressentiment. Il faisait un méchant vin maison et il buvait trop.

J'ai réalisé que ma mère avait acquis plusieurs comportements caractéristiques des gens qui vivent avec une personne alcoolique, et que je les avais appris d'elle. Nous avions toutes deux acquis des habitudes malsaines : être martyr, mener, manipuler et materner – quatre qualités qui vont si bien avec l'alcoolisme. Je comprenais maintenant ce que voulaient dire les « Quatre M » et pourquoi j'étais attirée par les alcooliques.

Avec l'aide de la documentation Al-Anon, des Étapes, d'une marraine, et avec le temps, j'ai commencé à apprendre les aspects positifs des « Quatre M ». Aujourd'hui, je mène ma propre vie, pas celle des autres. J'évite d'être martyr parce que cela comporte peu d'avantages pour moi. J'ai appris à manipuler une aiguille de crochet plutôt que mon mari. Plus important encore, je soutiens les autres, mais je laisse le maternage aux soins de leurs mères.

Pensée du jour

Quels sont les aspects de moi qui m'attirent vers les alcooliques ?

« Notre seul souci devrait être notre propre comportement, notre propre amélioration, notre propre vie. »
L'alcoolisme, un mal familial, p. 20

9 novembre

J'ai grandi en étant affectée par la consommation d'alcool d'une autre personne. Je savais rarement ce qui était bon pour moi, mais je savais ce qui était bon pour les autres et je n'hésitais pas à le leur dire. Je ne savais pas ce que j'aimais faire pour m'amuser, mais je pouvais vous dire ce que l'alcoolique aimait faire. J'avais peur de la colère des autres et j'étais prête à faire n'importe quoi pour l'éviter, mais j'ignorais ma propre colère. D'une journée à l'autre, si quelque chose n'allait pas dans ma vie, je savais toujours que c'était la faute de quelqu'un d'autre.

Puis je suis arrivée à Al-Anon et j'ai commencé à pratiquer les Étapes. La Quatrième Étape m'a aidée à mettre de côté ce que les autres m'avaient fait et à reconnaître mes propres torts. Ma Quatrième Étape a « gâché » mes ressentiments. Ce n'est pas que je n'en ai plus. C'est plutôt que je ne peux plus nourrir mes ressentiments tout en ignorant le rôle que j'ai joué dans leur création.

J'ai véritablement commencé à changer en mettant en pratique le reste des Étapes, en demandant à Dieu de faire disparaître mes déficiences, en faisant des amendes honorables, en poursuivant mon inventaire personnel, et en demandant à ma Puissance Supérieure de diriger mes actions et mes pensées. Ces changements ont donné naissance à une nouvelle personne, la personne que Dieu voulait que je sois. Ma vie s'est totalement transformée lorsque je suis devenue responsable de moi-même, que j'ai consenti à changer, et que j'ai fait ce qu'il fallait pour me rétablir. Je sais maintenant ce que j'aime faire pour m'amuser. J'ai cessé de blâmer les autres, et j'ai un message d'espoir à transmettre. Je continue de mettre en pratique ces précieuses Étapes pour me voir changer et pour me rapprocher de Dieu et de ceux que j'aime.

Pensée du jour

Si je dessinais des images de mon « avant » et de mon « après » Al-Anon, à quoi ressembleraient-elles ?

« Jeter un coup d'œil en arrière et me rappeler ce que j'étais … m'a fait prendre conscience à quel point j'éprouve de la gratitude envers le programme. »

Alateen – un jour à la fois, p. 366

10 novembre

Quand j'ai entrepris mon rétablissement, écrire me semblait la manière la plus naturelle d'apprendre à me connaître. C'était une façon de demeurer en contact avec mes sentiments, en confiant à Dieu et à moi-même la vérité à mon sujet. Maintenant, chaque matin avant que mon fils se réveille, je consacre ma période de Onzième Étape à écrire une lettre à « Mon Dieu ». En fait, je suis en train d'écrire l'histoire de ma vie. Grâce à cet exercice d'écriture j'ai fini par accepter la réalité que mon père avait abusé de moi quand j'étais jeune. Pour faire face à ce traumatisme ainsi qu'à l'abandon émotionnel et aux abus physiques que j'ai subis en grandissant, j'avais enfoui la plupart de mes souvenirs d'enfance, ceux qui étaient agréables autant que ceux qui étaient douloureux. Écrire me permet de redécouvrir l'ensemble de mes souvenirs d'une manière douce, quand je suis prête à les accueillir.

Tout en continuant d'apprendre à me connaître par l'écriture, particulièrement avec la Quatrième, la Huitième et la Dixième Étape, je m'offre le cadeau d'une meilleure connaissance de moi. Je me donne aussi l'occasion de partager mes écrits avec une amie ou une marraine Al-Anon en qui j'ai confiance. Ma vie a de l'importance. Il est important que j'honore et que je me souvienne de mes expériences. Je les remets ensuite à Dieu, Qui les utilisera pour en aider d'autres tandis que je partage mon expérience, ma force, et mon espoir.

Pensée du jour

Il y a une raison pour laquelle plusieurs des Étapes me demandent de mettre sur papier mes pensées, mes sentiments et mes souvenirs. Aujourd'hui, je me demanderai comment je peux utiliser l'écriture ou une autre forme concrète d'expression pour me découvrir.

« ... Je me réserve du temps pour me renseigner à mon sujet, et cela inclut bien des bonnes choses que je connais au sujet du genre de personne que je suis. »

Courage to Be Me, p. 129

11 novembre

En travaillant à mon programme Al-Anon pendant de nombreuses années en tant qu'enfant adulte d'alcoolique, j'ai vécu plusieurs réveils spirituels. Ce sont habituellement de minuscules prises de conscience. Je vois peut-être le comportement agaçant de quelqu'un, y compris le mien, d'un œil plus compatissant. Je réagis peut-être différemment à quelque chose qui m'embête constamment.

Par contre, j'ai déjà vécu un réveil spirituel plus spectaculaire. J'étais dans un profond désespoir à la suite d'un grand malheur et je priais ardemment afin de connaître la volonté de Dieu. Un certain soir pendant cet hiver de mon cœur, ma Puissance Supérieure m'a emmenée dans un voyage au fil de mon existence. Je suis une personne très visuelle et ma Puissance Supérieure le sait. Dans un flot d'images continues, Elle m'a montré toutes les difficultés que j'avais traversées – les malheurs, les épreuves, et les abus. En même temps, Elle m'a laissé savoir au fond de mon cœur que je n'avais jamais fait face à un danger mortel, même si j'en avais souvent eu l'impression. J'ai vu et j'ai senti dans mon cœur l'immense amour, la compassion et la protection avec lesquels ma Puissance Supérieure me porte à chaque moment de ma vie. En voyant comment Elle avait si bien pris soin de moi par le passé, j'ai réalisé sans l'ombre d'un doute et avec une profonde humilité qu'Elle continuerait de le faire à l'avenir.

Le souvenir de cette expérience intense s'est quelque peu affadi, mais sa réalité s'est imprégnée dans ma vie. Même lorsque je suis assaillie par le doute ou la peur, quelque chose en moi réalise que ce ne sont que des sentiments, et que ma Puissance Supérieure vieille sur moi constamment, comme toujours.

Pensée du jour

« Je n'ai pas à craindre les défis à venir parce que je sais qu'aujourd'hui, en étant guidé par ma Puissance Supérieure et avec la force et les connaissances que j'ai acquises dans Al-Anon, je suis en mesure de faire face à tout ce que la vie m'apportera. »

Le Courage de changer, p. 332

12 novembre

La sérénité ? Qu'est-ce que c'est ? Pendant des années, j'ai été comme une girouette qui tournait selon les courants d'air créés par les autres. Mon mari me critiquait et je perdais ma sérénité. Mon patron se fâchait et je perdais ma sérénité. Avant Al-Anon, j'attribuais ces changements d'humeur à ma nervosité, à mon manque d'assurance, et à la personne qui se trouvait dans la même pièce que moi. La sérénité me semblait toujours hors de mon contrôle. J'étais convaincue d'avoir besoin de tranquillité pour éprouver de la sérénité, alors je me réfugiais souvent dans ma chambre pour faire un somme.

Aujourd'hui, je n'ai plus aussi souvent à me réfugier dans un endroit tranquille. Je n'ai plus à fuir devant la vie. Parfois, je peux même rester debout au milieu de l'agitation et la laisser tourbillonner autour de moi sans en être affectée. Je peux me dire de rester tranquille quand mon esprit entre dans les eaux troubles du « Oui, mais… » Je peux rester calme dans le moment présent et être reconnaissante pour le son de la pluie qui tombe sur le toit ou le ronronnement du chat couché à mes côtés. Avec gratitude, j'éprouve une sérénité que je n'ai jamais connue auparavant.

D'où vient cette sérénité ? Elle vient en ayant confiance que tout dans ma vie arrive comme cela doit arriver. Je la ressens lorsque j'utilise un slogan au lieu de m'affoler au sujet de quelque chose. Elle vient lorsque je choisis de prendre soin de moi plutôt que de régler les problèmes de quelqu'un d'autre. Elle m'entoure quand je recherche la volonté de Dieu par la prière et la méditation. Elle m'enveloppe quand j'entre dans une salle de réunion Al-Anon, que je vois les visages familiers de ceux et celles qui m'accompagnent dans mon cheminement et que je réalise, encore une fois, que je ne suis pas seule.

Pensée du jour

Je suis impuissant devant de nombreuses choses, mais ma sérénité ne fait pas partie de ces choses.

> « Aujourd'hui, je sais que ma santé mentale et ma sérénité sont des cadeaux que j'ai reçus pour mes efforts et ma foi. »
>
> *Le Courage de changer*, p. 248

13 novembre

J'ai adhéré à Al-Anon pour trouver des solutions à la consommation d'alcool de mon petit ami. Les membres m'ont donnée de nouvelles idées, comme « Un jour à la fois », « Vivre et laisser vivre », « Se hâter lentement », « L'important d'abord », « Est-ce si important ? », « Écouter pour apprendre », « Penser », et « Garder l'esprit ouvert ».

Il était facile de me souvenir des deux premiers slogans, mais il était difficile de les mettre en pratique, surtout « Un jour à la fois ». Il me fallait presque toute mon énergie pour demeurer dans le moment présent et ne pas m'égarer dans le passé ou l'avenir. Je croyais aussi que « Vivre et laisser vivre » serait assez simple. Je croyais bien m'y prendre quand il s'agissait de laisser les autres vivre leur vie. Par contre, après avoir assisté aux réunions pendant un certain temps, j'ai commencé à comprendre que j'étais dans Al-Anon parce que je m'ingérais dans la vie de mon petit ami en le protégeant des conséquences de ses actions.

J'ai réussi un peu mieux avec « Se hâter lentement », « L'important d'abord » et « Est-ce si important ? » Pour moi, ces slogans allaient main dans la main. J'ai réalisé qu'en ralentissant et en ordonnant mes priorités, je pouvais accomplir ce que je devais faire pour moi-même. Quand je mettais en pratique « Écouter pour apprendre », « Penser » et « Garder l'esprit ouvert », j'arrivais à me taire pendant un certain temps pour écouter les autres membres. Je réfléchissais sérieusement à ce qui était dit et j'ouvrais assez grand mon esprit pour prendre en considération les résultats positifs que je pourrais obtenir en faisant les choses différemment.

Aujourd'hui, les slogans m'offrent une façon plus saine de réfléchir. Avec les autres outils Al-Anon, les slogans me donnent la possibilité d'être heureuse et sereine, que l'alcoolique boive ou non.

Pensée du jour

Est-ce que je crois que mes problèmes sont dus à la consommation de l'alcoolique ? Le véritable problème, c'est peut-être ma façon de penser.

> « Je constate que les slogans m'aident beaucoup lorsque je procède à inventaire moral, sérieux et courageux de *moi-même*. »

Al-Anon un jour à la fois, p. 295

14 novembre

La personne que je parrainais et moi discutions de la colère qu'elle ressentait parce qu'elle avait grandi dans une famille au contact de l'alcool. Elle m'a demandé comment j'avais surmonté ma propre colère pour en venir à entretenir une relation mature et affectueuse avec ma mère.

Pour lui expliquer, je lui ai fait faire un mini voyage à travers les Douze Étapes. Premièrement, j'ai admis que j'étais impuissante devant mon enfance. Les techniques de survie que j'avais développées rendaient ma vie adulte incontrôlable. Deuxièmement, j'en suis venue à croire que seule ma Puissance Supérieure pouvait me montrer comment se comporte un adulte sain. Troisièmement, j'ai décidé de remarquer les gens et les situations que ma Puissance Supérieure plaçait dans ma vie pour me montrer ce que sont des comportements sains. Quatrièmement, j'ai fait l'inventaire de mes attitudes et de mes actions qui m'empêchaient d'avoir une meilleure relation avec ma mère. Cinquièmement, j'ai admis à Dieu, à moi-même et à ma marraine que ma colère à l'égard du passé m'empêchait d'accepter l'amour que ma mère était maintenant en mesure d'offrir.

Sixièmement et septièmement, j'ai consenti à ce que mes défauts me soient enlevés, et j'ai humblement demandé à ma Puissance Supérieure de le faire. L'Étape suivante a été facile parce que je savais déjà que ma mère avait sa place sur ma liste de Huitième Étape, et je voulais lui faire amende honorable. Malgré tout, la Neuvième Étape me présentait un défi. N'allais-je pas la blesser en déterrant le passé ? J'ai plutôt décidé de modifier mon comportement en acceptant son amour et en l'aimant en retour. Dixièmement, j'ai examiné mon comportement quotidien pour voir si mes actions ne provenaient pas d'anciennes habitudes. Onzièmement, j'ai demandé à Dieu de faire de moi une personne plus aimante, ce que je crois être Sa volonté à mon égard. Douzièmement, j'ai commencé à transmettre ce message de rétablissement en partageant mon expérience et en montrant comment je m'étais sortie de mes anciennes habitudes en vivant les Étapes un jour à la fois.

Pensée du jour

« Les Douze Étapes offrent des moyens de vivre une vie nouvelle et différente. Elles m'aident à mieux me connaître. »

Living Today in Alateen, p. 7

15 novembre

Quand j'ai entendu pour la première fois « Lâcher prise et s'en remettre à Dieu », je ne comprenais pas. Devant quoi lâcher prise ? Et que remettre à Dieu ? Le peu que je comprenais, c'était la futilité de mes efforts pour essayer de contrôler les gens, les endroits et les événements. Al-Anon m'a dit que je pouvais me concentrer sur moi et sur mes réactions.

J'ai lâché prise devant les autres et j'ai ressenti un certain apaisement. J'ai lâché prise devant ce que les autres disaient ou ne disaient pas, devant ce qu'ils faisaient ou ne faisaient pas. J'ai lâché prise devant mes attentes. Je ne me sentais plus obligée de plaire aux autres. J'ai réalisé qu'en lâchant prise je vivais plus harmonieusement avec moi-même et avec les autres. J'ai commencé à être plus responsable de moi. Je me suis dit que si je pouvais m'accepter, je pourrais bien accepter les autres.

J'ai lâché prise devant les résultats. C'était correct si les choses n'allaient pas comme je l'avais prévu. Parfois, les résultats allaient au-delà de mes attentes. Cela n'avait plus d'importance que les autres s'expriment en fonction du scénario de mes attentes.

En lâchant prise, j'ai appris que je pouvais m'en remettre à Dieu. « S'en remettre à Dieu » ne veut pas dire que j'abandonne mes responsabilités. En fait, je deviens plus responsable de moi-même. « S'en remettre à Dieu » veut dire que j'accepte mes imperfections et que je progresse pour devenir la personne que je rêve d'être. « Lâcher prise et s'en remettre à Dieu » signifie que je peux apprécier mes responsabilités à l'égard de ce qui m'appartient et que je peux confier le reste à Dieu.

Pensée du jour

Il y a une raison pour laquelle « Lâcher prise » vient avant « s'en remettre à Dieu ». Je ne peux pas m'attendre à ce que Dieu fasse quoi que ce soit si je m'accroche encore à mon problème.

« Quand nous mettons ce slogan en pratique, nous cessons de nous interposer. »
Comment Al-Anon œuvre pour les familles et les amis des alcooliques, p. 77

16 novembre

J'ai récemment pris des vacances dans un autre pays et j'ai eu l'occasion de constater que ma Puissance Supérieure travaille aussi bien sur les autres continents que dans mon patelin.

Avant de partir, j'ai ressenti un peu d'anxiété. Ce serait la première fois que je voyagerais seule depuis que j'étais devenue handicapée, plusieurs années auparavant. J'étais inquiète à l'idée de voyager seule dans un autre pays où je ne connaîtrais personne. J'ai donc été plus fréquemment aux réunions, j'ai discuté de mes peurs, et j'ai pratiqué le slogan « Lâcher prise et s'en remettre à Dieu ».

Au centre de villégiature, les planchers en tuiles représentaient tout un défi puisque je marche à l'aide de deux petites béquilles. Tout allait plutôt bien jusqu'au deuxième jour de mon voyage, quand j'ai glissé sur les tuiles dans ma chambre et que je suis tombée plutôt rudement. J'étais alors seule et je me sentais vulnérable, n'ayant personne pour m'aider.

Après avoir pleuré pendant quelques minutes en disant à ma Puissance Supérieure que je voulais rentrer chez moi, je suis passée en « mode Al-Anon ». J'ai récité la Prière de Sérénité, je me suis traînée vers l'évier pour pouvoir me relever, et j'ai appelé la direction du centre. Cinq minutes plus tard, une infirmière était à ma porte. Elle m'a aidée à me calmer et elle a ensuite pris un rendez-vous avec un médecin. Elle m'a même accompagnée chez le docteur et elle a attendu pendant qu'il me soignait. Après cela, elle est venue me voir chaque jour, même lorsqu'elle était en congé, pour s'assurer que j'allais mieux.

Grâce aux outils Al-Anon et aux soins de ma Puissance Supérieure, j'ai pu joyeusement poursuivre mes vacances, sans douleur physique, et remplie de gratitude pour la sollicitude d'une étrangère qui est bientôt devenue une amie.

Pensée du jour

Votre Puissance Supérieure et les outils Al-Anon : Ne partez jamais sans eux !

« Cette merveilleuse aventure appelée la vie dans Al-Anon m'amène constamment dans de nouveaux endroits… »

The Forum, août 1998, p. 4

17 novembre

Quand je ressens le besoin de faire du travail de service, je prie pour connaître la volonté de Dieu à mon égard afin de m'assurer que je ne désire pas simplement manipuler, contrôler, ou éviter quelque chose. Mon sens des responsabilités est très aiguisé. C'est pour moi un défi constant que d'examiner mes décisions à travers les lentilles de la santé et de l'équilibre.

Il y avait un certain temps que je désirais m'impliquer dans Alateen, mais je ne savais pas trop comment m'y prendre. Je voulais également soigner les blessures accumulées en grandissant au contact de l'alcoolisme. Pouvait-il y avoir un lien entre ces deux choses ? M'engager auprès des adolescents serait-il une sage décision pour moi ?

Dieu tel que je Le conçois arrangeant les choses à sa façon, un groupe Alateen en institution avait besoin d'un guide. J'ai accepté cette fonction. Je n'aurais jamais pu prévoir que je recevrais bien plus d'un groupe d'adolescents souffrants que je ne pourrais jamais leur donner. En les écoutant raconter leur histoire, des sentiments refoulés pendant mon enfance ont refait surface – culpabilité, colère, honte, et abandon – et j'ai lentement commencé à guérir.

Au début, les adolescents se méfiaient de moi. Plus je partageais mon expérience, ma force et mon espoir dans mes rapports avec eux, plus ils ont appris à me faire confiance. Nos rapports ont ensuite commencé à produire des résultats. En utilisant les outils Al-Anon et l'aide de ma Puissance Supérieure pour cicatriser les pénibles sentiments reliés à mon passé, il m'est devenu plus facile d'offrir à ces jeunes gens un environnement honnête et rempli d'espoir où s'épanouir. J'ai appris que je reçois toujours plus que je donne.

Pensée du jour

Le rétablissement signifie souvent que je permets aux autres de toucher mon cœur et mon esprit autant sinon plus que je ne les touche moi-même.

> « Quand je commence à avoir le moral à plat, comme il m'arrive parfois même si je mène une vie stable maintenant, ces membres Alateen me donnent des ailes. »
> *Guide du parrainage Alateen,* p. 7

18 novembre

Quand j'avais onze ans, mon père a été hospitalisé. Pour me protéger, on m'a dit que *l'autre* personne dans la chambre de mon père était très malade, et non mon père. J'ai fini par découvrir ce qui s'était réellement passé. Mon père avait subi une crise cardiaque. J'étais consterné qu'on ne m'ait pas dit la vérité. Cet événement m'a appris que lorsqu'un désastre frappait, j'étais censé nier la vérité, refouler mes sentiments, et me comporter comme si rien d'inhabituel ne s'était produit.

Al-Anon est un programme honnête fondé sur le partage. Examiner le rôle joué dans ma vie par l'honnêteté et le partage m'a permis de réaliser certaines choses. Quand je refuse de communiquer et que je suis malhonnête dans mes rapports avec les autres, je m'isole et je me sens rejeté. Par contre, communiquer ouvertement et honnêtement favorise la confiance et m'encourage à prendre pleinement part à la vie.

Toutefois, tandis que je commence à modifier mes anciennes habitudes, la peur du rejet m'incite encore parfois à réagir comme je le faisais auparavant. Lorsque cela se produit, je prends un peu de recul pour écouter vraiment ce que je suis en train de dire. Je peux alors trouver une réponse plus appropriée et plus honnête. En étant plus ouvert et plus honnête, je peux vraiment prendre ma place dans le monde qui m'entoure. Cela me permet de découvrir la vérité dans le Quatrième Concept de service Al-Anon : « La participation est la clé de l'harmonie ».

Exprimer mes sentiments ouvertement et honnêtement peut vouloir dire faire face à de pénibles vérités. Néanmoins, cela est bien moins pénible que d'être malhonnête ou renfermé. Quand je respecte suffisamment les autres pour leur permettre de faire face à une situation en fonction de leurs propres besoins, je leur permets également de prendre part à l'expérience de la vie.

Pensée du jour

Participer pleinement à la vie exige que je sois aussi ouvert et honnête que je le peux avec moi-même et avec les autres.

« En persistant à demeurer à l'écart… c'est à ma propre harmonie que je porte atteinte. Je prive également la fraternité d'un cadeau qu'il ne m'est possible d'offrir qu'en participant. »

Le Forum, avril 1998, p. 30

19 novembre

Il y a plusieurs années, j'ai assisté à un atelier portant sur l'histoire de Lois W., cofondatrice d'Al-Anon. J'étais assise là et mes pensées tournaient autour de mes réactions parfois inappropriées devant certaines situations. Comme d'habitude, je les justifiais en me rappelant que j'avais appris ces réactions en grandissant dans un milieu alcoolique. J'étais plongée dans mon petit monde, jusqu'à ce que j'entende les mots « arrogant » et « suffisant ». La conférencière a décrit comment ces défauts de caractère avaient plongé l'univers de Lois dans des ténèbres où aucune lumière ne pouvait pénétrer. C'est alors que j'ai réalisé que cela n'avait aucune importance que j'aie eu des parents alcooliques ! J'avais aussi un programme pour m'améliorer, pour me rétablir.

Finalement, j'ai réalisé que je ne suis pas unique. Je ne suis pas la seule personne à lutter contre les conséquences de l'alcoolisme. Oui, j'ai peut-être acquis certains de mes défauts de caractère et certaines de mes façons négatives de réagir de mes parents, mais ce sont maintenant *mes* défauts. Me parents ne peuvent pas faire mon rétablissement pour moi. C'est mon affaire ! Finis les blâmes. Il est temps que je m'occupe de ma vie.

J'ai atteint un point tournant quand j'ai réalisé qui souffrait quand je blâmais mon passé plutôt que de corriger le présent.

Pensée du jour

Je peux désapprendre chaque défaut que j'ai appris en grandissant dans le contexte de l'alcoolisme. C'est là qu'Al-Anon peut m'aider !

« Je crois que l'arrogance est le pire des défauts. Aucun rayon de lumière ne peut transpercer l'armure de la suffisance. »
Les Groupes familiaux Al-Anon, p. 58

20 novembre

Un réveille-matin peut parfois sembler tellement utile. À d'autres moments, ce n'est qu'un embêtement. Quand je dois partir en voyage et prendre un vol tôt le matin, je suis reconnaissant d'entendre le réveille-matin sonner. Certains jours où j'aimerais mieux ne pas aller travailler, la même sonnerie me semble être une intrusion intolérable. Elle me dérange alors que je préférerais rester confortablement dans mon lit.

La vérité, tout comme un réveille-matin, peut être soit réconfortante ou dérangeante. Il m'arrive d'être reconnaissant d'entendre quelqu'un me dire une vérité réconfortante. Par contre, j'ai vécu des moments où j'avais peur d'être honnête. Et que dire de ces occasions où j'ai entendu des vérités à mon sujet qui me laissaient en colère, gêné, ou vexé ?

Quand l'occasion se présente d'entendre ou de parler franchement d'une réalité désagréable, j'ai le choix. Je peux écouter et progresser, je peux en parler et progresser ou je peux l'ignorer pour rester dans ma zone de confort. La vérité ne fait que m'offrir une occasion de progresser. C'est à moi de choisir ce que j'en ferai.

Pensée du jour

Comment est-ce que je réagis quand retentit la cloche de la vérité ? Est-ce que je fais face au malaise afin de pouvoir étreindre le progrès ?

« Grâce aux Douze Étapes, j'ai appris à faire face à la vérité, à toute la vérité… »
De la survie au rétablissement, p. 261

21 novembre

La Cinquième Étape, « Nous avons avoué à Dieu, à nous-mêmes et à un autre être humain la nature exacte de nos torts », suggère de passer à l'action dans un certain ordre. Elle m'indique aussi comment établir des priorités parmi les différentes relations que j'entretiens.

Premièrement, je dois développer une relation avec Dieu tel que je Le conçois. Celle-ci deviendra la source de mon bonheur et de mon rétablissement dans Al-Anon. Sans cette relation, je n'obtiendrai pas la force, les conseils ou la sagesse dont j'ai besoin pour apprendre et vivre les Étapes, les Traditions, les Concepts de service et les slogans. Ma Puissance Supérieure me donnera le courage nécessaire pour développer les attitudes et les comportements qui entraînent un rétablissement solide. Les trois premières Étapes m'aident à bâtir cette relation essentielle.

J'apprends ensuite à être en paix avec moi-même. Je me réveille en ma compagnie chaque matin et je m'endors avec moi chaque soir. Je passe 24 heures par jour avec cette personne, alors il est important que je sois de compagnie tolérable, sinon carrément agréable. Je ne peux pas l'être si je suis sous l'emprise de la culpabilité, de la peur et du ressentiment, et que je suis peu consciente de mes dons et de mes talents. La Quatrième à la Septième Étape m'aident à me connaître et à m'accepter.

Finalement, je commence à me comporter de manière responsable envers les autres. La meilleure façon de me remettre de la culpabilité et du ressentiment que je traîne avec moi, c'est de réfléchir sérieusement aux gens à qui j'ai causé du tort et de m'efforcer de faire des amendes honorables. Je peux même aller un peu plus loin en transmettant un message d'espoir plutôt qu'un message de douleur, comme j'ai pu le faire par le passé. La Huitième à la Douzième Étape m'aident à faire le ménage dans mon passé et à planter les graines de la bienveillance pour l'avenir.

Pensée du jour

Aujourd'hui, quelles sont les priorités que j'accorde à mes relations ?

« Les Étapes sont des guides pour bien vivre en toutes circonstances. »

Al-Anon un jour à la fois, p. 141

22 novembre

Grandissant dans un foyer marqué par l'alcoolisme, les célébrations des fêtes religieuses ou autres étaient toujours difficiles pour moi. L'atmosphère semblait toujours triste parce que papa était habituellement déprimé avant une fête. Maintenant que j'ai grandi, les fêtes demeurent difficiles et elles dépriment toujours mon père. La différence, c'est que je n'habite plus à la maison et que je suis maintenant membre d'Al-Anon.

Dans Al-Anon, j'ai appris que j'ai le choix. Je peux lâcher prise devant ces aspects de ma vie qui ne sont pas sous mon contrôle et je peux m'occuper des choses qui le sont. Même au cœur de la tristesse que j'ai connue en grandissant, je savais que la vie pouvait être plus agréable que cela. Par conséquent, avec l'aide du programme et des membres, j'ai décidé d'agir en fonction de cette conviction. Je me suis réappropriée les fêtes de manière plus ou moins éloquente. J'ai acheté des paires de boucles d'oreilles symbolisant chaque célébration, et j'ai même acheté les bas qui vont avec ! Je n'ai jamais aimé écrire et envoyer des cartes de souhaits, alors j'ai cessé de le faire.

La plus merveilleuse tradition des fêtes que j'ai adoptée, c'est de passer du temps avec mes amis et ma famille spirituelle dans le rétablissement. Nous célébrons ensemble plusieurs fêtes, et nous nous amusons toujours. De cette manière, si je décide de passer du temps avec ma famille à l'occasion d'une fête et d'accepter les défis qu'entraîne un tel choix, je peux aussi célébrer avec des gens en qui j'ai confiance et qui m'acceptent telle que je suis. Je n'ai peut-être pas beaucoup apprécié les fêtes en grandissant, mais je peux maintenant commencer à le faire.

Pensée du jour

Aujourd'hui, mes amis dans le programme m'aident à me rétablir de mon enfance en créant de meilleurs souvenirs.

« Je savais en mon for intérieur que Dieu ne m'avait pas créée pour que je me sente triste, mais il fallait que j'apprenne à surmonter ce sentiment. »

Le Forum, mai 1998, p. 8

23 novembre

Mes parents se sont encore disputés l'autre jour. Mon père alcoolique avait décidé de mettre un terme à ses relations avec mon frère parce qu'il ne lui avait pas donné de carte à son anniversaire. Ma mère désirait continuer d'avoir des contacts avec son fils; la situation a dégénéré tandis que mon père conduisait ma mère à l'hôpital pour une simple opération à un œil. Pendant le trajet, il lui a annoncé qu'il allait la divorcer parce qu'elle parlait à mon frère. Il considérait comme une trahison le fait qu'elle communique avec son fils.

Quand je suis allée voir ma mère à l'hôpital, elle pleurait. J'étais tellement désolée pour elle. Dans Al-Anon, j'ai appris que l'alcoolisme est une maladie qui affecte tous les membres de la famille. J'avais déjà pardonné à ma mère de m'avoir négligée à cause de ses soucis envers la consommation d'alcool de mon père. J'avais quotidiennement fait des amendes de Neuvième Étape en traitant mieux ma mère, mais je ne lui avais jamais fait amende honorable en due forme, face-à-face. C'était l'occasion de le faire.

J'ai pris sa main dans la mienne. J'ai embrassé ses larmes, comme j'aurais voulu qu'elle le fasse pour moi quand j'étais enfant. Je lui ai décrit toutes mes qualités, comment j'avais fini par réaliser qu'elles me venaient d'elle. Je lui ai dit combien j'étais reconnaissante qu'elle soit ma mère, et combien je l'aimais.

Je l'ai tenue contre moi et nous avons pleuré ensemble dans la joie et l'amour. Nous avons parlé de la maladie de l'alcoolisme, de la façon de penser de mon père, déformée par l'alcool, nous avions toutes les deux l'impression qu'il était plus facile pour lui de penser à divorcer que de la perdre pendant une opération. Quand je suis partie, elle m'a dit qu'elle se sentait mieux. Pour la première fois, je me suis sentie proche de ma mère.

Pensée du jour

« ... si j'ai fait ma Huitième Étape et si j'ai consenti vraiment à réparer mes torts, je crois que l'occasion se présentera quand je serai prêt. »

Le Courage de changer, p. 163

24 novembre

Si je désire obtenir ce que vous avez, je dois consentir à faire ce que vous avez fait. Pour moi, c'est le principe essentiel du parrainage dans Al-Anon. Ayant grandi dans un milieu marqué par l'alcoolisme, j'en étais venu à avoir peur des gens et à me méfier de l'intimité. Au début, j'ai résisté à plusieurs des suggestions du programme. Il m'a fallu beaucoup de temps pour prendre une marraine; mais finalement, parce que je voulais obtenir ce qu'avait une certaine personne, je lui ai demandé ce qu'elle avait fait pour l'obtenir. Elle est devenue ma marraine. Mon rétablissement s'est accéléré quand j'ai consenti à demander l'aide d'un autre membre.

Aujourd'hui, j'ai le bonheur d'avoir une marraine et d'être une marraine. Je suis un lien dans une grande chaîne de gens qui en aident d'autres. M'étant déjà sentie incroyablement seule et isolée, je suis de nouveau reliée à l'humanité. Les rôles de marraine et de celle qui parraine m'ont tellement appris au sujet des relations humaines normales et bienveillantes. J'ai appris à mettre en pratique l'amour inconditionnel et le détachement émotif, comment établir de saines limites, comment me soucier des autres sans les prendre en main, et comment permettre aux autres de se rapprocher de moi sans que je perde ma propre identité.

Pensée du jour

Le parrainage fonctionne quand quelqu'un s'aime suffisamment pour demander de l'aide et que les autres s'aiment eux-mêmes suffisamment pour dire oui.

> « La chose la plus importante, c'est de vouloir tendre la main et demander l'aide dont nous avons besoin, d'établir une relation d'un être humain à un autre être humain. »
>
> *Comment Al-Anon œuvre pour les familles et les amis des alcooliques*, p. 38

25 novembre

Il y a environ deux ans, mes parents ont divorcé. À l'époque, j'ai indiqué clairement que je n'allais pas jouer le rôle de médiatrice. Physiquement, je suis relativement bien parvenue à demeurer à l'écart de leurs problèmes, mais mentalement c'était le gâchis. Ma mère ne m'entendait pas quand je disais non. Les choses en sont venues au point où n'avoir aucun contact avec eux semblait la meilleure façon pour moi de garder la raison.

En principe c'était une excellente idée, sauf que mes parents et moi sommes tous trois activement engagés dans le travail de service Al-Anon. Mon père fait partie des deux fraternités, et ma mère est récemment devenue représentante de groupe. Mon mari et moi étions avec mon père lors d'un congrès du programme quand ma mère est entrée dans la salle de réunion Al-Anon. J'ai paniqué. Qu'allais-je faire si un conflit éclatait entre eux après la réunion ? Si cela arrivait, comment ferais-je pour ne pas y être entraînée ?

Mon mari a remarqué ma réaction et il m'a doucement rappelé ma tendance à obséder et à projeter. Son commentaire et mon entraînement Al-Anon m'ont permis de me rappeler que la meilleure façon de faire face à la situation était de mettre en pratique le slogan « Lâcher prise et s'en remettre à Dieu » et de ne rien faire. Plus tard, après avoir écrit un peu et avoir parlé avec ma marraine, j'ai pu lâcher prise et apprécier le reste du congrès.

Pensée du jour

Al-Anon m'enseigne à éviter le syndrome du « Je dois ». Quand il me semble que je dois absolument faire quelque chose devant une situation qui n'est pas vraiment une crise, il est préférable de rester calme, de ne rien faire, et d'attendre les conseils de ma Puissance Supérieure.

« Quand je pense à lâcher prise, je me rappelle qu'il y a un ordre naturel dans la vie – un enchaînement d'événements prévus par une Puissance Supérieure. Quand je lâche prise devant une situation, je permets à la vie de se dérouler selon ce plan. »

Le Courage de changer, p. 203

26 novembre

Une chose est certaine au sujet de mon enfance. J'ai personnellement fait l'expérience de l'instabilité et du chaos qui règnent dans le foyer d'une personne alcoolique. J'ai appris à ne faire confiance à personne, à garder le silence à tout prix, à refouler mes sentiments, à ne jamais m'affirmer, à prendre plus de responsabilités que je ne pouvais en assumer, à aimer conditionnellement, et à dire de pieux mensonges pour cacher ce qui se passait à la maison. Rien d'étonnant à ce que, en tant qu'adulte, j'en sois venue à percevoir les relations intimes comme étant des cibles mouvantes. Habituellement, c'était moi qui bougeais parce que je n'avais pas la capacité de développer et de maintenir des relations saines et matures.

Grâce à Al-Anon, j'ai appris qu'il n'est plus dangereux d'accorder ma confiance. J'ai d'abord commencé par faire confiance à ma Puissance Supérieure, qui m'aime inconditionnellement quoi que je dise, que je fasse ou que je ressente. J'ai appris à faire confiance à la fraternité, où de nombreuses personnes ont connu les mêmes traumatismes d'enfance que moi. J'apprends aussi à faire confiance aux gens qui font partie de ma vie – mon mari, mes amis, mes frères et sœurs, et même mes parents. En dépit de mon enfance malsaine, je pardonne à mes parents.

Bien qu'il m'ait fallu quatre décennies pour reconnaître ma maladie et trouver mon chemin vers Al-Anon, je suis devenue plus forte et j'ai été gratifiée par les miracles qui se sont produits dans ma vie grâce à ce programme. J'ai une énorme dette de gratitude et d'amour envers Dieu et cette fraternité.

Pensée du jour

La confiance est une des premières choses à disparaître devant l'alcoolisme, mais je peux la retrouver grâce à Al-Anon.

> « Si je suis disposé à donner aux autres une deuxième chance et à leur faire un peu plus confiance chaque jour… je peux commencer à avoir confiance aux autres. »
>
> Alateen — un jour à la fois, p. 110

27 novembre

Auparavant, je croyais que la Septième Tradition – « Chaque groupe devrait subvenir entièrement à ses besoins et refuser les contributions de l'extérieur » – ne concernait que les obligations financières du groupe, comme le paiement du loyer et des fournitures. Ce n'était qu'une phrase accompagnant la collecte lors des réunions. Récemment, j'ai pris un peu plus conscience de la signification et de l'importance de subvenir à ses propres besoins.

Pratiquer la Septième Tradition dans une perspective plus large signifie que je ne donne pas seulement de l'argent à mon groupe. J'offre mon temps et mes talents en rendant service, ma récompense étant une meilleure estime de moi et une plus grande confiance en moi. Je donne aussi un avis bien informé quand la conscience de groupe prend des décisions, ce qui me rend plus consciente de ma propre importance. Faire ma part de diverses façons lors des réunions, cela m'aide aussi à me faire amende honorable pour ces périodes de ma vie où je n'ai pas subvenu à mes besoins dans certains domaines de ma vie, que ce soit sur le plan physique, émotif ou spirituel. Plus je contribue, plus je vois une différence dans mon groupe, et en moi. C'est une preuve évidente que je suis précieuse pour le groupe, que ma contribution a vraiment de l'importance.

Le travail de service est toujours une situation gagnante. En contribuant à mes réunions, j'investis directement dans les groupes qui encouragent, qui soutiennent et qui maintiennent mon bien-être. Plus mes réunions sont solides, plus mon rétablissement progresse.

Pensée du jour

Quand je contribue à combler les besoins de mes groupes, je contribue à mon propre rétablissement.

« Penser à la Septième Tradition comme une protection pour ma croissance spirituelle est une source d'humilité et de liberté. »

Les voies du rétablissement, p. 201

28 novembre

Mes parents ne savaient pas que j'étais en colère contre eux, parce que j'étais l'enfant « sage ». J'étais en colère à cause de la consommation d'alcool et du chaos continuel, mais je ne disais jamais rien. Je ravalais mes ressentiments, croyant que mes besoins allaient passer ou que mes parents allaient changer. Évidemment, rien de cela ne s'est produit.

Dans Al-Anon, j'ai découvert que l'alcoolisme est un mal familial et le rôle que je jouais. Les expériences destructrices vécues pendant mon enfance n'étaient pas entièrement dues à l'alcoolisme de mes parents. J'avais aussi joué mon rôle, et j'avais traîné la rancune de mon enfance dans ma vie adulte. Je me suis libérée d'une bonne partie de ma souffrance grâce à la Quatrième et à la Cinquième Étape d'Al-Anon, en déversant mes frustrations et ma colère sur ma marraine. Tout ce dont j'avais réellement besoin, c'était qu'on m'écoute. Je pourrais ainsi me libérer de certains vilains sentiments.

Afin de faire amende honorable à mes parents avec la Neuvième Étape, j'ai décidé de m'exercer à être une meilleure fille. Par exemple, au lieu d'attendre qu'ils me téléphonent, j'ai commencé à les appeler régulièrement. Au début, les conservations étaient difficiles. Maman répondait au téléphone, elle me saluait, et elle passait rapidement le téléphone à papa. Je savais que mes parents n'avaient pas été en mesure de m'offrir de stabilité parce que personne ne leur en avait donné. J'ai décidé que « Ça commence par moi » et je les ai appelés avec la même régularité que j'avais tant désirée étant enfant. Maintenant, quand j'appelle à la maison, maman semble plus à l'aise de me parler. Nous avons des conversations beaucoup plus longues avant qu'elle ne passe le téléphone à papa. Parfois, elle demande même de ravoir le téléphone pour que nous puissions parler un peu plus !

Pensée du jour

Quand je fais l'inventaire de mes parents, je nourris ma rancune et je sombre plus profondément dans ma maladie. Quand je fais mon propre inventaire et que je fais des amendes honorables, je progresse, j'apprends et j'aime plus profondément.

« Je dois me rappeler que la raison pour laquelle je répare mes torts, c'est de libérer mon esprit de tout malaise... »
Al-Anon est pour les enfants adultes des alcooliques, p. 16

29 novembre

Quand j'ai découvert Al-Anon, j'étais rongée de frustration et de colère envers ma mère. Même si c'était mon père qui buvait, qui hurlait de colère, qui frappait et qui avait fini par m'abandonner, je blâmais ma mère parce qu'elle ne m'avait pas protégée et qu'elle refusait d'admettre combien ma vie avait été atroce.

Grâce à Al-Anon ainsi qu'à l'amour et à la patience de ma marraine, j'ai pu accepter et comprendre mes sentiments. J'ai été initiée au concept du « Vivre et laisser vivre ». J'ai graduellement mis mes ressentiments de côté en acceptant mon impuissance devant la maladie et la réaction de ma mère devant celle-ci. En poursuivant mon rétablissement, j'ai découvert de la compassion à son égard et j'ai cessé de lutter pour qu'elle mette un terme à sa négation.

Aujourd'hui, je peux mettre le passé à sa place et prendre soin de moi. Je n'ai pas besoin d'attendre que quelqu'un le fasse pour moi. Je ne suis plus victime de mes sentiments ou de circonstances hors de mon contrôle. Au lieu de cela, je suis libre d'apprécier ce que j'ai reçu grâce à cette fraternité : sérénité, courage, sagesse, et amour.

Pensée du jour

L'acceptation, c'est une façon de vivre et de laisser vivre qui permet à chaque personne concernée de suivre la volonté de leur Puissance Supérieure.

« L'acceptation, qui est en soi un défi, est une discipline spirituelle enrichissante. »
De la survie au rétablissement, p. 95

30 novembre

En écoutant les autres raconter leur histoire pendant les réunions Al-Anon, j'ai découvert que je m'impose des exigences irréalistes. Je m'attends à être moins faillible que quiconque. J'ai acquis ce défaut de caractère étant enfant, à force d'essayer de contrôler mon père alcoolique en m'efforçant de lui faire plaisir ou de l'apaiser. Cette attitude, aussi illusoire fut-elle, m'aidait peut-être à l'époque, mais aujourd'hui cela ne fonctionne plus. Un tel perfectionnisme ne sert qu'à perpétuer mon mécontentement et ma piètre estime de moi.

Comment puis-je croire que je suis différent de tout le monde ? M'efforcer de faire de mon mieux, c'est une chose, mais c'est tout autre chose de me punir moi-même lorsque les résultats ne répondent pas à mes attentes élevées. Je suis humain, après tout. Cela fait partie de notre nature d'avoir des défauts et des limites.

Dans ma quête maladroite de l'excellence, je me comporte souvent comme si mon slogan personnel était « Si ça vaut la peine de le faire, ça vaut la peine de le faire en grand ». Par conséquent, je manque habituellement de temps pour finir bien des projets. Au lieu de cela, ils se languissent à divers niveaux d'inachèvement parfait. Je dois penser continuellement à « Ne pas compliquer les choses », et j'y réussis un peu mieux. Récemment, pour la première fois de ma vie, je me suis entendu dire « Bon, ça va comme ça. »

La Septième Étape dit « Nous Lui avons humblement demandé de faire disparaître nos déficiences ». Pour ce faire, je dois reconnaître ma condition d'être humain, y compris mon perfectionnisme. Être humble, c'est accepter ma place dans l'univers. Il est irréaliste de s'attendre à la perfection de la part d'un être imparfait vivant dans un monde imparfait. La seule perfection que je puisse espérer atteindre, c'est d'être parfaitement imparfait.

Pensée du jour

Une erreur par jour me permet de tenir mon perfectionnisme à l'écart. Aujourd'hui, je m'efforcerai d'apprécier mon humanité.

> « Le rappel amical de ma marraine : « Le progrès, non la perfection », m'encourage à avoir foi en moi. »
> *Comment Al-Anon œuvre pour les familles et les amis des alcooliques*, p. 323

1er décembre

Dans Al-Anon, je me suis longuement efforcé de comprendre le concept du détachement avec amour. Au départ, cela me semblait être un oxymoron. Je croyais que le détachement était le contraire de l'amour. C'était comme abandonner les gens que j'aimais à cause de leur alcoolisme. Devais-je tout simplement cesser de me soucier d'eux ?

Dans Al-Anon, j'ai commencé à réaliser que ma sollicitude se manifestait souvent en réagissant et en manipulant. Je rendais des faveurs parce que je voulais être aimée. Je pouvais être tellement préoccupée par les problèmes d'une autre personne que je ne n'avais plus ni le temps ni l'énergie pour chercher des solutions à mes propres problèmes. Parfois, je désirais m'attacher à quelqu'un pour me nourrir sur les plans mental, émotif et spirituel. Ainsi, je n'aurais pas à affronter la peur d'être une personne devant prendre ses propres risques. Ces petites lueurs de compréhension à l'égard de mes comportements m'ont laissé frustrée, ne sachant pas trop comment les traduire en comportements positifs. J'ai décidé que mon problème était tout simplement que j'aimais trop. J'ai commencé à voir comme étant une rechute tout acte serviable ou bienveillant de ma part.

Après avoir discuté avec ma marraine de ma nouvelle façon de voir les choses, elle m'a expliqué que le but était le *détachement*, et non l'*amputation* ! Se détacher ne veut pas dire cesser de se soucier des autres; cela veut dire que je me soucie tout autant de moi-même. Cela signifie que je m'aime suffisamment pour me tenir à l'écart de la folie des autres. Cela signifie garder suffisamment de distance émotive entre moi et les autres pour nous voir comme étant des individus distincts. C'est merveilleux d'être serviable et bienveillante. Ce n'est que lorsque je le fais en croyant que je peux corriger, changer ou contrôler les autres que je dois m'interroger sur mes intentions.

Pensée du jour

Parfois, ce que j'appelle « amour » n'est vraiment que du contrôle.

« En termes simples, le détachement veut dire nous séparer, sur les plans émotif et spirituel, de notre entourage. »

Comment Al-Anon œuvre pour les familles et les amis des alcooliques, p. 85

2 décembre

J'ai toujours eu de la difficulté à prendre des décisions. J'ai essayé plusieurs outils usuels, comme lister le pour et le contre de différentes solutions et comparer ces solutions à mes objectifs. Les méthodes habituelles ne fonctionnaient pas pour moi parce que je me fixais des objectifs que les autres voulaient que j'atteigne. Même si ces objectifs étaient bons pour eux, ils ne l'étaient pas nécessairement pour moi.

J'ai mis beaucoup de temps à reconnaître ce défaut de caractère, mais j'ai fini par y arriver. Mes décisions reposaient sur ce que les autres voulaient, je pourrais ainsi me faire aimer et accepter. C'était une question de contrôle. C'était la même chose quand je grandissais au contact de l'alcoolisme. Avec ma vision limitée d'enfant, je croyais qu'en disant et en faisant ce que mes parents voulaient, je finirais par obtenir leur amour et leur attention.

Quand je suis arrivé à Al-Anon, je ne savais pas qui j'étais, ni ce que je voulais. Mon parrain et d'autres membres m'ont doucement amené à faire ma Quatrième Étape en m'expliquant que c'était une façon de mieux me connaître, pour que je puisse faire des choix plus sains. Ils m'ont montré comment rechercher la volonté de Dieu dans la planification et l'exécution de chacune de mes décisions. On m'a suggéré que si j'avais de la difficulté à prendre une décision, je devrais me demander à qui je cherchais vraiment à faire plaisir : à moi, à ma Puissance Supérieure, ou à une autre personne.

Pensée du jour

À la longue, je gagne bien plus à prendre mes décisions en me fiant à la volonté de Dieu à mon égard qu'à les prendre en fonction des autres.

« Avec l'aide d'une Puissance Supérieure, prendre une décision peut se révéler une des grandes aventures de la vie. »

Le Courage de changer, p. 53

3 décembre

J'ai trouvé relativement facile de *prendre la décision* de confier ma volonté et ma vie aux soins de Dieu. Par contre, je n'avais aucune idée comment *le faire*. J'ai essayé de me confier plus souvent qu'un cuisinier fait tourner les crêpes à un déjeuner, mais je ne parvenais pas à m'abandonner complètement. J'ai fini par trouver deux techniques qui marchent pour moi : une boîte pour Dieu et un panier de basket-ball.

Un sage membre Al-Anon m'avait suggéré l'idée d'une boîte pour Dieu. Je l'ai essayée quand j'ai eu de la difficulté avec certains calculs sur mes formulaires d'impôts. J'ai écrit sur un petit bout de papier « Les formulaires d'impôts sont entre Vos mains jusqu'à demain ». J'ai plié le papier, je l'ai mis dans une boîte, et j'ai lâché prise. Ce n'était pas plus compliqué que ça, et cela a fonctionné ! J'ai pu oublier ce qui m'obsédait et me concentrer sur ma journée.

J'utilise une autre méthode de lâcher prise que j'appelle la « technique du basket-ball ». Cette technique m'aide à me détacher du travail quand je rentre à la maison en étant préoccupé par tout le boulot qui n'est pas terminé. Il y a un panier de basket dans notre entrée. Avant d'entrer dans la maison, je joue à un contre un avec ma Puissance Supérieure. À chaque lancer vers le panier, j'imagine que le ballon est un de mes projets au travail. Le panier symbolise ma Puissance Supérieure. Si je réussis un panier, alors je suis parvenu à abandonner le problème. Si je manque mon coup, je continue. La dernière chose que je laisse aller, c'est le ballon. Après avoir pris ce temps pour moi, je peux entrer tranquillement dans la maison et apprécier mon rôle de mari et de père.

Pensée du jour

Si j'y mets de la bonne volonté, ma Puissance Supérieure m'offre une solution.

> « Il y a autant de façons de confier notre volonté et notre vie à Dieu que de définitions de Dieu. »
> *Les voies du rétablissement,* p. 29

4 décembre

Je suis arrivée à Al-Anon il y a plusieurs années, remplie de ressentiment envers mon mari parce qu'il m'avait quittée, me laissant seule pour élever notre fils. J'y ai rencontré des gens comme moi qui m'ont aidée à trouver une marraine, à apprendre à accepter, à me détacher, et à mettre les Étapes en pratique. J'ai appris que l'alcoolisme est une maladie associée à certains comportements. J'ai lentement fini par réaliser que mon mari ne m'avait pas quittée à cause de ce que j'avais pu faire ou ne pas faire.

Je continue d'aller à Al-Anon, et pas une seule chose n'a changé en ce qui concerne la situation qui m'y a amenée. Le père de mon fils continue de boire et il ne veut toujours pas avoir de contacts avec son fils. Ce garçon a maintenant 21 ans et il a commencé à prendre de l'alcool. Sa consommation affecte déjà sa vie, ce qui peut laisser croire qu'il risque de suivre la même voie que son père.

Ce qui a changé, par contre, c'est moi. Maintenant, cela ne prend qu'une journée, et non des années, pour me rendre à une réunion. L'aide de ma marraine n'est pas plus loin que le téléphone. Je peux trouver l'expérience, la force, et l'espoir dans la documentation du programme. Je ne réagis plus aux difficultés de mon fils en les niant ou en essayant de lui faciliter les choses. Le plus important changement apporté par Al-Anon, c'est que nous pouvons avoir des rapports remplis d'amour, peu importe où il en est avec ses problèmes, ou où j'en suis avec mon programme.

Pensée du jour

Est-ce que je peux entretenir mon programme même si un proche continue de boire ?

« Sans Al-Anon, je n'aurais peut-être jamais puiser à même la grâce et la capacité de m'aimer et d'aimer les autres exactement tels que nous sommes en ce moment précis. »

De la survie au rétablissement, pp. 196-197

5 décembre

Quand mes enfants étaient petits, ils n'aimaient pas les carottes cuites. Par contre, ils adoraient manger des carottes crues, alors j'en avais toujours pour les collations. Je n'aime pas ces grosses carottes pâlottes qui semblent goûter le bois. Je préfère les petites carottes sucrées, à la teinte vive. Alors quand j'achetais des carottes pour les enfants, je choisissais toujours les plus petites et les plus colorées que je pouvais trouver.

Je ne le réalisais pas à l'époque, mais tandis que je fouillais dans les étalages de carottes, mon fils, assis dans le siège d'enfant du chariot d'épicerie, tirait ses propres conclusions. Maintenant adolescent, il a récemment exprimé son ressentiment parce que je lui achetais toujours des carottes maigrelettes. Des carottes maigrelettes ? Je les avais choisies avec tant de soin pour lui ! J'avais fait ce qui me semblait être pour le mieux, et il en éprouvait du ressentiment parce qu'il voulait ou pensait vouloir quelque chose d'autre.

Une fois, au cours d'une réunion Al-Anon, j'ai entendu des témoignages sur les cadeaux spirituels qui prennent la forme de quelque chose que nous n'aimons pas vraiment. Cette idée me trottait derrière la tête tandis que j'écoutais mon fils. J'ai soudainement pris conscience de quelque chose. Est-ce que j'éprouvais du ressentiment pour les « carottes maigrelettes » de Dieu ? Les défis et les malheurs survenus dans ma vie étaient-ils en fait des cadeaux soigneusement choisis par Dieu pour que je puisse progresser au plan spirituel ? Je savais bien que c'était le cas, et je me suis sentie tout à la fois remplie d'humilité et de gratitude devant la nature de l'amour de ma Puissance Supérieure envers moi.

Pensée du jour

Ma maladie déforme ma façon de voir les choses. Ma Puissance Supérieure, aidez-moi à apprécier les « carottes maigrelettes » comme étant les cadeaux qu'ils sont vraiment.

> « ... j'exerce constamment des choix sur ma façon de percevoir mon monde. Avec l'aide d'Al-Anon et de mes amis dans la fraternité, je peux faire ces choix d'une façon plus consciente et plus effective que jamais. »
>
> *Le Courage de changer,* p. 243

6 décembre

Parfois, quand je suis en train de prendre une décision, j'éprouve beaucoup de difficulté à percevoir la volonté de ma Puissance Supérieure à mon égard. Il m'arrive de chercher un signe à l'extérieur de moi. J'aimerais bien voir une enseigne au néon ou une autre chose évidente, mais ce n'est pas souvent ainsi que cela se passe. Habituellement, les messages sont plus subtils; par exemple, je peux me rendre à une réunion où je ne vais généralement pas et entendre un membre que je n'ai jamais entendu raconter son histoire dire exactement ce que j'ai besoin d'entendre.

Je dois aussi me souvenir de chercher les signes à l'intérieur de moi. Qu'est-ce que je ressens, au fond de moi, concernant la solution que je contemple ? Est-ce que j'en ai l'estomac à l'envers, ou est-ce que je me sens calme, tranquille et sûr de moi ? Suis-je complètement tendu, ou est-ce que je me sens léger, détendu et ouvert ?

Pour moi, le dilemme vient de ce que je désire prendre la « bonne » décision. Si je ne fais pas attention, je peux rester coincé à la croisée des choix. J'essaie de ne pas oublier que pour autant que je prenne mes décisions en recherchant la volonté de ma Puissance Supérieure à mon égard, quoi que je fasse, ce sera la bonne chose. « Agir » est le mot important. J'ai déjà entendu dire que « Sans Dieu, l'homme ne peut rien; sans l'homme, Dieu ne fera rien ». Si je n'agis pas d'une manière ou d'une autre, ma Puissance Supérieure n'a rien sur quoi s'appuyer. Puisque prendre une décision est un processus qui s'ajuste de lui-même, je peux utiliser les erreurs que je fais en cours de route pour me guider dans la bonne direction. Même si mes décisions me bloquent dans un coin, je ne suis pas seul. Ma Puissance Supérieure m'accompagne partout où je vais.

Pensée du jour

Parfois, mes décisions n'ont pas tant d'importance que le fait d'en prendre une.

« Si je suis en contact avec ma Puissance Supérieure, ma capacité de prendre des décisions fonctionne. »
Having Had a Spiritual Awakening . . ., p. 68

7 décembre

La petite famille de chevreuils vivant dans les bois près de chez nous était absente depuis quelques semaines. Je me disais que les produits habituels de notre jardin se faisaient peut-être trop rares pour les inciter à venir grignoter. Cependant, en sirotant mon thé à la table de la cuisine le matin de mon anniversaire, j'ai soudainement aperçu les chevreuils broutant tranquillement dans la cour. Ils étaient apparus silencieusement, tout doucement, au moment où je m'y attendais le moins.

Les yeux sombres et doux des chevreuils étaient une merveille. Leurs mouvements prudents indiquaient qu'ils avaient trouvé suffisamment de courage pour venir chercher de la nourriture dans notre paysage d'hiver dénudé. J'aurais bien aimé aller vers eux et caresser leurs têtes garnies de duvet, toucher leur fourrure grise et fauve. Au lieu de cela, je suis restée tranquillement assise à les regarder, ce cadeau d'anniversaire attentionné de ma Puissance Supérieure me remplissant de plaisir, me rappelant encore une fois combien je suis aimée.

La sérénité, c'est l'assurance de l'amour inconditionnel de ma Puissance Supérieure à mon égard. C'est l'acceptation de moi qui me vient de l'étreinte approbatrice de Dieu. Aujourd'hui, je sais que j'ai de la valeur. J'ai été créée pour donner et recevoir de la joie. Je suis unique et spéciale dans mon humanité bien ordinaire.

Pensée du jour

Aujourd'hui, je me souviendrai de me reposer sur cette chose merveilleuse, que Dieu s'occupe et prend soin de moi. Quand je fais cela, je peux déballer et apprécier le cadeau sans prix de la sérénité.

> « Une fois que nous avons connu la sérénité, nous nous rendons compte qu'Al-Anon n'est pas uniquement un programme où des personnes malades se rétablissent, mais un mode vie enrichissant en soi. »
> *De la survie au rétablissement,* p. 151

8 décembre

La Cinquième Tradition indique l'objectif d'Al-Anon, aider les familles des alcooliques, et elle décrit comment nous pouvons y arriver. Sur une note personnelle, cette Tradition m'aide à transformer le défaut de caractère qu'est le ressentiment pour en faire le principe de la compassion. Plus précisément, je deviens compatissant à mon propre égard en mettant les Étapes en pratique et en me rétablissant des effets dévastateurs de l'alcoolisme. En étant compatissant à mon propre égard, je libère les ressentiments qui rongent mon cœur et mon âme et qui m'empêchent de m'éveiller spirituellement.

En libérant mes ressentiments, je peux offrir de la compassion aux alcooliques qui font partie de ma vie. Je parviens à m'aimer suffisamment pour les aimer, eux aussi, même si je déteste la maladie qui nous fait souffrir.

Je me remplis de tant d'amour et de compassion que je ne peux pas les retenir à l'intérieur de moi. Je dois les partager. Ma compassion devient la lumière bienfaisante de ma Puissance Supérieure qui brille à travers moi pour accueillir et réconforter d'autres amis et parents d'alcooliques.

Comment puis-je offrir de la compassion aux êtres chers qui sont alcooliques, à mon groupe, ou à moi-même ? Si je suis trop sévère à mon propre égard, je peux utiliser « Le progrès, non la perfection ». Lire au sujet de l'alcoolisme en tant que maladie peut m'aider à mieux comprendre les alcooliques qui font partie de ma vie. J'accueille les nouveaux et les nouvelles dans Al-Anon, en offrant mon numéro de téléphone ou une accolade, en acceptant d'écouter et d'aimer inconditionnellement. En offrant mon soutien et ma compréhension, je complète le cercle de la compassion qui m'a été si généreusement offert.

Pensée du jour

Comment puis-je faire preuve de compassion envers moi et envers ceux qui m'entourent ?

« Aujourd'hui, je m'exercerai à la compassion. Je ferai d'abord preuve de bonté et d'amour envers moi-même, mais je ne m'arrêterai pas là. J'étendrai cette compassion aux autres. »

Le Courage de changer, p. 355

9 décembre

J'ai fait une dépression après le décès de mon père. Je savais qu'il était naturel de porter le deuil. Par contre, mon deuil était compliqué par des émotions non résolues à l'égard du comportement alcoolique de mon père. J'ai décidé de consulter un professionnel qui, après plusieurs séances tournant autour de mon enfance au contact de l'alcoolisme, a suggéré que cela pourrait m'aider d'aller à Al-Anon. J'étais parvenu à me sentir très à l'aise avec ce professionnel, mais l'idée de partager mes idées et mes sentiments avec des étrangers me faisait peur. Toutefois, je savais que j'avais besoin d'autre chose que cette seule thérapie, alors j'ai essayé Al-Anon.

Dans Al-Anon, j'en suis venu à comprendre bien des choses au sujet de cette maladie appelée alcoolisme. J'ai commencé à voir mon père sous un jour différent, et les souvenirs de nos interactions ont acquis une nouvelle perspective. Pendant ses années de consommation active, la peur obscurcissait ma vision de lui. Je ne l'ai jamais considéré comme autre chose qu'une figure autoritaire menaçante, qui devenait encore plus menaçante quand il buvait. Maintenant, je ne le vois plus seulement comme un alcoolique. Je le vois comme une personne entière qui avait des besoins, des sentiments, des désirs, et des défauts.

Al-Anon m'a donné de nombreux outils, notamment les Étapes et les slogans, pour affronter mes anciens sentiments et pour faire amende honorable à mon père, même s'il n'est plus de ce monde. Grâce à ce programme, j'ai pu pardonner à mon père et à moi-même. J'ai pendant longtemps été sévère à mon propre égard, me disant que j'étais un lâche parce que je ne lui avais pas tenu tête. Je comprends maintenant que, tout comme mon père, je faisais de mon mieux compte tenu des circonstances.

Pensée du jour

Al-Anon m'a aidé à comprendre la véritable nature de l'alcoolisme, en tant que maladie, transformant ainsi mes relations avec moi-même et avec les alcooliques qui font partie de ma vie.

« Je constate maintenant que les alcooliques souffrent d'une maladie : ils sont malades et non méchants. »
Le Courage de changer, p. 110

10 décembre

« Merci d'avoir mentionné ce mot », quelqu'un m'a dit après une réunion. « Tu sais, s'*amuser*; je n'en entends pas parler aussi souvent que je l'aimerais. »

J'*avais* utilisé ce mot à plusieurs reprises, parce que c'était moi qui donnait mon témoignage ce soir-là. J'avais parlé de ma récente présence à un mariage dans ma famille, que j'avais grandement apprécié. Évidemment, c'étaient les détails qui étaient amusants. Si j'ai pu reconnaître et apprécier ces détails, c'est parce que je mets mon programme en pratique. J'avais pris plusieurs décisions avant d'aller à ce mariage. La plupart concernaient des solutions alternatives en cas de tensions au sein de la famille. Par exemple, ma femme et moi avions décidé de prendre chacun notre auto au cas où l'un de nous ressentirait le besoin de quitter temporairement la réception. J'avais aussi prévu comment je pourrais réagir si quelqu'un essayait de m'entraîner dans une dispute. En outre, j'avais mis quelques exemplaires de la revue *Le Forum* dans mon auto et j'avais glissé une carte « Aujourd'hui seulement » dans la poche de mon veston au cas où j'aurais besoin d'une pause santé mentale.

Grâce à ma Puissance Supérieure, je n'ai pas eu à me servir de ces outils. Par contre, parce que j'avais anticipé mes besoins et que je m'étais préparé en conséquence, j'ai été capable de voyager légèrement et avec enjouement. Je m'étais concentré sur l'idée de célébrer une joyeuse occasion. En étant prévoyant et en me préparant à prendre soin de moi, j'ai vraiment pu apprécier une journée que je voulais apprécier.

Pensée du jour

Un des nombreux miracles du rétablissement, c'est que je peux m'amuser où que j'aille ! Tout ce que j'ai à faire, c'est de me préparer sans anticiper les résultats.

« Aujourd'hui, je sais qu'une partie de mon rétablissement consiste à respecter mes besoins et mon droit d'abandonner et de me détendre. »

... dans tous les domaines de notre vie, p. 155

11 décembre

Je me lamentais beaucoup quand je suis arrivé dans Al-Anon. J'ai été élevé dans le foyer de personnes alcooliques, et j'ai mis beaucoup de temps à devenir adulte. Merci mon Dieu pour ces membres Al-Anon qui ont été patients avec moi et qui m'ont laissé régler les choses à mon rythme. C'est une bonne chose qu'il n'y ait pas d'échéancier dans Al-Anon, sinon il y a longtemps qu'on m'aurait expulsé.

Mes plaintes s'exprimaient souvent par la question « Pourquoi moi ? » Pourquoi étais-je affligé de parents tellement méchants et ivrognes que j'ai dû apprendre à me protéger d'eux ? Pourquoi avais-je eu un père qui ne pouvait pas garder un emploi et prendre soin de notre famille ? Pourquoi ne pouvais-je pas inviter mes amis à la maison sans que cela me mette dans l'embarras ?

Même si au départ Al-Anon ne semblait pas répondre à mes besoins, principalement parce que je recherchais la sympathie, je suis heureux d'avoir persisté. Semaine après semaine, j'ai entendu d'autres personnes raconter des histoires bien pires que la mienne. Je n'oublierai jamais ce soir où, en rentrant à la maison après une réunion, ma question intérieure s'est transformée. Au lieu de la même lamentation, « Pourquoi moi ? », une nouvelle question, « Pourquoi *pas* moi ? », m'est soudainement venue à l'esprit. Pourquoi est-ce que je croyais être tellement spécial que j'aurais dû échapper aux épreuves de la vie, quand personne d'autre n'en est exempt ? Je me suis dit que ma vie aurait pu être encore bien pire, et j'ai effectivement éprouvé de la gratitude pour mon passé. À ce moment-là, je me suis rapproché de l'acceptation. Maintenant, au lieu de faire rouler les reproches, j'utilise mon énergie pour apprendre tout ce que je peux apprendre dans Al-Anon.

Pensée du jour

La guérison commence quand j'arrête de demander « Pourquoi moi ? »

« Je prends donc la résolution de cesser de blâmer l'alcoolique pour ce qui est hors de son contrôle – y compris la compulsion de boire. Je dirigerai plutôt mes efforts là où ils peuvent faire un peu de bien ; je me consacrerai à mon propre rétablissement. »

Le Courage de changer, p. 128

12 décembre

Ma compagne, qui est alcoolique, se plaignait souvent de se sentir invisible devant moi. Elle disait que tout ce que je voyais quand je la regardais, c'était son alcoolisme. Pendant des années, je n'ai eu aucune idée de ce qu'elle voulait dire. Maintenant, après avoir entrepris mon propre rétablissement dans Al-Anon, je comprends ce qu'elle voulait dire.

Al-Anon m'a aidé à comprendre que je n'étais pas conscient des autres parce que je n'étais pas vraiment conscient de moi-même. Je ne pouvais pas reconnaître les alcooliques faisant partie de ma vie en tant qu'individus parce que je ne pouvais pas reconnaître ma propre maladie. Il est difficile de voir à travers le bandeau aveuglant de la négation.

Utiliser les quatre premières Étapes m'a donné un « miroir » dans lequel j'ai pu voir mon véritable moi. Quand j'ai fait la Cinquième Étape – « Nous avons avoué à Dieu, à nous-mêmes et à un autre être humain la nature exacte de nos torts » – avec mon parrain, c'était comme si une personne en qui j'ai confiance me disait « Je te vois, moi aussi ! » Quand j'ai appris à aimer la personne que j'ai découverte, moi-même, j'ai commencé à percevoir et à aimer d'innombrables qualités chez les gens qui m'entourent.

En plus de m'empêcher de me voir moi-même, la négation avait voilé ma vision de ma compagne, et il m'était encore plus difficile de la voir, elle. Plus je me suis efforcé d'accepter l'alcoolisme en tant que maladie et de me concentrer sur moi-même, plus j'ai été capable de voir celle que j'aime en tant que personne. Maintenant, au lieu de la considérer comme étant un cas d'alcoolisme portant le nom d'un être humain, je la vois comme étant une merveilleuse enfant de Dieu qui souffre simplement d'une maladie.

Pensée du jour

Oui, certaines personnes que j'aime sont des alcooliques, mais elles sont bien plus que leur maladie.

> « En écoutant, nous pouvons apprendre à faire la distinction entre la personne et la maladie, avoir de la compassion pour leurs efforts et leur souffrance et reconnaître qu'eux aussi sont impuissants devant l'alcool. »
>
> *Comment Al-Anon œuvre pour les familles et les amis des alcooliques*, p. 34

13 décembre

J'ai commencé à assister aux réunions Al-Anon parce que ma fille de 16 ans buvait. J'avais l'impression de perdre la raison et je savais que j'avais besoin d'aide. Ma fille est allée aux réunions des AA pendant plus de trois ans, puis elle a décidé que ses problèmes et sa consommation n'étaient pas dus à l'alcoolisme, mais à une adolescence difficile. Je me suis demandé si je pouvais demeurer dans Al-Anon étant donné les conclusions tirées par ma fille. À ma connaissance, il n'y avait pas d'autre alcoolique dans ma famille immédiate. Encore une fois, comme si souvent dans ma vie, j'ai pensé que je n'étais pas à ma place.

Je suis tellement reconnaissante pour la Troisième Tradition, qui me dit que « La seule condition requise pour faire partie d'Al-Anon, c'est qu'il y ait un problème d'alcoolisme chez un parent ou un ami. » La seule chose dont j'ai besoin pour me qualifier en tant que membre Al-Anon, c'est mon propre baromètre intérieur. Est-ce que je me sens à ma place ? Est-ce que je m'identifie à d'autres personnes affectées par l'alcoolisme ? Suis-je dérangée par la consommation d'alcool d'une autre personne, même si celle-ci ne croit pas être alcoolique ?

En dépit de mes doutes, j'ai décidé de continuer d'assister aux réunions Al-Anon, et j'ai fini par obtenir des réponses à mes questions. Réunion après réunion, j'ai entendu les autres partager des pensées et des sentiments avec lesquels je pouvais m'identifier. Les événements et les circonstances pouvaient être différents, mais les sentiments étaient habituellement semblables. Je sais maintenant que même si ma fille soutient ne pas avoir de problème de consommation d'alcool, je suis à ma place dans Al-Anon – parce que je me sens affectée par sa consommation. Mieux que cela, je suis à ma place parce que je veux me rétablir.

Pensée du jour

Mon appartenance à Al-Anon relève de ce que je ressens et non de ce que peut croire une autre personne.

« C'est à chacun de nous de décider si nous voulons adhérer à Al-Anon. »
Les voies du rétablissement, p. 158

14 décembre

Quand je sens que ma sérénité est étouffée par la peur et l'anxiété, je divise la Prière de Sérénité en éléments clairs et précis qui transpercent le déluge de mes défauts de caractère. Premièrement, j'élargis mon sens de l'acceptation pour inclure *toute chose* exactement comme elle est, et non seulement les choses que je ne peux pas changer. Je considère ma vie entière à travers la lentille de la gratitude en ayant confiance que tout se déroule exactement comme il se doit. Comme me le rappelle mon parrain, Dieu planifie et choisit le bon moment de manière parfaite. Je demande à ma Puissance Supérieure de m'aider à accepter les choses exactement comme elles sont et à voir les possibilités que m'offrent les événements.

Il est parfois dangereux pour moi de demander à Dieu de me donner « le courage de changer les choses que je peux ». Si je ne fais pas attention, je peux me sentir accablé par toutes les choses que je *pourrais* changer et je deviens paralysé par l'inaction. Cela m'aide si je prie pour savoir exactement ce que Dieu veut que je change à un moment particulier. Je vois les « choses que je peux changer » comme étant les choses que Dieu *veut* que je change.

Demander « la sagesse d'en connaître la différence » peut réveiller mon perfectionnisme. Je tiens à savoir exactement ce que Dieu veut que je change. Je ne veux pas faire d'erreurs. Pour remettre les choses en perspective, je me rappelle que tout est déjà entre les mains de Dieu, et que prendre une décision est un processus qui se corrige de lui-même. La sagesse est une réaction viscérale. Si je change quelque chose et que je ne me sens pas mieux, je reprends le processus jusqu'à ce que je perçoive clairement la volonté de Dieu.

Pensée du jour

Est-ce que je mets profondément et largement la Prière de Sérénité en action dans ma vie ?

> « … Je demande à Dieu de me guider et j'attends, remettant le problème entre Ses mains. Je demande à voir clairement ce que je dois faire. Il me donne des directives claires. »
>
> *Having Had a Spiritual Awakening…*, p. 40

15 décembre

Les nouveaux venus demandent souvent comment il est possible de se détacher de la personne alcoolique avec amour plutôt que d'essayer de la changer. Ma réponse est que je dois m'efforcer de prendre soin de moi-même avec amour. Je peux ainsi me détacher de presque n'importe quelle obsession concernant les gens, les endroits, ou les choses.

Me changer est un si grand défi que cela m'occupe à temps plein. Si c'était facile, je pourrais le faire aujourd'hui, et demain je pourrais commencer à essayer de changer l'alcoolique et le monde. Mais à la fin de la journée je n'ai pas tellement progressé dans ma propre amélioration, et encore moins dans l'amélioration de qui que ce soit d'autre. Quant à demain, si je peux me fier à ce qu'a été ma vie jusqu'ici dans Al-Anon, j'en aurai plein les mains uniquement à m'occuper de me changer moi-même.

Je ne me décourage pas. La perfection ne m'a jamais tellement préoccupée puisque je sais que je ne peux pas l'atteindre. Au lieu de cela, je suis ravie des petits changements quotidiens que je peux apporter à mes attitudes et à mes actions. Je vois suffisamment de progrès pour continuer, comme une tortue. Je détecte parfois mon progrès en refaisant ma Quatrième Étape et en comparant les résultats à ceux de la fois précédente. J'écoute aussi ma Puissance Supérieure. Dieu me parle souvent par l'entremise de gens qui me disent combien j'ai changé et progressé.

Pensée du jour

Me changer, c'est un poste permanent à temps plein que je suis seul à pouvoir occuper.

> « Je dois me servir d'une politique de non-intervention avec l'alcoolique et me concentrer sur mon amélioration personnelle. »
>
> *Alateen – un jour à la fois*, p. 252

16 décembre

J'avais une fonction dans ma famille alcoolique et je l'ai très bien apprise. Cette fonction était de garder le silence au sujet de ce qui se passait à la maison et de ce que je ressentais à ce sujet. Je suis devenue une adolescente incapable de se débrouiller. Tellement de douleur et de colère ont fini par s'accumuler en moi que j'ai dû trouver une façon de les soulager. Mes parents alcooliques n'avaient pratiquement aucune réserve d'aptitudes pour faire face à la vie, alors ils n'avaient aucun moyen de réaliser ce que je vivais, et encore moins de m'aider. Laissée à moi-même, j'ai fui dans la nourriture. Ce n'est que plus tard, quand j'ai commencé à assister aux réunions à Al-Anon, que j'ai réalisé que j'utilisais la nourriture pour des raisons et par des manières similaires à la consommation d'alcool de mes parents.

Al-Anon m'a tout d'abord appris, grâce au processus de la Quatrième Étape, à me permettre d'identifier mes sentiments refoulés et de les ressentir. La Cinquième Étape m'a encouragée à partager les résultats de cet inventaire émotionnel avec une personne de confiance, et j'ai choisi ma marraine. Ces Étapes m'ont aidée à évacuer la souffrance de mon cœur et à remplir cet espace avec quelque chose de plus sain. Aujourd'hui, au lieu de manger quand je ressens de l'anxiété ou une autre émotion désagréable, je choisis d'utiliser un outil Al-Anon. J'appelle ma marraine ou une autre amie Al-Anon. Je lis parfois dans la documentation Al-Anon pour calmer mon âme. Je m'offre à l'occasion pour animer les réunions pour le mois, ou je choisis quelques noms et numéros de téléphone dans mon carnet d'adresses pour offrir des mots d'espoirs à une nouvelle venue qui souffre. Je ne peux pas toujours contrôler ma souffrance, mais je peux décider quoi faire pour en prendre soin.

Pensée du jour

Quels sont les comportements que j'utilise pour apaiser ma souffrance ? Est-ce qu'ils m'aident vraiment ?

« J'en ai appris beaucoup… sur comment faire face à mes sentiments et améliorer ma vie. »

Living Today in Alateen, p. 133

17 décembre

En réfléchissant à mon enfance, je ne me souviens d'aucun secret. Je me souviens seulement qu'il y avait certains sujets dont on ne parlait pas, comme la sexualité, l'argent, et la religion. Ma famille avait aussi de la difficulté à communiquer au sujet de l'amour, de la peur, de l'insécurité, et de la colère.

Des années plus tard, mon mari, nos trois enfants et moi ne communiquions pas très bien. Nous ne nous disputions même pas. Nous pensions que nous nous respections mutuellement en ravalant nos pensées et nos sentiments concernant des sujets possiblement controversés. En fait, nous étions tous figés émotionnellement.

Je suis reconnaissante qu'Al-Anon m'ait aidée à pouvoir parler de pratiquement n'importe quel sujet. Aller aux réunions et avoir du temps pour parler s'est avéré très efficace pour mon rétablissement. J'ai même parlé à ma fille de 12 ans d'une erreur que j'avais faite et des amendes honorables que je prévoyais faire pour la corriger. Elle a eu l'air surprise, comme si je lui avais donné la permission d'être humaine, elle aussi.

Aujourd'hui, ma famille immédiate parle de toutes sortes de choses. Nous nous efforçons d'être honnêtes les uns envers les autres, et cela nous rapproche.

Pensée du jour

Grâce à mon expérience positive du partage et de l'écoute dans Al-Anon, je peux prendre le risque d'être moi-même avec les membres de ma famille et leur permettre d'être aussi eux-mêmes avec moi.

« J'oserai être moi-même. »

Le Courage de changer, p. 24

18 décembre

Un des avantages du programme Al-Anon dont j'entends rarement parler, c'est la grande diversité des membres que nous y rencontrons. Nous avons le privilège d'entendre tellement de personnes parler avec leur cœur, ce qui nous rappelle que nous ne sommes pas tellement différents, après tout. Non seulement apprenons-nous la tolérance envers les gens différents, nous apprenons aussi à rechercher leur sagesse parce qu'ils nous offrent de précieuses perspectives que nous pourrions ne pas considérer par nous-mêmes.

Je n'avais jamais réalisé la véritable importance de cet avantage avant d'aller en vacances dans un autre pays. Le centre de villégiature où je demeurais attirait des gens de partout dans le monde. Le souper était servi à l'européenne, ce qui signifiait que les voyageurs seuls comme moi mangeaient avec quiconque se trouvait là au même moment. À des tables qui me rappelaient les réunions Al-Anon chez nous, j'ai rencontré des étrangers qui ont fini par devenir des amis.

Il m'arrivait de me sentir nerveux à l'idée d'entamer une conversation, mais je me rappelais l'expérience que j'avais déjà acquise dans les réunions Al-Anon. J'ai plusieurs fois fait en sorte que « Ça commence par moi », questionnais les gens au sujet de leur pays d'origine ou de leur occupation. C'était souvent suffisant pour amorcer des conversations fascinantes. J'ai appris beaucoup de choses de nombreuses personnes, et j'ai apporté du réconfort à l'une d'entre elles. J'ai même rencontré un homme qui, bien qu'il ne se soit pas déclaré membre, connaissait Al-Anon et son objectif.

Si je n'avais pas eu tant de conversations avec tant « d'étrangers » dans le milieu Al-Anon, je ne me serais peut-être pas senti aussi à l'aise et je ne me serais peut-être pas fait tellement de nouveaux amis dans cette terre éloignée.

Pensée du jour

Les réunions Al-Anon m'aident à m'ouvrir aux gens qui sont différents de moi.

> « Ce que j'adore dans les réunions Al-Anon, c'est que je peux me rapprocher de gens que je n'aurais normalement pas l'occasion de si bien connaître… Les murs disparaissent, et l'amour et l'esprit de communauté grandissent et se développent. »
> *Al-Anon, c'est aussi pour les homosexuels*, p. 4

19 décembre

En grandissant avec l'alcoolisme au sein de ma famille, j'avais peu de choix. On me disait quoi croire et comment croire. S'il m'arrivait de dévier même légèrement de la direction indiquée, on me faisait des reproches et on me corrigeait. Ce que je mangeais, la musique que j'écoutais, mes amis, les vêtements que je portais, ce que je regardais à la télé, et l'église à laquelle j'allais, tout était sous le contrôle de mes parents. Ils voulaient montrer au monde une « famille parfaite ». Il va sans dire que je n'avais pas acquis le sens de mon individualité. J'étais trop occupé à être responsable et à obséder au sujet des règles pour découvrir qui j'étais à l'intérieur.

Quand Al-Anon m'a demandé de me concentrer sur moi-même, je ne savais pas ce que cela signifiait. Je ne savais pas ce que j'aimais ou ce que je n'aimais pas, ni quels étaient mes besoins ou mes désirs. Quand j'écoutais les autres raconter leur histoire, je les trouvais un peu bizarres. En quoi parler d'eux-mêmes pouvait-il servir à corriger l'alcoolique ?

Lentement, j'ai fini par réaliser qu'Al-Anon était pour moi, pas pour l'alcoolique. J'ai appris que j'avais déjà en moi toutes les réponses nécessaires à toutes les questions que je pourrais un jour avoir. Toutefois, pour les trouver, je devais aller en moi et apprendre à me connaître. Avec ma Quatrième Étape, j'ai appris à connaître mes pensées, mes sentiments, et mes talents. Ce que j'ai découvert n'était pas très joli, mais je me suis accroché au programme et j'ai fait confiance aux Étapes. En nettoyant les débris de la honte et de la culpabilité avec la Cinquième à la Neuvième Étape, ma sagesse et ma conscience intérieure – la voix de ma Puissance Supérieure – sont devenues plus claires. J'ai découvert une paix que je n'aurais jamais crue possible.

Pensée du jour
J'aime le moi que je découvre.

« Avec le programme pour me guider, je peux être moi-même et devenir quelqu'un de mieux que tout ce que j'aurais pu imaginer. »
Alateen – un jour à la fois, p. 114

20 décembre

Me détacher avec amour était un comportement qui, selon moi, ne ferait jamais partie de mon rétablissement, même si je savais que le ressentiment que j'éprouvais pour avoir eu un parent alcoolique me détruisait. En dépit des conséquences négatives de mon amertume, je ne pouvais pas imaginer ma vie sans elle. Que serais-je sans ressentiment ?

Quand j'ai fini par en avoir assez de souffrir, Al-Anon m'a offert des outils que je pouvais intégrer dans ma vie. Écouter les autres donner leur témoignage aux réunions, lire la documentation Al-Anon, m'impliquer dans les services et participer à des ateliers et à des assemblées Al-Anon, tout cela a contribué à me donner une nouvelle façon de voir les choses. Cette perspective nouvelle m'a donné la possibilité de devenir une personne différente, une personne meilleure, capable d'apprécier la sérénité de l'acceptation. Simplement dit, j'en suis lentement venue à réaliser que mon père alcoolique avait été incapable de satisfaire mes attentes. À sa manière, et à la mesure de ses capacités, il m'avait offert de l'amour, les choses essentielles, et du soutien dans tous mes projets. Finalement, au lieu de voir un verre complètement vide, j'ai vu que mon verre était partiellement rempli. J'ai réalisé que mes années d'enfance auraient pu être bien pires qu'elles ne l'avaient été.

Le décès récent de mon père m'a montré que, à un certain moment, j'avais commencé à l'aimer avec détachement. Un sentiment de libération m'a envahie en réalisant que j'avais laissé aller l'amertume et le ressentiment, que je croyais devoir durer toujours. Au lieu de cela, je me sens maintenant libérée des ressentiments, et j'ai espoir en l'avenir.

Pensée du jour

Quel rôle les attentes que j'avais étant enfant jouent-elles dans mes difficultés en tant qu'adulte ?

« Les relations interpersonnelles faussées à cause de l'alcoolisme et de ses effets sur le buveur et sur nous ne se redressent pas du jour au lendemain. Il n'est pas sage d'espérer trop, trop vite. »

Voici Al-Anon, p. 9

21 décembre

La Huitième Tradition suggère que le travail de Douzième Étape Al-Anon demeure toujours non professionnel. Ceci implique qu'il n'y a pas de catégorie professionnelle de membres Al-Anon. Nous sommes tous égaux – experts uniquement dans le partage de notre expérience personnelle, de notre force et de notre espoir. Garder l'anonymat au sujet de mon statut économique et social ou de l'emploi que j'occupe m'aide à préserver ce sentiment d'égalité.

Je frissonne en pensant à toute la sagesse dont je me suis privé par le passé en décidant que les autres n'avaient rien à partager avant même d'entendre ce qu'ils avaient à dire.

La Douzième Tradition approche l'égalité d'un angle différent. Suggérant que l'anonymat est la base spirituelle des principes Al-Anon, la Douzième Tradition affirme que les différences individuelles sont sans importance dans ce programme. Nous mettons de côté la recherche des honneurs individuels et nous nous fondons volontiers dans le groupe. Libres des contraintes de ce monde, nos principes tels que mis en pratique dans les réunions nous offrent un environnement sûr où nous pouvons nous rétablir et progresser spirituellement en tant qu'égaux. Tout comme la Huitième Tradition dit qu'il n'y a personne « de mieux que », la Douzième Tradition déclare qu'il n'y a personne « de moins bien que ». Nous écoutons ce qui est dit plutôt que la personne qui le dit.

Si je ne regarde pas les autres membres d'égal à égal, il est temps que je me regarde. Que je manifeste de l'indifférence, que je dédaigne ou que je juge, ou au contraire que j'adule et que je vénère quelqu'un, je ne suis plus son égal. Peu importe qui nous sommes, peu importe l'expérience que nous avons dans le programme, chacun de nous est important pour notre fraternité et pour chacun d'entre nous. La Huitième et la Douzième Tradition m'aident à me souvenir de ne pas mettre de barrières entre les autres membres et moi. L'anonymat fait tomber les barrières.

Pensée du jour

Chaque membre Al-Anon est mon professeur.

« L'anonymat unit notre fraternité en faisant abstraction de la condition sociale individuelle de chacun, de sorte que nous pouvons écouter le message plutôt que le messager. »

Les voies du rétablissement, p. 239

22 décembre

J'ai tourné le dos à la religion des années avant ma première réunion Al-Anon, alors quand on a terminé la réunion avec une prière, je me suis demandé comment je pourrais prier sans me sentir hypocrite. J'ai fermé les yeux et baissé la tête, mais je n'ai pas récité la prière. J'avais peur que quelqu'un me tape sur l'épaule et me dise de réciter la prière. La prière a pris fin, et personne ne m'a sermonné. Au contraire, on m'a donné de la documentation et on m'a encouragée à revenir.

Même si je ne le savais pas quand j'ai franchi les portes d'Al-Anon, les mots « tu dois » et « tu devrais » avaient pratiquement ruiné mes relations avec ma fille et mon conjoint. Je n'avais aucune idée du rôle que les « règles de fer » jouaient dans ma vie. Ma bavarde voix intérieure m'imposait ces règles, et je les imposais moi-même à tout le monde.

La vie n'était pas agréable puisque j'étais constamment sur mes gardes. Al-Anon m'a aidée à réaliser que ce n'était pas une question de ce qui est bien ou de ce qui est mal. Ce qui importait, c'était que j'entretienne ma sérénité, que j'entre en contact avec ma Puissance Supérieure, et que je ne me mêle pas des affaires des autres.

J'avais l'habitude de me considérer comme étant une adulte responsable et disciplinée. Mais l'amour et le soutien des autres membres Al-Anon m'ont montré que ma rigidité était un mur masquant ma peur. Accepter mes doutes à mon propre égard m'a permis de commencer à me détourner des « tu dois » et des « tu devrais ». Je suis maintenant plus douce envers moi et envers les autres. Des années après ma première réunion, je prends avec reconnaissance ma place dans le cercle et je *fais le choix* de dire la prière à la fin de la réunion.

Pensée du jour

Il n'y a pas de « tu devrais » dans Al-Anon. Le programme ne fait que *suggérer* que je pratique les Étapes, les Traditions, les Concepts de service et les slogans au meilleur de mes capacités.

> « En plus d'offrir l'apaisement à un être blessé, la fraternité offre l'empathie et le choix. »
>
> *Tel que nous Le concevions…*, p. 33

23 décembre

Au cours des deux dernières années, j'ai eu à travailler avec un cadre supérieur et je me suis senti tour à tour intimidé ou furieux lors des réceptions auxquelles nous avons assisté ensemble. Je prenais personnellement tout ce qu'il disait ou ne disait pas. Je croyais qu'il attaquait ou qu'il dénigrait constamment mes idées et mes sentiments. Il était évident que j'avais un sérieux problème puisque je devais le côtoyer quotidiennement.

En plaçant les principes au-dessus des personnalités, tel que suggéré par la Douzième Tradition, j'ai appris à ne pas réagir à tout ce que cet homme disait ou faisait. Après une année passée, un jour à la fois, à être vraiment attentif à mes sentiments, à mes attitudes et à mes comportements quand j'étais à ses côtés, j'ai commencé à me sentir mieux. J'ai discuté de mes difficultés lors des réunions ainsi qu'avec mon parrain. J'ai commencé à lâcher prise devant ce que ce collègue pensait de moi. J'ai cessé d'essayer de le transformer en une personne que je pourrais aimer et j'ai commencé à l'accepter tel qu'il était.

Je ne voudrais pas de cette personne comme ami, mais je dois collaborer avec lui sur le plan professionnel. Je ne l'aime pas, et la Douzième Tradition m'a appris que c'est mon droit. Par contre, afin de mettre en pratique le programme Al-Anon, je lui offre la même courtoisie et le même respect que j'aimerais obtenir de lui, qu'il le fasse ou non. J'accepte que ça commence par moi et j'agis au lieu de réagir.

Aujourd'hui, mes journées de travail sont beaucoup plus paisibles. Il arrive encore que je me sente contrarié par les comportements de mon collègue, mais je parviens à lâcher prise beaucoup plus rapidement devant ces irritations. Ma capacité d'acceptation influence énormément ma sérénité.

Pensée du jour

Placer les principes au-dessus des personnalités me permet d'éviter de réagir et me rend mon respect de moi.

« Quand nous nous engageons à … placer les principes au-dessus des personnalités, nous choisissons la voie de l'intégrité personnelle… »

Comment Al-Anon œuvre pour les familles et les amis des alcooliques, p. 124

24 décembre

Les Douze Étapes sont la base du programme Al-Anon. Je trouve que la Deuxième Étape, « Nous en sommes venus à croire qu'une Puissance supérieure à nous-mêmes pouvait nous rendre la raison », est particulièrement éloquente. Quelle que soit la situation, particulièrement lorsque je suis avec ma famille, je n'ai qu'à me tourner vers ma Puissance Supérieure pour obtenir de l'aide. Par exemple, lors d'une visite dans ma famille à l'occasion d'un jour de fête, j'ai commencé à me sentir mal à l'aise devant certains commentaires et certains comportements. J'ai ressenti un besoin irrésistible de me battre ou de m'enfuir... Heureusement, j'avais suffisamment de rétablissement derrière moi pour choisir la deuxième option. Je suis allée dans une autre pièce où je savais que je ne serais pas dérangée afin d'être seule pendant quelques minutes. J'ai prié en demandant la sérénité, à être guidée, et pour obtenir la capacité de me concentrer sur moi et sur le moment présent. Je suis revenue à la réunion revigorée et centrée sur moi.

Plus tard dans la journée, je suis allée chez mon frère. J'ai fait exprès pour arriver chez lui un peu plus tôt que les autres. J'ai demandé à ma belle-sœur, qui est aussi en rétablissement, si je pouvais utiliser sa chambre afin de prier et de méditer pendant quelques minutes. Cela a fait une différence énorme, et j'ai pu apprécier le reste de la journée avec un regain de sérénité.

Pensée du jour

Il peut être stressant de me retrouver avec ma famille pendant une partie de la journée ou pendant une journée entière. Heureusement, je n'ai pas à y aller seul. Le contact conscient avec ma Puissance Supérieure n'est pas plus loin qu'une prière.

> « J'avais commencé à mettre en pratique les Deuxième et Troisième Étapes, non par foi ou par croyance, mais parce que c'était efficace pour d'autres membres et que il en serait ainsi pour moi. Et je crois que "cela" a été efficace. »
>
> *Tel que nous Le concevions..., p. 273*

25 décembre

La sérénité, c'est…

… un mode de vide absorbé lentement et mis en pratique un jour à la fois… une façon de voir les choses… prendre conscience et accepter mes nombreux traits de caractère sans juger ce qui est bon ou ce qui est mauvais, mais ce qui est utile de conserver et ce que je dois laisser aller… un parcours spirituel sans destination précise… cet espace entre une impulsion et un geste… accepter ce qui est… respecter mes sentiments, sans les diriger vers les autres et sans leur permettre de diriger ma vie… un cadeau que je choisis de m'offrir… réaliser que ce qui fonctionne pour une autre personne ne fonctionnera pas nécessairement pour moi… réaliser que ce qui fonctionne pour moi peut changer d'un moment à l'autre… comprendre que même si je suis impuissant, je ne suis pas désespéré…

… réaliser que ma Puissance Supérieure fait pour moi ce que je ne peux pas faire pour moi-même… m'occuper de mes affaires… le réconfort de savoir que je peux moi-même me tenir la main… l'équilibre, être libéré de la pensée en noir et blanc… comprendre que réagir à la vie et y faire face ne sont pas la même chose… me réaligner volontairement sur ma Puissance Supérieure… être en paix avec mon passé… une question de stabilité intérieure… devenir un être complet, mon corps et mon esprit au même endroit, au même moment… ne faire qu'un avec ma Puissance Supérieure.

Pensée du jour

La sérénité ouvre mon esprit à de nouvelles idées.

« Mon Dieu, donnez-moi la sérénité

d'accepter les choses que je ne puis changer

le courage de changer les choses que je peux

et la sagesse d'en connaître la différence. »

Prière de Sérénité

26 décembre

Enfant, j'ai grandi en attendant que mes parents m'offrent l'amour dont j'avais besoin. Quand j'ai quitté la maison, j'ai transféré cette attente sur mon compagnon alcoolique. Je vivais pour son amour et j'attendais qu'il modifie ces comportements qui, selon moi, me faisaient souffrir. Tant et aussi longtemps que je me suis accrochée à l'espoir qu'il allait finir par m'aimer comme je le désirais, je suis demeurée prisonnière de l'alcoolisme.

Après avoir assisté aux réunions Al-Anon pendant un certain temps, j'ai réalisé que j'avais consacré une bonne partie de ma vie à attendre que les autres changent afin de pouvoir être heureuse. J'avais gaspillé tellement de temps à essayer de changer les choses sur lesquelles je n'avais aucun contrôle. Quand j'ai finalement accepté le fait que je ne pouvais pas contrôler la consommation d'alcool de mon compagnon, j'ai été libérée. J'ai également pris conscience de mon impuissance devant les membres de ma famille.

Un certain regret a accompagné ces réveils spirituels, mais Al-Anon a fait en sorte que je sois occupée à m'informer au sujet de l'alcoolisme en tant que maladie et à aller de l'avant avec les Étapes. Je me suis demandé pourquoi je devrais essayer de me battre contre l'alcoolisme, alors j'ai décidé d'admettre que l'alcoolisme était plus fort que moi. Maintenant, je suis libre de découvrir cette personne en moi qui est pleine d'entrain, amusante, bienveillante, et digne d'être aimée. Aujourd'hui, j'apprends à m'offrir cet amour et cette acceptation inconditionnels que je désirais tant obtenir des gens qui n'en avaient pas à offrir.

Pensée du jour

Que puis-je changer afin d'être heureux ? Est-ce réaliste ?

> « La seule personne qui peut m'aimer comme j'aimerais être aimé, c'est moi. »
>
> *Le Courage de Changer,* p. 107

27 décembre

Le Huitième Concept dit que « Le Conseil d'administration délègue sa pleine autorité en ce qui a trait à la gestion courante du siège social d'Al-Anon à ses comités exécutifs ». Dans ma famille, c'était moi le « comité exécutif », en ce sens que la gestion courante de notre maisonnée reposait sur mes épaules. Personne ne m'avait consciemment délégué cette responsabilité; je semblais en avoir hérité par défaut.

Ma mère était une alcoolique. En général, elle se comportait comme un mort vivant, tandis que mon père était absent la plupart du temps. En plus de son emploi à temps plein, mon père consacrait 40 heures par semaine aux œuvres charitables de son église. Par conséquent, j'assumais de nombreuses responsabilités à la maison. Je m'assurais que mes frères et moi nous nourrissions, nous habillions, allions à l'école, et faisions nos devoirs. J'ai rapidement pris l'habitude de m'approprier les responsabilités des autres, une habitude que j'ai traînée dans ma vie adulte.

Quand je suis finalement arrivée à Al-Anon, j'ai remarqué que les autres faisaient les choses différemment. Par exemple, quand une femme s'est offerte pour présider le comité d'anniversaire de notre groupe, elle a fait circuler des feuilles d'inscription et des gens se sont offerts pour préparer la salle et les rafraîchissements ainsi que pour nettoyer. Chacun a pris une part de responsabilité pour les arrangements et tous ont travaillé ensemble. Quand je suis allée aux réunions du district, j'ai observé que le représentant de district déléguait des responsabilités aux représentants de groupe. Le Huitième Concept me dit que c'est aussi ainsi que cela se passe au Bureau des Services mondiaux.

Maintenant que je sais que j'ai le choix, je ne suis plus aussi prompte à m'approprier les responsabilités des autres. Quand je fais face à une tâche qui me semble insurmontable, je demande de l'aide. Remarquablement, le travail se fait, même quand ce n'est pas moi qui le fais.

Pensée du jour

Aujourd'hui, se passe-t-il quelque chose dans ma vie qui pourrait m'inciter à demander de l'aide ?

« … Le Huitième Concept consiste à lâcher prise et à faire confiance aux autres. »

Les voies du rétablissement, p. 299

28 décembre

Une des choses les plus profitables que j'ai apprises grâce à mon expérience dans Al-Anon, c'est d'être constante en pensée, en parole, et en action. Dans mon foyer, au contact de l'alcoolisme j'avais appris à masquer les situations désagréables avec des mots et des gestes qui, selon moi, contribuaient à l'harmonie. Depuis, j'ai appris que me mettre d'accord avec les autres uniquement pour préserver la paix m'amène à faire du ressentiment. Aujourd'hui, aussi difficile que ce soit, je ne suis plus automatiquement d'accord avec les idées et les opinions des autres. Si mon point de vue est différent, je le dis, et je lâche prise devant la réaction de mon interlocuteur. Je mets en pratique le « Vivre et laisser vivre » ainsi que « Lâcher prise et s'en remettre à Dieu ».

Si je veux faire preuve de constance, je dois connaître mes propres convictions. Le programme Al-Anon, principalement grâce aux Étapes, m'aide à voir les choses plus clairement. Cette vision plus nette m'aide à être constante dans ce que je pense, ce que je dis, et ce que je fais pour entretenir ma sérénité. La constance m'aide à « Ne pas compliquer les choses » et m'évite d'avoir à douter de moi-même. Cela m'aide à identifier mes limites. La constance m'aide à demeurer honnête envers moi-même.

Pensée du jour

Al-Anon me donne l'aptitude nécessaire pour définir et exprimer mes convictions sans porter atteinte à l'intégrité des autres.

> « ... L'unité commence réellement à l'intérieur de moi. À mon avis, c'est le sentiment qui résulte du fait de rassembler mes idées. »
>
> *Alateen – un jour à la fois*, p. 217

29 décembre

Je n'ai jamais eu beaucoup d'équilibre – pas très solide sur une échelle, n'aimant pas descendre une pente, incapable de mettre mes chaussettes en me tenant debout. Il y a un certain temps, j'ai regardé une compétition de ceinture noire en karaté. Les combattants consacraient une bonne part de leur attention au pied qu'ils avaient planté sur le sol. Ils ne consacraient qu'une attention partielle à l'autre pied, dans les airs. J'ai décidé de développer le même genre de partenariat avec la gravité, d'apprendre à me concentrer sur le pied que j'ai planté sur le sol. Avec le temps, je suis devenu beaucoup plus habile à mettre mes chaussettes.

Récemment, en marchant sur des rochers humides en bordure d'un cours d'eau que j'aime beaucoup, je me suis senti fortement en contact avec la terre. Mon équilibre était assuré, je plaçais les pieds avec certitude et insouciance. Je pouvais porter mon attention sur les écureuils qui gambadaient et les chevreuils qui broutaient. J'ai réalisé que, tout comme j'apprends à marcher en tenant compte de l'attraction inexorable de la gravité, j'apprends aussi à me centrer sur la volonté de Dieu. En utilisant les nombreux outils Al-Anon, je laisse aller mon besoin de contrôler et j'apprends à trouver mon équilibre en dépit des vents violents et souvent inattendus du changement et du désir.

Pensée du jour

Petit à petit, un jour à la fois, en acceptant les choses que je ne peux pas changer et en changeant les choses que je peux, je serai plus centré sur ce cadeau de Dieu qu'est la sérénité.

« Al-Anon m'aide à trouver un certain équilibre. »
Le Courage de changer, p. 54

30 décembre

J'aime le début de la Troisième Étape. Elle stipule « Nous avons décidé… » Cela signifie que je fais un choix en confiant ma volonté et ma vie à une Puissance Supérieure. Personne ne va me forcer. Personne ne me fera *rien* faire. Mon rétablissement est mon affaire. Ce que je choisis de faire de ma volonté et de ma vie, c'est ma décision, et aujourd'hui je choisis de les confier à Dieu tel que je Le conçois.

C'est un tel soulagement de finalement prendre cette décision et de réaliser que je ne dois pas tout faire ou tout arranger. J'ai commencé à discerner ce qui relève de ma responsabilité de ce qui n'en relève pas. Je me sens plus léger de savoir que ma Puissance Supérieure est avec moi vingt-quatre heures par jour pour m'aider avec ma vie et ses défis. De la plus petite à la plus importante décision, je prie : « Mon Dieu, que veux-tu que je dise ou que je fasse aujourd'hui ? »

Ce processus de confier ma volonté et ma vie à Dieu semble si simple, et pourtant cela ne s'est pas produit à ma première réunion ! En fait, il a fallu beaucoup de temps avant que cela se produise. J'ai dû bâtir les assises de ma décision de Troisième Étape, en commençant par travailler assidûment à ma Première et à ma Deuxième Étape. Faire la Troisième Étape a été une conséquence naturelle de ce travail préparatoire.

Dans le sens du « Progrès, non la perfection », ma relation avec ma Puissance Supérieure évolue d'un jour à l'autre, un jour à la fois. Quel cadeau j'ai reçu ! Confier ma volonté et ma vie à une Puissance supérieure à moi-même me procure un puits sans fond d'amour, de paix et de sérénité, si je décide de m'y abreuver.

Pensée du jour

Les choix sont des éléments essentiels du rétablissement dans Al-Anon. Aujourd'hui, que ferai-je des miens ?

> « Les premiers mots de la Troisième Étape : " Nous avons décidé ", nous indiquent qu'il nous faut faire des choix. »
>
> *Les voies du rétablissement*, p. 28

31 décembre

À ma première réunion Al-Anon, je me suis sentie comme une personne assoiffée buvant de l'eau froide et rafraîchissante. Avec gratitude, j'ai absorbé les paroles de la formule de bienvenue suggérée et de celle pour clore la réunion. Chaque fois que j'allais à une réunion, je fermais les yeux et je laissais ces précieuses paroles me rafraîchir.

Des années plus tard, j'ai réalisé que j'écoutais en fait les paroles d'espoir d'Al-Anon – un espoir que je pourrais faire mien si j'étais prête à pratiquer les Étapes. Quand je me suis sentie coincée par le désespoir, vous m'avez assuré qu'aucune situation n'est vraiment désespérée et que je pourrais trouver du contentement et même du bonheur, en dépit de la consommation d'alcool de ma mère. Quand je me suis sentie épuisée à force de rejouer d'affreux scénarios dans ma tête, vous m'avez dit que je pouvais ramener mes problèmes dans leurs véritables perspectives et qu'ils perdraient le pouvoir de me dominer. Quand je me suis sentie seule, vous m'avez rappelé que je ne l'étais pas. Vous m'avez montré que j'avais le choix alors que je ne voyais que des règles et des apparences. Je n'avais pas à être d'accord pour être à la bonne place. Je pouvais prendre ce qui me plaisait et ignorer le reste.

Vous avez même prétendu m'aimer déjà d'une manière toute spéciale, même si je me détestais moi-même, et que j'apprendrais à vous aimer, vous aussi. Vous m'avez offert le parrainage, des accolades et des numéros de téléphone même si je ne les avais pas « mérités ». Je ne savais pas ce qu'étaient des échanges bienveillants, et vous avez pris le temps de me le montrer.

Merci, Al-Anon, pour la répétition persistante de ces mots et de ces gestes remplis d'espoir. Ils se sont graduellement réalisés pour moi. Maintenant, quand je les partage avec les autres, j'ai la joie de les voir revenir à la vie.

Pensée du jour

Quand je regarde tout ce que j'ai pour être heureuse, je me souviens d'inclure le cadeau d'espoir d'Al-Anon.

> « Vous recevrez de l'aide si vous essayer de garder l'esprit ouvert. Vous en arriverez à constater qu'il n'y a pas de situation trop difficile pour être améliorée ni de malheur trop grand pour être soulagé. »
> *Formule suggérée pour clore les réunions Al-Anon/Alateen*

LES DOUZE ÉTAPES

L'étude de ces Étapes est essentielle au progrès dans la pratique du programme Al-Anon. Les principes qu'elles renferment sont universels et s'appliquent à tous, quelles que soient leurs croyances personnelles. Dans Al-Anon, nous nous efforçons d'acquérir une compréhension de plus en plus profonde de ces Étapes et nous prions pour avoir la sagesse de les appliquer dans notre vie.

1. Nous avons admis que nous étions impuissants devant l'alcool — que notre vie était devenue incontrôlable.

2. Nous en sommes venus à croire qu'une Puissance supérieure à nous-mêmes pouvait nous rendre la raison.

3. Nous avons décidé de confier notre volonté et notre vie aux soins de Dieu *tel que nous Le concevions*.

4. Nous avons procédé à un inventaire moral, sérieux et courageux de nous-mêmes.

5. Nous avons avoué à Dieu, à nous-mêmes et à un autre être humain la nature exacte de nos torts.

6. Nous avons pleinement consenti à ce que Dieu élimine tous ces défauts de caractère.

7. Nous Lui avons humblement demandé de faire disparaître nos déficiences.

8. Nous avons dressé une liste de toutes les personnes que nous avions lésées et nous avons consenti à leur faire amende honorable.

9. Nous avons directement réparé nos torts envers ces personnes quand c'était possible, sauf lorsqu'en agissant ainsi, nous pouvions leur nuire ou faire tort à d'autres.

10. Nous avons poursuivi notre inventaire personnel et promptement admis nos torts dès que nous nous en sommes aperçus.

11. Nous avons cherché, par la prière et la méditation, à améliorer notre contact conscient avec Dieu *tel que nous Le concevions*, Le priant seulement de nous faire connaître Sa volonté à notre égard et de nous donner la force de l'exécuter.

12. Comme résultat de ces étapes, nous avons connu un réveil spirituel et nous avons essayé de transmettre ce message à d'autres et de mettre ces principes en pratique dans tous les domaines de notre vie.

LES DOUZE TRADITIONS

Ces directives sont des moyens de promouvoir l'harmonie et la croissance dans les groupes Al-Anon et dans la fraternité Al-Anon dans son ensemble. D'après l'expérience de nos groupes, notre unité dépend de notre adhésion à ces Traditions :

1. Notre bien commun devrait venir en premier lieu; le progrès personnel de la majorité repose sur l'unité.

2. Pour le bénéfice de notre groupe, il n'existe qu'une seule autorité — un Dieu d'amour tel qu'Il peut Se manifester à notre conscience de groupe. Nos dirigeants ne sont que des serviteurs de confiance — ils ne gouvernent pas.

3. Lorsqu'ils se réunissent dans un but d'entraide, les parents d'alcooliques peuvent se nommer Groupes Familiaux Al-Anon pourvu que, comme groupes, ils n'aient aucune affiliation. La seule condition requise pour faire partie d'Al-Anon, c'est qu'il y ait un problème d'alcoolisme chez un parent ou un ami.

4. Chaque groupe devrait être autonome, sauf en ce qui peut affecter un autre groupe, ou Al-Anon ou AA dans leur ensemble.

5. Chaque Groupe Al-Anon n'a qu'un but: aider les familles des alcooliques. Nous y parvenons en pratiquant *nous-mêmes* les Douze Étapes d'AA, en encourageant et comprenant nos parents alcooliques, et en accueillant et réconfortant les familles des alcooliques.

6. Nos Groupes Familiaux ne devraient jamais ni appuyer ni financer aucune entreprise extérieure, ni lui prêter notre nom, de peur que les questions d'argent, de propriété et de prestige ne nous détournent de notre but spirituel premier. Cependant, bien qu'étant une entité séparée des Alcooliques Anonymes, nous devrions toujours coopérer avec eux.

7. Chaque groupe devrait subvenir entièrement à ses besoins et refuser les contributions de l'extérieur.

LES DOUZE TRADITIONS

8. Le travail de Douzième Étape Al-Anon devrait toujours demeurer non professionnel, mais nos centres de services peuvent engager des employés qualifiés.

9. Nos groupes, comme tels, ne devraient jamais être organisés; cependant, nous pouvons constituer des conseils ou des comités de service directement responsables envers ceux qu'ils servent.

10. Les Groupes Familiaux Al-Anon n'ont aucune opinion sur les questions étrangères à la fraternité; par conséquent, notre nom ne devrait jamais être mêlé à des controverses publiques.

11. Notre politique en relations publiques est basée sur l'attrait plutôt que sur la réclame; nous devons toujours garder notre anonymat personnel aux niveaux de la presse, de la radio, du cinéma et de la télévision. Nous devons protéger avec un soin spécial l'anonymat de tous les membres AA.

12. L'anonymat est la base spirituelle de toutes nos Traditions, nous rappelant toujours de placer les principes au-dessus des personnalités.

LES DOUZE CONCEPTS DE SERVICE

Les Douze Étapes et les Douze Traditions sont des guides pour la croissance personnelle des membres et l'unité des groupes. Les Douze Concepts nous guident dans le service. Ils nous montrent comment le travail de Douzième Étape peut se faire sur une vaste échelle et comment les membres du Bureau des Services Mondiaux peuvent établir un lien les uns avec les autres de même qu'avec les groupes, afin de transmettre le message d'Al-Anon à travers le monde grâce à une Conférence des Services Mondiaux.

1. La responsabilité et l'autorité ultimes des services mondiaux d'Al-Anon relèvent des groupes Al-Anon.

2. Les Groupes Familiaux Al-Anon ont délégué l'entière autorité relative à l'administration et au fonctionnement de la fraternité à leur Conférence et à ses corps de service.

3. Le droit de décision rend possible un leadership efficace.

4. La participation est la clé de l'harmonie.

5. Les droits d'appel et de pétition protègent les minorités et assurent qu'elles seront entendues.

6. La Conférence reconnaît la responsabilité administrative primordiale des Administrateurs.

7. Les Administrateurs ont des droits légaux tandis que les droits de la Conférence sont traditionnels.

8. Le Conseil d'Administration délègue sa pleine autorité en ce qui a trait à la gestion courante du siège social d'Al-Anon à ses comités exécutifs.

9. Des dirigeants ayant du leadership sont essentiels à tous les niveaux de service. Le Conseil d'Administration assume la direction principale en ce qui concerne le service à l'échelle mondiale.

LES DOUZE CONCEPTS DE SERVICE

10. La responsabilité en matière de service est équilibrée par une autorité soigneusement définie et la double gestion est évitée.

11. Le Bureau des Services Mondiaux est composé de comités sélectionnés, d'un personnel administratif et d'employés rémunérés.

12. La base spirituelle des services mondiaux d'Al-Anon est contenue dans les Garanties Générales de la Conférence, article 12 de la Charte.

LES GARANTIES GÉNÉRALES DE LA CONFÉRENCE

Dans tous ses travaux, la Conférence des Services Mondiaux d'Al-Anon observera l'esprit des Traditions :

1. que son principe de prudente gestion financière soit de ne garder que les fonds suffisants pour son fonctionnement, y compris une ample réserve ;

2. qu'aucun membre de la Conférence ne soit placé en position d'autorité absolue sur d'autres membres ;

3. que toutes les décisions de la Conférence soient prises après délibération, par un vote, et chaque fois que c'est possible, à l'unanimité ;

4. qu'aucune action de la Conférence ne constitue jamais une sanction personnelle ou une incitation à la controverse publique ;

5. que la Conférence, bien qu'elle soit au service d'Al-Anon ne pose jamais aucun acte de nature gouvernementale ; et que, tout comme la fraternité des Groupes familiaux Al-Anon qu'elle sert, qu'elle demeure toujours démocratique en esprit et en action.

Index

A

Abandon : 20, 74, 98, 113, 149, 163, 233, 284, 303
Abandon, peur de l' : 14, 246, 252
Abus : 45, 50, 57, 59, 114, 217, 282, 296, 315
Acceptation de soi : 17, 34, 207, 240
Acceptation : 11, 18, 34, 97, 216, 266, 334, 358
Action : 9, 36, 49, 78, 97, 104, 116, 124, 156, 167, 192, 287, 289, 314, 326, 341
Aide, demander de l' : 189, 254, 264, 321, 329, 362
Al-Anon en tant que famille : 1, 85, 105, 155, 327
Alateen : 21, 150, 191, 210, 219, 281, 322
Alcooliques, attirance envers les : 313
Alcoolisme, une maladie : 3, 6, 12, 26, 67, 121, 237, 274, 339, 344, 347
Amendes honorables : 49, 78, 120, 259, 296, 333
Amitié : 11, 80, 105, 146, 191, 327, 353
Amour de soi : 34, 123, 245, 303, 310
Amour : 65, 90, 104, 108, 143, 154, 155, 279, 306, 310, 319, 336, 343, 361
Anonymat : 220, 254, 356
Apitoiement : 2, 30, 62, 72, 189, 200, 248, 346
Appartenance : 181, 192, 224, 264, 348, 357
Argent : 71, 147, 226
Attentes : 22, 78, 87, 106, 180, 188, 248, 320
Attitude, changement d' : 5, 20, 30, 48, 67, 81, 104, 142, 170, 207, 216, 221, 274, 350
Autonomie : 71, 147, 187, 201, 332
Autorité : 29, 77, 133, 208, 217, 300

B

Besoins : 88, 155, 182, 201
Blâmer : 77, 83, 104, 136, 156, 170, 314, 324, 346
Bonheur : 9, 67, 107, 178, 182, 193, 361

C

Cela aussi passera : 48, 227, 248
Chagrin : 79, 105, 159, 344
Changements : 41, 218, 266, 277, 278, 295, 314, 350
Choix : 5, 35, 52, 60, 78, 120, 189, 279, 327, 365

Index

Colère : 26, 57, 62, 68, 83, 155, 247, 257, 319, 334
Commérages : 33, 145, 297
Communication : 6, 45, 203, 217, 305, 311, 323, 352
Comparaison : 38, 43, 45
Compassion : 87, 100, 343
Complaisance : 46
Comportement compulsif : 143, 195, 220, 267, 269, 351
Comportements inacceptables : 14, 68, 69, 283, 286, 303, 311
Concentrer, se : 8, 28, 72, 136, 153, 229, 307
Concentrer, se concentrer sur moi : 22, 33, 39, 67, 94, 136, 145, 241, 308, 337
Concepts de service
  En général : 40, 86, 88, 101, 111, 154, 185, 191, 208, 255, 326, 357, 370-371
  Premier : 29, 203
  Troisième : 234
  Quatrième : 99, 101, 271, 309, 323
  Cinquième : 222
  Huitième : 362
  Neuvième : 40, 251
  Dixième : 300
  Douzième : 71, 208
Confiance : 42, 198, 234, 304, 325, 331
Connaissance de soi : 116, 194, 241, 354
Conscience : 97, 238, 347
Conscience de groupe : 40, 85, 86, 99, 222, 332
Constance : 115, 260, 282, 333, 363
Contrôler : 7, 30, 39, 76, 77, 163, 212, 228, 232, 245, 256, 269, 277, 320, 335, 337
Courage : 2, 58, 167, 181, 189, 214, 259, 276, 294
Critiques : 17, 54, 69, 92, 145, 203, 241, 276, 298, 305
Croissance personnelle : 103, 194, 258, 346
Culpabilité : 7, 173, 231, 246, 253, 354

D

Décisions, prendre des : 13, 58, 99, 125, 139, 208, 222, 234, 337, 341, 349
Défauts de caractère et qualités : 62, 84, 110, 113, 123, 136, 153, 205, 290, 292, 298

Index

Déni : 2, 8, 12, 123, 138, 147, 168, 233, 323, 347
Dépression : 10, 68, 89, 220, 292, 344
Déraison : 19, 66, 109, 124, 148, 213, 304
Détachement : 41, 56, 61, 68, 69, 106, 122, 158, 240, 242, 243, 306, 336, 350, 355
Dieu tel que je Le conçois : 37, 146, 206, 288, 297, 301, 326
Différent, se sentir : 31, 264, 277, 285
Diversité : 285, 353
Documentation : 127, 184, 250
Domination : 99, 183, 222
Donner et recevoir : 24, 101, 108, 132, 160, 179, 210, 236, 293, 322
Douceur : 22, 78, 96, 123, 144, 204, 236

E

Écouter : 45, 206, 275, 298
Écrire : 52, 72, 80, 109, 250, 315
Engagement : 31, 40, 160
Équilibre : 76, 204, 211, 282, 364
Espoir : 5, 12, 32, 66, 113, 211, 265, 366
Estime de soi : 34, 141, 167, 214, 235, 276, 301, 311
Étapes
  En général : 73, 74, 113, 130, 163, 319, 367
  Première : 4, 59, 164
  Deuxième : 10, 12, 32, 109, 124, 165, 211, 304, 359
  Troisième : 20, 98, 157, 166, 203, 269, 303, 338, 365
  Quatrième : 62, 73, 152, 167, 239, 290, 310
  Cinquième : 50, 168, 326, 347
  Sixième : 169, 170, 305
  Septième : 62, 170, 305
  Huitième : 49, 80, 171, 197, 296, 328
  Neuvième : 80, 172, 259, 333
  Dixième : 173
  Onzième : 37, 93, 119, 174, 213, 287, 303, 341
  Douzième : 56, 175, 226, 273
Évasion : 8, 94, 141, 207, 219, 249, 285, 351, 359
Expérience, force et espoir : 8, 31, 66, 161, 224, 315

Index

F
Fêtes : 327, 359
Foi : 32, 163, 166, 188, 244

G
Garanties : 71, 208, 371
Gratitude : 23, 47, 72, 84, 151, 247
Groupe d'appartenance : 1, 151, 187

H
Honnêteté : 111, 120, 167, 221, 223, 323, 352
Honte : 19, 140, 143, 152, 231
Humilité : 16, 117, 299
Humour : 97, 113, 143, 200

I
Impuissance : 4, 7, 59, 157, 233, 284, 361
Inaction : 289, 349
Incontrôlables, choses : 4, 10, 32, 97, 154, 217, 255, 284
Indisponibilité : 127, 233, 235, 279
Inquiétude : 12, 98, 129, 178, 189, 228, 261, 287
Intégrité : 55, 120, 212
Intimité : 11, 90, 128, 186, 198, 273, 329
Intuition : 93, 175
Inventaire de groupe : 13, 212
Isolement : 13, 50, 54, 140, 181, 203, 219, 224, 285, 309

J
Joie : 17, 37, 97, 102, 151, 253, 268, 309, 342

L
Lâcher prise : 17, 56, 57, 78, 111, 252, 338
Leadership : 40, 183, 234, 251
Limites : 14, 199, 286, 311
Lois W. : 65, 104, 324

M
M'occuper de mes affaires : 46, 91, 185, 187, 224, 247, 306
Maturité : 112, 189, 235, 258
Méditation : 37, 47, 82, 93, 116, 174, 359

Index

Membres de longue date : 16, 31, 42, 176, 272
Membres isolés, service aux : 250
Mère, relations avec sa : 159, 190, 216, 242, 328, 334
Miracles : 101, 165, 211, 244, 345

N

Nature : 239, 243, 288, 299, 342
Négativité : 47, 72, 81
Nouveaux venus : 16, 31, 44, 62, 76, 86, 154, 251, 308, 310, 337, 350

O

Obéir sans y être forcé : 55
Obsessions : 30, 36, 76, 170
Obstacles au succès : 33, 183
Opinions : 85, 86, 99, 112, 133, 142, 222, 363
Outils : 3, 25, 113, 154, 156, 201, 208, 218, 224, 227, 254, 256, 283, 294, 309, 315, 355

P

Paix : 8, 18, 121, 134, 141, 230, 326
Pardon : 57, 95, 114, 130, 237, 274, 291, 344
Parents, relations avec ses : 108, 136, 212, 237, 306, 333
Parrainage : 42, 103, 132, 160, 236, 254, 272, 281, 329
Participation : 101, 192, 271, 309, 323
Passé, faire face au : 2, 21, 27, 52, 84, 103, 109, 114, 127, 171, 223, 237, 246, 270, 283, 322, 334, 346
Pensée négative : 47, 72, 81
Perceptions : 26, 131, 171, 270, 340
Père, relations avec son : 59, 100, 114, 221, 274, 291, 296, 344
Perfectionnisme : 22, 33, 54, 92, 152, 195, 246, 267, 270, 298, 335
Persévérance : 110, 265
Petit-fils ou petite-fille d'un alcoolique : 15, 64, 313
Peur de l'échec : 15, 22, 152, 357
Peur : 58, 104, 118, 194, 188, 207, 228, 257, 278, 357
Plaire aux autres : 220, 320, 337
Plaisir : 11, 80, 105, 146, 191, 327, 353
Prendre soin de soi : 96, 110, 162, 232, 245
Prendre soin des autres : 41, 151, 155, 209, 240, 248, 303, 354

Index

Prière : 37, 47, 93, 174, 215, 359
Prière de Sérénité : 2, 58, 109, 121, 134, 228, 292, 321, 349
Propre volonté : 119, 137, 150, 312
Puissance Supérieure : 44, 91, 102, 115, 137, 146, 182, 206, 255, 262, 280, 288, 297, 316, 340
Puissance Supérieure, sa volonté : 137, 150, 213, 312, 364

Q
Quatre M : 313

R
Raison : 10, 32, 66, 109, 141, 148, 165, 211, 304, 330
Réagir : 9, 234, 289, 312
Rechutes : 51
Relations : 60, 121, 303, 326, 331, 339
Représentant de groupe : 77, 101, 195, 234, 301, 362
Respect : 41, 42, 139, 180, 192, 196, 225, 235, 294, 303, 310, 311, 358
Responsabilité : 29, 63, 77, 78, 83, 85, 128, 209, 294, 300, 314, 362
Ressentiment : 57, 95, 205, 258, 263, 355
Rétablissement : 10, 60, 110, 135, 180, 202, 223
Réunions : 46, 91, 185, 187, 224, 247, 306
Réveil spirituel : 59, 114, 170, 206, 263, 304, 313, 316, 361
Rigidité : 14, 357
Risques : 13, 63, 78, 90, 143, 194, 206, 218, 278, 293, 295, 336

S
S'exprimer : 19, 85, 86, 102, 107, 144, 161, 208, 214, 221, 222, 253
Sagesse : 141, 156, 213, 283, 292, 349, 353, 356
Sarcasmes : 97, 199, 305
Secourir : 122, 339
Secrets : 19, 50, 64, 90, 177, 236, 272, 352
Sécurité : 39, 53, 88, 198, 211, 231, 256
Sentiments : 2, 27, 62, 70, 102, 107, 148, 177, 193, 219, 221, 223, 227, 256, 333

Index

Sérénité : 24, 35, 141, 149, 154, 196, 268, 308, 317, 360
Service : 101, 160, 187, 195, 251, 271, 275, 307, 322
Sexualité : 273, 352
Slogans
  En général : 3, 38, 75, 118, 125, 126, 129, 318
  Aujourd'hui seulement : 218, 249
  Ça commence par moi : 56, 76, 201, 212, 248, 353
  Écouter pour apprendre : 16, 112, 275
  Ensemble nous pouvons y arriver : 66, 181, 203
  Est-ce si important ? : 48, 87, 142, 267, 302
  Garder l'esprit ouvert : 82, 144, 259, 285, 366
  Lâcher prise et s'en remettre à Dieu : 61, 76, 89, 111, 135, 320, 321, 330
  L'essentiel d'abord : 73, 255
  Ne pas compliquer les choses : 74, 140, 253
  Penser : 24, 36, 283, 312
  Principes au-dessus des personnalités : 24, 69, 108, 191, 212, 255, 289, 358
  Progrès, non la perfection : 51, 177, 284, 335, 343, 365
  Se hâter lentement : 51, 193
  Un jour à la fois : 27, 249, 287
  Vivre et laisser vivre : 24, 70, 92, 112, 142, 309
Suffisance : 117, 206, 216, 324

T

Talents : 160, 172, 251, 326, 332, 354
Traditions
  En général : 55, 85, 260, 368-369
  Première : 31, 43, 133, 203
  Deuxième : 77, 133, 183
  Troisième : 348
  Quatrième : 139, 203
  Cinquième : 28, 176, 191, 207, 343
  Sixième : 229
  Septième : 71, 147, 187, 201, 307, 332
  Huitième : 179, 356
  Onzième : 216, 224
  Douzième : 108, 356, 358
Travail : 54, 121, 208, 217, 218, 225, 240, 255, 338, 358

Index

Trois C : 7, 79
Trois Héritages : 88

U
Unité : 31, 43, 85, 99, 133, 181, 203, 247, 275

V
Valeurs : 220, 231, 235, 311
Victime : 13, 104, 189, 205, 263
Vide intérieur : 53, 143, 252
Vivre avec la sobriété : 59
Vivre le moment présent : 3, 27, 80, 125, 127, 129, 153, 158, 249, 317
Volonté, bonne : 16, 25, 32, 54, 83, 111, 142, 149, 171, 180, 202, 276, 309, 329